Frantisek Palacký

Gedenkblätter - Auswahl von Denkschriften, Aufsätzen

und Briefen aus den letzten fünfzig Jahren

Frantisek Palacký

Gedenkblätter - Auswahl von Denkschriften, Aufsätzen
und Briefen aus den letzten fünfzig Jahren

ISBN/EAN: 9783743656574

Hergestellt in Europa, USA, Kanada, Australien, Japan

Cover: Foto ©ninafisch / pixelio.de

Weitere Bücher finden Sie auf **www.hansebooks.com**

GEDENKBLÄTTER.

AUSWAHL

VON

DENKSCHRIFTEN, AUFSÄTZEN UND BRIEFEN

AUS DEN LETZTEN FÜNFZIG JAHREN,

ALS BEITRAG ZUR ZEITGESCHICHTE

HERAUSGEGEBEN VON

FRANZ PALACKÝ.

PRAG, 1874.
VERLAG VON F. TEMPSKY.

INHALT.

Erste Abtheilung. Aufsätze aus den Jahren 1822—1848.   Seite

I. 1. Das Schöne, ein philosophischer Versuch (1821—1822) . 3
II. 2. An- und Aussichten der böhmischen Sprache und Literatur vor 50 Jahren (1822) 19
III.   Vorschläge zur Gründung von böhmischen Museumszeitschriften 47
    3. (Eingereicht am 27 Dec. 1825) 48
    4. (Eingereicht am 14 Mai 1826) 56
    5. (Eingereicht den 16 Oct. 1831) 65
IV. 6. Bemerkungen über die Königinhofer Handschrift (1829) 67
V. 7. Zur böhmischen Encyklopädie (1829) 77
VI.   Zur Entstehung der Matice Česká (1830) 83
    8. (Schreiben an den Grafen Kaspar Sternberg) 84
    9. An die Freunde und Beförderer der vaterländischen Literatur 88
   10. (Bericht vom Jahre 1840) 92
VII. 11. Zur Geschichte der Unterthänigkeit und Leibeigenschaft in Böhmen (1830) 93
VIII.   Zwei Censur-Gutachten (1834, 1839) 103
   12. Ueber die altslawische Legende (1834) 104
   13. Victorin Cornelius von Všehrd (1839) 107
IX. 14. Rechtfertigung gegen v. Kalina (1838) 109
X. 15. Vorschlag zu einem Franciscoum in Prag (1839) . . . 112
XI.   Vorschläge zur Hebung des böhmischen Museums (1839—41) 116
   16. Was dem böhmischen Museum Noth thut (1839) 116
   17. Wünsche, das böhmische Museum betreffend (1840) . . 121
   18. Kritik eines Museums-Bauplanes (1841) 124
XII. 19. Zur Geschichte der Criminalgerichtbarkeit in Böhmen (1844) 127
XIII. 20. Eine Knolliade (1844) 129

XIV. Zwei Eingaben an den Erzherzog Stephan, als Landes-
chef von Böhmen (1845, 1846) 131
21. (Ueber die böhmische Prager Zeitung 1845) 132
22. (Ueber Paul Jos. Šafařik 1846) 133
XV. 23. Denkschrift über die Veränderungen der böhmischen
Landesverfassung (1846) 135

Zweite Abtheilung. Aufsätze aus den Jahren 1848—1873.

XVI. 24. Erklärung über die Gleichberechtigung der Nationalitäten
(1848) 145
XVII. 25. Eine verunglückte Erklärung (1848) 147
XVIII. 26. Eine Stimme über Oesterreichs Anschluss an Deutschland
(1848) 149
XIX. 27. Proclamation der Böhmen an die Mährer (1848) . . . 156
XX. 28. Die Prager Ereignisse bis zu Anfang Mai (1848) . . . 163
XXI. 29. Ablehnung des Ministeriums (1848) 165
XXII. 30. Ueber den Slawen-Congress in Prag (1848) 167
XXIII. 31. Erster Entwurf einer Constitution von Oesterreich (1848) 169
XXIV. 32. Nach der Wiener October-Revolution (1848) 176
XXV. 33. Nothgedrungene Erklärung (über Bakunin, 1849) . . . 181
XXVI. 34. Interpellation an das k. k. Gesammtministerium (1849) . 184
XXVII. 35. Denkschrift der böhm. Abgeordneten u. s. w. (1849) . 189
XXVIII. 36. Union — nicht Centralisation, noch Föderation (1849) . 206
XXIX. Die Königinhofer Handschrift (1858, 1859) 214
37. Handschriftliche Lügen und paläographische Wahrheiten
(1858) 215
38. Die altböhmischen Handschriften und ihre Kritik (1859) 231
XXX. Zwei Reden, im österr. Herrenhause in Wien gesprochen 259
39. Rede am 27 August 1861 259
40. Rede am 28 Sept. 1861 266
XXXI. 41. Zur neueren Geschichte der böhmischen Sprache und
Literatur (1862) 271
XXXII. 42. Auch ein „čechisches" Memorandum (1870) 279
XXXIII. 43. Die Russen und die Čechen (1873) 282
XXXIV. 44. Schlusswort vom Jahre 1874 287

ERSTE ABTHEILUNG.

AUFSÄTZE

AUS DEN JAHREN 1822—1848.

I.

Das Schöne. Ein philosophischer Versuch, (aus den Jahren 1821—1822.)

Nach der Beendigung meiner Studien am Pressburger evang. Lyceum 1819 kannte ich kein grösseres Verlangen, als mich dem Dienste der böhmischen nationalen Literatur zu weihen, und zwar zunächst nach zweierlei Richtungen hin: durch Forschungen im Gebiete des Schönen und durch historische Studien der alten Hussitenzeit. Ich war ein entschiedener Verehrer des Weisen von Königsberg geworden, obgleich dessen Kritik der Urtheilskraft, in Bezug auf das Schöne und die Kunst, mich ganz und gar nicht befriedigte. Ich vermisste darin die gehörige Wahrnehmung und Berücksichtigung der subjectiven Thätigkeit des Geistes, der doch selbst sein vielbesprochener kategorischer Imperativ „Du sollst" entstammte. Als ich aber bei meinen vielfachen Studien im Gebiete der Aesthetik von dem Engländer Hugh Blair († 1800) auf eine Stelle in Bacons berühmtem Werke „De augmentis scientiarum" aufmerksam gemacht wurde, in welcher von der erzählenden Poesie gehandelt und mit folgenden Worten geschlossen wird: „Poesis narrativa — merito etiam divinitatis cujuspiam particeps videri possit, quia animum erigit et in sublime rapit: *rerum simulacra ad animi desideria accommodando, non animum rebus (quod ratio facit et historia) submittendo*", — wurde ich bald inne, dass diese Sätze nicht blos bezüglich der Poesie, sondern auch der schönen Kunst überhaupt Geltung haben, — und baute nach und nach meine ganze Theorie des Schönen auf dieser Grundlage auf. Ich suchte nämlich eine Definition oder Erklärung des Schönen, welche dem praktischen Künstler eben so zur Richtschnur dienen, wie den forschenden Philosophen befriedigen könnte, und stellte in meiner „Krásowěda" (Wissenschaft des Schönen), den bis dahin üblich gewesenen Theorien gegenüber, unter anderen auch die Frage auf: „Worin besteht die Identität des Schönen, wie es in der Poesie, den zeichnenden Künsten und der Musik zum Vorschein kömmt? Was haben z. B. Raphaels Madonnen und Mozarts Symphonien, der Apoll von Belvedere und Shakespeare's Macbeth, Alpenlandschaften und die naivedle Desdemona *objectiv Gemeinsames*? Was bildet die reelle Einheit von Armida's Zaubergürtel und Falstaffs Humor, von Beethovens Adelaide und Ugolino's Tod, von Petrarca's Liebe und Laokoons Schmerz?" u. s. w. (S. Radhost, I. 424.)

Ich hatte jedoch von meinem auf fünf Bücher projectirten Werke während meines Aufenthaltes in Wien und in Ungarn (1821 u. 1822) noch nicht die ersten zwei im MSt. vollendet, als ich im Frühjahr 1823 mich durch Umstände veranlasst fand, Prag und Böhmen auf so lange zu besuchen, bis ich in dortigen Bibliotheken und Archiven das nöthige Quellenmaterial zu einer Geschichte der Hussiten gesammelt haben würde; erst nach der Rückkehr von dort glaubte ich meine Krásowěda vollenden zu können. Die freundliche Aufnahme jedoch, die ich da fand, bestimmte mich bald, jeden Gedanken an eine Rückkehr aufzugeben, zumal die beiden Grafen Franz und Kaspar Sternberg, Cavaliere und Gelehrte zugleich, wie sie in allen Ländern und zu allen Zeiten selten sind, mich da vollauf nach Wunsch zu beschäftigen wussten, und ich vorzüglich durch ihr Zuthun und des ihnen ganz ergebenen Grafen Karl Chotek, damaligen Landeschefs von Böhmen, nicht lange darnach (1829) von dem böhmischen Landtage zum Historiographen des Königreichs designirt wurde. Bei der Ueberfülle der mir seitdem obliegenden dringenden Geschäfte musste ich auf die Fortsetzung meiner beliebten schönwissenschaftlichen Studien verzichten, und theilte dann im Časopis českého Museum (1827—1829) nur einige Bruchstücke aus meinem unvollendeten MSt. als besondere Aufsätze dem Publicum mit, nachdem der Anfang davon in der encyklopädischen Zeitschrift Krok schon 1821 bekannt gemacht worden war.

Den hier nachfolgenden „philosophischen Versuch über das Schöne" schrieb ich erst 1828 auf Verlangen zweier mir sehr lieben Personen, denen meine damals noch neue wissenschaftliche Terminologie in böhmischer Sprache zu viele Schwierigkeiten machte, und die dennoch meine diesfälligen Ansichten näher kennen zu lernen wünschten. In diesem Abrégé ist nun freilich der Inhalt kaum meines ersten Buches ganz enthalten; auch gerieth diese Arbeit, (die nie an ihre Adresse gelangte), schon gleichsam im ersten Anlauf ins Stocken, und blieb unter meinen Papieren so lange in Vergessenheit liegen, bis Prof. Dr. Clemens Hankiewicz in Stanislau mich im J. 1870 um eine Mittheilung über meine philosophischen Ansichten ersuchte, die ihm in verschiedenen böhmischen Publicationen nur unvollständig bekannt geworden waren. Ich sandte ihm deshalb den hier folgenden Aufsatz selbst zu, den er dann in seinem Werkchen „Grundzüge der slavischen Philosophie" (2. Auflage, Rzeszow 1873) benützte. Wie unvollständig und unvollendet auch dieses Bruchstück ist: Sachkennern dürfte es doch genügen, um ihnen, in Verbindung mit Bacons oben angeführten Worten, meine Ansichten über das Schöne und die Kunst erkennen zu lassen. So möge es denn auch hier die Reihe meiner deutschen Aufzeichnungen eröffnen, wie schönwissenschaftliche Versuche mein erstes Auftreten auf der literarischen Laufbahn überhaupt bezeichneten.

1.
Das Schöne.
Ein philosophischer Versuch.

1. Einleitung.

Die Idee des Schönen in ihrem Wesen und ihrer Wirksamkeit zu ergründen, die Gesetzmässigkeit aufzuklären, womit sie in der Sinnenwelt zur Erscheinung kömmt, ist die Aufgabe, welche ich mir in diesen Blättern gesetzt habe. Es ist vielfach darüber gestritten worden, ob das Schöne, das sich seinem Wesen nach zunächst im Gefühle ankündigt, auch Gegenstand der Wissenschaft sein könne? Ich glaube jedoch, dass diese Frage, richtig gestellt, gar keinem Zweifel unterliege.

Allerdings kann nur das Wahre, seinem Wesen nach, Gegenstand des Wissens überhaupt sein; und das Schöne ist nur insofern schön, als es gefühlt, gerade wie das Gute nur insofern gut ist, als es gethan wird. Aber das Schöne, als solches, ist ein Gegenstand der Kunst, nicht der Wissenschaft; so wie das Gute, als solches, nur im Wollen und Handeln, nicht aber in der Moral-Philosophie da ist. Gleichwie aber der Moral-Philosoph nur der ursprünglichen Gesetzmässigkeit (d. i. der Wahrheit) des Guten nachforscht, so forscht auch der Aesthetiker nur den Urgesetzen des Schönen (d. i. der Wahrheit im Gebiete des Schönen) nach. Wenn es also Urgesetze des Schönen gibt, und wenn diese Gegenstand des Wissens sein können, so ist auch an der Möglichkeit einer Wissenschaft vom Schönen nicht zu zweifeln.

Wer möchte aber das Dasein der Urgesetze des Schönen läugnen? Das Schöne ist, so wie das Wahre und das Gute, eine ursprüngliche Idee, welche durch die Thätigkeit des Geistes nach Aussen nur angeregt, nicht aber erst erzeugt wird. Das Gefühl des Schönen ist also in der ursprünglichen Gesetzmässigkeit des Geistes gegründet; seine Gesetze haben daher dieselbe allgemeine Giltigkeit, wie die des menschlichen Geistes überhaupt.

Aber es lässt sich vom Schönen kein deutlicher Begriff geben, sagt man. Das Schöne ist eine Idee; diese ist aber keineswegs dunkel und undeutlich. Die Urgesetze des Schönen liegen nicht ausserhalb der Gränzen des menschlichen Erkenntnissvermögens. Wie jedes selbständige Object, so hat auch das Schöne seine eigenthümliche, durch seine Einheit und Stetigkeit bedingte, Wirksamkeit; denn was in keiner Weise wirkt, ist Nichts, und nur inwiefern etwas auf gleiche Weise (stetig) wirkt, ist es das, was es ist. Die Stetigkeit der Wirksamkeit einer Sache offenbart sich durch die Stetigkeit ihrer Erscheinungen, welche wir durch Sinne wahrzunehmen im Stande sind; ihre Mannigfaltigkeit aber zur Einheit zu bringen ist das Geschäft der Vernunft. Diese in jener Stetigkeit der Erscheinungen offenbarte und erfasste Einheit ist die Gesetzmässigkeit des Objectes; ihre intellectuelle Auffassung bildet den Begriff der Sache. Der Begriff oder die Idee des Schönen muss daher so deutlich und bestimmt sein, wie seine eigenthümliche Gesetzmässigkeit es ist; denn beides ist eines und dasselbe.

Das eigentliche Geschäft der theoretischen Philosophie ist die Erforschung der ursprünglichen Gesetzmässigkeit des Weltalls. Wenn nun der Philosoph die Urgesetze des Schönen verfolgt, und sie zunächst durch die Gesetzmässigkeit des Geistes bedingt findet, so sehe ich nicht, wie er in seiner Untersuchung eine andere als die rationell-psychologische Methode einschlagen dürfte; um so mehr, als im Schönen eigentlich ein subjectives Moment, eine Form des Lebens, zur Erscheinung gelangt. Die seit Aristoteles gemachten unzähligen Versuche, das Schöne, als eine zufällige den Objecten inhärirende Eigenschaft, in gewisse logische Begriffe aufzulösen, die jedoch durch weitere oder engere Bedeutung jedesmal unangemessen blieben, sollten uns wohl hinlänglich gewarnt haben. Aber auch die empirisch-psychologischen Sätze, womit sich so viele Forscher beholfen haben, reichen, so schätzbar sie auch sind, doch nicht hin, das Wesen des Schönen zu ergründen; denn wir lernen daraus immer nur, was und wie das Schöne in concreten Fällen wirkt, nicht, aber was es ist und warum es so wirkt, und erhalten also damit nur eine historische Kenntniss des Schönen, welche einzelne Gesetze desselben wohl anschaulich zu machen, nicht aber eine philosophische, welche die ganze ursprüngliche Gesetzmässigkeit zu enthüllen geeignet ist. Es muss daher nothwendigerweise die Genese des Schönen in der gegebenen Einheit des Geistes gleichsam im vorhinein nachgewiesen werden, wenn man den Grundsatz finden will, der das System einer Wissenschaft des Schönen begründen und halten soll.

2. Unterschied des Realen und des Formalen.

Zu besserem Verständniss der nachfolgenden Untersuchung ist die metaphysische Frage von dem Unterschiede zwischen der realen Wesenheit und der Erscheinung, zwischen Gehalt und Form, wohl in's Auge zu fassen. —

3. Gott, Geist, Natur.

Ich postulire in meiner Untersuchung zunächst nur die Thatsache des innersten Bewusstseins, welche jeder Reflexion vorangehen und sie bedingen muss: nämlich das reale Sein des Ich, als eines unmittelbaren geistigen Princips, einer einigen wirkenden Kraft. Ich bin — also fühle ich und denke und strebe. Nicht deshalb, weil ich denke, bin ich; sondern ich denke, weil ich bin. Denn das Denken ist ein Wirken, und setzt daher schon das Dasein eines wirkenden Princips voraus. Das reale Sein der geistigen Kraft ist also ein absolut nothwendiges Postulat der Philosophie überhaupt.

Das reale Sein des Ich, als einer wirkenden Kraft, postulirt aber zugleich das reale Dasein eines Nicht-Ich, als eines besonderen Princips. Denn das wirkende Subject setzt einen von ihm verschiedenen eben so realen Gegenstand voraus, auf welchen und in welchem es wirke; sonst wäre das Ich dem All gleichbedeutend, d. h. es wäre kein Ich mehr.

Wir haben also das vor jeder Reflexion schon im vorhinein gegebene reale Dasein eines Dualismus, nämlich der zwei Principe, des Ich und des Nicht-Ich. Das Ich ist das im innersten Bewusstsein sich darstellende subjective Princip, der Geist des Menschen; das Nicht-Ich ist das mittelbar (in der Wirkung) wahrzunehmende objective Princip, die Aussenwelt oder die Natur.

Allerdings postulirt der Dualismus, in Folge unserer Denkgesetze, ein noch höheres einiges Princip, worin er begründet sei: nämlich das Dasein Gottes. Er wird jedoch durch dieses höhere Princip um so weniger aufgehoben, je weniger Grund und Begründetes identisch sein können. Daher ist jeder Versuch, die drei realen Principe: Gott, Geist und Natur, zu identificiren, oder eines durch das andere aufzuheben und theoretisch zu vernichten, eben so irrig als verderblich. Alle Bemühungen des Skepticismus, des Pantheismus, des Idealismus und des Naturalismus sind in der Hinsicht gescheitert und haben ihre Aufgabe mehr verworren als gelöst, ihren Gegenstand mehr verdunkelt als aufgeklärt.

Das reale Verhältniss des Geistes zu Gott und zur Natur liegt ausserhalb der Gränzen unseres Erkenntnissvermögens; gleichwie die innige Verbindung des Geistes mit dem Körper in unserer wirklichen Persönlichkeit die für immer unübersteigliche Gränze aller philosophischen Speculation bleiben muss. Man kann und darf es nicht läugnen: ein grosses Geheimniss umschliesst das Dasein des Sterblichen. Eine unbekannte Macht stellte ihn auf die Bahn des Lebens; sie rüstete ihn aus zum steten Kampfe hienieden; sie hält und trägt ihn in Zeit und Raum, und nimmt ihn dann wieder auf zu sich. Vergeblich bemüht sich der Weltgast, das Mass des Universum, das ihn umgibt, zu bestimmen; er hat nur einen Masstab für die Erscheinungen, das Reich der Wesenheiten ist ihm verschlossen, hier kann er nur ahnen und glauben.

Dagegen ist die Gesetzmässigkeit, womit die gegenseitige Wirksamkeit jener drei Principe zur Erscheinung gelangt, unserer Forschung nicht nur zugänglich, sondern sie bildet recht eigentlich den Gegenstand der menschlichen Erkenntniss.

4. Functionen des Geistes.

Der Nachtheil, den eine zu weit getriebene Spaltung der Begriffe herbeiführt, wird nirgends fühlbarer, als bei psychologischen Untersuchungen. Man spricht in unsern Schulbüchern so viel von einzelnen Kräften des menschlichen Geistes, dass man darüber dessen einige Kraft aus den Augen verliert; man zersetzt ihn in so viele nicht nur verschiedene sondern auch entgegengesetzte Elemente, dass dabei kaum abzusehen ist, wie er noch ein einfaches, raum- und zeitfreies Wesen sein kann. So wie aber das innerste Bewusstsein des Menschen nur ein einiges ist, so ist auch sein Geist nur eine einige und einfache Kraft, und zwar die einzige Kraft des Alls, von der wir eine unmittelbare wesenhafte Kenntniss haben, inwiefern sie nämlich unser innerstes Bewusstsein selbst ist.

Der Geist an sich, oder das reine Ich, ist zwar ein reales, aber kein individuelles, sondern ein allgemeines Princip; erst die unerforschliche Verbindung desselben mit dem Körper schafft die in sich abgeschlossene wirkliche Individualität der Personen. Daher die Einheit, Harmonie und allgemeine Giltigkeit der reingeistigen Functionen; obgleich die Gränze des Reingeistigen und des Geistig-Sinnlichen wohl nicht genau zu bestimmen sein dürfte.

Alles Wirken, welches wir kennen, ist ein Kampf, oder ein gegenseitiges Anstreben zweier unabhängiger Principe, einander zu bedingen und zu bestimmen; das dabei überwiegende Princip nennen wir das Handelnde, das andere aber das Leidende.

Der Gegensatz des Ich und des Nicht-Ich, des Geistes und der Natur, bedingt das Wirken und das Leben des Menschen. Es gilt dabei, das Princip des Geistes im Kampfe mit der Natur geltend zu machen, d. i. das All der Objecte durch die Einheit des Geistes zu bedingen und zu bestimmen.

Wenn wir aber den Geist in seiner Einheit dem All gegenübergestellt und mit ihm in einem Kampfe begriffen denken, so müssen wir schon in vorhinein etwas Zweifaches, gleichsam eine zweifache Seite bei ihm annehmen: die Kraft an und für sich, oder in Beziehung auf sich selbst, und die Kraft in Wirksamkeit, oder in Beziehung auf die Objecte. Jene Seite nenne ich die subjective, absolute oder centrale; diese die objective, relative oder excentrische; jene heisst in der Erscheinung „das Gefühl", diese die „Vernunft" in einem gewissen Sinne.

Da jedoch die Beziehung, in welcher das Subject zum Objecte stehen kann, doppelt ist, inwiefern nämlich der Geist (das Subject) sich entweder durch das Object bestimmen lässt, oder aber es selbst bestimmt: so muss auch die objective Thätigkeit des Geistes eine doppelte sein, der „erkennenden" Kraft nämlich, wo der Geist das Object in sich aufnimmt, und der „wollenden", wo er es aus sich entwickelt.

Man sieht wohl: der Geist ist überall nur die eine und selbe Kraft, ob er fühle, oder denke, oder wolle; denn nur die verschiedene Stellung und Beziehung dieser Kraft bedingt und begründet jene Unterschiede des sogenannten Gefühl-, Erkenntniss- und Willenvermögens.

Als Mittelpunct des geistigen Seins stellt sich uns das Gefühl, nämlich die subjective Seite des Geistes, dar; wir nennen es auch „das Bewusstsein", wenn es die objective Thätigkeit durchdringt. Das Gefühl ist die erste Thatsache des Geistes, und gleichsam der Focus, von welchem die Strahlen der geistigen Thätigkeit ausgehen. Man hat daher Unrecht, dasselbe als blosse Passivität, oder gar als Product der objectiven Thätigkeit darzustellen; denn es ist die, wenn gleich nicht nach aussen wirkende, so doch auf sich selbst bezogene und die objective Wirkung bedingende Kraft. Es versteht sich übrigens von selbst, dass das geistige Gefühl nicht mit der sinnlichen Empfindung zu verwechseln sei.

Im Gefühle und durch dasselbe allein sind wir im Stande ein reales Sein unmittelbar zu erfassen; vor aller Reflexion entnehmen wir daraus unsere Selbständigkeit, Spontaneität und Persönlichkeit; es bietet zugleich jene Urgewissheit dar, welche jedem Denkacto vorausgegangen ist, und daher nicht erst ermittelt wurde.

Dagegen ist die objective Thätigkeit des Geistes, der Verstand und der Wille, unvermögend, ein reales Sein zu erschliessen; denn sie befasst sich überall mit blosser Form, d. i. mit der Verbindung des Mannigfaltigen zur Einheit, und umgekehrt.

Das „Erkennen" ist ein Aufnehmen der Objecte in die Subjectivität; das „Wollen" aber ist ein Entwickeln der Objecte aus der Subjectivität. Soll nun bei solcher Thätigkeit das Subject nicht mit dem Objecte identisch, d. i. als Subject vernichtet werden, so muss es selbstkräftig das All der Objecte dem Gesetze seiner eigenen Einheit unterziehen und es dadurch bestimmen. Eine solche Thätigkeit stellt sich uns in der „Vernunft" dar, deren Unterschied vom „Verstande" in der That nur willkührlich angenommen ist. Da aber nicht das Reale (der Gehalt) der Objecte, sondern nur die Erscheinung (die Form) derselben in das Subject aufgenommen oder aus demselben entwickelt und der Einheit des Geistes unterworfen werden kann: so sind auch die Principien der Vernunft überall nur „regulativ" (formal), nirgends „constitutiv" (real).

Ich trage kein Bedenken, diesen in der Philosophie höchstwichtigen Satz, den der gründlichste Denker des vorigen Jahrhunderts einleuchtend genug dargestellt hat, zu wiederholen und zu behaupten. Bekanntlich ist es das Resultat der eben so consequenten als scharfsinnigen Forschungen Kants, dass der reinen Vernunft nur regulative, dagegen der praktischen allein constitutive Principien zukommen; dass aber die letzteren in dem kategorischen Imperative „Du sollst" begründet sind. Der kategorische Imperativ ist also nicht nur der Schluss-, sondern auch der Grundstein seines ehrwürdigen philosophischen Gebäudes. Es ist aber dieser Imperativ keine Erkenntniss, kein metaphysischer Satz, sondern eine unmittelbare Thatsache unseres Gefühls, unseres realen Seins. Eine unbedingte Erkenntniss kann es überhaupt eben so wenig geben, als einen unbedingten Satz; denn jede Erkenntniss, jeder Begriff ist ein Urtheil, eine Synthese, deren Grund stets ausserhalb derselben zu suchen, und zuletzt nur in der Realität des Gefühls zu finden ist. Hätte daher Kant bei seinen philosophischen Untersuchungen den umgekehrten Weg eingeschlagen, und sein Gebäude mit dem kategorischen Imperativ nicht geschlossen, sondern begonnen: so hätten wir von seinem unvergleichlichen Scharfsinne viel befriedigendere Resultate zu gewärtigen gehabt. Allein um seinen Zweck zu erreichen, Hume's Skepticismus auf dessen eigenem Felde zu schlagen, mochte er sich nicht mit der Analyse des Ahnens und Glaubens, sondern mit den Gründen und Gränzen des Wissens und den Principien der Vernunft beschäftigen. Durch die Bestimmung ihrer regulativen Geltung wies aber Kant auch dem Skepticismus seine natürlichen Gränzen an, woraus ihn seitdem, meines Wissens, kein speculatives System zu verdrängen vermochte.

Das reale Sein ausserhalb des Ich ist insgesammt ein Gegenstand des Glaubens und der Ahnung; es kündigt sich aber dem Gefühle mit jener Urgewissheit an, welche jeder Reflexion vorangegangen ist, und daher nicht erst ermittelt zu werden braucht. Daher ist auch der Glaube und die Ahnung keine willkührliche, sondern eine unbedingt nothwendige Function des Geistes.

5. Endzweck des Lebens. Das Göttliche.

Jede Kraft strebt an, d. i. sie wird thätig; und jedes Anstreben setzt einen Zweck voraus, der erstrebt werden soll. Man hat die Zwecke des Geistes, je nach seinen Kräften, verschieden angegeben: zunächst nannte man das Wahre, das Gute und das Schöne. So wie jedoch der Geist eigentlich nur eine einige und einfache Kraft ist, so muss auch sein Zweck nur ein einiger und einfacher sein. Es muss also einen Endzweck des menschlichen Lebens geben, der alle jene drei Zwecke in sich begreife.

Der Geist ist aber eines unbedingten und unendlichen Strebens sich bewusst, dem keine That genügt, und doch alle Kräfte stets willig folgen. Die Reciprocität der Strebsamkeit und der Zwecke fordert daher auch für die geistige Thätigkeit einen unbedingten und unendlichen Zweck, der da erstrebt werde, und dieser Zweck muss schon deshalb, weil er unendlich ist, auch ein einiger und einfacher sein.

Man hat diesen Endzweck des geistigen Strebens bald „das Absolute", bald „das Unendliche" genannt; beides, wie mich dünkt, gleich unangemessen. Das erstere ist nämlich ein blos formaler, das zweite ein negativer Begriff. Der Zweck des Geistes muss aber etwas Positives und Reales sein; denn das

Urgefühl, von welchem das Streben ausgeht, ist positiv und real, das Negative und Formale wird von ihm nicht erfasst, und kann ihm auch nicht genügen, da das erstere an sich Nichts, das zweite aber nur eine Bestimmung der Thätigkeit selbst ist. Richtiger nennt man daher jenen Zweck das gottähnliche Wesen oder *das Göttliche*; denn so wie alles Positive und Reale, was der menschliche Geist fühlen, denken und wollen kann, in absoluter Einheit und Fülle in *Gott* ist: so kann auch nur das Fortschreiten des Menschen im gottähnlichen Wesen seinem unendlichen Streben genügen.

Die deutsche Sprache ist im Gebrauche des Wortes „das Göttliche", nach seiner gewöhnlichen Bedeutung, nicht ganz genau und consequent; denn man versteht darunter sowohl dasjenige, was von Gott kömmt, als auch was Gott ähnlich ist. Das erstere sollte aber der Analogie gemäss, wenn ich nicht irre, eigentlich „das Göttische" heissen, so wie man dasjenige himm*lisch* oder ird*isch* nennt, was vom Himmel oder von der Erde stammt. Dem sei indess wie es wolle: in gegenwärtiger Untersuchung wird „das Göttliche" durchgehends nur nach seiner zweiten Bedeutung, als „das Gottähnliche" oder „dem Wesen Gottes Analoge" gebraucht; welches zu erinnern nöthig war, um Missverständnissen vorzubeugen.

Das Dasein Gottes ist ein absolut nothwendiges Postulat der Vernunft, und kündigt sich dem Geiste mit derselben Gewissheit an, wie das Dasein der Natur. Aber unsere Erkenntniss von Gott ist keine absolute, sondern eine bedingte, welcher keine objective, sondern nur eine subjective Nothwendigkeit inwohnt. Als ein reales unendliches Wesen kann Gott für uns nie Erscheinung werden: aber wir sind genöthigt, alles auf Gott zu beziehen, was wir unendliches kennen oder ahnen. Wir sprechen von Gottes Allmacht, Allgegenwart und Ewigkeit; von seiner Allwissenheit, seiner unendlichen Güte, Gerechtigkeit und Heiligkeit: alle diese Prädicate sind jedoch von der Art, dass deren Keime dem Menschen selbst zukommen; es sind positive aber bedingte Güter unseres geistigen Lebens, welche wir von Gott in absoluter unendlicher Potenz prädiciren. Unser eigenes positives Sein ist daher die Quelle unserer Erkenntniss von Gott; welche also auch bei dem weisesten der Menschen nur menschlich ist.

Da nun in Gott, nach dem Masse unserer Erkenntniss, alles bewusste und geahnete Positive (Gut) des menschlichen Geistes in unendlicher Potenz und absoluter Einheit coexistirt: so kann das Göttliche, in diesem Sinne, dem absoluten Menschlichen nicht entgegengesetzt, sondern es muss mit ihm verwandt sein. Der Mensch, als Idee, ist in dieser Hinsicht das wahre Ebenbild Gottes. Wenn es also einerseits nicht zu läugnen ist, dass er keine andere als die Bestimmung haben kann, *Mensch* zu sein; und wenn man anderseits gleichwohl *das Göttliche* als Endzweck seines Lebens angibt: so liegt darin kein Widerspruch, sondern beides ist, richtig verstanden, Eins und Dasselbe. Denn der Mensch soll das Ebenbild Gottes sein: d. h. er soll trachten, alles Positive des menschlichen Geistes, welches wir von Gott in absoluter unendlicher Potenz prädiciren, in sich selbst zur absoluten Vollkommenheit zu bringen.

Das *Göttliche* ist also der höchste Endzweck, so wie das höchste Gut des Lebens. Dieses ist aber absolute *Freiheit*, und zwar nicht allein die negative (Unabhängigkeit), sondern vielmehr die positive (Macht), als Bedingung der Thätigkeit überhaupt; es ist die absolute *Wahrheit*, d. i. theoretisches-, und das absolute *Gute*, d. i. praktisches Beherrschen des Objecten-Alls durch die Einheit des Subjects; es ist endlich auch das absolute *Schöne*, d. i. die absolute Form des Göttlichen. Das Göttliche ist also, wie die Heiligkeit, kein vom Geiste unabhängiger objectiver, sondern ein dem Subjecte immanenter Zweck; es ist ein Moment des subjectiven Lebens, und zwar das höchste, absolute, in welchem alles Bewusste oder geahnete Positive des menschlichen Geistes in unbedingter Potenz coexistirt. Die Ideen des Wahren, des Guten und des Schönen sind einzelne Strahlen dieses Lichts, durch die objective Thätigkeit des Geistes gebrochen.

6. Das Anstreben zum Göttlichen.

Gott ist die höchste objective, das Göttliche die höchste subjective Idee. Es versteht sich also von selbst, dass in der Wirklichkeit und der Geschichte von keiner göttlichen Menschheit, wohl aber von einer zum Göttlichen anstrebenden und fortschreitenden, die Rede sein kann. Das Fortschreiten zum Göttlichen ist eigentlich, obgleich in unendlichen Abstufungen, der Inhalt der gesammten Geschichte, der Menschheit sowohl als der Individuen. Es ist daher von der grössten Wichtigkeit, die Kräfte kennen zu lernen, welche das Anstreben bedingen, und das Fortschreiten jedesmal bestimmen.

Ich habe oben bereits von den reinen Functionen des Geistes gesprochen, und deren Verschiedenheit aus der verschiedenen Stellung und Beziehung des Subjectes und der Objecte hergeleitet. Der Mensch ist aber kein reingeistiges, sondern ein geistig-sinnliches Wesen; er fühlt in sich nicht allein das unendliche Streben des Geistes, sondern er empfindet auch sehr beschränkte sinnliche Triebe. Diese doppelte Richtung im Leben des Menschen muss daher deutlicher ins Auge gefasst werden.

Die Frage von der Möglichkeit der Vereinigung zweier entgegengesetzter Principe in unserer Individualität können wir dabei immerhin auf sich beruhen lassen. Diese Vereinigung ist eine ursprüngliche Thatsache, die sich weder wegläugnen noch erklären lässt. Oder sollten etwa Frankreichs einstige Afterphilosophen, die den Geist als Product der Materie bezeichneten, den Knoten gelöst haben? Dann wäre der Mensch freilich nichts mehr als ein sublimirter Affe, sein Streben zum Göttlichen ein egoistischer Trieb, seine Selbstverläugnung Wahnsinn, seine Hoffnungen Vermessenheit; dann gäbe es weder Gott noch Unsterblichkeit, weder Tugend noch Schönheit; der wilde Bewohner der Wüste, in dessen Seele das Licht der Ideen kaum empordämmert, wäre dann der wahre vollkommene Mensch, und alle unsere Forschungen wären zwecklos. Doch es bedarf heutzutage glücklicher Weise keiner Worte mehr über das eben so schädliche als alberne System des Materialismus.

Die beiden Pole unseres Daseins sind die *Vernunft* und die *Sinnlichkeit*; jene ist das Princip des Geistes, diese das des Körpers oder der Natur in uns; jene folgt den Gesetzen ideeller Einheit, diese den Einflüssen realer Mannigfaltigkeit; dort waltet ein unendliches Streben, das Zeit und Raum aufhebt und vernichtet, hier die beschränktesten Triebe, die der Zeit und dem Raume unmittelbar ankleben; dort ist Autonomie und Beständigkeit, hier Abhängigkeit und ewiger Wechsel; dort herrscht unbedingte Macht und Thätigkeit, zur Erhaltung unserer Selbständigkeit und Persönlichkeit, hier üben Schmerz und Lust ihren Einfluss aus, um das Leben mit Realitäten zu füllen.

Die Indifferenz jener beiden Pole ist das *Gefühl*. Es vereinigt beide Principe, die Vernunft und die Sinnlichkeit, in Einem Bewusstsein; es ist daher nicht nur der Mittelpunct, sondern auch gleichsam der Hebel und Träger unseres ganzen Seins; es ist, wie gesagt, jener geheimnissvolle Focus, wo ein Funke des himmlischen Lichts im irdischen Elemente entbrennt und leuchtet. Sowohl das Anstreben und Fortschreiten zum Göttlichen, als die Unterjochung unter die Nothwendigkeit der Natur, kündigen sich uns im Gefühle an.

Die Aufgabe des menschlichen Lebens ist ein ewiger Kampf zwischen der Autonomie des Geistes und der Nothwendigkeit der Natur; sein Endzweck ist das *göttliche Sein*, d. i. das absolute Walten des ersteren über die letztere. Dieses absolute Walten des Geistes über die Natur, nämlich die ideirte Allmacht, Allwissenheit und Allgerechtigkeit des Menschen, lässt sich doppelt nehmen, nämlich von Seite seiner *Realität*, und von Seite seiner *Form*. Die Realität des Göttlichen ist die wirkliche reelle Allmacht, Allwissenheit und Allgerechtigkeit des Menschen selbst; die Form des Göttlichen aber nichts anderes, als die eigenthümliche Gesetzmässigkeit des idealen Menschen, oder die Art und Weise, wie die Allmacht, Allwissenheit und Allgerechtigkeit in ihm zur Erscheinung käme. Es leuchtet übrigens von selbst ein, dass jener Kampf zwischen Geist und Natur im Göttlichen aufgelöst ist, und einer höheren Einheit und Harmonie weicht.

Da wir nun in der Wirklichkeit nicht das Göttliche selbst, sondern nur ein Streben und Fortschreiten zum Göttlichen kennen: so lässt sich auch dieses als doppelt annehmen, nämlich als das Streben zur Realität des Göttlichen, und als Streben zur Form desselben. Das erstere ist das reelle Wachsen in der Macht des Geistes, der Wissenschaft und der Gerechtigkeit; das zweite die Vorstelligmachung jener idealen Art des menschlichen Seins. Jenes ist durch seine Zwecke bedingt und bestimmt, dieses frei und selbstzweckig; jenes äussert sich in der Thätigkeit der Vernunft und des Willens, dieses im Gefühle und der Phantasie; jenes hat das *Wahre* und das *Gute*, dieses das *Schöne* zum Gegenstand.

7. Das Schöne überhaupt. Vorläufige Andeutungen.

Die Genese des Schönen ist durch das freie Anstreben des Menschen zur Form des Göttlichen, — seine ursprüngliche Gesetzmässigkeit aber durch die innige Durchdringung des Gefühls und der Phantasie bedingt und bestimmt. In diesen Worten liegt eigentlich der ganze Inhalt meines philosophischen Versuchs über das Schöne; es liegt also hier alles daran, ihren Sinn richtig zu fassen.

Das reelle Walten des Geistes über die Natur, das Erkennen und das Wollen, kann nur mittelst der sogenannten Kategorien der Vernunft Statt finden: diese sind aber Formen und Gesetze der geistigen Thätigkeit, welche in ihrer Anwendung nichts Unbestimmtes, nichts Willkührliches zulassen, da der Kampf zwischen Subject und Object jedesmal eben so individuell als reell ist. Es herrscht ein hoher Ernst hier, wo es gilt die Autonomie des Geistes gegen die Nothwendigkeit der Natur zu schützen und zu bewahren. Zudem liegen die Zwecke der objectiven Thätigkeit, das Wahre nämlich und das Gute, ausserhalb der Thätigkeit selbst; diese ist nur das Mittel zu jenen, folglich von ihnen abhängig und durch sie bedingt. Und wie nun einerseits das Fortschreiten zur Realität des Göttlichen, obgleich in seinen Zwecken frei, die geistige Thätigkeit dennoch in den Zustand strenger Bestimmtheit setzt: so nimmt ihm anderseits auch die Unterjochung unter die Nothwendigkeit der Natur selbst seine Spontaneität. Daher ist die objective Thätigkeit des Geistes im Erkennen und Wollen streng bestimmt.

Es gibt aber auch Momente, oder so zu sagen, eine Seite des menschlichen Lebens, wo Geist und Natur nicht im Kampfe begriffen, sondern gleichsam im Gleichgewichte mit einander innig verwebt erscheinen; eine Thätigkeit, die weder ein Erkennen des Wahren, noch ein Wollen des Guten, obgleich beiden analog und verwandt ist; also eine innige Durchdringung des Subjectiven und des Objectiven, oder, da das Subjective des Menschen im Gefühle, das Objective aber in der Phantasie am reinsten erscheint, eine Durchdringung des Gefühls und der Phantasie. Da nun in dieser Durchdringung kein Kampf mehr statt findet, so hat sie auch keine Zwecke ausser sich; sie ist sich selbst Zweck; und der Geist also in dieser Thätigkeit, oder in dieser Art zu sein, unbedingt und frei. Es ist dies aber die Art des göttlichen Seins, oder die Form des Göttlichen, worin nämlich, wie gesagt, der Kampf zwischen Geist und Natur aufgelöst ist, und einer höheren Harmonie weicht. Es ist also das Streben zur Form des Göttlichen eine freie selbstzweckige Thätigkeit.

Es frägt sich aber, ob ein Streben nach der Form des Göttlichen, unabhängig von der Realität desselben, möglich sei? das heisst, ob die Form des Göttlichen, auch ohne dessen Wesenheit, für sich allein vorstellig gemacht werden könne? und wenn dies der Fall ist, ob dann eine solche Vorstellung auch wahr sei? Die Beantwortung dieser Frage muss zugleich den Erweis in sich führen, ob das Schöne etwas an sich Wesenhaftes sei, ob es eine objectiv giltige Gesetzmässigkeit und Bedeutung habe, und wie diese beschaffen sein könne. Man sieht wohl, dass es sich dabei um die Grundlage der gesammten Philosophie des Schönen handelt. Doch ist diese Beantwortung erst nach vorhergegangener Analyse des Gefühls und der Phantasie in ihrer Durchdringung möglich.

II.

An- und Aussichten der böhmischen Sprache und Literatur vor 50 Jahren.

Der Mitredacteur der einst hochgeschätzten Wiener Jahrbücher der Literatur, Barthol. Kopitar, zugleich Custos der kaiserl. Hofbibliothek, forderte mich schon im J. 1821 auf, eine Recension zweier böhmischer Sprachwerke, des böhmisch-deutsch-lateinischen Wörterbuchs von Georg Palkowič (in zwei Bänden, Pressburg 1820—21,) und M. J. Sychra's Versuch einer böhmischen Phraseologie, (zwei Abtheil. Brünn 1821—22) für jene Jahrbücher zu schreiben. Da über die damaligen Zustände der böhmischen Sprache und Literatur in jener wissenschaftlichen Zeitschrift noch nicht verhandelt worden war, und mir die Gelegenheit geboten wurde, meine Ansichten darüber in einer Einleitung vorzutragen, so nahm ich den Vorschlag an und schickte ihm am 3 Dec. 1822 einen während meines Landaufenthaltes in Ungarn verfassten ziemlich umfangreichen Aufsatz darüber zu.

Diese Einleitung nun, welche den Stand der böhm. Sprache und Literatur von damals nach den damals herrschend gewesenen Ansichten schildert, bringe ich hier zur Publicität, da der übrige Inhalt des Aufsatzes für jetzt kein Interesse mehr bieten kann, — und werde über das Schicksal des Ganzen erst im Anhange berichten.

2.

Der böhmische Volksstamm ist, zunächst den Russen und Polen, der merkwürdigste und zahlreichste in der europäischen Slavenwelt. Sein Gebiet erstreckt sich durch Böhmen, Mähren und Oberungarn bis an die Theiss, in ohngefähr 10 Längen- und 2 Breitengraden. Nur hie und da finden sich darauf deutsche Städte und Colonien, (z. B. um Brünn, um Tribau, im sogenannten Kühländchen u. s. w. in Mähren; in der Zips, um Kremnitz u. s. w. in Ungarn); gleichsam einzelne Inseln, von slavischen Wellen rings umspült: wogegen jedoch auch slavische Colonien mitten unter Magyaren und Deutschen (z. B. im Békéscher Comitat u. a.), nicht zu übersehen sind. Bekanntlich sprechen die 14 Millionen Slaven des österreichischen Kaiserstaates verschiedene Mundarten: böhmisch, polnisch, russisch (russinisch), serbisch (illyrisch), kroatisch, windisch etc. Die böhmische (čechische) Mundart, der Gegenstand gegenwärtiger Anzeige, ist hierunter die ausgebreitetste; denn sie allein wird, in ihren besagten Gränzen, von beinahe 7 Millionen Menschen gesprochen.

Mannigfaltig und eigenthümlich sind die Schicksale dieser Sprache. Seit mehr als zwölf hundert Jahren, d. i. seitdem die Čechen sich in Böhmen und Mähren angesiedelt haben, kämpften sie stets, jedoch nicht mit stetem Glücke, für Erhaltung ihrer Sprache und Nationalität. Vorzüglich Deutsche hatten es zu wiederholten Malen versucht, nicht nur sie zu unterjochen, sondern auch zu entnationalisiren. Bekannt sind die blutigen Feldzüge der deutschen Heinriche, Ottone u. a. Vom IX Jahrhunderte an bis zu Ende des XI ist der hierdurch immer neu aufgereizte Nationalhass zwischen Deutschen und Slaven der Schlüssel zur gesammten Geschichte der Böhmen. Denn von selbst drängte sich die böhmische Nation nie unter die Eroberer; die kleinen Eroberungszüge ihres Přemysl Otakar II und Johann's wurden nicht im Interesse der Nation geführt; diese beschränkte sich von jeher auf Vertheidigung ihres Vaterlandes. Desto eifriger, standhafter und tapferer war sie aber, wenn es galt, sich selbst und ihre Freiheit zu schützen. Von jeher war nämlich die Ueberzeugung bei den alten Čechen lebendig, dass ihre Nationalfreiheit nur mit ihrer alten Volksthümlichkeit bestehen könne, und jede fremde Sprache auch Knechtschaft mit ins Land bringe. Darum hasste die Nation diejenigen ihrer Herzoge und Könige, welche das Deutschthum in ihrem Lande förderten. Eben die grössten Gönner der Deutschen unter ihnen regierten fast insgesammt unglücklich: Bořiwoj II wurde dreimal vom Throne gestürzt, Sobieslaw II und Friedrich konnten sich in die Länge nicht auf demselben behaupten. Auch der deutsche Minnesänger, „*Wenzel*, Kunig von Beheim", musste sich in seinem Alter aus dem Lande flüchten, als die Nation ihm seinen vielversprechenden Sohn vorzog. *Otakar II* wurde, wie die alten böhmischen Chronisten erzählen, von seinen Räthen darum bewogen, die ihm angebotene deutsche Kaiserkrone abzulehnen, weil diese befürchteten, seine neue Würde könnte dereinst der alten Volksthümlichkeit gefährlich werden. Auf jeden Fall büsste dieser unglückliche König gar schwer seine zu offen gezeigte Vorliebe für die Deutschen. Dalemil, ein Zeitgenosse, erzählt, Otakar sei von einigen Grossen des Landes darum so wenig unterstützt, und endlich in der entscheidenden Schlacht auf dem Marchfelde (26 Aug. 1278) verlassen worden, weil er gedroht hätte, nach beendigtem Feldzuge zu bewirken, „dass kein čechisches Wort mehr auf der Prager Brücke gehört werde." Noch entschiedener standen die beiden Völker einander gegenüber, seitdem das alte Geschlecht der Přemysliden erloschen war. Als König *Johann* (von Luxenburg) alle Stellen im Staate mit Deutschen besetzte, und das Gerücht erscholl, er wolle gar alle Böhmen aus dem Lande verdrängen, verbanden sich die mächtigen Lipa's, die Rosenberge, die Zajice, Waldsteine, Kolowrate etc. gegen ihn, und zwangen ihn endlich zu schwören, künftighin alle Fremdlinge von böhmischen Staatsämtern auszuschliessen. Nebenbei siedelten sich jedoch immer neue zahlreiche Ankömmlinge vorzüglich in den Städten an. *Karl IV*, der sich seiner Abstammung vom přemyslischen Geschlechte so gerne rühmte, war zwar der čechischen Nationalität in der Seele ergeben: aber auch aufgeklärt genug, die Vorzüge in der Industrie anderer Völker zu würdigen, und fremde Künstler, Handwerker und Kaufleute, welche sich in seinem geliebten Böhmen niederlassen wollten, zu begünstigen. Der kaiserliche Hof, die neuerrichtete Universität, die beförderten schönen Künste, der vorzüglich begünstigte Handel, zogen Fremdlinge, besonders aber Deutsche, in Menge nach Prag. Auch unter Karls Sohne und Nachfolger *Wenzel*, wurden die Deutschen in Böhmen unterstützt. Der König, welcher den Eingebornen, seiner bekannten Schicksale wegen, misstraute, besetzte viele Aemter mit Deutschen, so dass z. B. das Magistratspersonale in den Prager Städten fast aus Deutschen allein bestand. Nun wurden die Reibungen zwischen beiden Nationen immer heftiger, und offenbarten sich gar blutig zu wiederholten Malen. Mittlerweile zeigte sich der auch vom deutschen Kaiserthrone abgesetzte König den Deutschen minder geneigt: wenigstens liess er sich durch *Hus* bereden, bei dem bekannten grossen Streit auf der Prager Universität die Čechen,

'Mährer und ungr. Slaven durch Verleihung der drei Stimmen zum Nachtheil der Deutschen zu begünstigen. Als nun vollends die beiden Nationalparteien auch Religionsparteien wurden, als die Kostnitzer Kirchenversammlung für gut fand, die Kühnheit der beiden Koryphäen der böhmischen Partei mit dem Flammentode zu bestrafen: da brach der lange unwillig verhaltene Groll in offene Fehde aus. Der Hussitenkrieg ward nun nicht blos Religionskrieg, er ward auch ein Nationalkrieg. Jener nie besiegte Žižka bewaffnete seine Krieger nicht blos zum Schutze der neuen Kirche, sondern auch „vorzüglich" der böhmisch-slavischen Nation, wie es die von ihm verfasste Kriegsordnung bezeuget. Tausende von Deutschen flohen nun aus Böhmen, als das Glück der Waffen für die Hussiten entschieden hatte; binnen einem Jahrzehend verlor sich das Deutschthum beinahe ganz aus dem Lande, — um nach zwei Jahrhunderten auf demselben Grund und Boden einen um' so festern Fuss zu fassen.

Man wird diesen stets regen Eifer nicht übertrieben, nicht fanatisch finden, wenn man die Schicksale der übrigen Slaven in Deutschland bedenkt. Die Bewohner von Mecklenburg, von Pommern, Brandenburg, Meissen, die mächtigen Obotriten, die Wilzen, die Pomoraner, die Rugier, die Sorben, — sie sind nun gänzlich aus der Liste der Völker verschwunden. Deutsche Waffengewalt, von Ansiedlern und Missionären begleitet, hat sie binnen einem halben Jahrtausend entweder vernichtet, oder verdeutscht. Selbst in Schlesien und den beiden Lausitzen, welche doch seit dem XIV Jahrhunderte die Schicksale Böhmens getheilt hatten, erhielt sich heute nur noch hie und da ein schwacher Nachklang der alten Sprache. Die Böhmen waren denselben Gefahren von Seiten der Deutschen ausgesetzt, denen die Sorben, die Wenden erliegen mussten. Aber so wie jenen die Spaltung in zahllose winzige Stämme, der Mangel an Einheit und Verbindung untereinander verderblich ward: so erhielten sich dagegen die čechischen Slaven hauptsächlich durch ihre von jeher unter Einem Oberhaupte concentrirte Nationalkraft, durch frühe Erkenntniss dessen, was ihnen Noth thue, durch die Klugheit und Tapferkeit einiger ihrer Fürsten (eines mähr. Swatopluk, eines Boleslaw I, eines Břetislaw I) und durch eben den frühen, stets thätigen Eifer für Befestigung ihrer Nationalität. Und wenn Eifersucht für eigene Volksthümlichkeit in jenen dunkeln Zeiten ein Verbrechen war, wer darf es wagen, in unserem aufgeklärten Zeitalter, den ersten Stein über jene Sünder zu erheben?

Diese äusseren Schicksale der Sprache konnten nicht umhin, auch auf ihre inneren Einfluss auszuüben. Der Patriot, der so zu sagen seine ganze Existenz an die Existenz eines Werkzeuges knüpfte, konnte dieses Werkzeug selbst nicht vernachlässigen; er musste es nicht nur zu erhalten, sondern auch zu veredeln und zu vervollkommnen suchen, um so mehr, wenn es etwa selbst einer Vervollkommnung vorzüglich fähig war. Der Böhme und Mährer sträubte sich von jeher gegen den Gebrauch einer fremden Sprache, selbst der lateinischen, in seinem Vaterlande. Vor Gericht scheint er ohnehin meist nur in seiner Muttersprache Klage geführt und Recht empfangen zu haben. Aber er wollte auch nur in derselben die Gottheit anbeten. Bekannt sind die Bemühungen Swatopluk's von Mähren, und Wratislaw's, des ersten Königs von Böhmen, den Gottesdienst in slavischer Sprache bei ihren Völkern einzuführen. Jener wandte sich an den byzantinischen Kaiser Michael, und wurde seines Wunsches durch Cyrillus und Methodius theilhaftig; dieser aber wandte sich an Gregor VII, und musste seine Bitte verworfen sehen. Doch wurden die von ihm beschützten slavischen Mönche erst nach seinem Tode aus Böhmen verdrängt, bis Karl IV nach zwei Jahrhunderten sie wieder einführte, und bald darauf Husens Religionspartei die Muttersprache in ihren Kirchen als Dogma geltend machte. Auch die eigentliche Gelehrsamkeit blieb bis zur Epoche des Hussitismus ausschliessliches Eigenthum des lateinischen Clerus. Besser gediehen dagegen vaterländische Poesie, Geschichte und Rechtswissenschaft auf čechischem Boden.

Ein Charakterzug, der die Slaven überall und jeder Zeit auszeichnet, ist ihre grosse Liebe zum Gesang. Man braucht dessen Wirklichkeit nicht lange zu suchen; er drängt sich dem Reisenden in Böhmen und Illyrien eben so wie unter Russen und Polen oft wider Willen auf. Herrliche Zeugnisse, dass es auch vor Alters so gewesen, hat der Russe im Heldengesang vom Zuge Igor's gegen die Polowzer (Slowo o plku Igorewie), und in seinen alten Gedichten (Drewnija ruskija Stichotworenija); der Serbe mitunter in dem von Wuk Stefanowič herausgegebenen Volksliederbuche (Prostonarodna Pesnarica). Wie ächt homerisch ist da der Liedercyclus von der grossen Schlacht auf dem Amselfelde (Kossowopole, 15 Juni 1389), traurigen Andenkens, wo Sultan Murad I sein Leben, die Serben aber ihren Zar, die Blüthe ihres Landes sammt ihrer Unabhängigkeit auf lange Zeit verloren. Ein Volk, in dessen Munde Heldengesänge von diesem Gehalte Jahrhunderte lang noch forttönen, kann in seinem innern Wesen nicht entartet sein! Auch den Čechen erzählte ihre Geschichte von alten Helden- und Minnegesängen: aber die Zeit schien uns davon nichts aufbewahrt zu haben; denn die gereimten Legenden, die übersetzten meist moralischen Gedichte, die Romane des vierzehnten Jahrhunderts, hatten keine nationale Bedeutung, und selbst die wenigen historischen Gesänge, z. B. über die Schlacht bei Cressy 1346, worin der böhm. König Johann mit vielen Edlen seines Landes fiel, waren ohne poetischen Werth. Schon glaubte man alles unwiederbringlich verloren, als dem Herrn Hanka das Glück zu Theil ward (16 Sept. 1817), zu Königinhof in Böhmen Ueberbleibsel eines schönen böhmischen Codex zu entdecken; leider nur noch zwölf Blätter, auf Pergament klein geschrieben, welche das 26, 27 u. 28 Kapitel „des dritten Buches von den Liedern", und auch diese nicht ganz, enthalten! Nur sechs grössere Heldengesänge, und acht kleinere köstliche Lieder vergönnte uns das Schicksal: doch lasset uns auch dafür dem Genius der Čechen dankbar sein! Es ist kein Zweifel, dass die ganze Sammlung gegen Ende des XIII Jahrhunderts veranstaltet war; indessen zeigt nicht blos der Inhalt, sondern vorzüglich die Sprache, die innere Anlage und das ganze Gewand einiger Gesänge, dass sie älter als die übrigen sind.

Diese Erscheinung wirkte neubelebend auf die Böhmen. Heldengesänge von dieser Kraft und Anmuth, von dieser

Grossheit und Einfalt in Sinn, Bildern, Empfindung und Sprache, waren mehr als man erwarten konnte. Durchaus waltet hier ein eigenthümlicher kräftiger Geist, der das gesammte Heldenleben der Altvordern in grossen Zügen malt, ein verklärter Patriotismus, ein ungezähmter Hass gegen Unterdrücker und Verderber des Landes, so wie Töne der zartesten Sehnsucht und Liebe. Ihren Charakter und Inhalt zeichnen sie einigermassen selbst in der merkwürdigen Stelle:

„Ha! vom Herzen, *Zaboj*, singest du zum Herzen,
Mitten aus der gramerfüllten Brust. Wie *Lumir*,
Der mit Wort und Sang zu rühren
Wusst' den Wyssehrad und alle Lande,
So du mich und alle unsre Brüder.
Ja, die Götter lieben brave Sänger!
Singe denn, dir ward die Kraft gegeben
Herzen gegen Feinde zu entflammen!"

Es ist hier kein Ossian, wenigstens nicht der Macpherson'sche; seine zu weichen Saiten hielten den kräftigen Anschlag nicht aus. Eher könnte man an Percy's Reliques und Scott's Minstrelsy of the scottish border erinnert werden; die nächste Aehnlichkeit aber haben die Lieder mit den alten serbischen, mit denen sogar einige in einem eigenthümlich-slavischen epischen Versmass übereinkommen. — —

Die *Sprache* dieser alten Poesien ist ihrem ganzen Charakter völlig angemessen. Sie zeichnet sich durch Energie, männliche Kürze, Adel und blühendes Leben vor allen Producten der gesammten böhmischen Literatur aus; und zeugt durch ihre bewundernswürdige Cultur und Gewandtheit sehr vortheilhaft von dem Zustande der damaligen Geistesbildung. Sie erweitert den gegenwärtigen Umfang der böhm. Sprache bedeutend, und ist doch auch dem gemeinen Manne, bis auf wenige veraltete Wörter, nicht unverständlich. Noch hat die poetische Diction bei den neuern Böhmen sich nicht zu der Höhe erheben können, auf welcher wir sie in der Königinhofer Handschrift finden. Man denke bei diesen männlichen Lauten, die frei der kräftigen Brust, gleich einem Bergquell entströmen, ja nicht an die Meistersänger, nicht einmal an die schwäbischen Minnesänger, obgleich auch diese ihre eigenen Reize haben. Die gesammten slavischen Dialecte, und gewiss auch der böhmische, waren ohne Zweifel durch die organische Bestimmtheit ihrer reinvocalösen Bildungsformen für grammatikalische und lexicalische regelfeste Bildung viel früher empfänglich, als die germanischen. Der grammatikalische Bau der böhm. Sprache hat auch seit dem XIII Jahrhundert nur wenige Veränderungen erlitten, und auch diese fielen meist zu seinem Nachtheil aus. Der einst allgemeine Dual erhielt sich nur noch bei den Hauptwörtern, die etwas von Natur gedoppeltes am thierischen Körper bezeichnen, z. B. Augen, Ohren, Hände etc.; aus dem Zeitworte verlor er sich ganz. Statt der alten einfachen Form der vergangenen Zeit: widiech, widieši, widiese, widiechom, widieste, widiechu, beliebte man die neueuropäische zusammengesetzte: widěl sem, widěli sme etc. Nur Eine Spur davon erhielt sich noch in Optativen bych, bychom, byste etc. — —

Wir haben bei diesen altböhmischen Heldengesängen länger geweilt, weil die Erscheinung dem nichtslavischen Europa weniger bekannt ist, als sie es wohl verdiente. Um so kürzer fassen wir uns in der Anzeige der übrigen Ereignisse, welche auf die lexicalische Bildung der böhm. Sprache Einfluss gehabt. Im XIV Jahrh. haben Dalemil, Pulkawa und Beneš von Hořowic die Geschichte auf dem Boden der čechischen Nationalliteratur zuerst angebaut; der oberste Landrichter unter Karl IV und Wenzel, Andreas von Duba, hat die alten böhmischen Landrechte gesammelt. Jene damals allbeliebten Sagen von König Arthus, der Tristram von Rhymer, die trojanische Geschichte des Guido von Colonna, Mandeville's und Marco Polo's Reisebeschreibungen u. s. w. wurden auch sogleich in's Böhmische übersetzt; nebenbei der nicht zu verwerfende „kleine Weber" (Tkadleček) verfasst. Moralische und theologische Abhandlungen lieferten Thomas von Štítný und der aus der Kirchengeschichte bekannte Milič. Die Alexandreis und die vielen Reimverse ohne Mark und Bein kann man immer mit Stillschweigen übergehen.

Johann Hus macht in der Geschichte der böhm. Sprache noch mehr Epoche, als Luther in der der. deutschen. Der Patriot mag die mannigfaltigen Unglücksfälle, welche sein Reformatorwerk über Böhmen herbeigezogen hat, noch so bedauern: für seine Muttersprache hatte es sehr erfreuliche Folgen. Hus feuerte in seinen Predigten sowohl den Eifer für seine neuen Dogmen, als den für seine Nationalität heftig an, und zog selbst seine bekannten Streitfragen vor das Volk. Es war zugleich die Wirkung der von Karl IV gestifteten Prager Universität, dass die ganze Nation zu eigenem Grübeln in Sachen der Religion und der Kirchendisciplin geneigt und geeignet war: vielleicht aber bloss Husens Verdienst, dass man sich dabei vorzugsweise der Muttersprache bediente. Hus begründete die, mit wenigen Abänderungen noch jetzt geltende, böhmische Orthographie; empfahl seinen Anhängern das fleissige Lesen der (schon früher in's Böhmische übersetzten) Bibel; schrieb und verbreitete selbst mehrere theologische Werke unter das Volk. Wie allgemein nun der Geist der Untersuchung über theologische Gegenstände geworden sei, kann man schon von der Thatsache abnehmen, dass unter den Schutzschriften, die nach Husens Tode für seine Lehren in böhmischer Sprache erschienen, die von einem Frauenzimmer verfasste die merkwürdigste war. (S. Dobrowsky's Gesch. der böhm. Spr. u. ältern Literatur, 1818. S. 193.)

Folge dieser von nun an durch zwei Jahrhunderte fortgesetzten, oft mit vieler Subtilität geführten Streitigkeiten und Untersuchungen war es, dass die Sprache nicht nur mit allen damaligen abstracten Begriffen bereichert wurde, sondern auch bedeutend an Bestimmtheit, Gewandtheit und Feinheit gewann. Die Muttersprache ward nun das Element, in welchem sich die katholische Geistlichkeit sowohl als die utraquistische bilden musste; daher zog sich die lateinische Sprache von dem Lande immer mehr in die Schulen und Gelehrtenstuben zurück. Die königl. Briefe und Diplome, die Landtags- und Privaturkunden wurden im XV Jahrh. ganz böhmisch; und als man in Mähren im J. 1480, in Böhmen im J. 1495 auch die Bücher der Landtafel ausschliesslich böhmisch zu verfassen anfing, verlor die

Latinität in beiden Ländern ihren diplomatischen Charakter gänzlich.

Nie war der Eifer der böhmischen Stände für ihre Sprache höher gestiegen, als in und nach dem Hussitenkriege. Nicht genug, dass die Menge der Deutschen das Land verlassen hatte: sie wollten auch, dass niemand in ihrem Lande die Krone trage, der ihrer Sprache und Nationalität nicht ergeben sei. Schon im Jahre 1420 ward Waldstein nach Polen und Litthauen abgesandt, um da für Böhmen einen Herrscher zu suchen. Sigmund musste die durch seine unvorsichtige Drohung erbitterten Gemüther endlich, nachdem das Blut von beinahe einer Million Menschen vergossen worden, durch die Erklärung zu besänftigen suchen, dass er eine Ehre darein setze, selbst ein Böhme, und unter Böhmen geboren zu sein. Nach dem Tode dieses unglücklichen, aber nicht schuldlosen Kaisers wurde seinem Schwiegersohne von einer mächtigen Partei ein polnischer Prinz aus dem Grunde vorgezogen, weil jener ein Deutscher, dieser aber ein Slave sei. Einem Georg von Podiebrad verschaffte, ausser seinen glänzenden Feldherrn- und Herrschertalenten, auch vorzüglich sein Nationaleifer den Besitz der Krone. Nach seinem Tode aber erhoben die Stände den 15jährigen Wladislaw auf den Thron (gegen Matthias Corvinus), weil sie sich von ihm als einem Polen unter andern auch versprachen, dass des böhmischen Volkes und „der *slavonischen Sprache*" Ruhm durch ihn erhöhet werden würde.

Die Zahl der im XV Jahrh. verfassten böhmischen Schriften ist schon ansehnlich. Wir wollen die Menge der theologischen und polemischen Werke nicht anführen. Auch die zahlreichen historischen Schriften dieser Zeit sind zwar sehr schätzbar für den Geschichtforscher, aber ohne alle Spur von Kunst; eben so die vielen historischen und andere Gedichte. Ausgezeichnet jedoch auch in literarischer Hinsicht ist die sonst so stürmische Regierung Georgs (von Podiebrad). Obgleich selbst ohne gelehrte Bildung, jedoch „von Natur ein Weiser, dessen hohe Einsichten der menschliche Verstand nicht zu erreichen vermag", — dies Zeugniss wird ihm von einem seiner ehemaligen Rivalen gegeben — forderte er Männer, die einen Anstrich von

Gelehrsamkeit hatten, zu literarischer Thätigkeit auf. So entstand Žídek's „zprawowna", oder die königliche Kunst zu regieren, so seine Weltgeschichte und Encyklopädie; schätzbare Schriften, die aber freilich nicht mit heutigem Massstabe zu messen sind. Aus gleichem Anlass scheinen auch zwei für ihre Zeit merkwürdige Schriften entstanden zu sein, die beide an Georg gerichtet sind: des Unterkämmerers W. Walečowsky Schrift „über die Laster und Heuchelei der Geistlichen" (der hussitischen sowohl als der römischkatholischen) — und des ritterlichen patriotischen Landeshauptmannes von Mähren, Ctibor von Cimburg und Tobitschau „Streit der Wahrheit und der Lüge, über die Güter der Geistlichen und ihre (weltliche) Herrschaft". Beide Werke zeichnen sich durch freie Untersuchung, durch Witz und durch kräftige Schreibart aus. Auch bemerken wir aus diesem Zeitraume den „Rath der Thiere und Vögel", ein witziges Fabelwerk; und den „Solfernus, oder das Leben Adam's", angeblich aus dem Arabischen übersetzt, das unter andern eine geistreiche Persiflage des ceremoniösen Processganges bei den Böhmen enthält. Selbst Georgs zweiter Sohn, der heldenmüthige Prinz Hynek, dichtete in böhm. Sprache den Maitraum und andere Gedichte, die leider nicht mehr vorhanden sind.

Die lange Regierung des schwachen Wladislaw, Dobře genannt, erhält in der böhm. Geschichte einigen Glanz durch mehrere hervorstechende Charaktere. Die um diese Zeit auch in Böhmen besser bekannt gewordenen alten Classiker weckten einen reineren Geschmack selbst unter den nationalen Schriftstellern. Die böhmische Beredsamkeit ward nun nach römischen Mustern als Kunst getrieben, und der ganz antik gebildete Bohuslaw Lobkowic von Hassenstein charakterisirt den Johann von Schellenberg als einen vollkommenen Redner in böhm. Sprache. Aechte Kunst des Styls findet man schon bei dem patriotischen Victorin Cornelius von Wšehrd, einem energischen Redner und Staatsmann, um's Jahr 1495. Merkwürdig sind sein gut motivirter Entschluss, künftig nicht anders als in böhm. Sprache zu schreiben; so wie sein Lob von den Vorzügen der Rechtsgesetze und der Justizpflege Böhmens. Rüstige Uebersetzer,

wie Gregor Hruby von Gelenic, Wenzel Pisecky, Konač von
Hodiškow u. a. suchten die Schönheiten mehrerer griechischen
und römischen Classiker in ihrer Muttersprache wiederzugeben.
Die seit 1475 (vielleicht schon 1468) in Böhmen, und zwar
zuerst in böhmischen Schriften, geübte Buchdruckerkunst, beförderte auch hier die Verbreitung der Nationalliteratur. Schon
seit 1478 fing man an, die Landtagschlüsse in böhm. Sprache
durch den Druck bekannt zu machen, und diese löbliche Gewohnheit ward im J. 1497 gesetzlich. Die erste bekannte Censuranstalt errichtete der Prager Senat im J. 1524.

Der glänzendste Zeitraum der böhm. Literatur ist vom
J. 1500—1620. Die Sprache erhielt in dieser Zeit ihre höchste
Bildung, an der häufig mit Eifer gearbeitet wurde. Das Latein
ward ausser den Schulen immer mehr vernachlässigt; schon
Boh. von Lobkowic klagte darüber, dass der Ausdruck „latine
sapientes" in Böhmen zum Spotte diene; in den Schriften der
Hodiejovinischen Gesellschaft heisst es geradezu, wer lateinisch
sprechen könne, sei derzeit in Böhmen ein seltener Mann; erst
die im J. 1555 von Ignaz Loyola nach Prag gesandten Jesuiten
suchten die lateinische Gelehrsamkeit wieder zu Ehren zu bringen.
Dass aber indessen die gelehrte Bildung überhaupt nicht verachtet wurde, kann unter vielen andern wohl auch die Thatsache beweisen, dass die böhmischen Stände auf dem Landtage
(2 Oct. 1561) sich selbst für den auf der Universität zu Erklärung Homer's errichteten Lehrstuhl und dessen Professor
interessirten. Vor allen zeichneten sich in der eigentlichen
Nationalliteratur dieses Zeitraums die böhmischen und mährischen Brüder aus. Schon von ihren Vorgängern, den Taboriten,
schreibt Aeneas Sylvius, ihr Erzfeind, im J. 1451: „perfidum
genus illud hominum hoc solum boni habet, quod literas amat";
und der im J. 1566 verstorbene Prof. Collin, ein Zögling Melanchthons, nimmt es gar übel, dass „so viel es der Brüder gebe,
fast eben so viele böhmische Bücher unter ihnen verfasst würden."
Freilich waren es meist nur theologische, kirchengeschichtliche
und religiöse Werke; aber an Reinheit und Eleganz der Sprache,
selbst an Bildung des Styls, die beinahe in allen Schriften
dieser Brüdereinigkeit sichtbar ist, sind sie weder von früheren,

noch von späteren Schriftstellern übertroffen worden. Das merkwürdigste Denkmal ihrer Gelehrsamkeit und ihres gottseligen Fleisses, ist das grosse Kralicer Bibelwerk. Der mährische Mäcen Johann von Žerotin (mit Beihülfe Heinrichs von Waldstein) versammelte hiezu acht der gelehrtesten Männer seiner Religionspartei, welche nach einer Arbeit von 15 Jahren alle Theile der Bibel aus dem Original übersetzt, erklärt und mit gelehrten Commentaren versehen (1579 u. fllg.) auf der Burg Kralic in Mähren in 6 Quartbänden herausgegeben haben. Dieses Werk ist nun von jeher, selbst von Jesuiten, als Kanon für die böhm. Sprache anerkannt worden; und noch jetzt ist es das Studium eines jeden, der sich einer reinen böhm. Schreibart befleissigen will.

Aber auch die übrigen Böhmen und Mährer blieben in ihrem Eifer für Landessprache und Literatur nicht zurück. Es wurden viele Werke, oft von bedeutendem Umfange, verfasst, von denen die meisten vaterländische Geschichte und Angelegenheiten der verschiedenen Kirchenparteien zum Gegenstande hatten. Man schlägt die Zahl der uns bekannten böhmischen Schriften, welche vom Anfang des XVI Jahrhunderts bis zum dreissigjährigen Kriege verfasst wurden, auf anderthalb Tausend an. Und wie viele mag ausserdem das Unglück und die fanatische Wuth der folgenden Zeiten unwiederbringlich vertilgt haben! Wir wollen nur die merkwürdigsten der vorhanden gebliebenen anführen: Hajek's und Kuthen's böhm. Chroniken; Sigm. von Puchow Cosmographie (nach Münster); Matthiol's Kräuterbuch von Ad. Huber; die vielen historischen, politischen u. a. Schriften des verdienstvollen Dan. Adam von Weleslawin; die historischen Folianten des polnischen Ritters Paprocky; die Werke des Hofmanns Zawieta von Zawietic; die Uebersetzungen alter Historiker von Kocin, Placel und dem vorzüglich gelehrten Ginterrod; die noch nicht gehörig herausgegebenen historischen Memoiren des Prager Kanzlers Sixt von Ottersdorf, und des durch den Fenstersturz (23 Mai 1618) bekannten Wilhelm Slawata; die eleganten Schriften Žalansky's, die Gedichte des Meistersängers Lomnicky etc. etc. Selbst Männer vom höchsten Adel hinterliessen böhmische Schriften: ein Herr von Rosenberg (Peter Wok? böhmischer Bruder, der letzte würdige Sprössling seines uralten fürstlichen Geschlechtes, † 1611) schrieb 1598 über Baumgärtnerei und Safranbau; zwei Waldsteine über Gegenstände der Religion; Johann von Lobkowic, Harant von Polčic, Wratislaw von Mitrowic u. a. beschrieben ihre meist in die Morgenländer gemachten Reisen. Merkwürdig sind auch die Schriften des vielgereisten Wenzel Budowec Freiherrn von Budowa, des böhmischen Coligni, der als Greis von 74 Jahren die Schuld des grossentheils von ihm geleiteten Aufstandes gegen Ferdinand II zugleich mit Harant und andern, auf dem Blutgerüste büsste (21 Juni 1621).

Noch wollen wir hier der Werke des J. Amos Comenius (Komensky) erwähnen; denn obgleich insgesammt später, im Exil verfasst, gehören sie doch ihrem Geiste nach zur früheren Periode der noch blühenden Literatur. Bei Komenský sieht man die böhmische Sprache (ihre Prosa) auf dem Gipfel ihrer bisherigen Bildung. Nirgends offenbart sich ihre eigenthümliche Natur, ihre Keuschheit, Geschmeidigkeit und Eleganz so rein und hell, wie in den 20 böhm. Werken dieses letzten Bischofs der mährischen Brüder; darum haben sie auch einen eigenen Reiz, eine Jugend und Anmuth, die den Gebildeten eben so wie den gemeinen Mann anspricht. Insbesondere hat sein frühestes Werk, das „Labyrinth der Welt" (eine Reise durch das menschliche Leben), einen bleibenden Werth, sowohl durch eine eigenthümliche humoristische Weltansicht, als auch durch unnachahmliche Grazie der Erzählung. Die Leutchen dieser abgeschlossenen Welt, (die in vielem an Lilliput erinnert), haben ein organisches Leben, das sich eben so geschäftig wie unter uns bewegt, dessen lebendige Anschauung aber den Menschenfreund zuletzt mit Wehmuth erfüllt. Ueberhaupt hat die humoristische Darstellung Komensky's mit der Swiftischen in vielen Stücken eine schlagende Aehnlichkeit; bis auf den wesentlichen Unterschied, dass dieser aus Menschenhass, jener aber aus Mitleid über das arme von seinen Zwecken verirrte Menschengeschlecht geschrieben. Uebrigens leuchtet die fromme Absicht überall unverholen hervor. Seine späteren Schriften haben nicht mehr das volle blühende Colorit, da sie meist in trüber Stimmung geschrieben wurden: aber als Muster des böhm. Styls dürfen sie immer gelten. Ihn selbst, den oft verkannten frommen Mann, hat unsers Wissens Herder am besten gewürdigt; selbst jener gegen alle Utraquisten ungerechte Jesuit Balbin gab ihm mit Bewunderung das Zeugniss: „nihil umquam edidit, quod cathol. fidei adversaretur; ac mihi opera ejus legenti semper visus est ita comparatus scripsisse, ut nullam notare aut damnare religionem vellet."

Diese steten Fortschritte der böhm. Nationalsprache und Literatur zu immer grösserer Vollkommenheit liessen den Patrioten für beide die erfreulichste Zukunft hoffen: leider ward diese Hoffnung in der schönsten Blüthe beider auf immer vernichtet. Jene Schlacht am weissen Berge (8 Nov. 1620), die der Usurpation des schwachen Friedrich so leicht ein Ende machte, hatte für das Land traurigere Folgen, als des Siegers Plan je voraussetzen konnte. Von der hohen Stufe seines Wohlstandes fiel es, durch bekannte Vorfälle, binnen zwanzig Jahren in den Zustand der vollkommensten Erschöpfung, des furchtbarsten Elends, von dem je ein Land besucht worden. Schlösser, Städte und Dörfer wurden zerstört; Hunderttausende der fleissigsten und wohlhabendsten Bürger flohen aus dem unglücklichen Lande; Hunderttausende starben durch's Schwert, durch Hunger und Pest im Gefolge des Kriegs. Böhmen und Mähren verloren im 30jährigen Kriege über die Hälfte ihrer Einwohner; ja Balbin preist es als ein eigenes Werk der Vorsehung, dass beide Länder nach so vielen Drangsalen nicht ganz von Menschen entblösst waren. Natürlich musste nun, wo der Landmann, um nur sein Leben kümmerlich zu fristen, sich selbst vor den Pflug spannte, nicht nur die Industrie, sondern auch alle Wissenschaft und Bildung von selbst aus dem Lande verschwinden. Aber es blieb nicht dabei; man wollte den unglücklichen Lauf der Dinge noch beschleunigen. Der herrschende Jesuit, der die blühende Nationalliteratur als das Hauptorgan des ihm feindseligen Strebens der vorigen Zeiten hasste, suchte jetzt aus allen Kräften dieselbe, bis selbst auf ihr Andenken, zu vertilgen. Zahlreiche Missionäre, von bewaffneten Wallonen begleitet, zogen von Stadt zu Stadt, von Dorf zu Dorf, um ein

Auto da fè über alle Bücher zu halten, die das Volk noch etwa
zu Irrthümern verleiten könnten. Der mitinquirirende Soldat
liess sich in seinem Geschäfte durch keinen Scrupel aufhalten:
seiner Meinung nach waren ja alle böhmischen Bücher ketzerisch
gewesen; darum wurden sie sorgfältig zusammengetragen, und
auf öffentlichen Plätzen verbrannt. Auf diese Art rühmte sich
der Jesuit Konias mit eigener Hand sechzigtausend Bücher den
Flammen geopfert zu haben. Daher sind nun die alten böhm.
Bücher nicht nur äusserst selten, sondern viele sind auch für
immer vernichtet.

Die böhmische Sprache, welche bis dahin die Stände selbst,
als Organ ihrer Nationalexistenz, eifrig beschützt hatten, sank
nun in schnellem Verfall. Vom Gebrauch bei den Landesstellen,
von vornehmen Gesellschaften, ja selbst von Hauptkirchen in
den Städten ausgeschlossen, lebte sie fortan vernachlässigt, und
gleichsam nur geduldet, in ihrem Vaterlande. Selbst die Liebe
Ferdinand's III zur Nation und zur Sprache konnte dieser
zu keinem eigentlichen Leben mehr verhelfen; der Adelige
wie der Städter fing an sie zu verlernen, ja zu verachten;
wer gelehrt sein oder scheinen wollte, bildete sich im Latein;
das Volk selbst folgte dem Beispiel von oben, und da es
doch seine Muttersprache nicht entbehren konnte, mischte
es wenigstens fremde Wörter um die Wette hinein; es entstand daraus ein Kauderwälsch, welches die wenigen Schriften
dieser Periode für uns noch ungeniessbarer macht. Die schwachen
Anstrengungen der wenigen Patrioten, dem gänzlichen Verderben zu steuern, waren ohne merklichen Erfolg. Denn obgleich Peter der Grosse von Russland noch im J. 1697 eine
besondere Freude äusserte, mit den vornehmsten des böhm.
Adels selbst slavisch sprechen zu können: so hätte er schon
um eine Generation später dies Vergnügen schwerlich mehr
genossen. Dieser unglückliche Krebsgang der Sprache dauerte
über anderthalb Jahrhunderte, von Ferdinand II bis auf Joseph II
fort. Indessen hatten ganze Districte, besonders an den
Gränzen von Sachsen und Baiern, die deutsche Sprache angenommen; die Nationalsprache, nunmehr eine Bauernsprache,
ward den höheren Classen der Nation immer fremder. Es war

zu vermuthen, dass nach einigen Generationen der slavische Volksstamm in Böhmen sowohl als in Mähren aufhören würde. Als man aber durch offenkundige Anstalten diesen Zeitpunct zu beschleunigen suchte, erwachte endlich, wie unter den Magyaren, so auch unter einigen Čechen, der längsterloschene Eifer für die verkannte Muttersprache wieder. Empörend war es ja für ein edles Gefühl, zu sehen, wie nun nicht bloss der Herr mit seinen Unterthanen, sondern auch der Magistrat mit den Bürgern, der Richter mit den Parteien, der Lehrer mit seinen Schülern durch Dollmetscher zu sprechen anfingen. Darum wagten es einige Patrioten über die Unbill laut zu klagen, und die Nothwendigkeit einer Bildung der Landessprache darzulegen. Es erwachte nun mit dem Interesse für die ältere Geschichte der Nation auch das Studium ihrer Sprache; man zog die alten Ueberreste ihrer Literatur an's Licht, um das gegenwärtige Idiom zu läutern und zu veredeln; man forschte tiefer nach den Gesetzen der Sprache, und suchte durch Lehre und Beispiel die Kenntniss derselben zu verbreiten. Männer, die sich in diesem heilsamen Werke unvergessliche Verdienste erworben haben, sind Dobrowský, Procházka, Pelzel, Kramerius, Puchmayer, Zlobický, Tomsa, Tham, Stach u. a. Aber erst unter der Regierung des Kaisers Franz I erlangte das redliche Streben dieser Männer einen bessern Erfolg, die Sprache ein günstigeres Schicksal. Im J. 1793 ward eine öffentliche Professur der böhm. Sprache zu Prag errichtet, welche Stelle zuerst Pelzel bekleidete. Später wurde das Studium der Landessprache auch in anderen gelehrten Schulen des Königreichs eingeführt, und durch ein allerhöchstes Hofdecret die gründliche Kenntniss der böhmischen Sprache sowohl als der deutschen, von den Concurrenten zu öffentlichen Aemtern im Lande als wesentlich nothwendige Eigenschaft gefordert.

Seit *der* Zeit, insbesondere aber seit 1818, ist nun das allmählige Emporkeimen der neueren Nationalliteratur sichtbarer geworden. Freilich konnte bei der noch immer beschränkten Zahl des böhmisch lesenden Publicums, bei dem Mangel an kräftigerer Unterstützung, und bei hundert anderen Hindernissen, die noch zarte Pflanze bisher zu keinem glänzenden

Gedeihen kommen. Indess ist das, was auch bei diesen Umständen schon geleistet worden, wahrlich nicht unbedeutend, und der Aufmerksamkeit nicht unwerth. Denn nicht gering ist die Masse der Intelligenz bei einer Nation, welche dem Staate und den Wissenschaften schon so viele ausgezeichnete Männer gegeben hat und noch gibt. Erst neulich lieferte jemand die Namen von ohngefähr 200 jetzt lebenden čechischen Schriftstellern. Mag es sein, dass auch viele unbedeutende mitgezählt worden sind; — die Namen der Grafen Berchtold und Sternberg, der HH. Hanka, Hněwkowský, Jungmann, Kinský, Klicpera, Linda, Marek, Nejedlý, Polák, Presl, Sedláček, Swoboda, Sychra, Štěpánek, Zahradník, Zimmermann u. a., so wie unter den ungrischen Slaven die der Herren Kollar, Michalek, Palkovič, Schafařik, Tablic u. a. wird jeder Kenner ihrer Verdienste gewiss nur mit Achtung nennen. Auf welcher Stufe gelehrter Bildung dieselben stehen, kann man mitunter aus der encyclopädischen Zeitschrift „Krok" (seit 1821) nicht zu ihrem Nachtheil ersehen.

Dagegen muss aber auch gestanden werden, dass der neuböhm. Literatur im Ganzen noch jenes lebendige nationale Colorit abgeht, welches ihr erst einen eigenen Charakter, eine individuelle Haltung verschaffen sollte. So wie ein jeder Mensch, so hat auch jedes Volk, das nicht zum Zwitter herabgesunken ist, seine eigene Weltansicht und Empfindungsweise, deren eigentliches Gepräge sich seinen Werken sowohl als seiner Sprache aufdrückt: der Böhme nur, in dessen gesammtem Wesen sich eine Individualität gewiss nicht verkennen lässt, hat sich in seiner Literatur bisher zwar immer als Mensch, häufig als Gelehrter und Patriot, aber selten als *Böhme* geltend gemacht. In dieser Hinsicht steht er seinen Nachbarn, dem Polen und dem Magyaren eben so nach, als er ihnen, wenigstens dem letztern, an systematischer Gelehrsamkeit und an umfassenden Kenntnissen im Ganzen überlegen sein mag.

Aus dem bisher Gesagten wird man nun wenigstens Eine gültige Folgerung ziehen können: dass nämlich die *böhmische Sprache*, welche unter den osteuropäischen (zunächst der altslavischen) die früheste und umfassendste Cultur empfangen hat, nicht unter die armen und ungebildeten gezählt werden kann, und dass man nicht behaupten, noch weniger es übel nehmen darf, wie es doch erst neulich in einer deutschen gelehrten Zeitschrift geschehen ist, dass das „Völkchen" der Böhmen sichs einfallen lässt, nun auch seine Sprache zu einem wissenschaftlichen Organ ausbilden zu wollen. Dass diese Sprache für einen hohen Grad wissenschaftlicher Cultur sehr empfänglich, folglich, als das angeborne Organ mehrerer Millionen Menschen, dessen auch würdig ist, wird wohl jeder, der ihren inneren Organismus kennt, gerne gestehen. Ja wir wagen es getrost zu behaupten, dass diese Sprache an Bildsamkeit keiner neueuropäischen nachstehe, viele der Nichtslavinen sogar weit hinter sich lasse.

Dass ein Völkerstamm, wie der slavische, dessen Zahl beinahe den zehnten Theil des bekannten Menschengeschlechts beträgt, der seit einem Jahrtausend den ungeheuersten Erdstrich mit dem mannigfaltigsten Klima bewohnt, auch an sich selbst überall einen thätigen aufgeweckten Geist verräth, — dass ein solcher Völkerstamm eine an *Urwörtern* reiche Sprache sprechen müsse, wird dem deutschen Leser schon a priori einleuchten. Wirklich ist auch (nach Adelung und Dobrowský) schon die böhmische Sprache für sich allein reicher an reinen Stammwörtern, als selbst die deutsche. Nun ist aber der gesammte Slavenstamm, obgleich von jeher durch Verfassung, Kirche und Localgebräuche verschieden getrennt, doch nur Ein Völkerstamm, seine gesammten Mundarten nur Ein Sprachstamm. Er erkennt seine Einheit seit tausend Jahren, und streitet nicht, wie z. B. sein Nachbar, ob er sich germanisch oder aber gothisch nennen soll. Seine Dialekte sind nicht so weit von einander geschieden, wie die neuromanischen oder germanischen; ein gemeiner Russe verständigt sich mit dem Polen, dem Böhmen, dem Serben leicht und ohne Dollmetscher; nicht so der Franzose mit dem Spanier, der Oesterreicher mit dem Engländer oder Schweden. Auch sind wenigstens $^9/_{10}$ eben der fruchtbarsten und reichsten Wurzelwörter allen slavischen Hauptmundarten eigen.

Weit ausgezeichneter sind jedoch die slavischen Dialekte (insbes. der altslavische, russische, polnische und böhmische) durch ihren Reichthum an *abgeleiteten Wörtern*; hier stehen sie unter den Neueuropäerinen einzig da, und wetteifern mit der Griechin. Wir wollen dies zunächst aus dem böhmischen Dialekte begreiflich machen. Zur Bildung der Substantive in dieser Sprache sind bisher ohngefähr 300 verschiedene Bildungslaute und Formen gebraucht worden, von denen gegen 100 ihre für immer bestimmte individuelle Bedeutung mit sich führen, und gegen 60 noch jetzt zur Bildung neuer Wörter gebraucht werden können. Ausserdem tragen 28 Präpositionen zur Bildung neuer Substantive noch jetzt bei, die Zusammensetzungen mit anderen Redetheilen, die zwar nicht so frei, wie im Deutschen, aber doch häufig genug sind, nicht mitgerechnet. Man multiplicire diese Factoren untereinander und mit der Zahl der beinahe tausend Stammwörter, man bringe ferner die vielen Bildungsformen für Bei- und Zeitwörter in Rechnung, und man wird über das Product erstaunen. Es versteht sich von selbst, dass nicht alle diese Bildungsformen bei allen Stammwörtern gebraucht werden können: indess ist die Zahl der anwendbaren und angewendeten doch immer sehr ansehnlich, und es gibt der Stammwörter genug, von welchen im gemeinen Leben Derivate mit bestimmter Bedeutung zu Hunderten gangbar sind. Diese ausgezeichnete Eigenschaft seiner Muttersprache erkannte schon Comenius um's Jahr 1640: „Lingua Germanica, sagt er, ob radicum monosyllabarum copiam, vocesque componendi ignotam aliis felicitatem, seipsa contenta, et ad indenda quibusvis rebus significantissima nomina semper prompta, inexhaustis suis frui posset divitiis, si uti sciret. Quemadmodum et Slavonica: compositionibus quidem non aeque felix, derivationibus tamen felicior: ideoque copia et nervis illi nihil concedens. Praesertim dialecto polona, ad vim loquendi insigniter expolita. Nec dialecto bohemicae quo se ostentet deest, post accuratissimam scilicet orthographiam, qua pronunciationi scriptio ad minimos usque apices respondet, *carminum* condendorum (Graecorum et Latinorum more) aptitudine et suavitate, ceteris Europaearum prorsus inimitabili."

Diese letzten Worte erinnern an eine zweite merkwürdige Eigenschaft der böhm. Sprache. Ihr innerer Bau ist nämlich von dem der neueren romanischen und germanischen Sprachen wesentlich verschieden, und dem griechischen, mehr noch dem römischen ähnlich. Sie entbehrt den Artikel, so wie die bestimmenden Für- und Hilfswörter; sie declinirt und conjugirt durch blosse Vocale und Endsylben; unterscheidet in Zeitwörtern die feinsten Momente der Handlung anschaulich, wie keine der neueren Sprachen; hat einen Reichthum an biegsamen Participien, z. B. auch ein Particip des Aoristus im Activ, bei einigen Wörtern auch ein Particip des Futurum; lässt die freieste Wortfolge und die Inversion zu; endlich ist bei ihr nicht das neueuropäische Princip des Tons (Accents), sondern das antike der Zeit (Quantität) vorherrschend. Mit einem Worte: die böhm. Sprache gehört nicht zu den rationalen, accentuirenden, romantischen, sondern zu den imaginativen, quantitirenden, antiken Sprachen ihrem ganzen Charakter gemäss an. Nur Eines mangelt ihr in dem herrlichen Organismus: eine eigene Form für passive Zeitwörter, die sie nach Beispiel der modernen Sprachen zusammensetzen muss. (Die Magyarensprache, die, so wie die litthauische, auch quantitirend ist, hat sogar zweierlei Formen des Passivs; im übrigen aber ebenfalls ihre ganz eigenthümlichen Vorzüge und Mängel). — —

Wir wollen uns über die anderen Eigenheiten der böhm. Sprache, die sich ohnehin aus dem bisher Gesagten erschliessen lassen, nicht weiter verbreiten. Nur noch ein Wort über ihren Wohl- und Missklang. Wenn Harmonie einer Sprache, nach Mitford, in „a happy combination of measure and melody" besteht, so kann man der böhm. Sprache diese Eigenschaft, nach obigem, nicht absprechen; vielmehr dürfte sie hierin, durch ihr Zeitmass und ihre musikalischen Accente, eine grosse Zahl moderner Sprachen hinter sich lassen. Auch aus dem Gebiete des eigentlichen Wohlklangs darf man sie nicht verweisen; da sie eine Fülle volltönender Wörter hat, in welchen die Mischung der Vocale und Consonanten sehr glücklich ist. Dagegen hat sie aber allerdings zwei Eigenschaften, die sie dem Ausländer als hart erscheinen lassen: a) häuft sie Consonanten am Anfange der Wörter, und lässt diese mit Vocalen endigen, wogegen die germanischen Wörter gewöhnlich Consonanten am Ende zu häufen pflegen; man vergleiche: *brada*, Bar*t*; *zlato*, Gol*d*; *hl*awa, Kop*f*; *st*rach, Fur*cht* etc. So wie es nun einem Deutschen schwer fällt, die böhmischen Consonanten zu Anfang auszusprechen, ebenso ergeht es einem Mährer und Slowaken mit den deutschen zu Ende. Daher erlaubt sich dieser, wenn er deutsche Wörter in seine Sprache aufnimmt, dieselben am Ende entweder durch Wegwerfung von Consonanten, oder durch Einschiebung von Vocalen zu mildern, und spricht z. B. nicht Jahrmark*t*, Ri*ng*, sondern jarma*k*, ryne*k*. b) Bildet die böhm. Sprache sogar Wörter und Sylben ohne Vocal, und schreibt z. B. *drn, krwawý, plný, hltati*; und dies ist der grösste Vorwurf, der ihr von allen Seiten mit Recht und Unrecht gemacht wird. Bei einigen Feinden dieser Sprache ist sogar ein gewisses Schiboleth von solchen Wörtern zu einem Harpagon'schen Sans dot! geworden, dem fortan alle Gründe, die man zum Besten der gemisshandelten Sprache anführen möchte, für immer weichen müssen. Wörter ohne Vocal! . . . Wir können uns natürlich hier in keine Discussionen darüber einlassen, nicht einmal das Beispiel des gepriesenen Samskrdam vorweisen, sondern bemerken nur: dass solche Wörter und Sylben in der Sprache ziemlich selten vorkommen, gegen ihre rein vocalosen Laute ein kaum bemerkbares Verhältniss bilden, und in der Aussprache sehr gemildert werden. Für das übrige lassen wir wieder den alten verständigen Comenius sprechen: „Sunt, qui syllabas formant sine vocalibus, ut Bohemi in vocibus *wlk*, lupus, *prst*, digitus, et aliis. Monstrosum id videatur, nec tamen est. *Primum*, quia vocalis, licet non expresse scribitur, auditur tamen raptim, quasi hebraicum scheva, id est, furtivum *e*: perinde ac si scriptum esset, *welk, perst*. Qualia aliis quoque linguis ignota non sunt. Germani certe suum Vater, Bruder, non aliter efferunt, quam Bohemi suum *kmotr, bratr*; ultimo *e* inter pronunciandum dissimulato. Nec fere Angli suum *first* aliter, quam Bohemi suum *prst* efferunt, *i* vocali quasi dissimulata. Bohemi igitur, quia in scribendo literam otiosam ferunt nullam, quod clare pronunciandum non est, ne

scribunt quidem. *Tum* et hoc sciendum: consonas sic sine vocali non ponere Bohemos, praeter *l* et *r*, quae *semivocales* sunt."
Endlich müssen wir uns noch über das Verhältniss des *Mährischen* und des *Slowakischen* zur böhm. Sprache kurz erklären. Die Mähren sind nicht nur, ihrem Ursprung und Charakter nach, Ein und dasselbe Volk mit den Böhmen, sondern sie theilen auch ihre gesammten Schicksale in der Geschichte seit beinahe tausend Jahren. Ihre Sprache unterscheidet sich nicht von der böhmischen; wenigstens nicht mehr, als die böhmische selbst in den verschiedenen Kreisen des Königreichs. Nur der Dialekt der *Hanaken* macht sich hier durch eine gröbere Sprechart zu seinem Nachtheil bemerkbar; und die Anwohner von Ungarn, die sogenannten *Walachen* und *mähr. Slowaken*, insbesondere im Hradischer Kreise, neigen sich in den Vocalen zur slowakischen Aussprache.

Im Königreiche Ungarn und seinen Nebenländern, (Siebenbürgen nicht mitgezählt), sind die *Slaven* bekanntlich der zahlreichste und stärkste Volksstamm; denn sie wiegen die übrige Zahl der daselbst wohnenden Magyaren, Deutschen und Romanen beinahe allein auf. Aber sie theilen sich selbst in mehrere, in Charakter und Sprache verschiedene Stämme. Der zahlreichste darunter, die *Slowaken* (Slowenen d. h. Slaven,) der sich vor mehr als einem Jahrtausende im nördlichen Ungarn verbreitet hat, ist mit den Böhmen und Mährern unmittelbar gleicher Abstammung. Seine Sprache mag sich auch zu Swatopluk's Zeiten von der böhmischen gar nicht geschieden haben, da wir aus den ältesten Denkmälern der böhm. Sprache wahrnehmen, dass die gegenwärtige slowakische Mundart mit der böhmischen des XIII Jahrhunderts im Wesentlichen übereinkommt. Der gegenwärtig bestehende Unterschied dieser beiden Mundarten rührt also nur daher, dass nach Trennung beider Völker durch den Einfall der Magyaren, die böhmische einen eigenen Weg ihrer Fortbildung einschlug, während die slowakische meist bei den alten Formen blieb. So veränderte der Böhme schon im XIV Jahrhunderte die breiten Vocale a, o, u, nach gewissen schmelzenden Consonanten in die engeren und feineren e und i, und z. B. statt owca, ruža, lud spricht er nun owce, ruže, lid etc. Ob ihr Wohlklang bei dieser Wendung gewonnen habe, ist eine andere Frage; indess kann auch der Slowak nicht umhin, die böhmische Form, vermuthlich wegen der literärischen Heiligung und der feineren Accente, edler zu finden. Vielleicht ist diese Eigenschaft der böhm. Sprache, die sie von allen Slavinen unterscheidet, nur die Folge ihres nahen Verkehrs mit der von Jean Paul sogenannten „Eecee-Sprache," d. h. mit der deutschen. Aber auch bei dieser findet man dieselbe sonderbare Erscheinung, wenn man die gegenwärtig herrschende mit der Sprache Otfrieds vergleicht; ja wir zweifeln keineswegs, dass auch die Iiiii-Sprache, d. h. die Neugriechische, erst lange nach dem Tode der Philopoemene diese unangenehme Ii-Wendung genommen hat. Sollte das nicht auch eine Folge feiner Ueberbildung sein, dass sich der freie, kräftige Brustlaut in mehreren Sprachen zuletzt in ein feines engherziges Pipen umgewandelt hat?

Es wäre also unrichtig zu sagen, das Slowakische sei nichts als ein verdorbenes Böhmisch: denn Verdorbenheit setzt immer eine Aenderung des Charakters voraus, das Slowakische aber hat im Grunde seinen alten Charakter beibehalten. Historisch wahrer würde man das Böhmische das aus dem Slowakischen auf eigene Weise Herausgebildete nennen. Ueberhaupt ist es eine Thatsache, die aus der Vergleichung der ältesten Denkmale aller slavischen Dialekte immer bestimmter hervorleuchtet, dass je weiter man in's Alterthum zurücksteigt, diese Dialekte immer näher zusammenrücken, so dass sich nach dieser Progression vielleicht einmal mit einiger Wahrscheinlichkeit ein Zeitpunct ausmitteln liesse, wo sie insgesammt noch Eine in sich abgeschlossene Sprache ausgemacht haben. So liest man in den Nachrichten der russischen Akademie das für den slavischen Philologen interessante Geständniss des Präsidenten derselben, Admiral Schischkow, dass die Gesänge der Königinhofer Handschrift einem Russen jetzt noch verständlicher sind, als selbst sein Slowo von Igor's Zuge gegen die Polowzer; so würden sich auch z. B. die Serben und die Böhmen durch das Mittel der herrlichen altslavischen (cyrillischen) Kirchensprache weit leichter mit einander verständigen, als durch ihre eigenen jetzt üblichen Idiome, die vielleicht unter allen slavischen am weitesten von einander abstehen. Diese Erscheinung ist dadurch zu erklären, dass jede der slavischen Mundarten schon seit dem Mittelalter sich isolirt aus und für sich allein ausgebildet, und hierin ihren eigenen Weg, ohne Rücksicht auf die verwandten Dialekte, eingeschlagen hat. Zweitens trug auch die Verschiedenheit des religiösen Bekenntnisses zur schärferen Spaltung der zwei Hauptordnungen der slavischen Mundarten bei; indem die griechischen Slaven ihre Sprache mehr den griechischen, die römisch-katholischen hingegen mehr den lateinischen Begriffen und Formen nachgebildet haben.

Die einzelnen Varietäten der slowakischen Mundart selbst anzugeben, ist gar nicht leicht, ja beinahe unmöglich. Wollte man hierin ganz genau verfahren, so müsste man unzählige kleine Districte, ja oft auch Städtchen und Dörfer, einzeln charakterisiren. Man kann und muss sich aber hier mit allgemeinen Umrissen begnügen. Auf diese Art lassen sich dreierlei Unterarten des Slowakischen ziemlich genau unterscheiden: a) das *Böhmisch-Slowakische*, in den an Mähren glänzenden Gespannschaften, Pressburg, Neutra, Trentschin, zum Theil auch im Barsch und Komorn. Dies nähert sich dem Böhmischen am meisten, und wird auch überall ziemlich rein gesprochen. b) Das *Polnisch-Slowakische*, in den Gespannschaften Arva, Zips, Scharosch, Zemplin, Ubaujvar, Unghvar. Diese Unterart zeichnet sich durch häufige, aus dem Polnischen angenommene Sibilanten aus. c) Das *Hornakische* (Sprache der Gebirgsanwohner) in den Gespannschaften Liptau, Thurotz, Sohl, Honth, Gömör, Neograd etc. Diese Varietät hat die meisten Schattirungen, und enthält zwar viele veraltete ächtslavische Kernwörter, wird aber auch häufig, z. B. um die Bergstädte, durch Germanismen, in den südlichern Districten durch Magyarismen, und sonst auch in etlichen Gegenden durch gröbere Accente und eine dumpfe zerrende Aussprache verunstaltet. Das *Russinische* (Russische) in der Zips, der Marmarosch, im Bereghcr, Unghvarer und Ugotschaer Comitat, ferner das *Sotakische* in Zemplin, kann man als eigene Dialekte ansehen.

Es ist eine auffallende, dem auswärtigen Publicum zum Theil aus Schwartners Statistik bekannte Erscheinung, dass während die Böhmen in ihrem eigenen Lande immer mehr an die Deutschen verlieren, ihre Verwandten, die Slowaken, dagegen in Ungarn bisher nicht nur gegen die Magyaren, sondern auch gegen Deutsche, immer mehr Raum gewonnen haben. So breiten sie sich nicht nur schon gegen die Donau und die Theiss hin, sondern slowakisiren auch die in ihrer Mitte wohnenden deutschen Colonien nach und nach. Fragt man den Magyaren um die Ursache dieser Wirkung, so bekommt man gewöhnlich zur Antwort: es sei die grössere Fortpflanzungskraft der Slowaken, und eine besondere Natur ihrer Sprache, dass sie Jedermann, der sich ihr nur nähert, fortan anklebe, und wie Unkraut, das in fettem Boden wuchert, zuletzt das Wachsthum der heimischen Pflanzung ersticke. Der erste Grund dürfte wohl bei näherer Prüfung wenig Haltbarkeit haben; und auch in Hinsicht des zweiten kann hier wohl keine Zauberei statt finden. Da der Slowak seine Sprache durch keine Anstalten verbreitet, sie auch niemanden aufdringt, sondern vielmehr selbst gerne die fremden lernet: so muss diess alles nur aus seinem und seiner Sprache Charakter sich erklären lassen. Der Slowak ist bekanntlich rühriger, betriebsamer, munterer, geselliger, als der Magyar und der ungar. Deutsche; sein Geist wird durch sein häufiges Reisen und Wandern mehr geweckt, sein Ideenkreis mehr erweitert; seine Sprache schmiegt sich allen seinen Bedürfnissen leichter an, als die magyarische, die mehr zum Haranguiren, als zum Scherz und munteren Gesang gemacht zu sein scheint. Darum hat das slowakische Wesen oft eine eigene Anziehungskraft für den gemeinen Magyaren, und dieser lässt sich gerne von der Nationalität des ersteren färben. Die patriotischen Magyaren, die für ihr Volk und ihre Sprache vielleicht das Schicksal der Bulgaren oder Chazaren befürchten, arbeiten nun seit der Josephinischen Epoche mit Anstrengung und Macht dagegen; und jeder Menschenfreund wird es ihnen gewiss zu gute halten, wenn sie sich in sich selbst zu befestigen und jedes fremde Wesen, das ihnen zum Nachtheil gereichen könnte, abzuwehren suchen. Dagegen muss man aber

Volk und Land bedauern, wenn man sieht, zu welchem Extrem von Fanatismus der Nationaleifer bei einem grossen Theile der Nation gestiegen ist, so dass, wenn der gemeine Edelmann und sein Schaffner hie und da die Unterthanen mit Stockstreichen zum Ungrischsprechen nöthigen, der aufgeklärte sehr häufig in allem Ernste darüber berathschlagt, wie man insbesondere den Slowaken, durch Vorenthaltung aller Cultur in seiner Muttersprache, zwingen könne, dieselbe mit der ungrischen zu vertauschen. Bekanntlich ist ja in Ungarn die gesammte Industrie und der Kunstfleiss, zunächst den Deutschen, vorzüglich in den Händen der Slowaken; und wenn Industrie und Kunstfleiss ohne Bildung des Volks, diese aber ohne Bildung in der Volkssprache kein Gedeihen haben kann, leidet dann unter jener Massregel nicht das erste und heiligste Interesse des Staats?

Die slowakische Sprache hat, als solche, bisher wenig oder lieber gar keine literarische Bildung erhalten. Im XVI Jahrh. drang zu den Slowaken, wie es scheint, mit der Reformation, zugleich auch die böhmische Sprache ein; und noch jetzt bedienen sie sich in den Kirchen Augsburger Confession der reinen böhmischen Mundart aus dem XVI Jahrhunderte. Daher legen sich die Theologen und Geistlichen dieser Kirche gemeiniglich auf das Studium dieser Schriftsprache, und die Zahl der böhmischen Literaten wird fortwährend durch so manchen ehrenwerthen Namen aus dieser Nation vermehrt. Unter den Verstorbenen müssen wir hier dankbar an die Verdienste Bel's, Doležal's, Institoris, Leschka's, Rybay's, Rožnay's etc. erinnern. Um den Candidaten der Theologie das nothwendige Studium der böhmischen Sprache zu erleichtern, haben mehrere Geistliche A. C. vor ohngefähr zwei Decennien, meist auf eigene Privatkosten, eine ausserordentliche Professur der böhmisch-slavischen Sprache auf dem evang. Lyceum zu Pressburg errichtet, welche Anstalt jedoch bisher leider weniger gewirkt hat, als man davon erwartet haben mochte. — — —

Ueber das Schicksal des vorliegenden Aufsatzes kann ich mit eigenen, vor 50 Jahren geschriebenen, Worten berichten, und thue das um so lieber, als dieselben die ehemaligen literarischen Zustände zu beleuchten geeignet sind. Ich habe die an meinen Jugendfreund in Ungarn, Anton Virozsil, (den nachmals vieljährigen Rector der Pester Universität) geschriebenen Briefe nach seinem Tode 1868 zurückerhalten, und entnehme aus einem derselben, (dd. Wien den 28 Februar 1823) folgende Stelle: „Hr. Kopitar gab mir meinen Aufsatz sehr freundschaftlich zurück, mit der Aeusserung: er habe Bedenken getragen, denselben der Censur vorzulegen, da er in einem Geiste verfasst sei, der zwar wahr und jedes guten Mannes würdig, aber unserer Regierung gegenwärtig sehr anstössig sei. Nicht nur hätte diesen Aufsatz Graf Sedlnicky, ein „Erzultra", unterdrückt, sondern auch dessen Verfasser, der das neue Gute dem alten Schlechteren vorziehe, näher beobachten lassen." Derselbe bekannte, er sei seit Kurzem deswegen selbst in Ungnade gefallen, — er, der so behutsame, umsichtige Mann! — er mache sich aber nicht viel daraus. Man solle jetzt für die Literatur ganz und gar nichts thun, weil man sich sonst unmöglich so benehmen könne, dass man keinen Verdacht errege. In Kurzem müsse sich jedoch auch dieses ändern, denn es sei unmöglich, dass diese ausserordentliche Sperre fortdauere. Mir gab er den Rath, den „vortrefflichen" Aufsatz in einer ausländischen Zeitschrift anzubringen. Dieses werde ich indess weislich unterlassen. Magda's Beispiel würde mich eben nicht schrecken. Aber man beobachtet die Böhmen, insbesondere die echten Čechen und ihre Literaten, so aufmerksam und ängstlich, dass mein revolutionärer Aufsatz (bei ihnen würde er so heissen) als Gesinnung der Mehrheit angesehen werden würde, und hässliche Reactionen von Seiten der Finsterlinge hervorbringen könnte."

„Ich habe hier, durch einen meiner Freunde (Tonkünstler Doležalek), einen Beamten der geheimen Polizei etwas näher kennen gelernt. Diese Leute (es gibt doch auch Menschen unter ihnen) verdienen weit mehr Mitleid als Hass. Wo einer von ihnen hin kömmt, da verstummt auch die harmloseste Freude; wo sie sich hinsetzen, wird alles um sie menschenleer; denn es meidet sie jedermann, sie und Menschengesellschaft sind zwei unvereinbarliche Dinge. Dieser etwas ältliche Mann, einst Jugendfreund meines Freundes und ihm trotz seinem Amte auch jetzt noch werth, wie sein übriger Charakter es zu verdienen scheint, liess mir den Rath geben, so wenig als möglich Aufmerksamkeit zu erregen, wie im Leben, so auch in der Literatur. Die Böhmen werden jetzt, sagt er, sorgfältiger bewacht als je; man sucht jede ihrer Bewegungen zu deuten, und leider ist die Hermeneutik der geheimen Polizei der Art, dass sie Alles lieber ins Schwarze färbt. Ueberhaupt habe ich in Wien vieles kennen gelernt, und meine Ansichten vom Leben in Manchem berichtigt und erweitert" u. s. w. —

Zu Kopitars obigen Aeusserungen muss ich nachträglich bemerken, dass sie wohl cum grano salis zu verstehen sind. Er war ja selbst Censor, und übrigens galten die Wiener Jahrbücher der Literatur für censurfrei. Wohl hätte die Aufnahme eines Aufsatzes, der keine ganz „correcte Gesinnung" offenbarte, ihm Unannehmlichkeiten zuziehen können, — weshalb er ihn selbst um so lieber ablehnte, als er auch sonst kein besonderer Freund der böhmischen Sprache und Literatur überhaupt war. Denn dass

er meinen literarischen Beitrag an sich für werthlos angesehen und darum
zurückgewiesen hätte, glaube ich schon deshalb nicht, weil er auch später
mich zu ähnlichen Arbeiten aufgemuntert hat, und mir bis zum Jahre 1830
stets freundschaftlich zugethan blieb. —

III.

Vorschlag zur Gründung von böhmischen Museumszeitschriften.

Vom Grafen Franz Sternberg am 20 Dec. 1825, wie sonst oft, zu
Tische geladen, verbrachte ich den ganzen Rest jenes Tages in dessen
Wohnung und Gesellschaft: denn ein lebhafter Wortwechsel, der nach
aufgehobener Tafel zwischen den beiden Grafen Franz und Kaspar Sternberg,
dem Abbé Dobrowský und mir sich entspann und unsere ganze Aufmerksamkeit gefesselt hielt, liess uns erst kurz vor Mitternacht auseinander
gehen. Mich hatte zumeist der Beifall des Grafen Franz Sternberg ermuthigt, im Streit mit dem Grafen Kaspar und mit Dobrowský auszuharren,
in welchem die Gegensätze der Ansichten der älteren und jüngeren Patrioten über Nationalität, Wissenschaft und Fortschritt an einander geriethen,
und der am Ende nicht ganz ohne gedeihliche Folgen blieb. Den nächsten
Anlass dazu hatte das damals noch junge Institut des böhmischen Nationalmuseums geboten. Der erste Präsident desselben, Graf Kaspar, hatte aus
der in jener Zeit etwas kühler gewordenen Theilnahme des Publicums an
demselben Veranlassung genommen, über das Volk von Böhmen zum Theil
bittere Klagen zu erheben, dass es eine so gemeinnützige, mit so viel Mühe
und Opfern zu Stande gebrachte Anstalt am Ende verkümmern lasse u. dgl.
Bei aller Verehrung für den hochverdienten Redner konnte ich mich nicht
enthalten, die Frage entgegen zu stellen, ob denn nicht ein grosser Theil
der Schuld daran dem Museum selbst, dessen Entlegenheit und Unthätigkeit,
zuzuschreiben war? Mit der Bemerkung, man habe es vor den Pragern
gleichsam verstecken wollen, indem man es an einen schwerzugänglichen
Ort auf dem Hradschin (hinter der erzbischöflichen Residenz) verwies,
kränkte ich den Grafen unwillkührlich, weil ich nicht wusste, das *er* es
gewesen, der, gegen den Wunsch Vieler, auf die Unterbringung desselben
im ehemals Sternbergschen Hause auf dem Hradschin vorzugsweise gedrungen hatte. Vorzüglich hob ich hervor, dass auch das Museum seinerseits gar zu wenig für das Volk leiste; man sage bereits, ihm etwas zu
geben gelte so viel, als es in den Brunnen zu werfen, da es dort fortan
ganz unbeachtet und unbenützt liegen bleibe u. dgl. Warum suche die
Gesellschaft nicht, sich mit dem Volke in directen Rapport zu setzen, es
durch belehrende Publicationen u. dgl. auf sich aufmerksam zu machen

und anzuziehen? insbesondere wäre es an der Zeit, auch der Nationalliteratur die gebührende Sorgfalt zuzuwenden u. s. w. Umständliche Erwägungen der Art führten von selbst zur Anerkennung der Zweckmässigkeit und Nothwendigkeit einer periodischen Schrift, welche die Interessen
sowohl der Gesellschaft als des bildungssüchtigen Volkes zu vertreten und
zu vermitteln suchen sollte, zum Austausch von Ansichten über Form und
Inhalt derselben u. s. w. Als wir endlich auseinander gingen, ersuchte mich
Graf Kaspar, meine Gedanken darüber zu Papier zu bringen und ihm vorzulegen. — Dies wurde die Veranlassung zu nachstehender Denkschrift. —

3.
(Eingereicht am 27 Dec. 1825.)

Es scheint in vieler Hinsicht nicht nur vortheilhaft, sondern
auch dringend nothwendig zu sein, dass die Gesellschaft des
vaterländischen Museums sich so bald als möglich zur Herausgabe einer literärischen Zeitschrift entschliesse. Denn da das
Museum nur durch die immer rege Theilnahme der Nation
bestehen und gedeihen kann: so ist es von der grössten Wichtigkeit für dasselbe, Mittel zu ergreifen, wodurch es sich diese
Theilnahme sichern kann. Das beste Mittel dazu scheint aber
die Herausgabe einer solchen Zeitschrift zu sein, welche sowohl
den Zwecken des Museums, als auch den oft geäusserten
Wünschen der Nation entspreche. Eine solche Zeitschrift würde
im Allgemeinen gleichsam der Lebensanzeiger der Gesellschaft
des Museums werden, der Träger ihrer Wünsche und Bestrebungen, so wie der Verkündiger ihrer Erfolge, der alles historisch sammelte, was im Leben, so wie in der Wissenschaft
und der Kunst die Nation berührt, und von ihr erstrebt, oder
auf sie zu wirken bestimmt ist. Insbesondere aber wären
ihre Hauptzwecke:

1. Bei den Böhmen die Kenntniss und zugleich das Interesse für die in den Statuten der Gesellschaft ausgesprochenen
Zwecke des Museums, die Vaterlandskunde nämlich und die
exacten Wissenschaften, zu erhalten und weiter zu fördern.

2. Einen Verein- und Sammlungspunct zu bilden, nicht
blos für alle vaterländischen Schriftsteller, welche in jenen
Fächern thätig sind, sondern auch für die jenen Zwecken entsprechenden Gegenstände selbst.

49

3. Gegen das Ausland gleichsam die Nationalstimme zu führen, die Selbständigkeit der im Vaterlande erzielten Intelligenz kund zu thun, und die Nation, vorzüglich in historischer, wissenschaftlicher und artistischer Hinsicht, gegen die meist schiefen Urtheile von Aussen zu vertreten.

Aus diesen Zwecken ergäbe sich auch ein allgemeines Hauptgesetz für Stoff und Form dieser Zeitschrift: sie müsste, eben weil sie gleichsam die Intelligenz der Nation repräsentirte, durch eine würdevolle Haltung in der Auswahl, der Gediegenheit und der Einkleidung der Aufsätze, von den blos mercantilischen Unternehmungen dieser Art, welche auf jedem Wege nach der Gunst des Publicums zu haschen pflegen, sich wesentlich zu unterscheiden suchen.

Da aber der literarische Betrieb und Verkehr in Böhmen durch zweierlei Sprachen, die böhmische und die deutsche, zwiefach getheilt ist, wovon die eine die eigentliche historische Nationalsprache, so wie die Sprache der grösseren Volksmasse, die andere aber die gewöhnlichere Umgangssprache der Gebildeten ist; da sich ein Wetteifer, ja eine gewisse Eifersucht der Anhänger beider Sprachen und Literaturen im Vaterlande nicht verkennen lässt; da das Museum dies wechselseitige Ankämpfen eben so wenig ignoriren, als darin einseitig Partei für den Einen oder den Anderen ergreifen darf, weil es, seiner Bestimmung nach, über beide Parteien gleich erhaben sein, und auf beide gleichen Einfluss ausüben soll: so scheint es in dieser Rücksicht unumgänglich nothwendig zu sein, dass es zur Herausgabe von zweierlei Zeitschriften, einer böhmischen und einer deutschen zugleich, schreite, wenn es seinen Zwecken nachkommen, und nicht, durch ein thatsächliches einseitiges Parteiergreifen, sich einen Theil der Nation entfremden will.

Es würde aber dem Museum wenig Vortheil bringen, so wie bei der Nation wenig Interesse erregen, wenn die eine Zeitschrift nur gleichsam die Uebersetzung der anderen werden sollte. Abgesehen von der Unerfreulichkeit einer jeden Uebersetzung, für Mitarbeiter sowohl als für Leser, würde auf solchen Wegen, bei gleichem Aufwande von Mühe und Kosten, weder eine grössere Masse von Kenntnissen verbreitet, noch auch eine gleiche Anzahl von Theilnehmern angezogen werden, da doch niemand im Publicum dieselben Aufsätze zweimal kaufen und lesen würde.

Schon aus diesem Grunde wäre es nothwendig, dass beide Zeitschriften nach einem verschiedenen Plane angelegt würden. Noch mehr aber heischt diese Verschiedenheit das ungleichartige Lesepublicum, für welches sie bestimmt sein sollen. Wenn in deutschen Blättern alle Schätze strenger Wissenschaft in dem ihnen angemessenen Gewande für die Gebildeten des In- und Auslandes aufgeschlossen werden dürfen, könnte man in die böhmische nicht leicht etwas anderes aufnehmen, als wofür das böhmische Publicum eben empfänglich ist, oder empfänglich gemacht werden kann. Wenn das Museum sich in den ersten einer jeden noch so hoch stehenden Zeitschrift des Auslandes kühn zur Seite stellen sollte, so müsste es dagegen in den letzteren zu den beschränkteren Bedürfnissen des Publicums herabsteigen, nicht um sich damit zu identificiren, sondern um es so allmählig zu sich und zu seinen Zwecken zu erheben. Die deutschen Blätter müssten sich bestreben, die Gränzen der Wissenschaft selbst überall zu erweitern, während die böhmischen nur bedacht wären, Kenntnisse, welche auch an sich nicht neu sind, bei dem Volke einheimisch zu machen. Endlich ist eine Verschiedenheit des Plans auch zur Vermeidung aller schädlichen Rivalität zwischen beiden Zeitschriften erforderlich.

Da jedoch die Zwecke der Gesellschaft des Nationalmuseums überall dieselben sind, und kein Eingreifen in die ihnen fremden Gebiete gestatten: so kann wohl jene Verschiedenheit der beiden Zeitschriften nur *a*) durch ihren verschiedenen Umfang, *b*) durch verschiedene Behandlung derselben Gegenstände, und *c*) zum Theil durch eine verschiedene Wahl der Stoffe erzielt werden. Die deutsche könnte etwa in monatlichen, die böhmische in vierteljährigen Heften zu 8 bis 10 Druckbogen erscheinen; welcher Umstand sogleich den grössten Unterschied in der ganzen Oeconomie derselben bedingen würde.

A. Historische Aufsätze aller Art wären, insofern sie auf Böhmen Bezug haben, der gemeinschaftliche Gegenstand beider Zeitschriften. Dahin gehören insbesondere

1. Monographien einzelner Begebenheiten oder Epochen der allgemeinen vaterländischen Geschichte.

2. Untersuchungen über einzelne Puncte der alten inneren Staats- und Rechts-Geschichte, der Gesetzgebung und der Verfassung; wozu auch die möglichst treue und vollständige Geschichte der alten Landtage gehört.

3. Einzelne Nachrichten über die alte Staatsverwaltung Böhmens, in Hinsicht auf die Hof- und die Landesämter, auf die Justizpflege, die Polizei, das Finanzwesen und die Kriegsmacht.

4. Aufsätze aus der Culturgeschichte Böhmens, wie im Allgemeinen, so auch insbesondere über die Pflege einzelner Wissenschaften und Künste, über die gesammte Volksindustrie, über die alte Kriegskunst, über das Sitten- und Religionswesen, über die ehemaligen Brüderschaften u. s. w.

5. Rückblicke auf die gleichzeitige Geschichte der einst zur Krone gehörigen Länder, Mähren, Schlesien, die Lausitz, zum Theil auch Brandenburg und Luxenburg.

6. Biographien und Charakteristiken ausgezeichneter Böhmen und Mährer (inwiefern die letztern auch auf Böhmen gewirkt haben mögen).

7. Genealogische Notizen, sowohl über die schon erloschenen, als auch die noch blühenden vorzüglichen Familien des Vaterlandes.

8. Statistische Angaben aus der Gegenwart und der Vergangenheit.

9. Historisch-topographische Aufsätze.

10. Kritische Untersuchungen über die Quellen der böhm. Geschichte, über alte Denkmäler aller Art, Münzen, Wappen, Inschriften, Urkunden u. s. w.; Würdigung der historischen Quellenschriftsteller Böhmens.

11. Einzelne wichtigere Urkunden und Actenstücke aus der vaterländischen Geschichte, mit beigefügten nöthigen Aufklärungen.

12. Auszüge aus ausländischen histor. Quellenschriftstellern, inwiefern sie die böhmische Geschichte aufklären.

B. Vaterländische Anzeigen aus der Gegenwart könnten gleichfalls in beide Zeitschriften aufgenommen werden. Solche wären

1. Die Geschichte der Gesellschaft des vaterländischen Museums selbst; Nachrichten über ihre Verhandlungen; Namhaftmachung aller bedeutenderen Beiträge; Würdigung der im Museum bereits befindlichen naturwissenschaftlichen Schätze und der historischen und literarischen Denkmäler.

2. Anzeigen von den in verschiedenen Bibliotheken und Archiven Böhmens (und Mährens) vorhandenen handschriftlichen Schätzen, so wie auch von den Bohemicis im Auslande.

3. Kritische Revision alles dessen, was im In- und Auslande über die Geschichte und den gegenwärtigen Zustand Böhmens durch den Druck bekannt gemacht wird.

4. Anzeigen über alle literarischen Erscheinungen in Böhmen, so wie auch über alle in böhm. Sprache verfassten Werke überhaupt.

5. Eine fortlaufende Chronik des Tages, welche sich über alle wichtigeren Erscheinungen Böhmens im öffentlichen Leben, in der Wissenschaft und der Kunst verbreitete; dahin gehören u. a. die Veränderungen in den wichtigeren Landesämtern, im höheren Clerus, auf der Universität und auf anderen bedeutenderen Lehranstalten; Anzeigen über die jährliche Kunstausstellung, über öffentliche Leistungen des Conservatoriums, über die Wirksamkeit der wohlthätigen Anstalten und Vereine, jährliche Erscheinungen in den böhm. Badeörtern u. s. w.

6. Historische Bemerkungen über die Fort- oder Rückschritte der Volksindustrie in Böhmen, im Handel, in der Landwirthschaft, im Bergbau und in den Gewerben: Geschichte einzelner bedeutender Fabriken im Lande; ausgezeichnete Leistungen oder Erfindungen vaterländischer Mechaniker u. s. w.

7. Ein möglichst vollständiger Nekrolog aller Böhmen, welche in irgend einer Hinsicht sich ausgezeichnet, oder einen besonderen Einfluss im Vaterlande ausgeübt haben, sei's durch ihren Stand, durch Aemter, durch Vermögen, oder durch Ver-

dienste um's Vaterland, um Wissenschaft, Kunst und Industrie u. s. w.

Da die bisher berührten Gegenstände in beiden Zeitschriften zugleich besprochen werden sollen, so ist nur durch ihre Behandlung eine Verschiedenheit in beiden Blättern zu erzielen. Die Verschiedenheit der Behandlung aber könnte nur wieder auf den verschiedenen Umfang und Ton der aufzunehmenden Aufsätze sich gründen. Demzufolge würde eine Zeitschrift einen Gegenstand ausführlich beleuchten, während die andere nur compendiarisch über diesen Aufsatz berichtete. Die Frage, welche Gegenstände in welcher von beiden Zeitschriften zuerst ausführlich behandelt werden sollen, würde zunächst von dem Willen und der Tüchtigkeit der deutschen und der böhmischen Mitarbeiter abhängen. Dann aber könnte es als Norm angenommen werden, dass Gegenstände, welche eine kritische Untersuchung mit einem strengwissenschaftlichen Apparate heischen, so wie diejenigen, die zur Berichtigung der histor. Ansichten des Auslands dienen sollen, in die deutschen, solche aber, welchen ein pragmatischer, populärer Vortrag angemessen ist, vorzugsweise in die böhmischen Blätter aufgenommen würden. Besonders gehaltreiche Aufsätze könnten auch allenfalls aus einer Zeitschrift in die andere ganz übersetzt werden.

C. Abhandlungen aus dem Gebiete der *Naturwissenschaft* und der Sciences exactes würden, weil sie ihrer Natur nach einen streng wissenschaftlichen Vortrag fordern, weniger für die böhmischen als für die deutschen Blätter sich eignen. Nur inwiefern diese Aufsätze besondern Bezug auf Böhmen, auf die Naturerscheinungen im Vaterlande hätten, könnten sie zugleich in der böhmischen Zeitschrift angeführt werden. Wie aber dieser wichtige Theil der deutschen Blätter einzurichten wäre, getraut sich Referent nicht anzugeben, da ihm die nöthige Sachkenntniss mangelt.

D. Dagegen könnte für die böhmischen Blätter ein anderes Fach substituirt werden, welches für das gegenwärtige böhmische Publicum anziehend wäre: Aufsätze aus dem Gebiete der *schönen Literatur*, der Philologie, Belletristik und der populären Philosophie. Gelungene Gedichte, aus fremden Classikern übersetzt, oder ursprünglich verfasst, könnten mit strenger Wahl auch zugelassen werden; so wie auch prosaische Aufsätze aller Art, die sich durch die Kunst des Stils empfehlen würden. Insbesondere müsste hier einerseits auf die ältere böhmische Literatur Rücksicht genommen, und Auszüge, so wie ganze Stellen aus den selteneren interessanten Werken des böhmischen Alterthums mitgetheilt werden; andererseits könnte man nicht umhin, auch die Mährer und die Slowaken, die sich an die böhm. Literatur halten, zu berücksichtigen. Der besondere Zweck dieser Blätter wäre, mit dem Volke auch zugleich die Sprache vielseitiger zu bilden, und der, durch einen allerdings wohlgemeinten Purismus einiger böhm. Schriftsteller häufig überhand nehmenden Sprachverwirrung, durch Aufstellung fester Grundsätze (und wo möglich auch einiger Muster) der Sprachbildung, fernern Einhalt zu thun.

Dies wären diejenigen *Gegenstände*, deren Mittheilung sowohl den Zwecken des Museums, als auch den Wünschen und Bedürfnissen der Nation entsprechen dürfte. Aber wichtiger noch, als die Wahl der Stoffe, möchte für beide Zeitschriften die festzuhaltende *Form* derselben, nämlich der Geist in deren Behandlung werden; da doch nur der Geist belebt, während der Buchstabe tödtet. Eine, von einer Gesellschaft herausgegebene Zeitschrift, muss natürlich um so höheren Anforderungen Genüge leisten, je höher die Einsichten einer Gesellschaft über die eines Privatmanns stehen müssen. Daher müssten durchaus alle geist- und gehaltlosen, seichten und unerheblichen Aufsätze, alle oberflächlichen und schiefen Ansichten, endlich jeder ungebildete, geschmackwidrige Vortrag von den beiderlei Blättern streng ausgeschlossen bleiben. Freilich lässt sich der Geist nicht lehren; man kann nicht verlangen, dass alle Mitarbeiter überall einen hellen Blick und eine Umsicht beurkunden, die oft nur auf einem Standpuncte zu erhalten sind, zu dem sie ihr Schicksal nicht zulässt. Aber bei der unerschöpflichen Fülle der zu behandelnden interessanten Gegenstände, bei der hohen Bildung, vielseitigen Erfahrung und geübten Thätigkeit der Chefs dieser Gesellschaft, endlich bei der im Vaterlande verbreiteten nicht gemeinen Aufklärung, der es bisher nur an einem würdigen gemeinsamen Organ gefehlt hat, lässt es sich gar nicht denken, dass es der Gesellschaft je an gehaltreichen, gediegenen Aufsätzen zur Mittheilung fehlen sollte; insbesondere wenn die Redaction solchen Männern anvertraut würde, welche bei zweckmässiger Thätigkeit und nicht beschränkten Einsichten, auch die Achtung und das Vertrauen der Nation, so wie endlich das Talent besitzen, tüchtige Mitarbeiter an sich zu ziehen, und sie gleichsam für sich selbst zu bilden.

Was endlich die äussere Oekonomie dieser Zeitschriften anbelangt, so lässt sich gar nicht zweifeln, dass sie dem Publicum im In- und Auslande willkommen sein, und daher von demselben auch hinreichend unterstützt werden würden. Wenn man es etwa zum Gesetz machte 1) keine oder äusserst wenige (der Zahl nach bestimmte) Gratisexemplare zu drucken, 2) die Druckkosten durch den Absatz von 200—250 Exx. zu decken, wonach dann der Preis der Zeitschrift bemessen werden müsste, und 3) vor der Hand keine Honorare zu bestimmen, sondern die auswärtigen Mitarbeiter nach ihren Leistungen und nach dem Ertrage auf eine billige Weise zu belohnen, — so müsste die ganze Unternehmung nicht nur durch sich selbst gedeckt sein, sondern auch auf den Vermögensstand des Museums einen vortheilhaften Einfluss üben. Denn erstens würden ja die Mitglieder des Museums beide Zeitschriften gleichsam ex officio kaufen; und dann würde selbst der Name des Museums viele Käufer im In- und Auslande anziehen, welche eine von Privaten herausgegebene Zeitschrift unbeachtet lassen würden. Diese Vortheile hätten diese Blätter schon durch ihren Namen vor anderen Zeitschriften voraus: an ihnen wäre es, sie durch tüchtige Leistungen nicht nur zu benützen, sondern in stets erweitertem Masse auch für die Zukunft dauernd zu sichern.

Ueber den Erfolg, den dieses erste Einschreiten gehabt, gibt die im J. 1868 gedruckte Geschichte des böhmischen Museums von dessen Secretär W. Nebeský (S. 60—69) umständliche actenmässige Nachricht, aus welcher ich hier nur Einiges anführen will. Schon am 8 Januar 1826 genehmigte der Verwaltungausschuss der Gesellschaft den ihm vom Grafen Kaspar Sternberg gemachten Antrag zur Herausgabe von zwei Museums-Zeitschriften. Am 15 Januar darauf schritt der Graf bei der Regierung um die dazu nöthige behördliche Bewilligung ein, welche von der damaligen Polizei- und Censurs-Hofstelle zwar mit ungewöhnlicher Raschheit (am 11 Febr. 1826) erfolgte, aber nicht ohne schwierige, die Censur betreffende, Bedingungen. Als ich hierauf in den Monaten Februar, März und April in Wien meinen historischen Studien in der kais. Hofbibliothek und dem k. k. geheimen Haus-Hof- und Staatsarchive oblag, benachrichtigte mich der damals auch nach Wien gekommene Graf von dem Erfolge seiner diesfalls gemachten Schritte, und fragte mich vertraulich, ob ich geneigt wäre, die Redaction der beiden Zeitschriften selbst zu übernehmen? Und da ich solches bejahte, so trug er mir auf, ihm nach meiner Rückkehr nach Prag noch eine besondere Eingabe über den Plan und die Modalitäten der besagten Zeitschriften vorzubereiten, was mit folgender am 14 Mai ihm eingereichten Denkschrift geschah. In der Tags darauf, am 15 Mai 1826, abgehaltenen Sitzung des Museums-Ausschusses wurde ich nun förmlich zum Redacteur der beiden Zeitschriften ernannt.

4.

(Eingereicht am 14 Mai 1826.)

Um einen festen Plan zur Herausgabe der Museums- Zeitschriften zu gründen, scheint es nothwendig zu sein, sich zuerst über die eigentlichen *Zwecke* dieser Unternehmung auszusprechen und zu verständigen, und dann die leitende *Idee* dabei bestimmt in's Auge zu fassen. Nur dadurch kann der Plan die nothwendige Einheit und Haltung, das Unternehmen selbst aber eine geistige Geltung gewinnen.

Es leuchtet ein, dass die Zeitschriften des Museums sich vor ähnlichen Privatunternehmungen auszuzeichnen suchen müssen: denn eine in der edelsten Absicht zu vaterländisch-wissenschaftlichen Zwecken constituirte Gesellschaft, wie die des Nationalmuseums, darf wohl, als solche, in keiner ihrer Unternehmungen sich verläugnen. Es hat sich im In- und Auslande die Ansicht sehr verbreitet, die Gesellschaft des Museums sei gleichsam der Träger, der Repräsentant der böhmischen Nationalcultur, welcher man ziemlich allgemein den Vorzug vor anderen Ländern dieses Kaiserstaats einzuräumen gewohnt ist. Um so nothwendiger ist es, dass das Organ dieser

Gesellschaft, die Zeitschrift, welche ihre Thätigkeit dem Publicum kund machen soll, in ihrer Anlage, Wahl und Anordnung einen Ton annehme und festhalte, der der Würde der Gesellschaft und selbst der im Vaterlande verbreiteten nicht gemeinen Aufklärung angemessen sei.

Die eigenthümlichen Zwecke der Zeitschriften des Museums werden durch dreierlei Rücksichten und Verhältnisse näher bestimmt: a) durch die Stellung der Gesellschaft zur Nation, so wie zum Auslande; b) durch die Bedürfnisse des Volks; und c) durch besondere Umstände in der gegenwärtigen Zeit, deren Benützung der Gesellschaft sowohl als dem Volke zum Vortheil gereichen kann.

Die Gesellschaft des Museums ist in der edlen Absicht zusammengetreten, den vaterländischen Sinn in Böhmen zu wecken und rege zu erhalten, und durch Verbreitung einer ächtwissenschaftlichen Aufklärung im Vaterlande auf die Nation selbst wohlthätig einzuwirken. Zwar sind die Wissenschaften an sich ein Gemeingut aller Völker: aber inwiefern sie ein Gegenstand der Bestrebungen einer Gesellschaft werden können, erleiden sie eine Begränzung durch das praktische Interesse derselben. Es scheint in der Natur der gelehrten Vereine überhaupt zu liegen, dass sie sich vorzüglich mit der Einführung der Wissenschaft ins höhere Volksleben beschäftigen, indem sie die bewährten Resultate der Bemühungen einzelner Forscher sammeln und dem Publicum zugänglich machen. Diese Wirksamkeit ist aber um so folgenreicher, je mehr sie sich einen eigens bestimmten Wirkungskreis wählt. Daher darf und soll auch, wie das Museum überhaupt, so auch dessen Organ vorzugsweise eine nationale Tendenz haben, wie es auch in den von Sr. Majestät genehmigten Statuten der Gesellschaft ausgesprochen ist. Gerne wird jeder vaterländisch gesinnte Böhme der Gesellschaft das Recht einräumen, die literarischen Interessen der Nation zu besorgen und nach Aussen zu vertreten; sie erfüllt ihre edelste Bestimmung, wenn sie die Erscheinungen des geistigen Lebens im Volke, gleich einzelnen Lichtstrahlen, in einen Brennpunct sammelt, wo sie vereint nicht nur heller, weiter und dauernder glänzen, sondern auch manchen bisher unfruchtbaren Boden mit neuer Lebenswärme durchdringen und geistig befruchten können.

Einen solchen Vereinpunct für die geistige Thätigkeit im Vaterlande haben die Gebildeten im Volke längst allgemein gewünscht. Ihr Augenmerk war vorzüglich auf die Gesellschaft des Museums gerichtet, deren Idee gleich Anfangs so viel Beifall und Unterstützung fand, weil man sich von ihr eine allseitigere Berücksichtigung geistiger Nationalinteressen versprach, als die gelehrte und die ökonomische Gesellschaft ihren speciellen Zwecken zu Folge unternehmen konnten. Der Name eines „*Nationalmuseums*" selbst schien diese Erwartung zu rechtfertigen. Und in der That scheint es, dieses Institut könne weder verdienstlicher, noch auf ächte Weise populärer werden, als durch die eben angezeigte Thätigkeit. Freilich ist dies nur in der wohlgegründeten Voraussetzung giltig, dass die Gesellschaft, aus den gebildetsten Männern der Nation gewählt, auch künftig durch eine allseitige besonnene Würdigung aller geistigen Erscheinungen im Volke stets das wahre Beste der Nation fördern, und den zum Gedeihen der Wissenschaft so nothwendigen freien Verkehr nie durch ein engherziges Monopol einseitiger Meinungen und Ansichten hemmen werde.

Auch die gegenwärtigen Zeitverhältnisse unterstützen diesen Wunsch nach einer allseitigeren nationalen Tendenz der Museumsblätter. Dem jetzigen Zeitgeist in allen Ländern Europa's, und gewiss auch in Böhmen, sind Zeitschriften in allen Fächern menschlicher Betriebsamkeit nunmehr ein unentbehrliches Bedürfniss geworden. Sie sind gleichsam die natürlichen Stundenanzeiger des literarischen Lebens unter allen Völkern, in allen Verhältnissen des wissenschaftlich gebildeten Menschen; und jedes Fach geistiger Thätigkeit fordert jetzt einen solchen Lebensanzeiger in seinem Kreise. Nach den neuesten Ereignissen zu schliessen, möchte es jedoch sehr schwierig werden, von der hohen k. k. Hofstelle die nothwendige Bewilligung zur Gründung neuer Zeitschriften in Böhmen zu erhalten. Darum liegt es im Interesse des Museums sowohl als der Nation, dass die nunmehr bewilligten Zeitschriften des Museums auf diejenigen Gegenstände Rücksicht nehmen, welche dem gebildeten Theil des Publicums zum wirklichen Bedürfniss geworden sind, und bisher kein eigenes Organ zu ihrer Mittheilung im Vaterlande gefunden haben.

Daher liesse sich für diese Unternehmung etwa folgende *leitende Idee* aufstellen: die beiden Zeitschriften sollen, jede in ihrem Kreise, trachten einen historischen Vereinpunkt zu bilden für alle Erscheinungen des geistigen Volkslebens in Böhmen von Ehemals und Jetzt, zum Behufe der Mit- und Nachwelt; sie sollen ein Archiv werden, worin der Böhme nach und nach alles angedeutet oder ausgeführt finde, was ihn als Böhmen historisch und literarisch interessiren kann; sie sollen in der Folgezeit für das Ausland und für die Nachwelt ein eigenthümliches Gemälde liefern, worin sie den Böhmen von Vormals und von Jetzt in seiner wahren Gestalt erblicken; für den Böhmen aber sollen sie ein Spiegel der ächten böhmischen Nationalität werden, damit der Einzelne sich im Ganzen erkenne, und der vaterländische Sinn in ihm geweckt und heilig bewahrt werde. So könnten sich diese Blätter einst zum Organ des böhmischen Volkslebens gestalten und wahre Nationalblätter werden. Dies Streben wäre ihre würdigste und wohlthätigste Bestimmung, und könnte dem Auslande eben so wie dem Inlande interessant werden; denn nicht zu berechnen wäre der Vortheil für die Wissenschaft und für die Menschheit überhaupt, wenn diese Idee in ihrer natürlichen Geltung allgemeiner aufgefasst würde, und eine jede Provinz, oder wenigstens ein jedes eigenthümlich constituirte Volk sein eigenthümliches Organ erhielte; da die Aufklärung und das Wohl der Menschheit nicht sowohl in der fortschreitenden Aufklärung und dem Wohl einzelner Individuen, als vielmehr dem der einzelnen Völkerschaften seinen wahren Masstab findet.

Die Combination dieser Prämissen mit den Statuten der Gesellschaft dürfte die Grundlage bilden, worauf sich ein bestimmter fester Plan für beide Zeitschriften aufstellen liesse. Denn es soll zwar nichts was aus dem Volksleben kömmt und in dasselbe eingreift, den beiden Zeitschriften fremd bleiben: aber die eigentlichen Zwecke des Museums müssen doch stets vor allen anderen berücksichtigt werden.

Die *deutsche* Zeitschrift soll zunächst eine wissenschaftlich-historische Tendenz haben. Sie soll zunächst dem Bedürfniss Derer entgegenkommen, die da liebevoll an den Erinnerungen des Vaterlandes hängen, und an dem, was dessen Ruhm und Wohlstand berührt, innigen Antheil nehmen. Ihre Hauptgegenstände wären

A. Aufsätze aus der böhmischen Geschichte, nach den bereits früher angezeigten Rubriken.

B. Vaterländische Anzeigen aus der Gegenwart.

C. Naturwissenschaftliche, ökonomische und technologische Aufsätze. Da jedoch diese Fächer bereits ihre Organe in den Verhandlungen der gelehrten und der ökonomischen Gesellschaft besitzen: so dürfte es zweckmässig sein, in diese Zeitschrift, die für ein gemischtes Publicum bestimmt ist, nur die diesem Publicum verständlicheren populären und vorzüglich das vaterländische Interesse berührenden Aufsätze aus diesem Gebiete aufzunehmen. Auch dürfte diese Zeitschrift durch kurze Berichte über den Inhalt der ökonomischen und gelehrten Verhandlungen die Aufmerksamkeit des Publicums auf dieselben zu lenken geeignet sein.

D. Proben vaterländischer Dichtkunst, nebst Aufsätzen über Kunst und Literatur, wie überhaupt, so auch insbesondere über die vaterländische. Die Zeitschrift soll dadurch zu keiner bloss unterhaltenden Lecture, zu keinem belletristischen Blatt gemacht werden; das historische Interesse soll auch hierin das vorherrschende sein. Da nun einmal das ganze literarische, so wie das ganze Kunststreben der böhmischen Nation hierin umfasst, oder wenigstens berücksichtigt werden soll: so ist wohl kein Grund vorhanden, warum man diesem interessanten und wichtigen Zweig geistiger Thätigkeit im Volke nicht um so mehr Aufmerksamkeit vor den Leistungen vaterländischer Malerei und Tonkunst widmen sollte, je mehr die Werke der Dichtkunst selbst sich vor denen anderer Künste zur Mittheilung durch die Zeitschriften eignen. Aber auch nur in dieser Rücksicht soll ihnen die Aufnahme gestattet werden; nur Werke der in Böhmen eingebornen Dichter, die entweder durch ihren Stoff ein vaterländisches Interesse anregen, oder durch Neuheit und

Originalität der Form, durch ächten poetischen Gehalt, zum Beleg des poetischen Lebens im Volke dienen können, sollen mit strenger Wahl aufgenommen werden. Ein Gleiches gilt von den theoretischen Aufsätzen über die schönen Künste und die Literatur, wie auch etwa von Aufsätzen aus dem Gebiete der Philosophie, deren Wahl und Behandlung freilich zum Theil der Einsicht der Redaction anheim gestellt werden müsste. Durch die Aufnahme dieser Gegenstände gewinnt die Zeitschrift an Lesern und an Mitarbeitern; auch wird der Redacteur, bei grösserer Concurrenz der Aufsätze, sein Blatt besser ausstatten können.

Die *böhmische* Zeitschrift soll sich ebenfalls über alle bisher genannten Gegenstände verbreiten: mit dem Unterschiede jedoch, dass sie in ihrem Vortrag einen mehr populären Ton annehme. Sie hat aber ausserdem noch ein eigenthümliches Interesse, nämlich die Erhaltung und Fortbildung der böhmischen *Sprache* selbst. Die Nationalsprache ist ja doch unstreitig das Wichtigste und Köstlichste, was die Vorzeit Böhmens ihren nachkommenden Generationen hinterlassen hat. Durch sie bildeten sich die Böhmen einst zu einer eigenthümlichen Nation aus, und errangen sich eine eigene Geschichte, die in den Annalen der Welt für immer einen glänzenderen Raum einnehmen wird, als Volk und Land sonst nach seiner Zahl und Macht einzunehmen berufen zu sein schienen. Und wenn sie auch einst, was doch nicht wahrscheinlich ist, aus der Zahl der lebenden Sprachen verschwinden sollte: dann wird man gewiss den gesammten geistigen Charakter der nun verschollenen Böhmen vorzüglich nach der Höhe messen, die ihre eigenthümliche Nationalliteratur erstiegen hat. Es ist daher für unsere Zeitgenossen selbst wichtig, die Cultur dieser Sprache und Literatur nicht zu vernachlässigen: noch hat sie ja ein Publicum von beinahe 6 Millionen Menschen in Böhmen, Mähren und der Slowakei, bei denen noch nicht alle Elemente verloren gegangen sind, die zur Begründung und Erhaltung einer eigenen Nationalliteratur für nothwendig erachtet werden: aber sie bedürfen einer lebendigen Erweckung und einer weisen umsichtigen Pflege. Die Versuche einzelner patriotischer Männer, das so lange wüste gebliebene Feld der Nationalsprache und Literatur zeitgemäss wieder anzubauen, haben schon viele unverkennbar wohlthätige Folgen gehabt. Da sie aber von einzelnen Individuen ausgingen, wo dann, bei Abgang einer öffentlichen Controle, ein jeder, auch der Unberufenste sich für berechtigt hielt, mit seinem Beitrag zu den Neuerungen hervorzutreten: so konnten sie nicht umhin, zuletzt eine Sprachverwirrung, eine Anarchie zu erzeugen, welche der Sprache und der Literatur selbst Gefahr drohet. Es ist der Gesellschaft des Museums unstreitig würdig, hier ins Mittel zu treten, und gewiss auch hoch verdienstlich, zur Erhaltung, Reinigung und Wiederbelebung der Nationalsprache alles beizutragen, was in ihren Kräften stehen kann. Zu einer Zeit, wo beinahe alle Völker zweiten Ranges in Europa zu ihren noch vor Kurzem vernachlässigten Nationalsprachen gleichsam wetteifernd, wie zum heiligsten Palladium ihres Daseins, zurückkehren, und sie durch bedeutende mit grossem Kostenaufwande gestiftete Anstalten zu schützen bemüht sind, — (es genügt, nur an die Polen, Magyaren, Niederländer, Dänen, Finnen u. a. zu erinnern —), dürfte es den Böhmen ziemen, in ihrer eigenen Sache nicht ganz zurück zu bleiben. Die böhmische Zeitschrift des Museums kann und soll daher vorläufig den gerechten Wünschen ächter Patrioten zum bescheidenen Organ dienen; sie soll, in Ermangelung eines andern Instituts, zur zeitgemässen Ausbildung der Sprache, Feststellung der nothwendig gewordenen neuen Sprachformen, und selbst zur Läuterung und Veredlung des Geschmacks bei dem böhmischen Publicum ihr Möglichstes beizutragen bemüht sein. Darum soll sie auch nach und nach alle Gebiete der ernsteren Wissenschaften sowohl als der schönen Redekünste, den Bedürfnissen des Publicums und dem Interesse der Sprachbildung gemäss, betreten dürfen, und in die gesammte böhm. Nationalliteratur durchgreifend einzuwirken bestimmt sein. Das Formelle der Aufsätze wäre hiebei nicht weniger zu beachten, als der dargestellte Inhalt selbst.

Ueber die *äussere Oekonomie* beider Zeitschriften mögen hier vorläufig nur einige Ansichten ihren Platz finden:

1. Die deutsche Zeitschrift soll in monatlichen Heften erscheinen. Eine Monatschrift ist mehr geeignet, die Aufmerk-

samkeit des Publicums auf die Leistungen des Museums rege zu erhalten, und selbst die Neugierde für die Mittheilungen zu spannen, als es eine Quartalschrift vermag; auch gewinnt sie dadurch gewiss mehr Abnehmer, ohne die Kosten der Herausgabe deshalb bedeutend zu vermehren. Denn das Museum darf wohl Monathefte zu 5 bis 6 Druckbogen, aber keine Quartalhefte unter 10 bis 12 Bogen herausgeben, ohne sich dem Vorwurf einer ärmlichen Spärlichkeit auszusetzen. Der Unterschied würde dann in den Ausgaben nur einen Monat, in den Einnahmen aber verhältnissmässig viel mehr betragen. Dem böhmischen Publicum dürfte es aber genügen, bloss eine Quartalschrift zu besitzen.

2. Das Oekonomische wäre etwa so einzurichten, dass der Absatz einer Hälfte der Auflage die Kosten der ganzen Unternehmung decke. Zu diesem Behufe wäre der Weg der Pränumeration einzuschlagen, um vorläufig die Grösse der Auflage bestimmen zu können. Dann sollte nur ein Drittheil als Ueberschuss über die Zahl der pränumerirten Exemplare gedruckt werden. Wenn z. B. 400 Pränumeranten einkämen, könnte man 600 Exemplare drucken lassen und es so einrichten, dass schon 300 Pränumeranten das Ganze der Druck- und Redactionskosten tragen. Da es aber in jedem Falle rathsam ist, den Preis der einzelnen deutschen Monatshefte nicht über 1 fl. 15 kr. W. W. (den Buchhändlern zu 1 fl. W. W.), den der böhm. Quartalhefte nicht über 1 fl. 30 kr. (den Buchhändlern zu 1 fl. 15 kr. W. W.) steigen zu lassen: so müsste erst durch das Ergebniss dieser Combinationen die Anzahl der Druckbogen der einzelnen Hefte bestimmt werden.

3. Die Namen der Pränumeranten für die böhm. Zeitschrift sollen jährlich einem Hefte beigedruckt werden, da die Zahl und die Art des böhm. Lesepublicums schon an sich ein interessantes historisches Datum ist, und dieser Umstand zur Vermehrung der Zahl der Abnehmer nicht wenig beitragen dürfte. Bei der deutschen Zeitschrift scheint dies nicht so zweckmässig zu sein, und könnte leicht zu schiefen, lieblosen Urtheilen Anlass geben.

4. Um jedem künftigen Buchdrucker selbst den Gedanken, sich einen Ueberschuss von Exemplaren zu drucken, im vor-

hinein zu benehmen, könnte man den Grundsatz aufstellen, jedes Heft vom Museum einzeln stempeln zu lassen.

5. Es scheint nothwendig zu sein, dass die Gesellschaft gleich Anfangs mit Selbstvertrauen und mit Zuversicht zu dieser Unternehmung schreite; sonst kann sie auf kein Vertrauen von Seiten des Publicums Anspruch machen. In dieser Hinsicht ist die eingeleitete Actienvertheilung dem ganzen Unternehmen wesentlich vortheilhaft.

6. Die Honorare für aufgenommene Beiträge könnten erst nachträglich bestimmt werden. Es wäre Sache des Redacteurs, sich tüchtige Mitarbeiter anzuwerben, und die einzelnen Hefte so einzurichten, dass sie jedesmal etwas Neues und Interessantes bieten können. Der Redacteur selbst sollte angewiesen werden, die eingehenden Beiträge den Ausschussmitgliedern der Gesellschaft in ihren Sitzungen vorläufig zur Einsicht und Begutachtung vorzulegen. Und da diese selbst schon die erste und ohne Zweifel auch die gewissenhafteste Censurbehörde bilden würden: so könnte man vielleicht schon darum die hiesige hohe Regierung ansuchen, Mittel zu treffen, damit der Redacteur ferner gegen die möglichen Missdeutungen und Missverständnisse der öffentlichen Censur einigermassen geschützt werde; so wie es ihm auch erlaubt werden müsste, bei der etwa nothwendig werdenden Nichtannahme gehaltloser Beiträge sich auf das verneinende Gutachten der Gesellschaft zu berufen.

7. Die Abfassung der Chronik des Tages sollte ein Gegenstand besonderer Aufmerksamkeit für die Gesellschaft sein. Denn offenbar müsste sie einem Manne anvertraut werden, der die Ereignisse im Vaterlande in ihrer wahren Bedeutung zu sehen, und mit dem gehörigen Tact darzustellen fähig ist. Nur dann könnte die Zeitschrift dem künftigen Historiker brauchbare Materialien zur Geschichte unserer Zeit liefern.

8. Endlich wäre es bequem und vortheilhaft, beide Zeitschriften mit eigenthümlichen Namen zu benennen, oder wenigstens möglichst kurze Titel für dieselben zu gebrauchen.

„Mit Beginn des Jahres 1827 fingen beide Zeitschriften zu erscheinen an, die deutsche in Monats-, die böhmische in Quartalheften. Die Theilnahme des Publicums, besonders für die deutsche Zeitschrift, entsprach aber leider nicht den gehegten Erwartungen und dem inneren Werthe derselben, der überall ungetheilte Anerkennung fand. Selbst der Altmeister der deutschen Literatur, Göthe, sprach sich mit vielem Lobe über dieselbe aus." — So liest man in der schon erwähnten „Geschichte des Museums," S. 66. — Ich will nun diese Geschichte hier nicht nacherzählen, — glaube aber zur näheren Aufklärung einige Worte beifügen zu sollen. Graf Kaspar Sternberg beschwerte sich bei seinem Freunde Göthe zu wiederholten Malen, wie schriftlich so auch mündlich, über die auffallend geringe Theilnahme, welcher die deutsche Monatschrift bei den Deutschen ausserhalb Oesterreich begegnete, indem trotz aller Anstrengungen der Verleger nur sechs Exemplare nach ganz Deutschland, und auch die meist an dort lebende Böhmen, abgesetzt wurden. In Folge dessen entschloss sich Göthe zu einer ungewöhnlichen That: er schrieb selbst in die Berliner „Blätter für wissenschaftliche Kritik" (März 1830, Nr. 58—60) eine umständliche und sehr lobende Recension des ersten Jahrgangs unserer Monatschrift, welche in ganz Deutschland Aufsehen erregte und in fast allen Journalen der Zeit besprochen wurde: aber auch seine Verwendung ergab keinen reellen Erfolg, denn nach wie vor wurden nur sechs Exemplare der Zeitschrift über die Gränze von Oesterreich abgenommen. — Das Hauptgebrechen der deutschen Museumsblätter lag in ihrem bloss auf das „Vaterländische" beschränkten Inhalt: schon damals hatte dasselbe für die Deutschböhmen nur wenig Anziehungskraft. Darum füge ich, zur Erklärung, warum selbst die in „Jahrbücher" verwandelte deutsche Monatschrift mit dem Jahre 1832 eingehen musste, nur meine letzte Eingabe an den Präsidenten Grafen Sternberg hier bei. — —

5.

(Eingereicht den 16 Oct. 1831.)

Ew. Excellenz! Bei dem herannahenden Schlusse des fünften Jahrganges der beiden Museumszeitschriften, deren Redaction mir anvertraut ist, finde ich mich veranlasst, Ew. Exc. Aufmerksamkeit auf einige ungünstige Verhältnisse in Anspruch zu nehmen, welche auf mein Geschäft einen immer störenderen Einfluss nehmen.

Die Strenge unserer Censurbehörden hat, ungeachtet der ausgezeichnet edlen Liberalität Sr. Exc. des Hrn. Oberstburggrafen, und der, jedoch bloss persönlichen, Gefälligkeit des betreffenden Hrn. Gubernialraths und Censurreferenten gegen mich, seit etwa drei Jahren in auffallend hohem Masse zugenommen;

und obgleich ich bereits oft die Hoffnung genährt, dass sie ihren Culminationspunkt erreicht habe, so finde ich mich doch mit jedem neuen Semester in dieser Hinsicht neu enttäuscht. Die unangenehmste Folge davon ist die Entmuthigung meiner besten deutschen Mitarbeiter, die unter solchen Verhältnissen keine Lust mehr haben, ihre Aufsätze der Censur zu unterlegen. Auch ich muss gestehen, dass es mir oft schwer wird, für die in ihrem Plane beschränkten deutschen Jahrbücher neue Gegenstände aufzufinden, deren freie Behandlung der gegenwärtigen Censur nicht anstössig, und doch auch für das durch ausländische censurfreie Zeitschriften verwöhnte Publicum einigermassen interessant sein könnte. Da nun der geringe Absatz der Jahrbücher auch den Verleger entmuthigt hat, und meine Zeit überdies durch neu übernommene Pflichten gegen die Herren Stände beschränkt ist: so scheint es mir für die Zukunft fast unmöglich, die deutsche Zeitschrift in der bisherigen Weise fortzusetzen.

Da es jedoch vielleicht nicht vortheilhaft wäre, dem Rechte zur Herausgabe einer deutschen Zeitschrift gänzlich zu entsagen — weil doch Umstände eintreten könnten, die es wünschenswerth machten, — und da die Gesellschaft auf jeden Fall eines eigenen Organs zu Mittheilungen an das deutsche Publicum bedarf: so stelle ich es dem hohen Ermessen Ew. Exc. und des hochlöblichen Gesellschaftsausschusses anheim, ob es nicht rathsam wäre, die Jahrbücher des böhmischen Museums, unter dem gegenwärtigen Titel, jedoch künftig in *zwanglosen Heften* erscheinen zu lassen.

Bei der böhmischen Zeitschrift des Museums ist zwar die Censurstrenge nicht minder drückend: aber da ihr Plan fast unbeschränkt, und daher auch die Auswahl von Aufsätzen für dieselbe leichter ist; da der innere Gehalt derselben, vorzüglich durch Heranbildung hoffnungsvoller junger Schriftsteller, wie ich mit Vergnügen wahrnehme, mit jedem Jahre steigt, und diese Zeitschrift daher einen günstigen Einfluss auf die böhmische Literatur auszuüben beginnt; da ferner ihr Absatz, wenn auch nicht glänzend, doch immerhin erträglich ist, indem die Zahl der Abnehmer jetzt ausserhalb Böhmen in dem Masse zunimmt, als sie sich innerhalb des Landes vermindert hat; da sie endlich die einzige Zeitschrift dieser Art in der böhmischen Sprache ist: so scheint es nicht nothwendig, ja auch nicht rathsam zu sein, in derselben eine Aenderung vorzunehmen. Auch würde ich durch die Verminderung der Geschäfte bei der deutschen Zeitschrift um so mehr Zeit gewinnen, für die böhmische zu sorgen, und ihre Zweckmässigkeit zu wahren. Prag den 16 Oct. 1831.

Der Verwaltungs-Ausschuss des Museums beschloss, unter solchen Umständen, die deutsche Zeitschrift lieber ganz eingehen zu lassen. Die böhmische dagegen erhielt sich durch alle folgenden Jahre, und erscheint noch fortwährend als Quartalschrift.

IV.
Bemerkungen über die Königinhofer Handschrift (1829).

Als im J. 1829 die Herren Hanka und Swoboda eine neue Ausgabe der Königinhofer Handschrift veranstalteten, verlangte Hr. Kopitar von mir eine umständliche Anzeige und Recension derselben für die Wiener Jahrbücher der Literatur, — die dann auch wirklich in den 48 Band dieser gelehrten Zeitschrift aufgenommen wurde. — Da nun diese Arbeit dem Publicum vorliegt, und der Gegenstand seitdem von vielen Seiten gründlich beleuchtet worden ist, ich auch nicht mehr auf allen dort geäusserten Ansichten bestehe: so erlaube ich mir nur *einige Stellen* daraus hier nochmals anzuführen, die ich der Vergessenheit nicht gerne gänzlich anheimfallen lassen möchte.

6.

A) Bevor ich in die specielle Würdigung des poetischen Charakters dieser epischen und lyrischen Dichtungen, so wie auch der Verdienste ihrer Herausgeber eingehe, muss ich die historische Grundlage und Bedeutung derselben um so eher prüfen, als sich nur von solcher Prüfung eine gegründetere Antwort auf die wesentliche Frage erwarten lässt: wann und von wem sind diese Gesänge gedichtet und gesammelt worden? Eine solche Untersuchung hat zwar Hr. Swoboda selbst in seinem „historisch-kritischen Vorbericht" zur zweiten Auflage des Werks (S. 1—36), und vor ihm schon Hr. Meinert, im Januarhefte des Hormayrschen Archivs vom J. 1819 angestellt: da jedoch meine Forschungen mich zu anderen Ansichten darüber leiteten, und das Interesse der Wissenschaft selbst die vielseitigste Untersuchung des Gegenstandes nicht bloss gestattet, sondern auch gebietet, so hoffe ich, dass man meine Bemerkungen nicht für ganz überflüssig halten wird.

Die dem Stoffe, und, wie es scheint, auch der Form nach ältesten Gesänge der Handschrift sind Zaboj (6) und Čestmir (4); denn beide beziehen sich auf Begebenheiten der historisch-dunkeln Periode vor der Verbreitung des Christenthums in Böhmen. Der erste besingt den Sieg zweier Helden des böhmischen Heidenthums, Zaboj und Slawoj, über den Feldherrn Ludiek, der selbst im Dienste eines fremden Königs, fremde Herrschaft und fremde (christliche) Religion im Lande aufrecht gehalten hatte; der zweite Gesang feiert die Siege Čestmir's, eines Feldherrn des Prager Herzogs Neklan, über den Raubritter Kruwoj und über Wlaslaw, den Fürsten des Saazer Gebiets. Letztere Begebenheit erzählt auch, mit abweichenden Umständen, der älteste Chronist Böhmens, Cosmas († 1125), und nach ihm alle böhmischen Historiker; da er jedoch ihren Zeitpunkt nicht näher bestimmt hat, so darf man Pelzel's Muthmassung, dass sie ins Jahr 830 zu setzen sei, nur als solche annehmen.

Ueber Zaboj's und Ludiek's Zeitalter kann ich dagegen auch nicht eine Muthmassung geben, obgleich Hr. Meinert sowohl als Hr. Swoboda sie aufzustellen versuchten. Ersterer glaubte in Ludiek's Niederlage den unglücklichen Zug Ludwig's des Deutschen im J. 849 zu Gunsten der vierzehn in Regensburg getauften böhmischen Häuptlinge zu sehen: da jedoch Ludiek im Gedichte ausdrücklich „ein Knecht" des fremden Königs genannt wird, und er das Land, nach Zaboj's Schilderung, längere Zeit beherrscht haben muss: so setzte Hr. Swoboda die Thatsache um so unbedenklicher in eine frühere Epoche, als die grossartige Einfachheit der Darstellung, im Vergleich zu Čestmir, und des Cosmas Schweigen darüber, ihn dazu zu berechtigen schienen. Daher brachte er sie mit Samo's bekanntem Kampfe gegen die Franken unter K. Dagobert (628—638) in Verbindung u. s. w. — —

B) Ich bin durch Gründe und durch mein Gefühl in der Ueberzeugung erstarkt, dass dem Gesange über Zaboj, Slawoj und Ludiek allenfalls eine dunkle Sage von den ehemaligen Kämpfen des Heidenthums mit dem Christenthum, aber keine bestimmte historische Thatsache zu Grunde liege, wenigstens nicht in der Art, wie sie der Gesang schildert. Wann hätte wohl ein deutscher König das Land so ganz unterjocht, seine Herrschaft darin so fest gegründet, so genau und dauerhaft organisirt, als es Zaboj's Worte anzeigen?

„Und da kommt der Fremdling
Mit Gewalt ins Erbland;
Und mit Fremdlingsworten
Hier gebeut der Fremdling.
Und was Sitte dort ist . . .
Gilt zu wahren folgsam
Kindern so wie Frauen . . .
Aus den Hainen trieben sie die Sperber,
Und *den Göttern*, so die Fremde ehret,
Mussten wir uns neigen,
Ihnen Opfer bringen.
Durften vor den Göttern
Nicht die Stirne schlagen,
Nicht im Zwielicht ihnen Speisen bringen;
Wo der Vater Speisen bracht' den Göttern,
Wo er hinging Lobsang anzustimmen:
Ja sie fällten alle Bäume,
Sie zerschellten alle Götter.

Noch auffallender und bedeutsamer ist die Aengstlichkeit der Verschwornen, die Zaboj aus allen Gauen heimlich berufen hatte, und sie zur ersten Berathung, bei dunkler Nacht, in das tiefe Thal eines weiten Forstes führt, von woher sie bei einbrechendem Morgen, um nicht entdeckt zu werden, einzeln ausgehen:

Fort entlang der Bäume,
Fort nach allen Seiten aus dem Walde.

Alles diess gibt ein Bild der vollendetsten Unterjochung, und setzt eine Wachsamkeit der königlichen Gewalthaber im Lande voraus, an die es dem Geschichtskundigen in jener Zeit zu glauben schwer wird. Es hatten ja selbst die Feldzüge der Söhne Karls des Grossen gegen Böhmen keine Festsetzung im Lande zum Zweck, obgleich deren Folgen daselbst noch im eilften Jahrhundert empfunden wurden. Hätte je ein deutscher König seine Herrschaft in Böhmen so dauerhaft gegründet, und das Christenthum daselbst mit so viel Eifer verbreitet (was doch nur im achten und neunten Jahrhundert hätte stattfinden können, weil das Christenthum früher in *Deutschland* selbst nicht genug begründet und verbreitet war): so wäre das gänzliche Stillschweigen der damaligen Chronisten über eine so glänzende und verdienstliche That wirklich unerklärbar. Eben so auffallend ist es, dass der Gesang zwei Helden aus der Mitte des Volks das ganze Land befreien lässt, ohne der vielen erblichen Herzoge, deren Dasein in mehreren Theilen Böhmens zu jener Zeit keinem Zweifel unterliegt, auch nur im mindesten zu erwähnen. Diess dürfte zur Genüge beweisen, dass der Stoff des Gedichtes keineswegs historisch, sondern ideal und rein poetisch ist. Dafür spricht auch der Mangel einer bestimmten Bezeichnung des Schauplatzes, während die darüber gegebenen Details auf keine Gegend im Westen Böhmens passen wollen.

Ich bin daher geneigt, die Abfassung dieses Gesanges in eine viel spätere Zeit zu setzen, als es bisher üblich war, namentlich erst etwa in das zwölfte oder dreizehnte Jahrhundert, wo man das Bild einer vollendeten Beherrschung des Landes nicht weit zu suchen hatte. Man hat zwar dagegen eingewendet, der Gesang athme einen zu lebendigen heidnischen Sinn, als dass man einen Dichter aus jener christlich-frommen Zeit zu dessen Verfasser machen dürfte. Aber dieser Grund scheint mir unhaltbar. Wäre der Abscheu vor dem Heidenthume in jener Zeit so beschaffen gewesen, wie wäre es dann möglich, dass ein heidnischer Gesang sich vier Jahrhunderte lang in der Gunst des christlichen Volkes erhalten hätte? Ist man aber einmal gezwungen, anzunehmen, dass die Böhmen freisinnig genug waren, den Geist des Heidenthums in einem Volksgesang zu toleriren: warum will man nicht lieber zugeben, ein unbefangener Kopf habe jenen Geist lebenskräftig geschildert, zu einer Zeit, wo diese Schilderung keinen Rückfall mehr ins alte Heidenthum veranlassen konnte? Zudem ist es ja nicht zu übersehen, dass der Dichter es absichtlich vermieden, das *Christenthum* im Kampfe mit Zaboj's und Slawoj's Schaaren unterliegen zu lassen, indem er von den *Göttern* der Fremde und ihrem *Opferdienste* sprach, von der Taufe aber und anderen christlichen Gebräuchen schwieg, um den wahrhaft christlichen Sinn seines Volkes nicht zu beleidigen.

Wenn nun aber das scheinbar älteste Gedicht der Sammlung erst dem zwölften oder dreizehnten Jahrhundert angehört, so haben wir noch weniger Grund, die Entstehung der übrigen in eine ältere Epoche zu setzen. Man könnte zwar den Čestmir aus einer früheren Zeit herleiten: allein wenn man die auffallende Aehnlichkeit, ja Gleichheit, zwischen ihm und dem Gesange von Zaboj, in der Auffassung und Darstellung der Gegenstände, und selbst in der Versart, die von den übrigen in der Sammlung so sehr abweicht, näher in's Auge fasst: so kann man keinen Grund angeben, warum beide Gesänge nicht *einen* Verfasser gehabt haben sollten. Wir finden darin dieselbe Unbestimmtheit des Schauplatzes der Begebenheiten, denselben Mangel einer festen historischen Grundlage und vollendeter Umrisse; Zaboj und Slawoj wiederholen sich in Čestmir und Wojmir, und die Belagerung der Burg Kruwoj's ist in einer Art dargestellt, wie sie unseres Wissens in Böhmen sonst niemals versucht wurde, auch wohl bei steilen Burgen unmöglich war, — daher auch dieses Gedicht zwar auf alte Sagen gebaut, aber nach den Ideen eines viel späteren Dichters ausgeführt sein dürfte. — —

C) Das zweite Gedicht der Sammlung preist die Heldenthat des Beneš, eines Sohnes Hermanns, der ein in Böhmen während der Abwesenheit seines Fürsten eingedrungenes sächsisches Heer, mit Hilfe des zusammengerafften Landvolks, bei Gross-Skal aufs Haupt schlug und aus dem Lande jagte. Ueber diese Thatsache gibt uns die Geschichte keinen Aufschluss, und wir lernen sie erst aus diesem Gesange kennen. Dieser ist aber sicherer, als alle anderen in der Sammlung, auf eine historische Grundlage gebaut, und hat eine bestimmtere Haltung, wie man es ihm sogleich ansehen und anfühlen muss. Gleich die zweite vierzeilige Strophe lautet:

„Wo der Fürst, wo weilt das Kriegsvolk?
Weit zu *Otto* zog er hin. —
Wer entreisst den Drängern uns,
Waises Vaterland?"

Man hat bei Otto an den Markgrafen von Brandenburg, Otto den Langen, den Oheim und Vormund des minderjährigen Königs Wenzel II gedacht, und die Begebenheit desshalb gewöhnlich in's J. 1280 gesetzt. Ich aber zweifle keinen Augenblick, dass sie in die ersten Jahre des dreizehnten Jahrhunderts gehöre, wo König Přemysl Otakar I seine erste Gemahlin Adelheid von Meissen verstossen hatte, und dadurch nicht allein mit ihrem Bruder, dem Markgrafen Dietrich von Meissen, sondern auch mit Kaiser Philipp (J. 1200) in offene Feindschaft gerieth. Die häufigen Einfälle sächsischer Heere in den Jahren 1201 u. fg. sind unseren Chronisten nicht unbekannt. König Přemysl verliess desshalb die Partei Philipps (von Schwaben), und wandte sich (1202) zum Gegenkaiser Otto IV (von Bayern), der ihn auch bald darauf (1203, 24 Aug.) zu Merseburg als König von Böhmen krönte. Dass der Sieg des böhmischen Helden Beneš in diese Zeit, wenn auch vielleicht nicht in dieses Jahr, zu setzen sei, entscheiden mehrere Gründe, insbesondere dass zwischen den Jahren 1197—1219 unter den Baronen Böhmens, die als Zeugen in königlichen Urkunden vorkommen, ein „Benessius, filius Hermanni", fast am häufigsten genannt wird. Ich habe über seine genealogischen Verhältnisse an einem anderen Orte (Monatschrift der Gesellschaft des vaterl. Museums in Böhmen, 1829, Januar S. 43 fg.) urkundliche Notizen mitgetheilt, und bemerke nur daraus, dass patronymische Namen der böhmischen Grossen seit der Mitte des dreizehnten Jahrhunderts den von Burgen entlehnten (bis jetzt üblichen) Familiennamen wichen, daher auch die Helden Dalemil's vom J. 1280 schon überall mit ihren Geschlechtsnamen prangen. Dass dieser poetische Historiker nichts von unserem Beneš weiss, ist ein Beweis mehr für meine Angabe, so wie auch der Umstand, dass ein Sänger vom J. 1280 durchaus nicht versucht sein konnte, seinen Fürsten (den Knaben Wenzel II) und dessen Kriegsvolk (das er damals nicht haben konnte) zu vermissen und herbeizuwünschen. Dass endlich das Gedicht mit dem Ereignisse fast gleichzeitig sei, lässt uns jede Strophe desselben fühlen. — —

D) Doch es ist Zeit, die *Gedichte* der Königinhofer Handschrift, als solche, der näheren Betrachtung zu unterziehen. Wenn ich vorläufig, bis zur anderweitigen festeren Bestimmung, als wahr annehme, der eigentliche Gegenstand der *Poesie* sei überall *der Mensch in seinem Streben zum Göttlichen*, seinem Kampfe mit der Natur, seinen Leiden und Genüssen, seinen Hoffnungen und seiner Vollendung; die *Natur* sei zwar auch poetisch, doch nur in Beziehung auf den Menschen, als Reflex seiner inneren Wirksamkeit, als ein Spiegel oder ein Träger eines wahrhaft menschlichen Daseins; — so löset sich die Frage, „ob jene Gedichte einen eigenthümlichen poetischen Charakter haben," in die folgende auf: „ob sie das Bild des höheren, echt menschlichen Lebens in ihrem Kreise so vollständig, rein und wahr, und dabei doch so individuell und originell auffassen und darstellen, dass ihre Menschenwelt in vollendeter lebendiger Gestalt, allen verwandt und doch von allen verschieden, ein selbstkräftiges organisches Dasein zu führen scheine? Als *Macphersons Ossian* zuerst bekannt ward, machte selbst der Contrast zwischen seinem kalten Felsen- und Nebellande und der weichen Sentimentalität seiner Helden einen eigenthümlichen Eindruck in mehreren Ländern Europa's, und es dauerte lange, bis man darüber die Unwahrheit, die Charakterlosigkeit und leblose Monotonie jener Gebilde gewahr wurde. Der *serbischen* Volkspoesie wurde zwar nach ihrer Einführung im Abendlande nicht mit jenem Enthusiasmus gehuldigt, den *Macpherson* erregt hatte: dagegen hat ihre lebendige Naturwahrheit und Mannigfaltigkeit auf bleibende Anerkennung den giltigsten Anspruch. Der Böhme möchte sich bald getäuscht finden, wenn er sich von seiner Königin-

hofer Handschrift die gleiche Wirkung in Europa versprechen
wollte; nicht als ob diese Dichtungen minder vortrefflich wären
(da sie im Einzelnen viel mehr sowohl über Ossian als über
den serbischen Liedern stehen), sondern bloss desshalb, weil
ihrer so wenig gerettet worden ist, weil sie in der böhmischen
Literatur isolirt dastehen, und sich in einem zu einför-
migen Kreise bewegen, als dass sie eine vollständige
Menschenwelt aufschliessen könnten, die durch ihre Eigenthümlichkeit, ihren Reichthum und ihre Mannigfaltigkeit allenthalben ansprechen und fesseln müsste. Hätten sich von dieser
Sammlung nicht zwölf, sondern 120 Blätter von gleichem poetischen Werthe erhalten, so wären sie in der gebildeten Welt
längst mit dem glänzendsten Erfolg allgemein eingeführt. Allein
die Vorsicht hat darüber anders verfügt: ostenderunt terris hace
tantum fata — —

Von den grösseren Gesängen der Handschrift sind nicht
weniger als *fünf* blosse *Kriegsgemälde*, und auch das sechste
schildert ein kriegerisches *Kampfspiel* :— ein Mangel und eine
Gleichförmigkeit des Inhalts, die weder durch den Wechsel
der Scenen und Charaktere, noch durch die Mannigfaltigkeit
der eingestreuten Episoden ganz gehoben werden konnte. Auch
die Anlage der Erzählung ist gewöhnlich so kunstlos und nach-
lässig, dass mancher Gesang fast als ein Aggregat poetischer
Gemälde angesehen werden kann. Doch wie mannigfaltig, wie
lebendig und kräftig sind selbst diese Schlachtengemälde, wie
originell die Bilder! — —

E) Weibliche Schönheit wird zweimal beschrieben. Kublajewna, „schön wie Luna selber", zieht mit ihrem Gefolge nach
Deutschland:

Wie der Strahl des Frühroths herrlich schimmert,
Wenn er aufgeht über dunklen Forsten:
So in angeborner Schönheit glänzte
Und in Schmuckes Pracht Chan Kublaj's Tochter.
Angethan war sie mit reichem Goldstoff,
Hals und Busen trug sie unverhüllet,
Reich besetzt mit Steinschmuck und mit Perlen.
Solcher Schönheit staunten wohl die Deutschen u. s. w.

Anziehender und gelungener ist Ludiše, die böhmische Fürstentochter, „die ihres Vaters Liebling war und Aller":
> Wunderschön war diese Tochter,
> Schlank und schön gewachs'nen Leibes,
> Hatte blendend weisse Wangen,
> Auf der Wange blühten Rosen;
> Augen wie der Himmel helle,
> Und auf ihrem weissen Nacken
> Wallt das Haar goldhell hernieder,
> Wallet schön gelockt in Ringlein.

Am sprechendsten zeigt sich des Dichters Naivetät in der Art, wie er Ludiše aufführt. Der Fürst hatte seine Edlen alle um sich versammelt, um zu erproben,
> „Wer von euch zumeist mir frommet.
> Klug sinnt man für Krieg im Frieden;
> Uns're Nachbarn sind die Deutschen."

Die Hörner ertönen, die Pauken erschallen; alles schickt sich zum Turnier an:
> Vor der Burg auf breiter Wiese,
> Hoch auf prächtigem Balkone,
> Sass der Fürst mit seinen Grafen,
> Sass mit Edelfrau'n die Fürstin
> Und Ludiše mit den Fräulein.

Nachdem die Kämpen des Fürsten und der Fürstin ermattet aus den Schranken gewichen waren, winkt die Prinzessin nach Lubor, der endlich alle seine Gegner besiegt, und den Preis erhält:
> Hörner hallen, Pauken tönen.
> All' die Herr'n umringen Lubor'n,
> Führen hin ihn vor den Fürsten,
> Vor die Fürstin, vor Ludišen.
> Einen Kranz reicht ihm Ludiše,
> Einen Kranz von Eichenblättern.
> Hörner hallen, Pauken tönen.

Welcher Dichter unseres raisonnirenden und sentimentalen Zeitalters hätte es sich versagen können, von Lubor's Glück und Ludišen's Liebe zu *sprechen?* —

Die *Lieder* der Königinhofer Handschrift hat Hr. *Meinert* längst vortrefflich charakterisirt. „Sie sind," sagt er, „durch„aus tief empfunden, eigenthümlich gedacht, lebendig, zart, „kräftig, und doch immer klar und volksgemäss ausgesprochen, — „wie Geist und Herz eines Engels in den Gesichtszügen eines „schönen Kindes. Bald tändeln sie mit anakreontischer Zartheit „(Guckuk), athmen bald zarte Sehnsucht (Sträusschen, Rose), „hinschmelzende Wehmuth (die Verlassene, die Lerche), schäu„men bald in muthwilliger Jugendlust. Andere, an denen man „den Charakter des Volksliedes gleichwohl nicht verkennen „kann, erheben sich fast bis zum Epos, und feiern den kühnen „Befreier der geraubten Geliebten (Zbyhoň), den ritterlichen „Erkämpfer der fürstlichen Braut (Ludiše), beweinen den „durch Feindeshand gefallenen Jüngling mit den Augen aller „Mädchen (der Hirsch)." Man kann nicht lange anstehen, diese Lieder in ihrer Art für vollendeter und schöner zu erklären, als es die historischen Gesänge sind. Die Tiefe des reinen Gefühls und die unnachahmliche Naivetät des Vortrags machen sie unübertrefflich; es ist eine Mannigfaltigkeit in ihrem Ton und Inhalt, die man in jenen Gesängen vermisst: und doch sind alle so schön, dass es schwer wird, irgend einem den Vorzug zu geben. — —

F) Es ist nach allem, was bisher gesagt wurde, vielleicht unnöthig zu bemerken, welch' ein edler Geist und Ton alle Gedichte dieser Handschrift durchweht; es findet sich in der ganzen Sammlung nichts Gemeines, Plattes oder Niedriges; kein Haschen nach fremdem Schmucke, so wie auch kein pöbelhafter Ausdruck. Alles trägt das Gepräge der kräftigen, unverdorbenen Natur, und eines Seelenadels, der sich anspruchlos kund gibt, und dennoch, gleich einer höheren Erscheinung, überall Achtung einflösst. Die Sprache ist diesem Charakter angemessen, kräftig und blühend, ohne überladen zu sein, zart und lieblich, ohne süsslich oder affectirt zu werden. In sprachlicher Hinsicht hat die Königinhofer Handschrift für die Böhmen eine hohe Wichtigkeit; schon hat ihre poetische Diction sich dadurch veredelt, und von ihrer natürlichen Bildsamkeit unterstützt, erhob sich die Sprache bald zu einem

Schwunge und einem Reichthume, der ihr selbst schon verderblich zu werden droht, da das Volk nur zu wenig gewohnt ist, dem Schwunge seiner begeisterten Schriftsteller zu folgen. — —

V.
Zur böhmischen Encyklopädie (1829).

Die nachstehenden zwei Eingaben an den Obersthurggrafen des Königreichs Böhmen, Grafen Karl Chotek, dd. 4 Oct. und 21 Nov. 1829, bedürfen keines weiteren Commentars.

7 a.

Ew. Excellenz! Das Bedürfniss eines böhmischen realencyklopädischen Werkes wird mit jedem Tage fühlbarer. Das Gebiet der Wissenschaften ist in unserer Zeit so sehr erweitert worden, dass einzelne Menschen Mühe haben, es ganz zu übersehen; die Wissenschaften selbst stehen aber insgesammt in einer so innigen Verbindung untereinander, dass man, um auch nur in Einer gründliche Kenntnisse zu erwerben, wenigstens die Elemente aller übrigen kennen muss. Ueberdiess ist das Interesse für Wissenschaft, Kunst, Industrie und öffentliches Leben in neuerer Zeit so rege, und das Bedürfniss mannigfaltiger schneller Aufschlüsse darüber so allgemein, dass Werke, welche beiden entgegenkommen, überall als unentbehrlich für den Hausbedarf angesehen und gesucht werden. Den Beweis liefern die nun schon unzähligen französischen, englischen und deutschen encyklopädischen Wörterbücher, welche überall einen reissenden Absatz finden.

Auch der Böhme bedarf eines solchen literarischen Hilfsmittels. Es sind zwar die deutschen Werke dieser Art jedem Gebildeten unseres Volks zugänglich: aber sie sind nicht nur sehr kostspielig, sondern auch insgesammt von Ausländern für Ausländer, ohne Rücksicht auf Böhmen verfasst; selbst in dem neuesten Wiener Conversationslexikon begnügte man sich mit dem blossen Nachdruck der, Böhmen betreffenden, Artikel des Piererschen Wörterbuches, mit allen ihren Mängeln und Irrthümern. In unserer Nationalliteratur ist aber für ein solches Bedürfniss noch gar nicht gesorgt.

Ueberzeugt von der uneigennützigen Thätigkeit und dem Eifer mehrerer böhm. Literaten, machte ich ihnen den Vorschlag, sich mit mir zur Abfassung und dereinstigen Herausgabe eines solchen Werkes in unserer Muttersprache, — eines böhm. Conversationslexikons — zu verbinden, und fand damit überall Beifall und die vollkommenste Willfährigkeit. Ein jeder erbot sich, dasjenige Fach, welches man ihm anweisen würde, nach dem gemeinschaftlich festzusetzenden Plane zu bearbeiten, und seine gesammten Beiträge zur Drucklegung unentgeltlich zu liefern, damit man einst im Stande sei, das Werk unseren Landsleuten um den allerbilligsten Preis zu liefern; auch waren sie bereit, das diesfällige Verlagsrecht ganz dem vaterländischen Museum zuzuwenden.

Es wurde vorläufig als Grundsatz angenommen, dass dieses encyklopädische Wörterbuch sich ganz nach den intellectuellen und literarischen Bedürfnissen der Böhmen, mit Rücksicht auch auf die sprachverwandten Mähren und Slowaken, richten, und daher keine Uebersetzung aus fremden Sprachen, sondern ein Originalwerk sein soll; übrigens keine Lecture für den Bauer, sondern ein Hilfsmittel für Professoren, Lehrer und Studierende, für Beamte, Gewerbsleute, Bürger u. s. w. Es würde darin zugleich der Versuch gemacht werden, die noch unvollständige wissenschaftliche und artistische Terminologie in böhm. Sprache nach den Forderungen der Gegenwart festzustellen.

Das Werk würde demzufolge enthalten:

1. Die Elementarbegriffe und den Inbegriff des Nothwendigsten aus allen Gebieten der Wissenschaften und Künste.

2. Die Vaterlandskunde in historischer, statistischer, topographischer und industrieller Beziehung.

3. Die Erklärung der böhm. Terminologie in der Wissenschaft, der Kunst und der Geschäftssprache.

Da jedoch ein solches Werk ohne vielseitige Mitwirkung nicht zu Stande kommen kann, und daher häufige Zusammenkünfte und gemeinschaftliche Berathschlagung der Mitarbeiter nothwendig macht: so wage ich hiemit an Ew. Exc. die ehrfurchtvolle Bitte, dass Hochdieselben denjenigen Schutz, den Sie allen gemeinnützigen Unternehmungen im Vaterlande so grossmüthig und thätig angedeihen lassen, auch diesem unseren Werke zuwenden möchten, — damit wir uns zu diesem Zwecke verbinden und ungehindert, so oft es nöthig sein möchte, zusammenkommen dürfen. Wir wollen keine geschlossene Gesellschaft stiften, keine Statuten errichten; unsere gegenseitige Verbindlichkeit soll sich allein auf jenes Werk beziehen, und mit dessen Erscheinung im Drucke aufhören.

Wenn Ew. Exc. uns diese Gnade gewähren, so werden wir mit gemeinschaftlichem Einverständniss den zu befolgenden Plan näher festsetzen, und denselben, so wie die Namen sämmtlicher Mitarbeiter, zur hohen Genehmigung vorlegen.

Prag, den 4 Oct. 1829.

---

7 b.

Ew. Excellenz! Am 4 October d. J. hatte ich die Ehre, Ew. Exc. über den Wunsch meiner literarischen Freunde, sich mit mir zur Bearbeitung und einstigen Herausgabe einer böhmischen Real-Encyklopädie zu verbinden, den ersten Bericht zu erstatten. Zur näheren Bestimmung der Art dieser Unternehmung bedurfte es des Einverständnisses mehrerer hiesigen Gelehrten, deren einige noch abwesend waren; nach ihrer Ankunft in Prag versammelten wir uns am 12 Nov., an Zahl 12 Personen, zum ersten Mal, um über den Plan und die Ausführung dieses Werkes, dessen Bedürfniss bei uns allgemein gefühlt wird, einig zu werden.

Wir kamen vorläufig in der Ansicht überein, dass unser Werk eine solide wissenschaftliche Tendenz mit möglichster Verständlichkeit und Gemeinnützigkeit verbinden, und daher zwar alle Wissenschaften berühren, aber das Vaterländische überall zunächst berücksichtigen soll. Daher stimmten wir nicht für Uebersetzungen aus fremden Werken dieser Art, sondern für eine Originalbearbeitung aller Artikel in unserem Werke, in der Hoffnung, dass dies bei zweckmässiger Begränzung und angemessener Vertheilung der Arbeit, bei dem Eifer aller Mitarbeiter und bei den vorhandenen Hilfsmitteln, nicht ganz misslingen dürfte.

Vor allem theilten wir die ganze Masse des zu bearbeitenden Stoffes in *drei Hauptclassen* ein: nämlich I) in die historisch-topographische, II) die naturwissenschaftliche und technologische, und III) die philologische und philosophische Classe. Demnächst wurden *drei Redacteurs*, für jede Classe einer, gewählt, und zwar 1) für die erste Classe ich, 2) für die zweite Hr. *Joh. S. Presl*, k. k. Universitätsprofessor und Director des k. k. Naturaliencabinets hieselbst, und 3) für die dritte Hr. *Jos. Jungmann*, k. k. Professor am altstädter akadem. Gymnasium. Die letzte Gesammtredaction soll endlich ebenfalls mir anvertraut werden.

Die Redacteurs haben die Sorge übernommen, sich mit ihren respectiven Mitarbeitern über die Ausführung im Detail zu verständigen, die von einem Jeden zu liefernden Artikel anzugeben und zu revidiren, und überall, wo es nöthig werden könnte, mit ihrer literar. Quellenkenntniss Rath und Hilfe zu schaffen.

Die vorzüglicheren Mitarbeiter, deren Mitwirkung theils schon erklärt, theils noch mit Gewissheit zu erwarten ist, sind namentlich folgende:

1. *Jos. Jungmann*, (Redacteur der philologischen und philosophischen Classe), übernimmt insbesondere noch die Bearbeitung der Artikel für die böhmische Sprache und Literaturgeschichte.

2. *Ant. Jungmann*, Dr. d. Medicin und k. k. Universitäts-Professor hieselbst, die medicinischen Wissenschaften, slavische Mythologie und Archäologie.

3. *Joh. Sw. Presl* (Redacteur der naturwissenschaftlichen und technologischen Classe), die Naturkunde, Geognosie, Chemie u. m. a.

4. *Karl Boř. Presl*, Custos des vaterländischen Museums, Naturgeschichte.

5. *W. Hanka*, Bibliothekar des vaterländ. Museums, böhm. Archäologie, Geschichte der slavischen Länder.

6. *W. A. Swoboda*, k. k. Humanitäts-Professor am hiesigen Kleinseitner Gymnasium, Theorie der schönen Künste.

7. *Norb. Waněk*, Scriptor der öffentlichen Bibliothek und böhmischer Gubernial-Translator, vaterländisches Recht und Polizei, Oekonomie, physikalische Geographie.

8. *K. Winařický*, fürsterzbischöflicher Ceremoniär, Sprache und Literatur überhaupt, und insbesondere die europäischen.

9. *Franz L. Čelakowský*, Redacteur der theologischen Zeitschrift, slawische Sprache und Literatur.

10. *Jos. Chmelenský*, Doctor der Rechte, Staatswissenschaften überhaupt.

11. *Ant. Fähnrich*, Adjunct am altstädter Gymnasium, Geschichte und Geographie der alten Welt.

12. *W. J. Tomášek*, Tonkünstler, Theorie der Musik.

13. *F. Palacký*, (Redacteur der historischen Classe), Geschichtskunde überhaupt, dann vaterländische Geschichte, Biographie, Genealogie u. s. w.

Mitarbeiter ausserhalb Prag:

14. Graf *Friedrich Berchtold*, Naturkunde.

15. *Wenzel Bergner*, k. k. Baukalbeamte in Wien, Handelskunde.

16. *Jos. Chmela*, k. k. Humanitäts-Professor in Königgrätz, griechische und römische Archäologie.

17. *Joh. Körner*, Rector des bischöflichen Seminariums in Budweis, Kirchengeschichte, Theologie überhaupt.

18. *Joh. Kollar*, evangel. Prediger in Pest, ungarische Geschichte und Topographie.

19. *K. S. Macháček*, k. k. Humanitäts-Professor in Gitschin, Theorie der Dichtkunst.

20. *Ant. Marek*, Pfarrer zu Libun, theoretische und praktische Philosophie.

21. *J. Purkyně*, Universitäts-Professor in Breslau, Natur- und Heilkunde.

22. *M. Z. Polak*, k. k. Oberlieut. und Prof. an der Neustädter Akademie, Kriegswissenschaften überhaupt.

23. *Ad. Sedláček*, k. k. Professor in Pilsen, Mathematik und Physik.
24. *K. Schadek*, Lehrer an der Hauptschule zu Königgrätz, Mechanik.
25. *P. J. Šafařík*, Professor zu Neusatz in Ungarn, Geschichte des Mittelalters, Urgeschichte der Slaven.
26. *Jos. Schön*, k. k. Gymnasial-Präfect in Pisek, vaterländische Topographie, Biographie und Genealogie.
27. *Fr. Schier*, k. k. Gymnasial-Professor in Gitschin, nordische und orientalische Mythologie und Archäologie.
28. *Fr. Wetešník*, Pfarrer zu Markwartic, neue Geographie und Statistik.

Für die noch fehlenden Fächer sollen entweder andere Mitarbeiter eingeladen werden, (wie uns denn ausserdem noch vielfache Mitwirkung zugesagt worden ist), oder sie sollen aus der Mitte der genannten Schriftsteller besetzt werden. Insbesondere ist es noch unsere Sorge, für die gesammte Gewerbskunde Männer zu finden, welche sowohl des ausgedehnten wichtigen Stoffes, als auch der Sprache mächtig wären.

Um diese und andere sich ergebenden Schwierigkeiten gemeinschaftlich berathen und beseitigen zu können, so wie auch, um den Eifer der Mitarbeiter nicht etwa erkalten zu lassen, fühlen wir die Nothwendigkeit, uns öfter und zwar monatlich wenigstens einmal, in den Wohnungen der gewählten Redactoren abwechselnd, zu versammeln.

Alle diese Massregeln sind bisher nur durch vorläufige Verabredung getroffen worden, und wir haben uns weder constituirt, noch irgend etwas Schriftliches verhandelt: denn wir wollten keine gegenseitige Verbindung eingehen, ohne vorher Ew. Exc. die Natur dieser Verbindung genau angegeben und deren Genehmigung und Billigung erhalten zu haben. Wir haben keinen anderen Zweck, als durch ein zweckmässiges realencyklopädisches Werk zur Aufklärung unserer Landsleute beizutragen, ihnen die Resultate wissenschaftlicher Forschungen in Europa, so viel als es uns möglich ist, bekannt zu machen, bisherige Mängel in der Pflege unserer vaterländischen Sprache und Literatur zu beheben, und insbesondere auch etwaigen Missgriffen durch unbefugten oder unnöthigen Purismus und Neologismus vorzubeugen. Um das Unternehmen noch gemeinnütziger zu machen, entsagen alle Mitarbeiter im voraus freiwillig allen Ansprüchen auf Vergütung für ihre diesfälligen Bemühungen und Kosten.

Wir hegen alle die freudige Hoffnung, dass Ew. Exc., deren wohlthätigen Schutzes sich alle gemeinnützigen Werke in unserem Vaterlande zu erfreuen haben, auch dieses Unternehmen Ihres schützenden Beifalles würdigen werden; — um dessen Gewährung ich im Auftrage der obengenannten hierstädtischen Theilnehmer ehrfurchtvoll bitte.

Prag, den 21 Nov. 1829.

VI.

Zur Entstehung der Matice Ceská. (1830.)

Nachdem die vorstehende Bitte durch eine Entscheidung des k. böhm. Landes-Guberniums vom 28 Nov. 1829 unserem Wunsche gemäss erledigt worden war, erachteten wir, die Professoren Josef Jungmann, Joh. S. Presl und ich, es für gerathen, auch die Prager k. k. Polizeidirection von unserem Vorhaben in Kenntniss zu setzen, um allen missliebigen Collisionen zuvorzukommen. Ich machte daher im Laufe des Monats December dem damaligen Prager k. k. Stadthauptmann, Joseph Ritter von Hoch, meine Aufwartung, und bat ihn gleichfalls um freundlichen Schutz für unsere Unternehmung. Er war bereits von Allem ämtlich unterrichtet und empfing mich mit Wohlwollen. Im Laufe des Gesprächs machte er jedoch einige Bemerkungen, die für unser ganzes Institut sehr heilsame Folgen hatten. Wenn wir auch unseren Zwecken in der angegebenen Weise unbedenklich und ungehindert nachgehen könnten, (sagte er), so könne er mir doch nicht dafür gut stehen, dass über unsere Unternehmung nicht unberufene und unfreundliche Berichte nach Wien gelangen und ihm so gut wie uns zu Unannehmlichkeiten Anlass geben sollten. Unser Kaiser (Franz I) beschütze grossmüthig alle bereits bestehenden Anstalten: neuen oder sich erst bildenden Vereinen gegenüber aber bezeige er so lange ein natürliches Misstrauen, bis deren legale Haltung constatirt sei. Darum rieth er zu versuchen, ob unser Verein sich nicht einem der zwei in Prag bereits bestehenden wissenschaftlichen Vereine, der k. böhm. Gesellschaft der Wissenschaften nämlich, oder der des vaterländischen Museums, anschliessen und von ihnen gleichsam adoptirt werden könnte. Einen so wohlmeinenden

Rath konnte ich nicht anders als mit aufrichtigem Danke annehmen und beherzigen; noch am selben Tag ging ich zum Grafen Franz Sternberg, und theilte ihm alles, was gesprochen worden war, mit, ihn auch seinerseits um Rath ersuchend, da er beiden Gesellschaften angehörte und bei beiden den grössten persönlichen Einfluss ausübte. Er rieth unbedenklich, sich an das Museum zu wenden, und versprach, auch selbst mit dem Präsidenten Grafen Kaspar zu reden, um ihn dafür günstig zu stimmen. Dies erklärt auch meine nachstehende *Eingabe an den Präsidenten Kaspar Grafen Sternberg* (vom 6 Januar 1830).

8.

Ew. Excellenz! Lange war es der Wunsch der einsichtsvollsten böhmischen Schriftsteller, unseren Landsleuten ein real-encyklopädisches Werk in der Nationalsprache zu bereiten. Diesen Wunsch nährte das Bedürfniss, in der seit etwa zwölf Jahren so eifrig und vielseitig unternommenen wissenschaftlichen Cultur der böhm. Sprache zu einem der Volksaufklärung gedeihlichen Ziele zu gelangen. Denn da man dem Drange der neueren Generation, sich auch über wissenschaftliche Gegenstände in der Muttersprache auszusprechen, weder wehren konnte noch durfte: so musste die Sorge derjenigen aufgeklärten Männer, die es zugleich mit der Pflege unserer Nationalliteratur redlich meinen, dahin gerichtet sein, dass jener Drang nicht auf Abwege führe, die der Sprache und Literatur verderblich werden könnten. Es trat daher die Nothwendigkeit für sie ein, das ganze Gebiet der Wissenschaften einmal in gemeinschaftlichem Einverständniss der Stimmberechtigten zu durchwandern, und alle Stimmen für die endliche Festsetzung der wissenschaftlichen Terminologie zu sammeln, um dem gesetzlosen und verderblichen Purismus und Neologismus Schranken zu setzen. Es ist jetzt wohl die rechte Zeit, an dieses Werk zu gehen; zwölfjährige Versuche setzen uns in den Stand, es schon mit einiger Erfahrung zu unternehmen; zögert man länger, so sind die Nachtheile aus dem bisherigen Zustande unvermeidlich.

Diese Betrachtungen veranlassten mich vor mehreren Monaten, den ersten Schritt zu thun, und gleichgesinnte Männer zur gemeinschaftlichen Bearbeitung eines böhm. real-encyklopädischen Wörterbuches aufzufordern; eines Werkes nämlich, welches in alphabetisch-geordneten Artikeln eine gedrängte Uebersicht des jetzigen Standes aller Wissenschaften nach den besonderen Bedürfnissen unseres Volkes darbieten, und damit zugleich eine möglichst richtige und vollständige böhmische Terminologie factisch aufstellen sollte. Der Vorschlag fand allenthalben die gewünschte Aufnahme; alle böhmischen Schriftsteller erklärten ihre Bereitwilligkeit, zu dem Zwecke nach ihren Kräften mitzuwirken, und die darüber gewechselten Ansichten führten die Unternehmung auf eine Bahn, welche ihr in Zukunft das beste Gedeihen verspricht.

Um allen Unannehmlichkeiten vorzubeugen, welche die Verbindung mehrer Literaten zu einem Zwecke durch Missverständnisse irgendwo veranlassen könnte, wurde es von Vielen gleich Anfangs für räthlich erachtet, die Natur und den Zweck dieser Verbindung unmittelbar zur Kenntniss Sr. Exc. des Herrn Oberstburggrafen zu bringen, dessen Liebe zur Wissenschaft und Eifer für Aufklärung unseres Volkes uns zu der Hoffnung berechtigten, dass derselbe die Unternehmung billigen und seines hohen Schutzes würdigen werde. Ich habe daher im Namen meiner Mitarbeiter zwei Berichte an Se. Exc. am 4 Oct. und 21 Nov. des vorigen Jahres aufgesetzt, welche ich hier auch Ew. Exc. zur vollständigeren Kenntniss der Sache in Abschrift beizulegen mir die Freiheit nehme.

Se. Exc. der Hr. Oberstburggraf beehrten und erfreuten uns darauf mit einer hochortigen beifälligen Zuschrift vom 28 Nov. vor. J., welche ich hier ebenfalls beischliesse.

Bei solcher Ermuthigung, und bei dem Eifer, womit mehrere unserer Mitarbeiter bereits Hand an's Werk gelegt haben, ist an dem endlichen Gelingen dieser Unternehmung nicht mehr zu zweifeln.

Der Umstand, dass die Mitarbeiter allen Honoraransprüchen entsagen, erleichtert auch die einstige Herausgabe der Encyklopädie in der Art, dass die gesammten Kosten der Auflage nöthigen Falls schon durch 250 Subscribenten gedeckt sein werden, welche Zahl als das Minimum in dem Absatze böhm.

Bücher angenommen werden kann. Je mehr Subscribenten, um so billiger wird auch der Kaufpreis sein können. Auf jeden Fall ist bei dem Verlage des Werkes, unter solchen Umständen, kein baarer Verlust zu besorgen.

Ew. Exc. werden aus der Beilage *A.* bereits entnommen haben, dass es die erklärte Absicht aller meiner Mitarbeiter ist, das Eigenthum und Verlagsrecht der böhm. Encyklopädie einst dem vaterländischen Museum anzubieten. Bei dem Umstande, dass wir keine geschlossene Gesellschaft bilden, folglich auch kein gesellschaftliches Eigenthum besitzen können, konnte Niemand anstehen, seinen Antheil an dem gemeinschaftlichen Werke einer vaterländischen Anstalt zu widmen, welche gleich nach ihrer Constituirung die Bildung der böhmischen Sprache unter die Gegenstände ihrer Wirksamkeit aufnahm, und seit drei Jahren, durch die Gründung einer geregelten böhm. Zeitschrift, auch einen wohlthätigen Einfluss auf unsere Nationalliteratur ausübt.

Mit um so gegründeterem Vertrauen spreche ich daher im Namen meiner Hll. Mitarbeiter diejenige ehrfurchtvolle Bitte aus, deren Vorlegung an Ew. Exc. und an den hochlöblichen Ausschuss der Museumsgesellschaft der Zweck dieser Eingabe ist.

Da nach dem §. 12 f) der von Sr. Maj. sanctionirten Grundgesetze des vaterländischen Museums es dem Verwaltungsausausschusse der Gesellschaft zusteht, für besondere wissenschaftliche Fächer eigene Comités zu ernennen; da die Cultur der böhm. Nationalsprache nach den §§. 3 und 13 derselben Grundgesetze, und nach späteren Erklärungen (z. B. in den Verhandlungen der Gesellschaft vom J. 1823, S. 54) auch zu den Attributen des Museums gehört; da die oben geschilderte Verbindung einiger thätigen Schriftsteller zur Bearbeitung einer böhm. Realencyklopädie ohnstreitig den wichtigsten Einfluss auf die wissenschaftliche Cultur der böhm. Sprache und Literatur haben muss, und ihre Zwecke daher mit den Zwecken des Museums diesfalls coincidiren; da es endlich der erklärte Wunsch der Mitarbeiter ist, dem Museum nicht nur die allfälligen Früchte dieser Unternehmung, sondern auch ihr literarisches Verdienst zuzuwenden: so gehet unsere gehorsamste Bitte dahin, dass der hochlöbl. Verwaltungsausschuss des Museums unsere Schriftstellerverbindung als ein eigenes Comité für die wissenschaftliche Pflege der böhm. Sprache an sich ziehen und unter seine schützende Aufsicht nehmen möchte.

Die aus einer solchen Entschliessung zu folgernden Vortheile sind so ansehnlich, dass sie die Bitte mehr als entschuldigen dürften. Wenn einerseits unsere Verbindung dadurch unstreitig an Festigkeit und Einfluss gewinnen möchte, so lässt sich auch anderseits nicht verkennen, dass das vaterländische Museum durch den Schutz einer wohlthätigen Unternehmung, welche ihm keine grosse Mühe und gar keine Opfer auflegt, sich neue Ansprüche auf die Dankbarkeit der böhm. Mit- und Nachwelt sichern wird. Es erfüllt zugleich seine edelste Bestimmung, indem es ein neues und wirksames Mittel ergreift, die Cultur der böhm. Sprache und die reelle Volksaufklärung in unserem Lande zu befördern und zu heben.

Unser Gesuch wurde in der am 11 Januar 1830 abgehaltenen Sitzung des Verwaltungs-Ausschusses des Museums dahin erledigt, dass wir drei Jos. Jungmann, Joh. S. Presl und ich, zu einem besonderen „*Museums-Comité* für wissenschaftliche Pflege der böhmischen Sprache und Literatur" ernannt und verpflichtet wurden, die angegebenen Zwecke zu verfolgen, und über unsere Verhandlungen und Unternehmungen regelmässige Berichte an den Museums-Ausschuss zu erstatten.

So waren wir nun, unserem Wunsche gemäss, in gesetzlicher Form constituirt, und konnten fortan nicht umhin, unsere Aufgabe auch von einem höheren und minder beschränkten Standpuncte aus aufzufassen: denn nicht die Real-Encyklopädie allein, sondern die Pflege der böhmischen Sprache und Literatur überhaupt sollte den Gegenstand unserer Obsorge bilden.

Bei Aufnahme der Arbeiten für das encyklopädische Wörterbuch säumte die Praxis nicht, uns zu belehren, dass bei jenen wissenschaftlichen Fächern, die bis dahin noch keine systematische Bearbeitung in unserer Sprache gefunden, eine solche unumgänglich nothwendig war, wenn die gesammte Terminologie in unserem Werke selbst nicht in ein Chaos ausarten sollte. Darum wurde auch vorher noch an eine „Malá Encyklopedie česká" Hand angelegt, wovon bis 1847 sieben Bändchen in Druck erschienen. Ebenso wurden wir bald gewahr, dass wir ohne einen Geldfonds nur wenig zur Förderung der böhmischen Literatur beitragen konnten. Der Museumsfonds durfte zu diesem Zwecke absolut nicht in Anspruch genommen werden. Da aber im Volke sich vielfach die Bereitwilligkeit kund gab, zur Gründung eines eigenen Fonds dazu, unter dem Schutze des Museums, Beiträge zu leisten: so fasste ich diesen Gedanken mit Eifer auf, und berieth mich abermals zumeist mit dem Grafen Franz Sternberg über die Mittel und Wege, ihn zu realisiren. Der hier folgende Aufruf „an die Freunde und Beförderer der vaterländischen Literatur" wurde daher von mir, im Einverständnisse mit meinen zwei Collegen und dem genannten Grafen, schon am 2 März 1830 aufgesetzt und von dem Museums-Ausschusse am 14 März genehmigt: aber dessen Kundmachung verzog sich, insbesondere nach dem am 8 April 1830 eingetretenen Tode des Grafen Franz Sternberg, bis zu Ende desselben Jahres, da sich inzwischen mannigfache Bedenken und Hindernisse ergeben hatten, obgleich das Imprimatur dazu vom Landes-Gouverneur Grafen Chotek mit aller Bereitwilligkeit ertheilt worden war. Der Museums-Ausschuss ernannte, aus seiner Mitte, den Fürsten Rudolf Kinsky zum ersten Curator dieses besonderen Museumsfonds, der auch alsogleich 1000 fl. Conv. Münze dazu subscribirte.

9.

An die Freunde und Beförderer der vaterländischen Literatur.

Obgleich es der seit der glorreichen Regierung Sr. Maj. des Kaisers Franz I wieder auflebenden böhmischen Nationalliteratur keineswegs an einzelnen gelungenen Producten gebricht: so befindet sie sich doch noch immer in einem hilflosen und unmündigen Zustande. Alle böhmischen Werke, welche in neuerer Zeit durch den Druck bekannt gemacht werden, verdanken ihr Dasein bloss dem patriotischen Eifer einiger Schriftsteller, welche nicht allein ihre Musse, sondern oft auch ihr kleines Vermögen dem Vaterlande, ohne alle Aussicht auf Lohn und Celebrität, zum Opfer zu bringen pflegen. Doch nur zu häufig lähmt der Mangel an tüchtigen Verlegern die literarische Thätigkeit unserer besten Schriftsteller, während anderseits auch nicht zu verkennen ist, dass manches unreife und zwecklose Werk zu Tage gefördert wird, und der vaterländischen Literatur mehr Schaden als Gewinn bringt.

Um diesem Uebelstande zu begegnen, der böhmischen Literatur eine zweckmässigere Richtung zu geben und ihr Gedeihen zu sichern, wurde von mehreren patriotisch denkenden Männern bereits einigemal der Vorschlag gemacht und zur öffentlichen Kenntniss gebracht, durch freiwillige Beiträge einen Fonds zur Unterstützung der Herausgabe guter böhmischer Bücher zu gründen.

Da nun der hochlöbl. *Ausschuss der Gesellschaft des vaterländischen Museums* in Böhmen, seinen von Sr. k. k. Majestät allergnädigst bestätigten Grundgesetzen gemäss, am 11 Januar l. J. ein *Comité zur wissenschaftlichen Pflege unserer vaterländischen Sprache und Literatur* aus der Mitte der Gesellschaft bildete: so lag es diesem Comité vorzüglich ob, seine Aufmerksamkeit auf diesen so wichtigen Gegenstand zu lenken. Es wurden daher, mit Berathung und Genehmigung des Ausschusses der Gesellschaft, nachstehende Massregeln entworfen, welche hiemit der edlen Unterstützung aller patriotisch gesinnten Böhmen vertrauensvoll empfohlen werden:

§. 1. Es wird durch freiwillige, von den Beförderern unserer vaterländischen Literatur ein für allemal zu leistende Beiträge ein besonderer Fonds gebildet.

§. 2. Dieser Fonds hat den Zweck, die Herausgabe guter sowohl wissenschaftlicher als gemeinnütziger Bücher in böhmischer Sprache zu befördern und zu erleichtern.

§. 3. Das Comité des Museums für wissenschaftliche Pflege der böhmischen Sprache und Literatur besorgt die Gebahrung dieses Fonds unter der besonderen Controle eines dazu deputirten Ausschussmitgliedes der Gesellschaft, und legt seine Rechnungen dem Gesellschaftsausschusse alljährlich zur öffentlichen Bekanntmachung vor.

§. 4. Die einlangenden einzelnen Beiträge werden vorläufig bei der böhmischen Sparkassa deponirt, das dadurch nach und nach gebildete Capital auf Pragmatikal-Hypotheken nutzbringend angelegt, und die davon entfallenden Zinsen jährlich nach dem Sinne des §. 2 verwendet.

§. 5. Jede zu diesem Zwecke dargebrachte patriotische Gabe wird mit Dank angenommen: wer jedoch einen Beitrag von mindestens 50 fl. C. M. entweder auf einmal, oder in mehreren bestimmten Raten leistet, wird als Stifter des Fonds angesehen.

§. 6. Die Stifter des Fonds erhalten ein Freiexemplar

von jedem Verlagsartikel, welcher auf Kosten oder durch Unterstützung des Fonds künftig erscheinen wird.

§. 7. Die Namen aller Stifter und Beförderer dieser Anstalt werden nebst ihren respectiven Beiträgen jährlich durch den Druck zur öffentlichen Kenntniss gebracht.

§. 8. Die Art und Zahl der jährlich herauszugebenden Werke wird vom Comité nach Massgabe der Kräfte des Fonds bestimmt. Insbesondere wird das Comité seine Sorge dahin richten, mit der Zeit ein vollständiges kritisch bearbeitetes Wörterbuch der böhmischen Sprache, sowie auch eine Real-Encyklopädie an's Licht zu fördern.

§. 9. Die Beiträge sind in Prag an die unterfertigten Comité-mitglieder, oder an den Bibliothekar des vaterländ. Museums, Hrn. W. Hanka, auf dem Lande aber an die sammelnden Mitglieder des Museums einzusenden, woselbst deren Empfang auf Verlangen bescheinigt wird.

Prag, den 4 März 1830.

Vom Comité des Museums für böhmische Sprache und Literatur.

So trat denn mit dem Jahre 1831, von patriotischen Wünschen und Hoffnungen getragen, das Institut der Matice Česká ins Leben, und konnte schon im J. 1832 den Časopis českého Museum in eigenen Verlag übernehmen. Aber je mehr es Beifall und Gunst im Volke fand, um so mehr Verdächtigungen und Anfeindungen erfuhr es von Seite einiger Personen, welchen nichts weniger am Herzen lag, als das Gedeihen der böhmischen Sprache und Literatur. Unter letzteren zeichnete sich insbesondere der damalige Geschäftsleiter des Museums, Professor Maximilian Millauer, durch seine Heftigkeit aus, zumal die Beiträge zur Matice viel reichlicher einflossen, als die zum Museum überhaupt. Da aber seine Bemühungen in Prag keinen Erfolg hatten, so suchte er auch auf geheimen Umwegen über Wien u. dgl. der ganzen Anstalt den Untergang zu bereiten. Als ich nun Ende Mai 1832 von abermaligen Studien in Wiener und mährischen Archiven und Bibliotheken nach Prag zurückkehrte, empfing mich Jos. Jungmann mit dem Klagerufe: „Pomozte, Františku, hyneme! hyneme!" — und erzählte, wie seit einiger Zeit alles, was für oder über die Matice zur Censur eingelcitet, daselbst damnirt werde u. s. w. Ich säumte keinen Augenblick, den damals auf dem Lande wohnenden Oberstburggrafen zu befragen, ob denn aus Wien ein Verbot der Matice herabgelangt sei? Er beruhigte mich mit dem Beifügen, wenn etwas der Art vorgefallen wäre, o müsste ja der (bei der Landesregierung als k. k. Hofrath dienende)

Curator der Matice, Fürst Rudolf Kinsky, auch davon wissen, — und so suchte ich denn Jungmanns Besorgnisse gleichfalls zu beschwichtigen. Es währte aber nicht lange, und eine die Matice betreffende Ankündigung wurde abermals im Präsidialbureau der Landesregierung mit „Non admittitur" belegt. Da eilte ich nun selbst dahin, um von dem k. k. Präsidialsecretär Ambrosi den Grund dieses unerklärbaren Vorgehens zu erfahren. Dieser bestätigte mir, dass über höhere Verordnung nichts mehr über die Matice zum Druck zugelassen werden dürfe. Auf meine Frage, von wem ihm das Verbot gekommen? antwortete er, „von Sr. Excellenz" (dem Oberstburggrafen nämlich). „Das ist nicht möglich!" entgegnete ich, und ging auf der Stelle zu dem Grafen, bei dem ich als dessen ehemaliger Lehrer allezeit freien Zutritt hatte. Graf Chotek liess sogleich den Secretär zu sich rufen und fuhr ihn in meiner Gegenwart etwas heftig an, warum er alles, was auf die Matice Bezug nimmt, verbieten wolle? „Weil die Matice eine geheime Gesellschaft ist", — antwortete der Secretär ganz unbefangen. „Oho! ho!" rief ihm der Graf entgegen. — „Wir nennen jede Gesellschaft eine geheime, welche von der Regierung nicht autorisirt ist," — fuhr Ambrosi fort, — und wurde jetzt erst inne, dass der Oberstburggraf in der Sache brevi manu praesidialiter disponirt hatte. Ich erklärte nun, die Matice sei gar keine Gesellschaft, sondern nur ein bei dem Museum, mit Genehmigung des Verwaltungsausschusses, gegründeter Fonds zur Erleichterung der Herausgabe guter böhmischer Bücher, eine von der Museumscassa verschiedene Geldcasse, nichts weiter; die Gründer dieses Fonds erhalten zwar einige Prämien, seien aber keine Mitglieder desselben. „Nein, die Mitglieder des Museums-Ausschusses wollen selbst nichts von der Matice wissen" — fuhr Ambrosi, darin ein offenbares Echo von Millauer, fort. Da sagte der Oberstburggraf, (der auch erst inne wurde, woher Ambrosi seine Inspiration erlangt hatte): „Was bedeutet denn aber der Name Matice? ich erinnere mich nicht, ihn in den Schriften gelesen zu haben, die Sie mir vorgelegt haben." — „Weil Ew. Excellenz nur den deutschen Text lasen, nicht auch die böhmische Uebersetzung, worin allein das Wort gebraucht wurde. Das böhmische Wort „Matice" bedeutet ursprünglich eine Gebärmutter, wird aber von den Serben in Ungarn, welche darunter eine „Bienenmutter" verstehen, in eben dem Sinne gebraucht, wie wir es gethan, um damit eine Stiftung zum Besten der Literatur kurz zu bezeichnen und nicht lange Umschreibungen brauchen zu müssen. Sollte aber dieses Wort der Regierung irgend einen Anstoss geben, so sind wir auch bereit, uns dessen nicht mehr zu bedienen. — „Dazu möchte ich Ihnen wohl rathen", — sagte der Graf weiter, — „denn wie dieser Herr da (Ambrosi) hinter dem Worte etwas Geheimnissvolles wittert, so stehe ich nicht dafür, dass etwas Aehnliches nicht auch in Wien Platz greife; Ihre gute Sache wird darunter keinen Abbruch erleiden, und untereinander können Sie sie nennen, wie Sie wollen." — So wurden denn schon im Juni 1832 die Beiträge zum „Základ peněžný na wydáwání knih českých", als Anhang der ordentlichen Museumsberichte ohne Anstand kundgemacht, und dann einige Jahre lang der Ausdruck gebraucht „Pokladnice českého Museum na wydáwání knih českých", bevor man sich an das Wort „Matice česká" wieder gewöhnte.

Zu besserem Verständniss dieses Vorgangs muss ich hier eine vom Fürsten Rudolf Kinsky mir gegebene Aufklärung wiederholen. Der edle Graf Karl Chotek hatte als oberster Landesverweser, und somit auch als Director der gesammten geheimen Polizei im Königreiche Böhmen, lange Zeit in den Geist der in letzterer Beziehung erlassenen hohen Instructionen sich nicht zu fügen gewusst; er unterschlug eigenmächtig manche Denuntiation als offenbar unbegründet, und strich den k. k. Beamten jede dafür bewilligte besondere Belohnung weg, da dieselben ohnehin durch ihren Amtseid angewiesen seien, jedes für den Staat gefährliche Unternehmen bei Zeiten anzuzeigen u. dgl. m. Diese Unbotmässigkeit wurde in Wien übel vermerkt, und der Graf deshalb dieses Geschäftes ganz enthoben; dagegen wurde sein Präsidialsecretär mit demselben betraut. Erst als Kaiser Franz I im J. 1833 auf einer Reise in und durch Böhmen sich überall vom Volke aufs Beste bewillkommt sah, und die gesammte Regierung des Landes seinen vollsten Beifall erlangte, stieg auch Graf Chotek wieder um so höher in seiner Gunst, je tiefer er darin vorher gefallen war. Ob er seitdem ein gelehrigerer Director der geheimen Polizei geworden sei, weiss ich nicht zu sagen.

Dies ein hoffentlich nicht ganz unwillkommener kleiner Beitrag zur Zeitgeschichte in den letzten 50 Jahren.

Als Nachtrag zu diesem Artikel füge ich hier einen im J. 1840 an den Minister Grafen Kolowrat gerichteten kurzen Bericht über die Matice česká bei.

10.

Da die böhmischen Bücherverleger bis in die neueste Zeit herab sich nur mit unbedeutenden kleinen Artikeln zu befassen pflegten, bei welchen eben so wenig zu riskiren als zu gewinnen stand, die höheren Bedürfnisse und Fortschritte der Nationalliteratur aber gar nicht in Betracht kamen: so wurde im J. 1830 bei dem Verwaltungsausschusse des böhmischen Museums der Antrag gemacht, durch freiwillige Beiträge der Freunde der Literatur einen besonderen Fonds zu bilden, von welchem die Herausgabe auch grösserer und soliderer literarischen Werke unterstützt und gefördert werden könnte. Die Statuten dieser neuen Anstalt, auf deren Entwerfung der sel. Graf Franz von Sternberg-Manderscheid noch kurz vor seinem Tode den grössten Einfluss genommen hatte, wurden erst zu Anfang des Jahres 1831 bekannt gemacht. Der erste Curator und Beförderer dieses Instituts war der sel. Fürst

Rudolf Kinsky, der auch den ersten Beitrag von 1000 fl. C. M. dazu leistete. Das reine Vermögen dieses Fonds, den man jetzt gewöhnlich „Matice česká" nennt, betrug zu Ende des Jahres 1839 im Ganzen 18.918 fl. 3 kr. C. M. Die eine Hälfte der im Laufe eines Jahres einkommenden Beiträge wird jedesmal zum Capital geschlagen, die andere sammt den Zinsen des Capitals jährlich verausgabt. Der systemisirte Stiftungsbeitrag ist 50 fl. C. M., die entweder ein- für alle Mal, oder auch in fünf jährlichen Raten zu 10 fl. erlegt werden können. Die Zahl der Stifter beträgt jetzt 496 Individuen und 15 Corporationen; die meisten Theilnehmer zählt die Anstalt im jüngeren böhmischen Clerus. Alle Stifter werden mit den auf Kosten dieses Fonds gedruckten Werken gratis betheilt. Solche waren bis jetzt: Jungmanns grosses kritisches Wörterbuch der böhm. Sprache; Šafařiks Urgeschichte der Slavischen Völker (Slowanské starožitnosti); und die böhmische Zeitschrift des Museums (Časopis českého Museum), welche letztere fortgesetzt wird. Nächstens soll eine vollständige Ausgabe der alten Schätze böhmischer Nationalliteratur, ferner eine Auswahl der bedeutenderen Werke neuerer Schriftsteller folgen. Der Fonds wird von einem besonderen Museumscomité verwaltet, an dessen Spitze seit Fürst Kinský's Tode (1836) Graf Johann Kolowrat-Krakowský steht.

Der letzte im J. 1873 erstattete Museumsbericht gibt die Höhe des Capitals, zu welcher sich die Matice im J. 1872 gehoben hat, auf etwas mehr als 100,000 Gulden Oesterr. Währung an.

VII.

Zur Geschichte der Unterthänigkeit und Leibeigenschaft in Böhmen (1830).

Nachstehender Aufsatz ist von mir im J. 1830 für die Jahrbücher des böhmischen Museums geschrieben worden. Er musste zur Censur nach Wien wandern, wo er sogar im Staatsrath zur Erwägung vorgelegen haben soll. Nach langen Verhandlungen ergab sich das Facit, dass derselbe zum Drucke nicht zugelassen wurde, weil er, wie es hiess, bei den häufigen Klagen der böhmischen Unterthanen gegen ihre Obrigkeiten den vielen „Winkelschreibern" auf dem Lande ein zu willkommenes Material zum Missbrauch dargeboten hätte.

11.

Es ist bekannt, dass die ehemalige *Leibeigenschaft* in Böhmen durch mehrere wohlthätige Gesetze schon unter der grossen Kaiserin Maria Theresia dem Wesen nach zu einer blossen Unterthänigkeit ermässigt, von ihrem für Menschenwohl begeisterten Nachfolger aber K. Joseph II, durch das Patent vom 1 Nov. 1781, selbst dem Namen nach gänzlich aufgehoben wurde.

Wenn nun ihr früheres Dasein und Ende in unserem Vaterlande keinem Zweifel unterliegt, so ist dagegen die Frage, *wann und wie sie ihren Anfang genommen habe*, um so schwieriger und wichtiger.

Ritter Peter Tobias von *Wokaun*, der erste und einzige böhmische Schriftsteller, der diese Frage in einem besonderen Werkchen („Historische Abhandlung von der Unterthänigkeit und Leibeigenschaft im Königreiche Böhmen," Prag, 1775, 8.) einer umständlichen Prüfung unterwarf, löste sie durch die „wahrscheinliche Vermuthung," dass der Anfang der von jeher mit der Leibeigenschaft verbundenen Unterthänigkeit in Böhmen im grauesten Alterthume, und zwar schon unter der Regierung des ersten Herzog's Přemysl, des Gemahls der Libuša, zu suchen sei. Er unterstützte diese Vermuthung mit Auszügen aus alten Chroniken und Urkunden, hielt sie jedoch selbst nicht für unbestreitbar. Von anderen böhmischen Geschichtforschern wurden gegen seine einzelnen Sätze Bedenklichkeiten erhoben, aber um ihn ganz zu widerlegen oder zu berichtigen, fehlte es eben so an Fleiss wie an hinreichenden materiellen Beweisen.

Mir sind solche Beweise erst in der neuesten Zeit, fast durch Zufall, in die Hände gerathen, die es ausser Zweifel stellen, *dass die Leibeigenschaft in Böhmen vor dem XVI Jahrhunderte gar nicht bestand*, und dass die damaligen rechtlichen

Verhältnisse der Unterthanen gegen die Obrigkeiten denjenigen sehr ähnlich waren, welche die väterliche Sorgfalt unserer Regierung seit einem halben Jahrhunderte eingeleitet und gesichert hat.

Diese Beweise liefern zwei merkwürdige, ums J. 1383 geschriebene, Streitschriften, deren Verfasser, *Kuneš* von *Třebowel* und *Adalbert Rankonis* von *Ericino*, beide Prager Domherren und Doctoren der Rechte waren. Der erstere war zugleich in den Jahren 1378—1383 und 1386—87 Generalvicar der Erzbischöfe von Prag, Johann von Wlašim († 1380) und Johann von Jenstein; der zweite aber, ein Zögling der Pariser Universität, bekleidete in jenen Jahren die Würde eines Scholasticus am Prager Dome.

Das Heimfallsrecht, jus devolutionis (odůmrtí), welches die alten Könige von Böhmen gegen kinderlose Vasallen ausübten, bis demselben König Wladislaw II im J. 1499 zu Gunsten der Stände entsagte, — dieses Recht massten sich in jenen Zeiten auch die obrigkeitlichen Grundbesitzer gegen ihre Unterthanen in der Art an, dass sie selbst die Töchter eines ohne männliche Erben Verstorbenen bei der Erbfolge sowohl in den beweglichen als unbeweglichen Gütern beschränkten. Den Vorstellungen seines Generalvicars gemäss hob der Erzbischof, Johann von Jenstein, durch eine förmliche Urkunde diesen Missbrauch auf allen seinen Besitzungen in Böhmen auf; doch damit noch nicht zufrieden, trachtete *Dr. Kuneš* die gleiche Massregel auch bei dem Prager Domcapitel durchzusetzen, und empfahl sie demselben zunächst aus altbiblischen Gründen. Hier aber fand er an *Dr. Adalbert* einen mächtigen und gelehrten Gegner, wie ihn bereits auch sein Erzbischof in mehreren Angelegenheiten kennen gelernt hatte. Dieser Domherr bewies zuerst mündlich, dann aber schriftlich,[*] dass die Gesetze und Rechtsprüche des alten Bundes für christliche Staaten keine bindende Kraft mehr haben; und da die

---

[*] Im dritten Theile seiner Apologie, wovon sich eine fast gleichzeitige Abschrift in einem Codex des vaterländischen Museums befindet. Der biblische Text, um den sich die Controverse Anfangs bewegte, sind die Worte (Numeri, cap. 27): Justam rem postulant filiae Salphaat.

Kirchengüter in Böhmen vom heiligen Herzog Wenceslaus der Kirche ins volle Eigenthum übergeben worden, da derselben das „dominium plenum et directum jure praescriptionis quoad immobilia et usucapionis quoad mobilia" zustehe, so habe sie auch das Recht, jeden Gebrauch von ihrem Eigenthum zu machen. Im Vorbeigehen deutete Dr. Adalbert auf den Grundsatz hin: „servus domino acquirit," unterstützte seine Meinung mit mehreren fremden Auctoritäten, und schloss mit der Protestation, dass wenn der Erzbischof an der Rechtlichkeit jenes Heimfallsrechtes zweifle, er allerdings demselben zu entsagen in seinem Gewissen verbunden sei: das Capitel übe jedoch dieses Recht seit langer Zeit bona fide aus, und habe keinen Grund es aufzugeben.

Dr. Kuneš von Třebowel entgegnete ihm in einer merkwürdigen an den Erzbischof gerichteten Abhandlung, welche ich unlängst in der k. k. Hofbibliothek in Wien (Cod. Theol. 907, sec. XV. fol. 123—132) unter dem Titel „Mag. Cunssonis tractatus de devolutionibus non recipiendis," fand und excerpirte.*) Er bewies darin in *sechs Capiteln*, folgende Sätze, welche ich mit seinen eigenen Worten anführe: „1) Quod rustici et censuales in Pragensi provincia sunt liberi et non servi; 2) quod ipsorum liberi et consanguinei usque ad septimam lineam, masculi et feminae, jure succedunt in eorum juribus, bonis mobilibus et immobilibus; 3) quod ex quo succedunt ipsis masculi et feminae, liberi et consanguinei, etiam donare possunt in vita vel in morte; 4) quod lex illa Mosaica (Numeri XXVII) non est sublata, sed potius recepta; 5) quod consuetudo in contrarium est mala et corruptela; 6) et ultimo, quod dicta consuetudo praescribi non potest."

In der ausführlichen Beweisführung darüber gibt uns Dr. Kuneš folgende wichtige und entscheidende Aufschlüsse. Dass die böhmischen Bauern insgesammt freie Leute und keine Sclaven oder Leibeigene seien, sagt er, sei eine notorische Thatsache, die keines weiteren Beweises bedürfe. (Quod rustici

---

*) Seit Bohuslaw Balbin, der diese Abhandlung einst in einem Codex des Klosters zu Borowan in Böhmen gelesen hat, (Bohemia docta, ed. R. Ungar, II, 176 und III, 146), scheint kein böhmischer Geschichtsforscher mehr ein Exemplar davon gesehen zu haben, obgleich Dobrowský in einer Note zur Vita Joannis de Jenczensteia daran erinnerte.

ecclesiarum et aliorum in regno Boemiae sunt liberi et non servi, est in facto notorium et experientia publica manifestum). Es gebe in Böhmen keine Sklaven oder Leibeigene, obgleich es deren einst gegeben habe, (servi non sunt in provincia Pragensi, licet aliquando fuisse leguntur), und wenn sein Gegner sich dennoch auf einige Ausdrücke in der Legende vom heil. Wenceslaus beziehe, um damit die Knechtschaft der Bauern zu erweisen, so sei dies eben so unbillig als unzureichend. Der böhmische Bauer sei auch kein blosser Nutzniesser, sondern wahrer Herr seines Eigenthums, und zwar unbeschadet der Leistungen, die er seiner Obrigkeit schuldig ist, (Rustici non sunt servi, nec usuarii, sed rerum suarum et jurium veri domini, salvâ pensâ dominis debitâ); denn er könne seine Eigenthumsrechte verkaufen, und sei der Obrigkeit gegenüber als Emphyteut anzusehen (Rustici Boemiae habent jus vendendi jus suum, — et sunt ad instar emphyteotarum, qui habent contractum medium inter venditionem et locationem). Ein Bauernsohn sei eben so, wie der Sohn eines Fürsten oder Magnaten, der höchsten Würden fähig (nämlich der geistlichen); dafür spreche das Gesetz so wie die tägliche Erfahrung. Allerdings stehe der Obrigkeit die Jurisdiction über die Unterthanen zu: daraus dürfe man jedoch nicht folgern, dass diese ihre Knechte oder Leibeigene seien; denn alle Menschen werden frei geboren. (Omnes homines nascuntur liberi, — und wieder: Liberi sunt omnes homines naturaliter; jurisdictionem tamen habent homines super alios, non ut super servos, sed ad vindictam malorum et laudem bonorum.) Auch gebe es allerdings Verbrechen, welche den Verlust aller Rechte nach sich ziehen, wie z. B. das Verbrechen der beleidigten Majestät und der Häresie: aber auch in diesem Falle sei der Bauer von den höheren Ständen nicht verschieden. Der Gebrauch, den Nachlass eines ab intestato verstorbenen Unterthans an sich zu ziehen, sei weder allgemein, noch erlaubt, sondern nur bei einigen Wenigen üblich, die das Concussions-Verbrechen nicht scheuen. (Ista consuetudo — non est communis vel generalis, imo valde particularis et singularis, et tantum apud inanes et crimen concussionis exercentes). Das Recht der Verjährung könne in diesem Falle nicht geltend gemacht werden: denn wenn auch die Unterthanen bei solchem Missbrauch schweigen, so darf ihr Schweigen doch weder als Einwilligung, noch als Vernachlässigung oder Entsagung ihrer Rechte angesehen werden. (Licet pauperes taceant, taciturnitas illa non habetur pro consensu, quia ubi agitur de rerum dominio auferendo, tacens non consentit ... Rustici non sunt negligentes, sed ex timore tacent ... Quid enim possunt pauperes, quando idem est actor et judex?)

Ich habe diesem Auszuge des Verfassers eigene Worte und Ausdrücke überall beigefügt, um jedes Missverständniss darüber zu beseitigen. Diese Ansichten und Gesinnungen machen dem hochwürdigen Generalvicar *Kuneš von Třebowel*, einem gebornen Edelmann, um so grössere Ehre, je weniger man sie in den Zeiten der sogenannten Barbarei zu suchen gewohnt ist. Sie beweisen zur Genüge, dass der böhmische Bauer in jener Zeit kein glebae adscriptus, kein Leibeigener war, obgleich es freilich nicht an Anmassungen gebrach, ihn als solchen zu behandeln.

Aber diese Schrift des ehrwürdigen Priesters ist nicht das einzige Denkmal des Alterthums, welches diese Wahrheit bestätigt. Auch die bekannte *Majestas Carolina* spricht entscheidend dafür. Diese hochwichtige Urkunde hat zwar, wie bekannt, keine gesetzliche Kraft und Wirkung erhalten: Kaiser Karl IV sah sich vielmehr veranlasst, sein eigenes Werk durch eine nachträgliche noch vorhandene Urkunde vom 6 Oct. 1355 gänzlich aufzuheben; doch bleibt es für den Geschichtforscher eine unschätzbare Fundgrube, indem es ja Verhältnisse, welche *damals bestanden*, behandelte und ordnete. Aus den Capiteln 77, 78 und 84—87 dieses von Paul Geschin im J. 1617 herausgegebenen Werkes*), welche sich auf die Verhältnisse zwischen den Obrigkeiten und ihren Unterthanen beziehen, ist deutlich zu entnehmen, dass der Kaiser durch seine Gesetzgebung daran nichts ändern, sondern nur den gesetzlichen

---

*) Ich habe seitdem dasselbe auch im J. 1844 im dritten Bande des Archiv Český (S. 65—180) zugleich mit einer alten böhmischen Uebersetzung und auch einem alten Auszuge abdrucken lassen.

Bestand fixiren wollte, um allen Missbräuchen vorzubeugen. Er sagt darin (C. 84): „Baronum nostrorum magnificentias et honores, diadematis nostri regalis decus et gloriam, sicut intactas stabilesque perpetuo volumus permanere: ita potestates eorum, *juxta consuetudines approbatas antiquitus*, certis conditionibus et terminis moderare; ne quos omnium morum venustate clarissima decet vivere, contingat potestatis eorum incertitudine lascivire." Wenn es nun in dieser Verordnung ferner heisst, dass ein Bauer, der seinen Grund verlassen und sich anderswohin begeben will, sein unbewegliches Eigenthum nach Gutdünken verkaufen kann, (bona sua emphyteuticaria seu censualia vel similia — cuicunque vendere arbitrio propriae voluntatis), — und dass ihm, wenn er sich desshalb *nach* dem Martinitermin meldet, die obrigkeitliche Licenz nicht verweigert werden darf, wenn es aber *vor* diesem Termine geschieht, eine von ihm gestellte Bürgschaft („datis fidejussoribus, per quos in termino dicti festi S. Martini de censu vel alias de labore seu cultura terrarum debitis, possit eidem domino integraliter responderi") hinlänglich sei, um ihm die Freizügigkeit zu sichern: — so sieht man leicht, wie sehr ein solches Verhältniss von der eigentlichen Leibeigenschaft verschieden ist.

Von anderen Beweisgründen, welche für den von mir aufgestellten Satz sprechen, will ich nur noch einen anführen. Während der Hussitenkriege bildete sich ums J. 1431, vorzüglich in Mähren, auch eine politisch-religiöse Secte aus, die man „die gemässigten Brüder" nannte, und von denen der gleichzeitige böhmische Chronist Bartošek erzählt:*) Quaedam tertia secta insurrexerat in Moravia, qui *mediocres* vocati, voluerunt, ut *tantum census legitimi* legitimis dominis solvantur, *alia onera injusta* ut transirent (i. e. cessarent) u. s. w. So kurz und trocken diese Nachricht ist, so zeigt sie doch deutlich, dass die Pflichten der Unterthanen zu den Obrigkeiten einst in Mähren ebenso wie in Böhmen durch Gesetze bestimmt waren, und dass die Leibeigenschaft damals dort eben so wenig wie hier Bestand hatte.

---

*) S. Dobner's Monum. historica Boem. I 169.

Es entsteht daher von neuem die Frage: wann die von K. Joseph II aufgehobene Leibeigenschaft in Böhmen entstanden sei? Mit grösster Wahrscheinlichkeit lässt sich behaupten, dass dieses während der 45jährigen Regierung des schwachen Königs Wladislaw II aus dem Hause Jagjel (1471—1516), geschehen sei, und zwar aus folgenden Gründen:

1. Ein Artikel des böhmischen Landtagschlusses vom 5 Januar 1531 enthält die gesetzliche Bestimmung, dass diejenigen Unterthanen, welche sich den Studien widmen wollen, von ihren Leibherren unter keinerlei Vorwand daran gehindert werden sollen. Da dieses Gesetz die factisch bestehende Leibeigenschaft nicht nur voraussetzt, sondern auch schon zu beschränken sucht, so muss dieselbe schon geraume Zeit vorher überhand genommen haben.

2. Alle böhmischen Archive sind mit sogenannten *Lassbriefen* (wýhosty) aus dem XVI und XVII Jahrhunderte überfüllt; aus früheren Zeiten sucht man jedoch solche Denkmale der Leibeigenschaft vergebens; *mir* wenigstens ist noch keines zu Gesichte gekommen, das über das letzte Jahrzehent des XV Jahrhunderts hinaufgereicht hätte. Man kann unmöglich zugeben, dass eine so auffallende Thatsache nur zufällig und ohne Bedeutung sei.

3. Die böhmischen Annalisten*) berichten zum J. 1517 einige Fälle, wo böhmische Bauern zur Leistung eines Erbeides gedrängt, sich diesem Ansinnen mit Gewalt widersetzten, und dagegen, als gegen eine gesetzwidrige Handlung, an den König selbst appellirten. Indessen dürften diese Fälle keineswegs die ersten dieser Art gewesen sein.**)

---

*) Scriptorum rerum Bohemicarum Tom. III. pag. 409 sq.
**) Der treffliche Balbin († 1688) äussert sich über diesen Gegenstand wahr und nachdrücklich: Ad illud, quod — toties repetunt, semper hanc servitutem in Bohemia viguisse, legibus Slavorum inductam, respondeo: nihil tale adferri posse, nullam esse hujusmodi legem, vel adferatur, si quae datur. Nulla erit, satis scio, contraria viguit consuetudo, Burgravio regni hoc munus incumbebat, videret, ne subditi a dominis durius tractarentur, neve oneribus novis opprimerentur. Vidi complures ejusmodi literas, praecipue Zdenkonis Leonis de Rozmital Burgravii minaces ad Joannem de Witence in Przibrami vicinia severe et duriter subditis imperantem, manu propria Burgravii scriptas, in quibus magna verborum gravitate hominem increpat, onera tollat et subditos clementius tractet, miserum se propediem regios satellites, qui dominum ditione ejiciant, et totam ditionem ejus positurum in sequestro etc. (S. Rieggers Materialien zur Statistik v. Böhmen, XII Heft, 115.).

4. Während der Verhandlungen der böhmischen Stände untereinander im J. 1516 bedienten sich Abgeordnete des Bürgerstandes der Drohung gegen die Barone, dass sie die von diesen vindicirten flüchtigen Unterthanen ihnen nicht mehr ausliefern, sondern dasjenige Verhältniss wieder herstellen würden, welches *vor* und *nach* Kaiser Karl IV in Böhmen Statt gefunden habe: *) wo nämlich das Vindicationsrecht der Leibeigenen so wenig wie die Leibeigenschaft selbst üblich war.

5. Der älteste Ursprung der böhmischen Freisassen wird von ihrem Geschichtschreiber**) in die Regierungsperiode König Wladislaws II gesetzt, und zwar als Folge der schon oben berührten Massregel, womit dieser König den Ständen das königliche Heimfallsrecht (odúmrti) nachgesehen und das unbeschränkte Erbrecht an den Landgütern verliehen hatte. Es ist augenscheinlich, dass es zu dieser Zeit einigen Bauern (den Freisassen) gelang, ihre alte Freiheit zu sichern und zu erweitern, während die anderen alle in den Stand der Leibeigenschaft herabsanken.***)

Es bleibt mir noch übrig, diejenigen Gründe zu beleuchten, welche einst Wokaun für seine Hypothese angeführt hat. Ich will dabei auf den zwar auffallenden, aber nicht entscheidenden Umstand kein Gewicht legen, dass die alten Urkunden, woraus er seine Beweise schöpfte, fast insgesammt *falsch* sind: denn es ist möglich, dass sich einzelne Parallelen dazu auch in ächten noch unbekannten Urkunden finden. Das aber darf nicht unbemerkt bleiben, dass die wichtigsten von ihm angeführten Stellen aus Chroniken und Urkunden, richtig erklärt, das Gegentheil von dem beweisen, was er beweisen wollte. Wenn es z. B. in der Urkunde Herzog Břetislaw's vom J. 1045 heisst: Quemdam hominem — cum omni posteritate sua, propter delictum suspendio judicatum, addita terra, quae posteritati suae sufficeret, servituti Brewnovensis ecclesiae mancipavi; et alium virum — propter furtivam venationem similiter patibulo

---

*) Scriptores rer. Bohem. ebendaselbst, Seite 101.
**) Franz Xav. Twrdy pragmatische Geschichte der böhmischen Freisassen. Prag, 1804, 8.
***) In meiner Geschichte von Böhmen (Band V, Abtheil. I, Seite 292—300) habe ich das eigentliche Decret über die Leibeigenschaft in Böhmen (vom 14 März 1487) angeführt und umständlicher besprochen.

judicatum, cum sex mancipiis, eidem monasterio dedi etc.: so leuchtet es aus diesen Worten selbst ein, dass diese Individuen, vor dem über sie verhängten Todesurtheil, freie Leute gewesen waren, und dass sie nur in Folge ihrer Criminalverbrechen zur Sclaverei verurtheilt wurden; und diese Thatsache setzt schon die persönliche Freiheit der Bauern, als normalen Zustand, voraus, indem ja nicht alle Bauern geborne Criminalverbrecher waren. Wenn ferner Cosmas († 1125) von dem ersten Herzog Přemysl erzählt: hic vir — hanc efferam gentem legibus frenavit et indomitum populum imperio domuit, et *servituti*, qua nunc premitur, subjugavit, — so beweist dies entweder, dass er das ganze Volk, also Herren *und* Unterthanen, zum Gehorsam gegen die Gesetze brachte, oder es beweist gar nichts; qui plus probat, nil probat.

Dass der Sklavenhandel, (insbesondere mit Kriegsgefangenen) einst in Böhmen so wie in Deutschland von unbekannter Zeit bis tief in's XII Jahrhundert herab getrieben wurde, leidet allerdings keinen Zweifel: aber ungereimt wäre es, daraus auf die damalige Sclaverei der böhmischen Bauern überhaupt zu schliessen. Der fromme Abt von Mühlhausen, *Gerlach*, spricht von Herzog Sobieslaw zum J. 1174:*) „Tradunt de eo, qui ipsum noverunt, quod optimus fuerit judex, ecclesiis dei valde propitius, bonis bonus, et terror ejus super facientes mala. Curae sibi fuit semper liberare pauperem a potente, et inopem, cui non erat adjutor; faciens judicium omnibus injuriam patientibus, omnique populo terrae, sine personarum acceptione. Quibus defendendis ita tradiderat cor suum, ut propter pauperes non vereretur offendere nobiles; et appellabatur vulgo *Princeps Rusticorum*. Quotiescunque immineret ei expeditio, cum primates sui essent hi in curribus; et hi in equis, non confidebat, nisi et pauperes populi secum videret, alios super equis, alios pedestres, prout cujusque facultas fuisset. Quid multis immoror: omnis ejus intentio, tota mens erat, tueri pauperes, et *conservare terrae sua jura*." Diese Nachricht ist von grosser Bedeutung für die damaligen Verhältnisse der

---

*) Dobner's Monum. histor. Boemiae I, 85.

Bauern. Wären sie Sclaven gewesen, so hätte der gerechte Sobieslaw sie nicht gegen die Herren schützen dürfen, denn der Sclave hat ja keine Rechte. Und da dieser Herzog damit nur die *Landesgesetze aufrecht zu erhalten* trachtete, so fällt es in die Augen, dass die obrigkeitliche Gewalt schon damals durch gewisse Gesetze bestimmt und beschränkt gewesen sein muss.

Am ungereimtesten ist es aber, die ehemalige Leibeigenschaft in Böhmen von der Slowenität ihrer Einwohner herzuleiten. Den Geschichtforschern muss es ja bekannt sein, dass die Sclaverei bei den alten Slaven etwas unerhörtes war, so dass sie selbst ihre Kriegsgefangenen als freie Leute zu entlassen oder bei sich zu behalten pflegten, bevor sie von ihren westlichen Nachbarn auch in den Künsten der Barbarei unterrichtet wurden. Es genügt hierüber an die Schilderung der Slaven in Mauritii Strategico (L. II, c. 5) zu verweisen: „Slavorum gentes et Antum una vivendi ratione, moribusque similibus utuntur; libertatem quoque colunt, nec ulla ratione ad serviendum vel parendum persuadentur, maxime in regione propria fortes tolerantesque. — Qui sunt in captivitate apud eos, non omni tempore, ut apud gentes alias, in servitute tenentur, sed certum eis definitur tempus, in arbitrio eorum relinquendo, si oblata mercede velint dein reverti ad suos, aut manere apud ipsos liberi et amici." —

VIII.

Zwei Censur-Gutachten (1834. 1839).

Bekanntlich ist das Institut der Censur in Oesterreich erst 1848 gänzlich aufgehoben worden. In den früheren Jahren hatte ich, als einer der productivsten Büchermacher in Prag, darunter wohl am meisten zu leiden gehabt. Gleichwohl kann und will ich nicht behaupten, dass die Censurbehörden sich den Schriftstellern stets unheimlich und unnahbar entgegengestellt hätten: denn nicht nur wurden meine Reclamationen ziemlich oft wohlwollend berücksichtigt, sondern in wichtigeren Fällen manchmal auch die schriftlichen Gutachten oder Anträge der Censoren mir zur Aeusserung zugestellt, ehe man darüber endgiltig entschied. Zwei solcher Fälle lege ich nun hier vor, in welchen auch wirklich nach meinen Anträgen entschieden wurde.

12.
Ueber die altslavische Legende (1834).

Löbliches k. k. Bücherrevisionsamt! Die altslavische, von Herrn Wostokow in Russland im J. 1830 entdeckte und edirte, dann von Hrn. Hanka ins Böhmische übersetzte und im Časopis českého Museum (1830, IV Heft) abgedruckte Legende vom heil. Wenzel ist, nach grundhältiger historisch-kritischer Induction, nicht nur der einzige Ueberrest der in Böhmen einst (im X und XI Jahrhundert) gepflegten altslavischen Literatur, sondern auch das älteste bisher bekannte Bohemicum überhaupt. Aus diesem Grunde verdient sie bei allen vaterländischen Alterthumsforschern hohe Beachtung, und kann in Zukunft weder in der Landes- noch in der Literatur-Geschichte Böhmens ignorirt werden.

Lange fühlte ich, als böhmischer Geschichtforscher, die Pflicht, eine kritische Würdigung dieser so wichtigen Schrift vorzunehmen: aber erst nachdem ich mir einige hiezu unentbehrlichen Daten verschafft hatte, konnte ich mich an diese Arbeit wagen, und reichte sie dann unter dem Titel „O umučení sw. Wáclawa, podlé legendy slowanské, úwaha kritická," zur Censur ein.

Der hochwürdige Herr Censor, dessen schriftliches Gutachten ich unter Einem hiemit zurückstelle, hat bei aller Humanität und Milde seines Vortrags, die ich dankbar anerkenne, dennoch entschieden auf ein „Damnatur" meines Aufsatzes angetragen, und zwar aus dem Grunde, weil darin Drahomira, Mutter des heil. Wenzels, nicht als Heidin und nicht als Mitschuldige an dem Morde des heil. Märtyrers geschildert wird. Dies stehe im Widerspruch

1. mit dem Christannus, dem angeblichen Sohne Boleslaws I, und somit ältesten böhmischen Geschichtschreiber, dessen Aechtheit P. Athanasius im J. 1767 erwiesen habe

2. mit Witikind, Benedictiner von Corvei, der ums J. 980 eine deutsche Geschichte schrieb, und

3. mit dem römischen und böhmischen Brevier auf den 28 Sept., wo es ausdrücklich „matre hortante" heisst, — und dadurch auch mit dem durch Jahrhunderte festgebildeten religiösen Volksglauben.

Obgleich ich die Frage über die Aechtheit des Christannus längst für abgemacht halte, so lasse ich sie hier dennoch dahin gestellt sein, und bitte nur dasjenige zur Kenntniss zu nehmen, was drei der achtbarsten neueren Forscher in Böhmen, Dobner (Annales Hayec. IV, 328—332,) Pfrogner (Einleitung in die christl. Religionsgeschichte, I, 135) und Dobrowský (Kritische Versuche, I, 14. 23—27), sämmtlich wahrheitliebende Männer und Priester, darüber geschrieben haben. Konnte doch P. Athanasius selbst nicht umhin, zu gestehen (p. 4.), das Christannus aus älteren Legenden *vieles* ausgeschrieben habe. Allein auffallend ist es, dass der hochw. Hr. Censor, als er Christann's Auctorität mir entgegenstellte, es nicht gewahr wurde, dass Christann selbst weit entfernt war, Drahomira der Mitschuld an S. Wenzels Tode zu zeihen; vielmehr stimmt Christann gerade mit der slavischen Legende am meisten überein, indem er sagt, Drahomira habe, mit Hilfe einiger Getreuen, ihren Sohn sehr ehrenvoll begraben: „Ejusdem exanime corpus mater (quam nuper [S. Wenceslaus] peccatis ipsius exigentibus pepulerat, rursumque in pace pro Christi amore revocaverat), quibusdam cum fidelibus rapientes, in tumba tandem projicientes, humo cooperuerunt, non ut decebat martyrem, sed ut assolet quisquam honoris aut beatitudinis mortalium." Derselbe Christann behauptet von Drahomira, sie habe die S. Michaelskirche zu Tetin gestiftet: wie konnte sie also eine Heidin gewesen sein? Ueberhaupt sagt weder Christann, noch sonst irgend eine *alte* lateinische Legende, dass sie zu jenem Morde gerathen oder ihn angestiftet habe; Pulkawa († 1380) ist der erste, der dies behauptete, — und es ist wahrlich zu bedauern, dass ein so später Schriftsteller darin mehr Glauben fand, als seine sämmtlichen Vorgänger.

Der [zweite vom Hrn. Censor angeführte Grund wäre

freilich entscheidend, schlagend, — wenn die von ihm angeführten Stellen wirklich von Witikind herrührten, und nicht von Aeneas Sylvius, einem Schriftsteller des XV Jahrhunderts. Hätte der Hr. Censor nur die Columnen-Ueberschriften auf der Seite 140 und 141 des von ihm citirten Buches angesehen, so hätte er ja darauf lesen müssen: „Aeneae Silvii historia bohemica;" denn Witckinds Werk reicht in jenem Buche nur bis zur Seite 52. Dieses auffallende Versehen, dieser Missgriff, ist fast unerklärbar. Von der Drahomira sagt dieser deutsche Chronist nicht ein Wort.

Gegen den dritten von dem hochw. Hrn. Censor angeführten Grund habe ich nichts vorzutragen. Nur besorge ich, wenn die Aussagen später Legenden und des gemeinen Volksglaubens als Richtschnur für die Geschichte aufgestellt werden, dass man dann mit allen historischen Forschungen zu Ende sein wird. Dies kann aber weder in den Grundsätzen unserer aufgeklärten Regierung, noch in den Absichten des gewiss hochgebildeten Hrn. Censors liegen. Die Regierung hat ja längst selbst die Abschaffung der ehemaligen Drahomira-Säule auf dem Hradschin veranlasst; und auch jenen gemeinen Volksglauben, dass Drahomira lebendig von der Erde sei verschlungen worden, wird wohl heutzutage ein weiser Priester zwar schonen, aber gewiss nicht nähren und unterstützen.

Mein historisch-kritischer Aufsatz ist offenbar nicht für das gemeine Volk berechnet: er soll in einer Zeitschrift erscheinen, die von einem an Zahl beschränkten aber gebildeten Publicum gelesen wird. Drahomira erscheint darin nicht als eine Frau von gutem Lebenswandel: wenn sie aber von dem widernatürlichsten, gräulichsten Verbrechen, dem Sohnesmord, an dem sie wahrlich unschuldig war, losgesprochen wird, — wie könnte das die religiösen Gefühle unseres Volkes verletzen?

Wenn gleichwohl das hochwürdigste Consistorium jene bloss historischen Aeusserungen über die Drahomira aus religiösen Gründen unzulässig findet, so unterwerfe ich mich willig dessen competentem Urtheile, und erbiete mich, Stellen in meinem Aufsatze, die etwa Anstoss geben könnten, zu ändern oder zu streichen. Ich habe nie die Absicht gehabt, etwas zu sagen oder zu behaupten, was in irgend einer Weise wirklich schädlich oder anstössig werden könnte.

Zur Damnirung meines ganzen Aufsatzes ist meines Erachtens gar kein Grund vorhanden; denn rein wissenschaftliche Discussionen sind ja nach allen unseren Censurgesetzen gestattet. Ich müsste ein solches Verbot schon selbst im Interesse unserer Volksreputation höchlich bedauern. Denn wenn durchaus keine kritische Würdigung jener so wichtigen slavischen Legende bei uns erscheinen kann, so geben wir damit selbst zu der ungerechten Meinung im Auslande Anlass, wir Böhmen seien Leute ohne Kenntnisse und ohne Sinn, die einen so werthvollen Fund nicht zu würdigen verstehen.

Prag, den 5 Mai 1834.

13.
Victorin Cornelius von Wšehrd. (1839.)

Wie unzulässig auch einzelne wenige Stellen in dem beiliegenden alten böhm. MSt. „über das Gerichtsverfahren in Böhmen" an und für sich erscheinen: so glaubt der Gefertigte dennoch, dass der Druck des Ganzen unter bestimmten Bedingungen gestattet werden kann, indem er die Drucklegung dieses Werkes im Ganzen als unschädlich, das Censurverbot dagegen als schädlich und dem Zwecke nicht entsprechend ansieht.

Der Verfasser Victorin Cornelius von Wšehrd, böhm. Vicelandschreiber, hat die vorliegende *zweite* Bearbeitung seines Werkes im J. 1508 dem König Wladislaw II selbst zugeeignet. Diess lässt schon glauben, dass er in loyalem, der damaligen Verfassung angemessenem Geiste geschrieben. Und in der That bewährt er diesen loyalen Sinn im ganzen Werke, bis auf wenige Stellen, wo sein damaliger Standpunct als *Böhme* und als *Utraquist* ihn parteiisch machte. Diese Stellen aber sind für das Ganze nicht wesentlich und können vor dem Drucke gestrichen, geändert, oder durch Gegenbemerkungen neutralisirt werden.

Das Werk eignet sich weder in Inhalt, der rein archäologisch-juridisch, noch in Sprache, die veraltet ist, zu einer Lecture für den gemeinen Mann: es hat nur für ein bereits gebildetes, daher bei den Böhmen noch beschränktes Publicum Interesse. Dies ist wohl auch der wahre Grund, warum es bis jetzt ungedruckt geblieben ist; zumal die bald nach dessen Abfassung, durch den S. Wenceslaivertrag von 1517 und durch die Ereignisse unter K. Ferdinand I eingetretenen Veränderungen im böhmischen Gerichtswesen es zum grossen Theil antiquirt und somit auch für die alten praktischen Juristen Böhmens unbrauchbar gemacht hatten.

Unter solchen Verhältnissen sind von der Bekanntmachung dieses Werkes keine unliebsamen Eindrücke zu besorgen. Im Gegentheil möchte das Druckverbot diese in grösserem Masse hervorbringen: denn es würde der durch einige ähnliche Verbote in neuerer Zeit geweckten Meinung neue Nahrung geben, dass die hohe Regierung den Böhmen ihre nationalen Denkmäler und Erinnerungen zu verkümmern suche. Das Umsichgreifen dieser Meinung wäre aber den Interessen dieses Staates nachtheiliger, als der Druck eines im Ganzen harmlosen Werkes, das zumal bei gebildeten Lesern, für welche allein es Werth hat, keinen Schaden stiften kann.

Zudem würde das besagte Verbot seinem Zwecke kaum entsprechen; denn man würde dasselbe Werk im Auslande nächstens eben so aus der Presse kommen sehen, wie erst unlängst (J. 1838) Kucharski in Warschau die ältesten böhmischen Rechtsquellen veröffentlichte. Das Studium der slavischen Rechtsalterthümer wird in neuerer Zeit in Polen und in Russland eifrig betrieben. Es scheint auch, dass die böhmischen Verleger vorzüglich auf Absatz in jenen beiden Ländern rechnen, da der inländische kaum die Kosten des Druckes decken dürfte.

Der Gefertigte ist daher der unmassgeblichen Meinung, dass der Druck des fraglichen Werkes unter der oben berührten Bedingung (dass nämlich die von den Wiener Cen-

soren hervorgehobenen anstössigen Stellen entweder gestrichen
oder durch Gegenbemerkungen neutralisirt werden), gestattet
werden könne.

Prag, den 9 Juli 1839.

IX.
Rechtfertigung gegen v. Kalina. (1838.)

Graf Kaspar Sternberg war Präsident nicht nur des böhmischen
Museums, sondern auch der patriotisch-ökonomischen Gesellschaft in Böhmen. Letztere gab im J. 1838 zur Belehrung des Landvolks eine Zeitschrift in deutscher und böhmischer Sprache heraus, welche Ritter Matthias
Kalina von Jätenstein, derzeit auch Secretär der k. böhmischen Gesellschaft
der Wissenschaften, zu besorgen hatte; ich aber nahm in das 1 Heft des
Časopis česk. Museum vom J. 1838 eine (nicht von mir geschriebene) kritische Anzeige jener literarischen Erscheinung auf, welche zweierlei daran
tadelte, a) dass der Text in beiden Zeitschriften, der deutschen und der
böhmischen, derselbe sei, während die Bedürfnisse des Lesepublicums verschieden wären, und b) dass die Redaction die Begriffe von dem was
„populär" und was „pöbelhaft" sei, nicht gehörig zu unterscheiden wisse
u. dgl. Dadurch fühlte sich Ritter Kalina sehr beleidigt und in Folge
seiner heftigen Klage erliess Graf Kaspar Sternberg einen schriftlichen
Verweis darüber an mich. Dies gab die Veranlassung zu meinem nachfolgenden Schreiben. Als ich hernach mit dem Grafen wieder zusammenkam, bekannte er selbst unaufgefordert, dass ich kein Unrecht
begangen hatte.

14.

Sehr leid that es mir, über die zwölf Jahre lang zu einiger
Zufriedenheit des vaterländischen Museums geführte Redaction
seiner Zeitschriften, endlich bei meinem Abtreten selbst, von
Ew. Excellenz, die ich so innig verehre, die erste scharfe Rüge
zu erhalten; es kränkte mich das um so mehr, als ich im
Gegentheil gehofft hatte, bei Ew. Excellenz Schutz zu finden
gegen das auf jeden Fall unbillige Benehmen eines oder zweier
betheiligten Herren, welche, wie ich so eben berichten werde,
die Absicht äussern, eine an sich literarische Frage auf das

Gebiet der Polizei hinüberzuspielen. So viele Jahre lang in den Mittelpunct des literarischen Lebens in Böhmen gestellt, habe auch ich manche bittere Erfahrung dabei gewonnen: letztere Thatsache aber wäre, wenn sie sich bewährte, so ausserordentlich, dass ich nur noch das Volk beklagen müsste, dessen Führer auf der Bahn der Intelligenz sich selbst so weit verirren könnten —

Nach Empfang des verehrlichen Schreibens Ew. Excellenz habe ich das Corpus delicti noch einmal gelesen, und darin allerdings das Versehen gefunden, dass es an einer Stelle „Slawná společnost hospodářská" steht, wo es nur „Čestná redakcí" heissen sollte; ferner dass der Widerspruch gegen die Einheit in Plan und Ausführung der Volksschriften beider Sprachen nicht angemessener und gründlicher motivirt ist. Das Bewusstsein, dass solche Versehen bei meiner jetzt so bedrängten Zeit möglich sind, war eben der Grund, warum ich um die Enthebung von der Redaction gebeten hatte. Dass Ew. Excellenz dieselben, wenn sie erkannt und bekannt werden, Ihrem wohlwollenden und über alle Persönlichkeiten erhabenen Sinne gemäss nicht nur verzeihen, sondern auch menschlicherweise entschuldigen werden, — diese Beruhigung lasse ich mir selbst dann nicht nehmen, wenn Brief und Siegel für den Augenblick das Gegentheil aussagen sollten.

Ich kann indessen nicht umhin, mit derselben Offenheit zu bekennen, dass wenn ich die Form der fraglichen Recension in den berührten Puncten desavouiren zu können wünschte, ich dagegen mit ihrem Inhalte allerdings einverstanden bin, und mich dafür selbst verantwortlich mache. Habe ich darin Unrecht, so theile ich es mit gar vielen achtbaren Männern, und namentlich mit mehren Landpfarrern, die ich diesfalls für competent halte, und deren Klagebriefe über Stoff und Form der böhmischen Volksschrift ich selbst in Händen gehabt habe. Freilich ist jeder Massstab in diesem Falle relativ, und die Franklins in aller Welt sehr selten; vermochte doch unsere Nation selbst seit 30 Jahren nicht einmal einen zweiten Kramerius hervorzubringen! Gleichwohl lässt sich über Plan und Ausführung einer Volksschrift streiten, ohne dass Persönlichkeiten mit in's Spiel kommen; denn es kommt dabei zunächst auf die leitende Idee an, die man verschieden aufstellen kann, je nachdem man die Bedürfnisse und die Empfänglichkeit des Publicums auschlägt. Ich hege für den Herrn Secretär der Gesellschaft der Wissenschaften aufrichtige Hochachtung, glaube aber, dass die den Redacteur des Volksblattes leitende Idee einer Berichtigung nicht allein fähig, sondern bedürftig ist. Es liegt wohl keine Anmassung in der Behauptung, dass wir, die wir dem Volke selbst entsprossen sind und mit ihm unbefangen verkehren, es auch vielseitiger kennen, als die Herren Gutsbesitzer, denen es sich, nach alter Gewohnheit, immer nur von Einer Seite zeigt. Aeussert sich hie und da auch Zufriedenheit mit dem Geleisteten, so ist auch diese nur relativ. Unser durch das unglaubliche Kauderwälsch so vieler Kanzleien und selbst einiger Kanzeln an die Misshandlung der böhmischen Sprache gewöhntes Volk nimmt es mit warmem Dank an, wenn ihm einmal nur etwas Besseres geboten wird. Es handelt sich aber hier nicht allein um das, was des Empfängers, sondern auch was des Gebers würdig ist. Liesse man den unverdorbenen gemeinen Mann selbst zwischen dem wählen, was gut und was besser ist: so setze ich meinen Kopf zum Pfand ein, dass er nach dem Besseren greifen wird.

Doch ich gerathe in ein unerschöpfliches Thema, während ich Ew. Excellenz nur bitten wollte, auf mein eingestandenes Versehen nicht schärfer einzugehen. Weder dem Recensenten, noch dem Redacteur konnte es einfallen, Ew. Excellenz, die doch nur das Werk stiften und ihm seine Tendenz vorschreiben konnten, auch für dessen Ausführung im Detail verantwortlich zu machen. Nicht so der Bauherr, als der Baumeister ist es, den man im Gebäude beurtheilt. Dass letzteres nicht geschehe, haben Ew. Excellenz selbst nicht verbieten wollen; denn ein Verbot der freien Discussion über literarische Leistungen könnte am Ende nur zum Verderben der Literatur selbst ausschlagen.

Prag, den 24 März 1838.

X.

Vorschlag zu einem Francisceum in Prag. (1839.)

Nach dem Tode Kaiser Franz I deliberirten die böhmischen Stände auf den Landtagen mehrere Jahre lang über einen ihnen gemachten Vorschlag, dem Verstorbenen ein Denkmal zu setzen. Als im Herbste 1839 der mir freundlich zugethane Herr Adalbert Lanna aus Budweis, seiner Zeit einer der grössten Industriellen Böhmens, mich in Prag mit einem längeren Besuche beehrte, kamen wir im Gespräche auch auf jenes ständische Project, welches damals im Publicum häufig und in verschiedenem Sinne besprochen wurde. Ich erklärte ihm meine besondere Meinung darüber, welche bei ihm solchen Beifall fand, dass er mir sogar das Versprechen abnahm, mit derselben nicht zurückzuhalten, sondern sie dem ständischen Landesausschusse in einer besonderen Denkschrift, — wie sie hier folgt, — vorzulegen.

15.

Es handelt sich um ein *Denkmal*, das die Herren Stände des Königreichs Böhmen dem Andenken ihres unvergesslichen Königs, Kaiser Franz I, zu errichten gesonnen sind.

Dass ein solches Denkmal vor allem sowohl eines Kaisers, welchem, als auch eines Königreichs, von welchem es gesetzt wird, *würdig*, daher in jeder Hinsicht *grossartig* sein müsse, versteht sich von selbst, und soll auch gar nicht darüber weiter gerathschlagt werden.

Bevor man aber speciell erörtert, welcher Art das Denkmal sein soll, dürfte es gut sein, den *Zweck* näher zu beleuchten, den ein solches Denkmal zu erfüllen hat.

Die Verehrung, die man einem dahingeschiedenen Landesvater durch Denkmäler bezeigt, hat mit dem Bau von Kirchen und Altären zu Ehren Gottes *das* gemein, dass ihr Zweck nicht sowohl objectiv, als vielmehr subjectiv ist. Nicht um Gottes selbst willen, der unserer Gebete nicht bedürftig ist, bauen wir die heiligen Hallen, sondern zu unserer eigenen Heiligung; eben so wenig bedarf K. Franz I, der nunmehr allen irdischen Sorgen entrückt ist, eines Monuments für seine Person, sondern es wird dasselbe lediglich zu unserem eigenen Frommen gesetzt, damit das Andenken seiner wohlthätigen Regierung unter uns in alle Zukunft lebendig erhalten werde.

Die Frage: „welcher Art Denkmal passt am besten für K. Franz I in Böhmen?" — löst sich daher in die folgende auf: „welcher Art Denkmal ist am besten geeignet, das Andenken seiner wohlthätigen Regierung unter uns in alle Zukunft lebendig zu erhalten?" — und diese hängt wieder von der Verständigung über die nachfolgende ab: „welche ist die eigenthümlichste, das Zeitalter Kaiser Franz I zunächst und vorzüglich bezeichnende, Erscheinung in der Geschichte Böhmens?"

Ich stehe nicht an zu behaupten: die eigenthümlichste, das Zeitalter K. Franz I am meisten charakterisirende Erscheinung in der Geschichte Böhmens sind die vielen während seiner 43jährigen Regierung ins Leben getretenen Vereine für Wissenschaft, Kunst und Industrie in unserem Vaterlande. Es entstanden im J. 1796 die Gesellschaft patriotischer Kunstfreunde, mit der Akademie der bildenden Künste seit 1800; im J. 1806 das technische Institut; 1810 der Verein zur Beförderung der Tonkunst, mit dem Conservatorium; 1818 die Gesellschaft des vaterländischen Museums; 1826 der Verein für Kirchenmusik; 1833 der zur Ermunterung des Gewerbsgeistes, — ausser anderen minder bedeutenden Anstalten dieser Art. Alle diese Anstalten zusammen genommen sind in Geist und Plan ihrer Wirksamkeit so einflussreich, für Förderung der Bildung und Industrie, folglich der Ehre und der Wohlfahrt unserer Nation so wichtig, dass man ihnen nichts Bedeutenderes aus der Periode von 1792 bis 1835 an die Seite wird stellen können. Sie sind es, welche dereinst auf die Regierung Franz I einen ähnlichen Glanz werfen werden, wie seit fünf Jahrhunderten die Stiftung der Prager Universität über K. Karl IV verbreitet, — vorausgesetzt freilich, dass man diese Vereine nicht wieder eingehen lasse, sondern in alle Zukunft in gleicher oder steigender Wirksamkeit erhalte.

Da es nun einerseits in der Natur der Sache liegt, dass das dem Kaiser Franz I zu setzende Monument mit dieser vorzüglichsten Erscheinung seiner Regierungsperiode in Rapport gebracht werden müsse; und da anderseits der Bau eines

Quai's am Moldauufer zu diesem Zwecke bereits definitiv beschlossen ist: so glaube ich, gestützt auf die noch weiter anzuführenden Gründe, den Vorschlag machen zu sollen, *dass auf jenem Quai, als Monument für Kaiser Franz I, ein geräumiges Gebäude in edlem Styl, unter dem Namen* **Francisceum**, *aufgeführt, und zur Aufnahme der vorzüglichsten, unter dessen Regierung entstandenen Anstalten, insbesondere des vaterländischen Museums, der Kunstakademie, des Conservatoriums und des Gewerbvereines, hergerichtet werde.*

Das palastartige Gebäude müsste mit der Fronte die ganze Länge des projectirten Quai's einnehmen, und könnte am oberen südlichen Ende, bei der Kettenbrücke, einen Seitenflügel bilden. So würde es geräumig genug werden, um im ersten Stockwerke, ausser einem grossen, zu festlichen Versammlungen oder Concerten dienenden Saal, und einigen Nebensälen, auch die Sammlungen des Museums und etwa den Gewerbverein, im zweiten die Akademie der Künste nebst ihrer Gemäldegalerie, und das Conservatorium der Musik mit dem nothwendigen Aufsichtspersonale aufzunehmen. Das Bild des Kaisers, in Marmor ausgeführt, käme in den grossen Saal auf hohem Sockel zu stehen. Zu ebener Erde könnten Kaufläden hergerichtet werden, deren Miethzins die Kosten der Unterhaltung des Palastgebäudes zu decken geeignet wäre.

Ein solches Denkmal scheint mir eben so *passend*, als *nützlich* und *nothwendig* zu sein.

Passend ist es in seinem Objecte, für Kaiser Franz I, weil es gerade Dasjenige darstellt und bleibend zur Anschauung bringt, was dessen Regierung in Böhmen charakteristisch bezeichnet, die Stiftung dieser Institute. Passend ist es nicht minder im Subjecte, nämlich von Seiten der Herren Stände: denn nur durch das Zusammenwirken der Stände mit der Regierung sind diese Institute zu Stande gekommen. Gerade darin erwies sich der einträchtige Sinn, das volle gegenseitige Vertrauen zwischen dem Monarchen und den Unterthanen am klarsten und ungetrübtesten.

Auch in der Hinsicht dürfte es passend für K. Franz I befunden werden, weil derselbe einerseits kein Kriegesfürst, sondern Freund und Pfleger der Künste des Friedens war; und anderseits, weil er sich allem blossen Prunk und kostspieligen nutzlosen Luxus stets abgeneigt bewies. Ein Standbild unter freiem Himmel bleibt aber fast immer unansehnlich, wenn es keine Reiterstatue ist, die wieder mehr für den Kriegshelden als für einen Friedensfürsten geeignet ist. Ferner ist es bei einem solchen Standbilde eine unerlässliche Bedingung, dass es inmitten eines geräumigen freien Platzes zu stehen komme: und ein solcher wäre auf dem Quai nur mit ausserordentlichen Opfern zu gewinnen, ohne dass er einen entsprechenden reellen Nutzen gewährte.

Die Nützlichkeit eines *Francisceum* liegt am Tage, und es braucht gar nicht erst bewiesen zu werden, wie sehr der Bestand dieser Anstalten befestigt und ihre gemeinnützige Wirksamkeit dadurch gefördert werden würde. Doch ist auch der Gewinn in Anschlag zu bringen, dass die Hauptstadt des Landes dadurch in einer Zeit, wo fast keine Paläste mehr gebaut werden, mit einem imposanten architektonischen Kunstwerke an der passendsten Stelle geschmückt würde; ferner dass der Hauptsaal des Francisceums, ausser dem, dass er zu festlichen Versammlungen und Concerten diente, mit der Zeit auch zu einer Art von böhmischer Walhalla hergerichtet werden könnte.

Doch nicht allein nützlich, sondern auch nothwendig ist ein solches Gebäude. Die Herren Stände *müssen* jenen unter K. Franz I entstandenen Instituten in irgend einer Weise zu Hilfe kommen, wenn dieselben nicht mit der Zeit wieder eingehen, und damit auch den schönsten Ruhm der Regierung K. Franz I einst in Vergessenheit bringen sollen. Keines jener Institute besitzt hinreichende Kräfte, um so thätig sein zu können, wie es zu wünschen wäre; einige kränkeln sichtbar, und ringen fast mit der Noth. Nun bin ich zwar nicht dafür, dass die HH. Stände dieselben in der gleichen Art in ihre unmittelbare Obhut und Leitung übernehmen, wie es mit dem technischen Institute der Fall ist: denn sie würden darunter ihre ursprünglichen von K. Franz I selbst ihnen bewilligten Statuten einbüssen, was mit dem Zwecke des Denkmals im

Widerspruche stände. Wenn aber die HH. Stände jenen Privatvereinen eine unentgeltliche Unterkunft schenken, sichern sie am besten deren Bestand für die Zukunft, und vervollständigen nur jene Maasregeln, die unter K. Franz I ins Leben getreten sind.

Da mir die Grösse der von den HH. Ständen zu Herstellung des Monuments bewilligten Mittel nicht genug bekannt ist, so kann ich über die Ausführbarkeit meines Vorschlags nicht mehr sagen, als dass der Aufbau eines Palastes nicht viel mehr kostet, als das Herstellen eines Standbildes in Bronze, und dass jenes viel weniger dem Tadel ausgesetzt ist, als dieses, da es bekanntlich nur wenige Monumente der Art in Europa gibt, die zeither nicht Gegenstände ernster missbilligender Kritik geworden wären.

Prag den 10 Nov. 1839.

XI.
Vorschläge zur Hebung des böhmischen Museums.
(1839—1841.)

Der Antrag, ein Franciscum in Prag zu errichten, wurde von den böhmischen Ständen auf dem Berathungslandtage vom J. 1840 mit allgemeinem Beifall aufgenommen, aber schon in Vorhinein auf ein Gebäude zur Aufnahme des böhmischen Museums und der Akademie der schönen Künste allein, daher auch auf geringeren Raum beschränkt. Bei den dadurch veranlassten Berathungen wurde ich von mehreren Seiten angegangen, auch meine Stimme zum Besten des Museums zu erheben, und reichte zuerst nachstehende Denkschrift ein.

16.
Was dem böhmischen Museum Noth thut.
(Memoire an den Oberstburggrafen Grafen Chotek.)

Sowohl in der Idee als in den Statuten des böhmischen Museums liegt es, dass dasselbe, seinem Inhalte nach, nicht allein *naturhistorisch*, sondern auch *volkshistorisch*, ja dieses vorzugsweise, sein soll.

Gleich im ersten Aufrufe des damaligen Herrn Oberstburggrafen Kolowrat vom 15 April 1818 hiess es darüber: „Das vaterländische Museum soll insbesondere bestehen: 1) aus einer vaterländischen Urkundensammlung; 2) aus einer Sammlung von Abschriften oder Zeichnungen aller im Lande befindlichen Denkmäler, Grabsteine, Inschriften, Statuen, Basreliefs etc. 3) aus einer möglichst vollständigen Wappen-, Siegel-, und Münzsammlung des Vaterlandes, oder deren Abdrücken; 4) aus einer Sammlung von Landkarten und Plänen etc. 5) aus einem vollständigen Naturalienkabinet aller drei Naturreiche, mit besonderer Hinsicht auf's Vaterland etc. 6) aus einer Bibliothek, welche sich auf Bohemica im ausgedehntesten Sinne und auf die sogenannten bestimmten Wissenschaften beschränkt etc. 7) aus einem (Kunst) Productensaal etc. — Diese Kategorien sind hernach in den §. 20 der von Sr. Majestät genehmigten Statuten des Museums wörtlich ganz gleichlautend aufgenommen worden. Die Richtigkeit und Zweckmässigkeit solcher Bestimmungen steht ausser Frage.

Gleichwohl ist nicht zu verkennen, dass bei dem böhmischen Museum bis jetzt nur der Paragraph 5 in Gänze, und der Paragraph 6 zur Hälfte (nämlich nur in Bezug auf die Naturwissenschaften) cultivirt worden sind. Nur die naturhistorischen Sammlungen und Bücher wurden bisher mit Sorgfalt, Aufwand und Methode gepflegt. Auch sind sie bereits so reichhaltig und instructiv, dass sie nicht nur der Anstalt und ihren Gründern zur Ehre, sondern auch dem Lande und der Wissenschaft zu wesentlichem Nutzen gereichen können.

Um so schlechter ist dagegen der volkshistorische Theil des Museums bestellt. Während für das naturwissenschaftliche Fach allein drei Custoden thätig sind, ist für das nicht minder grosse, schwierige und wichtige geschichtliche oder antiquarische auch nicht einer da, der sich ganz und ausschliesslich damit zu beschäftigen hätte; denn selbst der Bibliothekar wird grösseren Theils für jenes Fach in Anspruch genommen. Die oben in den Absätzen 1 bis 4 genannten Sammlungen existiren zur Zeit erst gleichsam nur in der Idee; denn ausser der vom Grafen Franz Sternberg dem Museum geschenkten Münzsammlung besitzt dasselbe nichts, was dem Namen eines böhmischen Landesmuseums nur einigermassen entspräche. Die bisher vorhandene Urkundensammlung müsste selbst in den Händen eines Privatmannes als unbedeutend gelten. An Zeichnungen von Denkmälern besitzt das Museum nur, was zufällig eingeliefert wurde, und dieses ist kaum der Rede werth. Die von Burde gekauften Siegelabdrücke sind roh, ungeordnet und unbrauchbar. Mit einem Worte: die volkshistorischen Sammlungen des Museums müssen erst geschaffen werden, wenn man sich des bisher Vorhandenen nicht zu schämen haben soll.

Gott bewahre, dass ich mit diesen Bemerkungen einen Tadel auf den bisher einzigen Museumspräsidenten Grafen Kaspar Sternberg werfen wollte! Ich weiss ihm vielmehr Dank dafür, dass er allein mehr für's Museum gethan, als die ganze übrige Nation zusammen: und wer kann es ihm verargen, dass er es nach seinem Sinne gethan hat? Meine Absicht ist nur auf Dasjenige aufmerksam zu machen, was jetzt zu thun ist, was vor Allem dringend Noth thut. Graf Sternberg hatte in der letzten Zeit selbst die Einsicht in dasselbe gewonnen, nachdem ihm seine Studien in der böhmischen Bergwerksgeschichte die Mangelhaftigkeit aller bisher vorhandenen Hilfsmittel fühlbar gemacht hatten. Noch im September 1838 sprach er davon mit mir; ich sollte ihm bei meiner zweiten Rückkehr aus Italien eine Denkschrift darüber mitbringen, worauf er den Gegenstand selbst bei den hochlöbl. Herren Ständen in Anregung gebracht hätte — si fata tulissent. Um so mehr muss ich wünschen, dass der künftige Museumspräsident nicht in vorhinein wissentlich in dieselbe Einseitigkeit verfalle: dass vielmehr, wenn gleiches Interesse für verschiedene Fächer in einer Person unmöglich ist, für jetzt ein solcher Präsident gewählt werde, der, ohne das Naturfach eben zu vernachlässigen, doch dem historischen und antiquarischen Fache vorzugsweise geneigt und ergeben sei. Er wird ein ganzes Menschenalter hindurch vollauf zu thun finden, um nur die nothwendigsten und dringendsten Unternehmungen, nicht etwa zu vollenden, sondern in den rechten Gang zu bringen.

Die Natur erneut ihre grössten Wunder täglich vor unseren Augen, ihre ewigjunge Schöpferkraft wird auch nach Jahrtausenden nicht erlahmen: bei ihr ist wenigstens keine Gefahr im Verzuge. Nicht so ist es mit den Erscheinungen der Volksgeschichte. Die Denkmäler, in denen sie sich ablagert und gleichsam abspiegelt, haben ein Einzelleben, das einmal zerstört, nimmermehr wieder herzustellen ist. Wenn ein altes Kunstdenkmal vernichtet wird, wenn eine Urkunde, eine Handschrift in Feuer aufgeht: so ist das ein ewiger, nimmermehr zu ersetzender Verlust; denn man schafft und bildet keine Denkmäler der Vorzeit, sondern nur der eigenen Zeit. Da nun das Materielle der Denkmäler vor Elementarunfällen nicht ganz zu schützen ist, so muss man sich beeilen, wenigstens ihren geistigen Inhalt durch getreue Copien zu bewahren. Und hier ist überall Gefahr im Verzuge: denn wer weiss es nicht, wie viel der Art durch Vernachlässigung oder Barbarei jährlich zu Grunde geht?

Es ist unerlässlich und dringend, dass von dem künftigen Präsidenten fähige junge Leute in die Archive und Bibliotheken des In- und des Auslands geschickt werden, um dort nicht allein böhmische Urkunden richtig zu copiren, sondern auch z. B. die Sigille abzuzeichnen, Fac-simile's zu machen u. s. w. Eben so wird es nothwendig werden, Künstler im Lande reisen zu lassen, um genaue Copien zu nehmen von den noch vorhandenen Denkmälern der altböhmischen Kunst, von merkwürdigen Gebäuden, alten Bildern, in Kirchen und Klöstern, auf alten Burgen u. s. w. Es ist z. B. ausgemacht, dass Böhmen im XIV Jahrhunderte eine eigene Kunstschule besass, die auf die Kunstbildung vieler Länder Europa's grossen Einfluss übte: aber diese, die Nation so sehr ehrende Thatsache, wie kann sie unserm Zeitalter anschaulich gemacht und in das Volksbewusstsein gebracht werden, wenn wir die zerstreuten Reste jener Kunstblüthe einzeln und unbeachtet ihrem Untergange entgegen gehen lassen, und es Niemanden einfällt, sie wenigstens in treuen Copien fürs Museum zu sammeln? Und was soll ich von den Denkmälern der alten böhmischen Tonkunst sagen? Es ist z. B. bekannt, dass Luther seine gepriesensten geistlichen Melodien den alten böhmischen Brüdern abborgte; die Melodien der Letzteren werden überhaupt von den Kunstkennern (z. B. von Rochlitz) zu dem Erhabensten gezählt, was es im ganzen Gebiete der Tonkunst gibt: aber wie viele Böhmen können wir aufzählen, die davon irgend etwas wissen, sich darum im Mindesten kümmern? Indessen gehen der Denkmäler dieser Art immer mehr und mehr zu Grunde, unbekannt und unbedauert.

Das ist nun das Eine, was dem böhmischen Museum Noth thut: dass es seine volkshistorische Bestimmung, mehr als bisher geschehen ist, beherzige und sich bestrebe, der Idee eines *böhmischen* Museums immer mehr nachzukommen.

Das *Zweite*, was fast noch dringender Noth thut, ist dessen Uebersiedlung vom Hradschin in die Stadt herab. Scheint es nicht so, als habe man das Museum vor der Welt, und insbesondere vor den Pragern, verstecken wollen, da man es an einen entlegenen, dem grössten Theile des Publicums nur mit Mühe und Zeitverlust zugänglichen Ort verlegte? Und doch beruht der ganze Zweck, die ganze Wirksamkeit, ja selbst alles Gedeihen desselben darauf, dass es in den Ansichten, geistigen Bedürfnissen und Sympathien des Volkes Wurzel fasse, auf sie einen fördernden, veredelnden Einfluss gewinne, und daher dem Volke möglichst nahe gebracht werde. Es ging zwar Mahomed zum Berge, als der Berg nicht zu Mahomed gehen wollte: aber das Publicum zeigt nicht die gleiche Condescendenz, wie einst Allah's Prophet, und scheut die Mühe, den vom Stadtverkehr entfernten Berg zu besteigen. Daher gibt es auch kein Band der Interessen, sondern nur höchstens das der Neugier, zwischen diesen zwei Potenzen. Die Folge davon ist die jährlich steigende Entfremdung und Vernachlässigung, an welcher am Ende nicht das Publicum, wohl aber das Museum zu Grunde gehen wird und muss. Möchten doch Ew. Excellenz im Verein mit den hochlöblichen Herren Ständen dem Project des Franciseeum am Quai ein schaffendes „Werde!" zurufen: wie viele pia desideria fänden darin ihre Erfüllung!

Prag den 28 December 1839.

17.
Wünsche, das böhmische Museum betreffend.

Den Bedarf an Localitäten in dem neuen Museumsgebäude bestimmt nicht der gegenwärtige Zustand, sondern die *Idee eines böhmischen Nationalmuseums*, wenigstens inwiefern sie durch die Statuten ausgesprochen ist, und daher auch realisirt werden soll. Das Museum besteht erst seit zwei Jahrzehenden, und soll doch durch alle künftigen Jahrhunderte bestehen, wachsen und sich mehren. Vor allem sei es also so geräumig als möglich, um nicht allein den jetzigen, sondern auch den künftigen Bedürfnissen zu entsprechen.

Der *Zweck* des Museums ist, im Allgemeinen, ein gedrängtes systematisches Bild des Vaterlandes darzustellen. Der ganze geistige und sachliche Inhalt Böhmens von Einst und Jetzt soll da wissenschaftlich geordnet dem Forscher zur Anschauung und zum Studium vorliegen. In der neuesten Zeit ist darin die einseitige Richtung vorherrschend geworden, der zu Folge das Museum sich am Ende zu einem blossen Naturalienkabinet gestaltet hätte. Nun ist das *Naturhistorische* zwar ein wesentlicher, aber keineswegs der einzige, ja nicht einmal der wichtigste Bestandtheil eines Nationalmuseums: denn dieses ist ja eben das Nationale, das *Volkshistorische*; wie denn überhaupt der Mensch die Krone der Natur ist.

Das Museum soll sich vorzüglich bestreben, die *universalhistorische Bedeutung* Böhmens und der Böhmen, wie sie sich in Geologie und Geographie, Politik und Geschichte offenbart, zur Anschauung zu bringen. Diese universalhistorische Bedeutung Böhmens ist in der That gross und edel, — aber leider der Mehrzahl selbst der gebildetsten Böhmen unserer Zeit noch ein Geheimniss. —

Deshalb sollte das Museum auch die Bestimmung haben, in seinen Sälen dereinst auch Bildnisse grosser Böhmen (Statuen, Büsten, Portraite u. dgl.) so wie auch Gemälde aus der böhmischen Geschichte aufzunehmen. Das höchste Gut eines Volkes sind doch nur seine grossen Männer, und die ruhmwürdigen Thaten seiner Geschichte. Freilich ist dies ein etwas delicater

Gegenstand, und in unseren Tagen kaum geeignet, in ämtliche Verhandlung genommen zu werden: aber es scheint rathsam, wenigstens dahin zu arbeiten, dass der minder genirten Zukunft nicht in vorhinein die Möglichkeit benommen werde, diese Idee zu realisiren.

Es folgt aus Allem bisher Gesagten als ein Hauptpostulat, dass das neue Museumsgebäude durchaus *böhmisch* sei, — böhmisch in Idee, Plan, Material und Ausführung. Denn eine Schande wär's, wenn Böhmen gerade da, wo es sich selbst darstellen will, das Ausland zu Hilfe rufen müsste.

Dies hindert jedoch nicht, dass das Gebäude im edelsten römischen Architectur-Styl angelegt werde. Dieser Styl herrscht in Prag schon lange vor. Wollte man den jetzt so beliebten florentinischen wählen, so würde dieses neue fremde Element den harmonischen Charakter der Physiognomie der Stadt unangenehm stören.

Da ein grosser Palast auch grosse Architecturverhältnisse, und namentlich ein grosses Portal heischt, so scheint es nothwendig, eine Mezzanine zu Wohnungen für die Beamten gleich über dem Erdgeschoss anzubringen, so dass dann das Portal über die Mezzanine hinaufreiche. Der erste Stock und ein Theil des Erdgeschosses wäre für das Museum zu bestimmen; der zweite Stock für die Akademie und ihre Galerie; der andere Theil des Erdgeschosses könnte zu künftigen Gewerbeausstellungen die Räume hergeben.

Ich wünsche dem Palaste eine Rotonde von wenigstens 6° Durchmesser, welche ihr Licht von oben erhalte, folglich vom ersten Stock durch den zweiten bis über das Dach sich erhebe, daher auch mehrere von böhmischen Marmorsäulen getragene Gallerien enthalte. Diese Rotonde sollte vor der Hand nicht, wohl aber vielleicht nach Jahrhunderten, zur Bibliothek dienen, wenn nämlich einst diese auf das Zwanzig- ja Hundertfache ihres jetzigen Bestandes wird gestiegen sein. Jetzt könnte man nur das Standbild des K. Franz und später noch andere Bilder grosser Böhmen darin aufstellen. Sie wäre für die Gegenwart eine erwünschte Zierde, und eine noch erwünschtere Ressource für die Zukunft.

Ausser der Rotonde bedarf man noch zweier grösseren Räume im ersten Stocke: eines Sitzungssaales für die beiden Gesellschaften, und eines Lesesaals. In deren Nähe gehören kleine Gemächer für Garderobe, heizbare Arbeitszimmer für die Beamten u. s. w.

Ferner sind im *ersten Stock* Räume zu schaffen für

1) Die Bibliothek und die Manuscriptensammlung (4—5 Säle),

2) das Archiv (Urkundensammlung, Abschriften jeder Art) 1 Saal,

3) alte Bilder, Zeichnungen, Pläne, Kupferstiche u. dgl. (1—2 Säle),

4) eine böhmische Siegel- und Wappensammlung (1 Saal),

5) ein Münzkabinet (1 Saal),

6) böhmische Alterthümer jeder Art, alte Geräthe, Urnen, Gefässe, Waffen, Trachten u. s. w. (2—3 Säle), -

7) das zoologische Kabinet (3—4 Säle),

8) die botanischen Sammlungen (2 Säle),

9) eine Samen- und Holzsammlung (1 Saal),

10) Magazine für Doubletten oder Gegenstände, die zur öffentlichen Ausstellung nicht geeignet sind (2 Säle).

Im *Erdgeschoss* kämen für das Museum herzurichten

11) Ein sehr geräumiger Saal für die Geognosie von Böhmen,

12) für die oryktognostische Sammlung (2 Säle),

13) für die Petrefacten-Sammlung (2 Säle),

14) ein Arbeitszimmer für den Custos dieser Sammlung,

15) für schwere grosse Denkmäler historischer Art (z. B. Grabdenkmäler, Bas-reliefs u. dgl.) nöthige Räume.

Einmal wird das Museum seine eigene Buchhandlung, vielleicht auch eine eigene Buchdruckerei, haben müssen; auf diese kann und soll auch im Erdgeschoss Bedacht genommen werden. Auf die nöthigen Holzlagen, Keller u. dgl. wird man wohl ohnehin nicht vergessen; noch weniger auf eine Portierwohnung. Bei Ausmass der Beamtenwohnungen in einer Mezzanine muss man sich aber erinnern, dass statutenmässig noch ein Secretär anzustellen kommen wird, und dass die Zahl der Beamten mit der Zeit immer wird wachsen müssen.

Und um endlich mit einem „Cicero pro domo sua" zu schliessen, bitte ich, auf das Museumscomité für böhm. Sprache und Literatur, das nun auch ein beachtenswerther Theil des Museums ist, nicht ganz zu vergessen.

Den 8 Mai 1840.

18.
Kritik eines Museums-Bauplanes.

Unter denjenigen Mitgliedern der böhmischen Stände, welche sich für das Project, am Prager Moldau-Quai ein Francisceum aufzuführen, interessirten, war Graf Joseph Dietrichstein, der nachmalige letzte Fürst dieses Hauses, einer der eifrigeren. Er legte mir auch den vom Prager Architekten Schöbl dazu eingereichten Bauplan vor und verlangte von mir ein Gutachten darüber, das ich mit folgender Eingabe erstattete.

Wie vortrefflich auch der von Schöbl vorgelegte Bauplan des Museumsgebäudes ist, so kann ich doch nicht umhin, folgende Gebrechen daran zu rügen, die zum Theil allerdings durch das Programm veranlasst worden sind:

1) dass das Gebäude in seinen Etagen keine Ringe bilde, sondern durch Einschübe im 1 und 2 Stockwerke, so wie durch die auf einer Seite projectirten Wohnungen unterbrochen ist. Denn die Einschübe machen aus dem rückwärtigen Theil des Gebäudes ein architectonisches Flickwerk, und der vorgelegte Plan davon ist schon aus dem Grunde nicht zu billigen, weil er unwahr und unausführbar ist.

2) Die angetragenen Lesezimmer des Museums sollen unter die Einschübe zu stehen kommen: daher werden sie kaum 2 Klafter Höhe haben können. Dies ist bei starkem Besuche derselben sogar sanitätswidrig.

3) Auch den Wohnungen ist der ungesundeste Theil des Gebäudes angewiesen, wohin nie ein erwärmender Lichtstrahl der Sonne dringen wird. Doch bedürfen lebende Geschöpfe der Sonne mehr, als todte Denkmäler.

4) Der Hauptsaal des Museums soll unter einen Balkon und eine Colonnade zu stehen kommen; dadurch wird derselbe

verfinstert, und das Centrum des Gebäudes in das zweite Stockwerk verlegt. Es wäre aber ein Unsinn, einen Versammlungssaal in den zweiten Stock eines ohnehin so hohen Gebäudes versetzen zu wollen.

5) Das zweite Stockwerk, als „bel Étage" angetragen, führt zweierlei Uebelstände mit sich: a) erstens die unmässig grossen hohen Fenster, die nur eine Tiefe von 2 Klaftern zu erleuchten haben werden, wo also auch keine grossen Gemälde angebracht werden dürfen, weil kein angemessener Standtpunct für sie da sein wird; b) zweitens die gigantischen Säulen der Vorlagen, die schon im Bilde das ganze Gebäude mehr drücken als stützen.

Die wahre Panacee für alle diese Gebrechen wäre eine Mezzanine, unter dem ersten Stockwerke angebracht. Sie würde jene Einschübe unnöthig machen und für Wohnungen Räume genug darbieten. Dann könnten alle Stockwerke vollkommene Ringe bilden, das erste Stockwerk würde das „bel Étage" werden, die Säulen, die nur über die Mezzanine hinaufreichten, würden auf ihr rechtes Verhältniss zum Gebäude zurückgeführt werden, und man behielte noch Räume genug zu künftiger Disposition. Namentlich könnte ein Theil des Erdgeschosses füglich zu künftigen Kunst- und Gewerbsausstellungen bestimmt werden.

Hr. Schöbl hat bei Entwerfung seines Plans offenbar die Akademie der Künste mehr als das Museum in Auge gehabt, und ihm zu Folge müsste das Gebäude a potiori „Akademie" und nicht „Museum" benannt werden. Dies scheint aber nicht die Meinung der Herren Stände zu sein, die in ihren Verhandlungen stets das Museum als die Hauptsache angesehen haben. Sie haben die Wichtigkeit dieses Instituts wohl noch mehr gefühlt als klar erkannt. Der einstimmige Beifall, womit die Idee, in dem Museum dem seligen Kaiser Franz ein Denkmal zu bauen, auf dem vorjährigen Berathungslandtage aufgenommen wurde, spricht laut dafür.

Allerdings werden die Herren Stände in jenem Gebäude ein redendes Denkmal für Jahrhunderte bauen, aber nicht allein dem Kaiser Franz, sondern auch sich selbst: sie werden ihre

Gegenwart darin verewigen. Das Museum wird, wie objectiv ein Bild von Böhmen überhaupt, so auch subjectiv ein Ausdruck der Denkweise der Herren Stände werden. Die Frage des Museumsbaues ist in der That, ohne dass man es ahnte, eine Vitalfrage für die böhmischen Stände geworden; freilich nur eine moralische. Mögen sie fortan beschliessen, was sie wollen, das Museum zu bauen oder nicht zu bauen, es grossartig oder kleinlich anzulegen, — immer wird der Beschluss der treue Ausdruck der Gesinnungen sein, von welchen die Majorität der Stände für sich selbst, als die Stände eines noch immer bedeutenden Königreichs, für ihr Vaterland und ihre Nationalität beseelt ist.

Freilich, wäre das Museum ein blosses Naturalienkabinet, wie es werden zu wollen in der jüngsten Zeit den Anschein hatte, so hätte die ganze Sache nicht viel auf sich. Es gibt der Naturalienkabinete in der Welt und in der österreichischen Monarchie so gar wenige nicht; Prag selbst besitzt eines, welches die Regierung bei der Universität errichtete und zu unterhalten fortfährt. Das Museum soll aber etwas Höheres sein und werden. Dasselbe hat ohnstreitig eine grosse und eigenthümliche Bestimmung, die durch kein anderes Institut erreicht oder ersetzt werden kann; und die Zwecke desselben sind würdig, dem patriotischen Sinne der Herren Stände empfohlen und von ihm beherzigt zu werden. Denn wer sollte noch für solche Ideen und Zwecke sich begeistern, ihnen an Zeit, Mühe und Geld irgend ein Opfer bringen, wenn die Stände ihnen ihre Anerkennung, ihre Sympathie und Unterstützung versagen. Von den Plebejern Böhmens ist solches so wenig wie von Ausländern zu erwarten.

Dass aber das Museum einer kräftigen Unterstützung bedarf, um seiner Aufgabe nachzukommen, liegt am Tage. Noch immer sind die vielfachen Denkmäler böhmischer Vorzeit nicht gesammelt, ja kaum bekannt; der Sinn dafür muss im Volke selbst erst geweckt werden. So manches alterthümliche Gebäude, so manche hohe Burg, an welche sich universalhistorische Erinnerungen knüpfen, geht bei uns unbeachtet der Vernichtung entgegen; Kunstschätze unserer karolinischen

Zeit, um welche uns Ausländer beneiden, sind noch im Lande zerstreut und wir nehmen kaum Kenntniss davon; die überraschend reiche Blüthe unserer älteren Literatur modert in unseren Archiven und Bibliotheken, und jährlich geht davon etwas zu Grunde, weil es der Männer zu wenige gibt, die sie sammeln, und weil es auch diesen an Mitteln fehlt, sie für die vaterländische Geschichte fruchtbar zu machen.

In dem Bau des Museums setzen die Herren Stände dem Kaiser Franz I auch in der Hinsicht ein Monument, dass in dem Bilde von Böhmen, welches das Museum darstellen soll, auch die Stufe von wissenschaftlicher, industrieller und artistischer Cultur, zu welcher die böhmische Nation unter seiner 43jährigen Regierung sich herangebildet hat, zu perennirender Anschauung gelangen wird.

Den 4 April 1841.

Leider blieb das ganze Francisceum am Ende nur ein frommer Wunsch. Rivalitäten unter den ständischen Mitgliedern sollen mehr als reelle Gründe dazu beigetragen haben, dass in der am 14 März 1844 abgehaltenen Ständeversammlung der Beschluss gefasst wurde, das seit Jahren projectirte Denkmal für Kaiser Franz I sollte kein Gebäude, sondern ein Standbild sein. Doch hatten die darüber eingeleiteten mehrjährigen Verhandlungen wenigstens die gute Folge, dass die Stände, welche die Museumsgesellschaft längere Zeit hindurch mit glänzenden Aussichten genährt hatten, sich vorzüglich durch das Zuthun des letzten böhm. Oberstlandschreibers Johann Ritter von Neuberg bewegen liessen, zuerst in der am 4 Oct. 1844 abgehaltenen Versammlung dem Museum eine Hilfe überhaupt zuzusagen, dann aber am 10 April 1845 von dem Grafen Johann Nostitz sein Haus Nr. 85 in der neuen Allée für das Museum zu kaufen, welches dann am 10 Januar 1846 an dasselbe wirklich abgetreten wurde. In demselben befindet sich die ganze Anstalt bis zum heutigen Tage.

XII.
Zur Geschichte der Criminal-Gerichtbarkeit in Böhmen.
(Schreiben an den Grafen Friedrich Deym. 1844.)

19.

Hochgeborner Graf! Auf die von Ew. Hochgeboren hinsichtlich der Criminal-Gerichtbarkeit an mich gestellte Frage beeile ich mich hiemit in Kürze zu antworten, dass, so weit meine Kenntniss der Geschichte reicht, die Criminalgerichtbarkeit in Böhmen niemals aufgehört hat, ein Regale zu sein; dass sie von jeher nie anders, als im Namen, Auftrag und Vollmacht des Königs, in Folge delegirter königlicher Gewalt, ausgeübt wurde und werden konnte. Obgleich die böhmische Landesverfassung seit tausend Jahren unzählige Veränderungen erlitten hat, so hat doch dieser Grundsatz zu keiner Zeit (ausser in Jahren der Anarchie) seine Geltung verloren. In der ältesten Zeit gab es überhaupt keine anderen Gerichte in Böhmen, als die der Župen; seit deren Verfall und dem gleichzeitigen Aufkommen des privilegirten Bürgerstandes unter K. Otakar II, wurden von den Königen besondere Rechtspfleger bestellt, und zwar für jeden kleinen Kreis je drei Männer vom Herren- und drei vom Ritterstande, die man dann „poprawce" zu nennen pflegte; erst unter Karl IV, noch mehr aber unter K. Wenzel IV wurden auch einzelne Magistrate der königlichen Städte durch königliche Privilegien zu „poprawci" in ihren Gegenden ernannt. Bei der um dieselbe Zeit zuerst einzelnen Dominien verliehenen Patrimonialgerichtbarkeit wurde die poprawa, d. h. die höhere Strafgewalt, das jus gladii, dem Könige gewöhnlich ausdrücklich vorbehalten, und dann nur durch die von ihm ernannten poprawci (Kreisrechtspfleger) ausgeübt. Grosse Herrschaftsbesitzer aus dem Herren- und Ritterstande waren später freilich bis ins XVIII Jahrhundert herab auch häufig im Besitze der sogenannten Halsgerichtbarkeit: jedoch keineswegs durch eigene Machtvollkommenheit oder durch Erbrecht, sondern immer durch königliche Verleihung; auch übten sie solche nicht durch sich selbst oder summarisch aus, sondern sie waren dabei an eine bestimmte Gerichtsordnung und an die Mitwirkung ihrer dazu von Staatswegen beeideten Beamten gebunden, wie solches sowohl aus der alten als der erneuerten Landesordnung zu entnehmen ist.

Prag den 30 Juni 1844.

XIII.

Eine Knolliade (1844).

Professor Joseph Leonhard Knoll, der in den Jahren 1832—1838 auf der Prager Universität Geschichte vortrug, und dann nach Wien berufen wurde, wo er am 27 Dec. 1841 starb, — war meines Wissens der erste deutsche Gelehrte, den meine national-patriotische Thätigkeit in Böhmen in Harnisch brachte, obgleich er es stets vermied, seine feindselige Stimmung gegen mich offen zu zeigen. Als im J. 1836 der erste Band meiner Geschichte von Böhmen erschienen war, konnte er sich jedoch nicht enthalten, vom Katheder herab dagegen zu eifern. Die Schriftsteller und Gelehrten Prags beider Nationalitäten pflegten in jener Zeit jeden Mittwoch Abends zu freundschaftlichen Besprechungen sich zu versammeln: ich bat den Professor in einer solchen Versammlung, mir doch die Gründe mitzutheilen, die ihn mit meinem Werke so unzufrieden machten, und seine Freunde in der Gesellschaft selbst drängten ihn wiederholt dazu: er versprach jedesmal, es zu thun, hielt aber nie Wort, so dass am Ende die ganze „Mittwochsgesellschaft" sich darüber auflöste. In einer Sitzung der königl. böhmischen Gesellschaft der Wissenschaften, deren Mitglied Knoll eben so war wie ich, wurde im J. 1837 (der Tag ist mir nicht mehr erinnerlich) vom damaligen Secretär Ritter Kalina eine Zuschrift verlesen, worin der Oberstburggraf Graf Chotek, im Auftrag des Obersten Kanzlers Grafen Ant. Friedr. Mitrowsky, die Gesellschaft aufforderte, zu erklären, wie es komme, dass sie sich seit einiger Zeit fast nur mit böhmischen Studien beschäftigte, die übrigen Wissenschaften aber, zumal die Naturwissenschaft, vernachlässigte? Die Veranlassung zu diesem eben so unberufenen wie unbegründeten Vorgehen nahm der Oberstkanzler aus den ihm zugekommenen Klagen eines Mitgliedes selbst, des Prof. Knoll, — wie ich aber erst 1844 erfuhr. Nach dem Tode des Oberstkanzlers († 1 Sept. 1842) geriethen nämlich dessen Papiere in die Hände eines Freundes der gräfl. Familie, Ritter Joh. von Neuberg, um sie zu sichten; derselbe, zugleich mein Freund, theilte mir diejenige Partie derselben mit, die mich zunächst anging. — Das Uebrige ist aus dem folgenden Briefe selbst zu entnehmen. —

20.

Mein hochverehrter Herr und Freund! Ich danke Ihnen sehr für die freundliche Mittheilung der hier zurückfolgenden Briefe und Memoiren Knolls an den sel. Oberstkanzler Grafen Mitrowsky. Sie haben mir damit einen wirklich köstlichen Abend verschafft: denn seit lange schon habe ich nichts gelesen, was so anregend, erhebend und aufheiternd auf mich gewirkt hätte, wie diese beredten Blätter. Unter den vielfachen Genüssen, welche sie mir verschafften, muss ich den ästhetischen, wie billig, obenan stellen: es trat mir daraus in allen Zügen das Bild der Niederträchtigkeit, unübertrefflich wahr, weil durch sich selbst gezeichnet, entgegen; und des Fuchses oft wiederkehrende, salbungsvolle fromme Zerknirschung wirkte mit so komischer Gewalt auf mich, dass ich oft laut auflachen musste. Eine solche Wirkung hatte ich von dieser Lecture in der That nicht erwartet. Eine Art Schadenfreude überfährt mich, wenn ich sehe, wie mein tückischster Feind, dessen eigentliche Gesinnungen gegen mich ich nicht einmal ahnte, insgeheim zu den niederträchtigsten Kunstgriffen seine Zuflucht nehmen musste, um mir zu schaden, — und seine Absicht am Ende doch noch verfehlte. Denn der selige Graf hätte wahrlich ein äusserst beschränkter Kopf sein müssen, wenn er den Fuchsschwanz nicht bei jeder seiner Bewegung bemerkt hätte. Auch erklärt mir diese Correspondenz die mir auffallend gewesene besondere Freundlichkeit jenes alten Herrn, die er mir bewies, als ich ihm das letzte Mal meine Aufwartung machte: er wollte wahrscheinlich das mir früher in Gedanken angethane Unrecht wieder gut machen. Komisch wirkt auch auf mich die Erinnerung an jene Sitzung der Gesellschaft der Wissenschaften im J. 1837, wo Knolls geheime Denunciation vom Ob. Burggr. Chotek der Gesellschaft zur Verantwortung zugestellt wurde. Sämmtliche Mitglieder ohne Ausnahme machten ihrer Indignation über den anonymen Verläumder in sehr unzweideutigen Ausdrücken Luft, und Knoll stimmte mit ein; die meisten riethen auf Dr. Weitenweber: Keinem fiel es bei, dass er mitten unter uns sass. Uebrigens bekenne ich Ihnen, verehrter Freund! ganz offen, dass ich es mir herausnehme, Knolls rastloses Alarmgeschrei gegen mich als mein entschiedenstes, weil ganz unfreiwilliges Lob anzusehen. Er muss mir doch eine ziemlich eingreifende Wirksamkeit, und den Ideen, die ich verfocht, so wie den Gründen, die ich vortrug, ein nicht geringes moralisches Gewicht beigemessen haben, da er sich so oft veranlasst fand, den Zeteruf darüber gegen mich zu erheben. Dass er dabei nicht allein mit offener Schamlosigkeit, sondern mitunter auch mit raffinirter Perfidie zu Werke ging, die ausser mir Niemand so ganz zu erkennen im Stande sein dürfte, das alterirt mich nicht im mindesten. Welches Gewissen muss nicht der Mann gehabt haben, der, von einer ganzen Gesellschaft ehrenwerther Männer wiederholt aufgefordert, mir die Gründe seines Tadels schriftlich anzugeben, es so oft zu thun versprach, und doch nicht den Muth hatte, offen aufzutreten, sondern hinterrücks sich damit um so breiter zu machen suchte! Ich bedauerte ihn schon damals, und bedaure ihn auch jetzt noch. Auf das Urtheil vernünftiger Männer konnte ein solches Benehmen keinen mir ungünstigen Einfluss haben, und die Urtheile der Unvernünftigen sind mir vollkommen gleichgiltig. Ich finde bei der ganzen Geschichte nur *einen* Punct, der zu ernsterer Betrachtung führt: Sind wirklich solche Knolliaden jene geheimen Hebel, welche unsere Regierungsmaschine in Bewegung setzen? — Dann wehe nicht allein dem Volke, sondern vor allem der Regierung selbst, die sich ihrer bedient! Die Früchte davon werden über kurz oder lang nicht ausbleiben, und man wird dann nur sagen können: Tu l'as voulu, Georges Dandin!

Prag den 5 August 1844 (spät Abends).

XIV.

Zwei Eingaben an den Erzherzog Stephan als Landeschef von Böhmen (1845, 1846).

Die erste Eingabe, um Erhöhung des Pränumerationspreises auf die Pražskó Nowiny, bedarf keiner näheren Erklärung; zu der zweiten, einer Fürsprache für meinen Freund *Šafařík*, um Förderung der Errichtung einer Lehrkanzel der slawischen Philologie an der Prager Universität, und um Verleihung derselben an ihn, veranlasste mich die zu jener Zeit selbst von Wien aus angeregte Verhandlung über diesen Gegenstand, die jedoch leider erfolglos blieb. Nachdem nämlich nicht allein die russische, sondern auch die preussische Regierung sich zu wiederholten Malen alle Mühe gegeben hatten, den grossen Gelehrten für ihre wissenschaftlichen Anstalten zu gewinnen, kam man auch in Wien zu der Einsicht, man müsse doch etwas für den Mann thun, der damals als Custos der Prager Universitätsbibliothek und k. k. Büchercensor (!) ziemlich kümmerlich lebte, und erwies sich Gedanken jener Art nicht unzugänglich; der Erzherzog Stephan war persönlich für Šafařík sehr eingenommen: — am Ende blieben jedoch jene Gedanken nur — Gedanken, ich weiss nicht, wer daran die meiste Schuld trug.

21.

Durchlauchtigster Erzherzog-Landeschef!

Ew. Kaiserliche Hoheit!

Der Wunsch mehrer Freunde und das Interesse des böhmischen Lesepublicums bewegen mich, an Ew. Kais. Hoheit in tiefster Ehrfurcht die inständige Bitte zu wagen, dass Hochdieselben geruhen möchten, zu gestatten, dass der Pränumerationspreis auf die böhmische „Prager Zeitung" („Pražské Noviny") für das Jahr 1846 nicht, wie bis jetzt, auf *drei*, sondern fortan auf *vier* Gulden Conv. Münze bestimmt und somit um *einen* Gulden erhöht werde. Ich erlaube mir diese Bitte auf nachstehende Gründe zu stützen:

1. Es ist gewiss nicht der Wille der hohen Regierung, dass die böhmische Zeitung für immer so schlecht sei und bleibe, wie sie es bisher gewesen: und doch ist ihre Verbesserung bei dem Fortbestande des bisherigen Preises unmöglich. Für die 3 fl. oder 180 kr. C. M. ist der Zeitungspächter verpflichtet, jedem Abonnenten 104 gestempelte Zeitungsnummern herauszugeben; die Kosten des Stempels betragen 104 kr. C. M. und es bleibt dem Pächter (180 — 104) = nur 76 kr. C. M. Erlös für das Exemplar übrig. Diese 76 kr. decken nicht viel mehr als die Kosten des Papiers: folglich sind Satz, Druck und Redactionshonorar eine wahre Einbusse des Pächters, und die ganze Zeitung nur eine Last für ihn, auf deren Pflege er nichts weiter verwenden mag. Die Vorschrift des Preises von drei Gulden für das Jahr stellt sich somit als eine Hemmung des Gedeihens der böhmischen Zeitung heraus, welche gewiss nicht im Sinne der hohen Regierung liegt.

2. Die Zulässigkeit jener Erhöhung scheint mir, wenn auch nicht im Buchstaben, doch gewiss im Geiste des §. 8 der am 17 Oct. l. J. kundgemachten Zeitungs-Pachtbedingungen zu liegen. Dieselben setzen nämlich fest, dass der Pächter vor Anfang jedes Jahres „eine Probe des zu verwendenden Drucks und Papiers" zugleich mit der Bitte um die darnach zu treffende Regulirung des Preises vorlege. Dies ist in Bezug auf die böhmische Zeitung für das Jahr 1846 noch nicht geschehen, indem bis jetzt weder das hochlöbl. Gubernium, noch der neue Pächter Medau dieser Zeitung und ihren obengeschilderten Verhältnissen ihre besondere Aufmerksamkeit zuwendeten, sondern man hat bei dem Ausschreiben der Bedingungen nur den alten fehlerhaften Status quo zur Grundlage genommen.

3. Die angesuchte Erhöhung des Preises liegt nach allem Vorhergehenden mehr noch im Interesse des Publicums, das eine geniessbare böhmische Zeitung zu erhalten wünscht, als des Zeitungspächters, der auch durch sie zu keinem ansehnlichen Gewinn jemals wird gelangen können. Darum blieb es auch mir überlassen, die Initiative in dieser Angelegenheit zu ergreifen.

Es ist das schöne Vorrecht der hohen Stellung, so wie der erhabenen Gesinnung Ew. Kais. Hoheit, da wo etwa der Buchstabe tödten möchte, mit belebendem Geiste einzuschreiten. Doch mögen Ew. Kais. Hoheit, nach Erwägung aller Verhältnisse, welche Entscheidung immer treffen, so werde ich in jedem Fall mich mit der Ueberzeugung beruhigen, dass Hochdieselben immer nur das gewollt haben und wollen, was Recht und was Rechtens ist.

Prag den 23 Dec. 1845.

22.

Zur Ergänzung der vorstehenden Denkschrift über die Nothwendigkeit einer Lehrkanzel der slawischen Philologie an der Prager Universität erlaube ich mir noch besonders zu bemerken, dass jene Lehrkanzel, wie die Verhältnisse jetzt beschaffen sind, nur durch Šafařik's Anstellung als Professor gedeihen kann, und dass ihre Dringlichkeit auch durch den Umstand erhöht wird, dass dieser seltene Mann, wenigstens physisch, nicht unsterblich ist, und mit ihm einst ein unerschöpflicher Schatz von Kenntnissen zu Grabe getragen wird, der auf lange Zeit hinaus unersetzlich bleibt, wenn man nicht Sorge trägt, dass er noch unter Lebenden mitgetheilt werde. Kenntnisse sind Macht, und es kann unserem Staate nicht gleichgiltig sein, ob diese Macht innerhalb seiner Gränzen sich hebt oder verfällt, zumal im Hinblick auf den nordischen Nachbar, in dessen Händen die Hegemonie der slawischen Studien ein weder unbedeutendes noch unbedenkliches politisches Moment mehr bilden würde. Auch hat Minister Uwarow unseren Šafařik schon zu wiederholten malen unter den glänzendsten Anerbietungen nach Russland zu ziehen gesucht; er sollte die Bedingungen selbst vorschreiben, man sei bereit, ihm alles zu bewilligen, was er nur verlangen würde. Welche Anträge er von Seite Preussens erhalten, ist allerhöchsten Ortes schon bekannt. Schon darum, dass er aus wirklicher Anhänglichkeit an's Vaterland solche Anträge ablehnte, verdiente er — — doch die Würdigung seiner Verdienste ist nicht so sehr der Zweck dieser Zeilen, als vielmehr der Wunsch, dass er der bisherigen Functionen als Bibliotheksbeamter und Censor enthoben werden möchte, die seine Zeit und seinen Geist tödten, und welchen auch minder begabte Individuen genügen würden, während er etwas Bedeutenderes zu leisten berufen und im Stande ist, als Bücherkataloge zu schreiben und die meist jämmerlichen Erzeugnisse der Tagespresse zu controliren. Was übrigens immer von oben her zu seinen Gunsten geschehen mag, wird in den weiten slawischen Landen als den slawischen Völkern Oesterreichs zu Liebe geschehen angesehen werden, — denn es gibt heutzutage nicht *einen* gebildeten Slawen mehr, dem Šafařik's Name und Stellung gleichgiltig wäre.

Prag den 20 Januar 1846.

XV.

Denkschrift über die Veränderungen der böhmischen Landesverfassung (1846).

Graf Friedrich Deym, der energische Führer der ständischen Opposition in Böhmen bis zum Jahre 1848, hatte mich schon zu Anfange des Jahres 1843 vermocht, einer Elite des böhmischen Herrenstandes, im Hause des Fürsten Karl Schwarzenberg († 1858), Vorlesungen über die in der böhmischen Landesverfassung seit der erneuerten Ferdinandeischen Landesordnung von 1627 eingetretenen Veränderungen zu halten, und mehrere der ersten Cavaliere Böhmens hatten sich durch ihn bewegen lassen, mittelst einer Subscription von Jahresbeiträgen bis 1848 mir zur Anstellung und Beschäftigung jüngerer Gehilfen bei der Landes-Historiographie behilflich zu sein, — wie darüber in meiner Schrift „Zur böhmischen Geschichtschreibung", (Prag 1871 S. 110 fg.) schon Auskunft gegeben wurde. Ich konnte daher seinen häufig an mich gerichteten historischen Fragen nicht anders als willig Folge leisten, wie davon auch oben bei Num. XII ein Beispiel vorliegt. — Graf Friedrich Deym starb in Wien 1853. —

23.

Hochgeborner Graf! Sie verlangten vorgestern von mir, — wenn ich Sie recht verstanden habe, — in kurzen und klaren Umrissen eine Darstellung der Veränderungen der böhmischen Verfassung vor und seit Ferdinand II, und insbesondere des Verhältnisses der böhmischen Stände sowohl zur Regierung als zum Volke, so zusammengefasst, dass das Ganze den Raum von einem oder zwei Quartblättern nicht übersteige. Sie haben mir damit die schwerste Aufgabe gestellt, die einem böhmischen Historiker gestellt werden kann; und ich weiss nicht, wie weit ich ihr werde genügen können. Doch will ich wenigstens mein Möglichstes versuchen. Als ständischer Historiograph würde ich mich verpflichtet fühlen, Forderungen und Fragen solcher Art, von welchem befähigten ständischen Mitglied sie immer gekommen wären, nach Kräften Folge zu leisten: um wie viel mehr, wenn Sie sie mir stellen, der Sie um mich und die böhmische Geschichtforschung, durch die bei Ihren hohen Freunden eingeleitete Subscription, sich ein so unvergängliches Verdienst erworben haben.

Der Schlüssel, der das Verständniss des ganzen Unterschiedes der alten und neuen Verfassung von Böhmen öffnet, lässt sich in der kurzen Formel geben, dass die Centralgewalt des Staates, die in Böhmen vor Ferdinand II ohnmächtig gewesen, seit Ferdinand II übermächtig geworden ist. Es kommt nur darauf an, dass diese Formel nach allen Beziehungen hin klar aufgefasst und richtig verstanden werde.

Ohne bei den diesem Aufsatze gesteckten engen Gränzen in der Philosophie der Geschichte zu weit ausholen zu wollen, muss ich doch darauf aufmerksam machen, dass ein Fortschritt der Centralisation in aller Weltgeschichte sichtbar ist und gleichsam ihren Hauptinhalt bildet. Im Dunkel der ältesten Zeit, da wo alle Geschichte erst anfängt, findet sie eine zahllose, wahrhaft unendliche Menge und Mannigfaltigkeit von einzelnen ungebundenen und von einander unabhängigen Gewalten, Völkern, Staaten, Sprachen, Religionen, Sitten und Gebräuchen, Verfassungen u. s. w. vor. Diese Menge und Mannigfaltigkeit aber vermindert sich mit jedem Jahrhunderte mehr und mehr, indem sich im Laufe der Zeiten allenthalben einzelne Gravitationspuncte bilden, welche später selbst wieder in die Gravitationssphäre eines noch mächtigeren Schwerpunctes gezogen werden. Heutzutage ist es schon dahin gekommen, dass man alle auf dem Erdboden noch vorhandenen einzelnen Centralgewalten übersehen und zählen kann: und jedermann weiss oder fühlt es, dass der unirende oder uniformirende Process unter den Völkern der Erde seinen Endpunct noch lange nicht erreicht hat. Diese Centralisation und die Civilisation überhaupt gehen mit einander Hand in Hand und unterstützen einander wechselseitig; beide sind im Grunde der Sieg des Geistes über die Materie, der einen und einigenden Vernunft über die unendliche Mannigfaltigkeit der Gegenstände.

Diesen Grundzug aller Geschichte finden wir auch in der Geschichte von Böhmen wieder. Auch hier bildet das Streben der Centralgewalt, sich eine immer höhere Geltung zu verschaffen, den Inhalt der bedeutendsten Verfassungsveränderungen. Im

Allgemeinen aber lassen sich hier drei Hauptepochen unterscheiden: 1) die *der slawischen Urverfassung*, von der ältesten Zeit bis auf König Otakar II (J. 1253) herab; 2) die des *Feudalismus*, von Otakar II bis auf Ferdinand II; und 3) die des *Absolutismus*, von Ferdinand II bis auf unsere Tage.

Der Charakter der slawischen Urverfassung bestand in der gänzlichen Abwesenheit eines politischen Ständeunterschieds in Böhmen, in der gleichen Abwesenheit von Privilegien, Immunitäten und Exemtionen jeder Art, folglich in der allgemeinen Gleichheit vor dem Gesetz und der gleichen politischen Berechtigung aller Volksclassen. Es gab allerdings auch damals schon einen Adel in Böhmen: aber adelig war, wer so viel Landgüter besass, dass er seine Felder an Erbpächter verpachten und eine grosse Dienerschaft halten musste, vorzüglich wenn er dabei auch eines der vielen Landesämter führte; übrigens gehörte er vor das gleiche Forum, wie seine Pächter und Diener, vor die allgemeine Cúda nämlich. Da bei der Schwäche der damaligen Angriffswaffen die Bezwingung einzelner Widerspenstigen, wenn auch möglich, doch immer schwierig war: so sah die damals noch sehr schwache Centralgewalt des Staates in Beziehung auf Steueranlagen und Gesetzgebung sich von selbst an den guten Willen des Volkes gewiesen. Man berief alle Steuerzahlenden, d. h. alle Grundbesitzer zum Landtage, so dass die Zahl der Landtagsmitglieder, nach ausdrücklichen alten Zeugnissen, oft in die Tausende stieg. Denn ein anderes Vermögen, als Grundbesitz, kannte das damalige Zeitalter nicht; grosse Industrie gab es noch nicht, und der durch die Unsicherheit der Strassen ohnehin gedrückte wenige Handel war meist in den Händen der Juden, die damals von Seite der Regierung als Bienen angesehen wurden, deren Ueberfluss man ihnen zu jeder Zeit, ohne alle Processform, beliebig abnahm.

Die Versuche, an die Stelle der alten slawischen Rechtsgleichheit deutsche feudalistische Formen in Böhmen einzuführen, sind sehr alt, und sie fanden nicht allein bei Hofe, sondern auch bei dem böhmischen Adel, ja bei dem Clerus selbst von jeher willige Unterstützung: gelungen ist das Werk in der Hauptsache erst unter und durch K. Otakar II; doch vergingen noch zwei Jahrhunderte, bevor der Feudalismus in allen seinen Formen in Böhmen Geltung erlangte. Ihn charakterisirt zunächst der eingeführte politische Ständeunterschied, und in dessen Folge Rechtsungleichheit, Privilegien, Immunitäten und Exemtionen jeder Art. In Deutschland und Westeuropa hatte dieser Feudalismus sich aus den historischen Verhältnissen von selbst entwickelt, er war dort nothwendig und in mancher Beziehung auch wohlthätig; er bildete sich nämlich aus dem Selbsterhaltungstrieb der Eroberer aus, die sich inmitten eines eroberten und unterjochten Volkes niedergelassen hatten; sein Wesen bestand in der auf den gemeinsamen Vortheil der Eroberer vernünftig berechneten, daher freiwilligen und doch beinahe unbedingten Unterordnung unter das gemeinsame militärische Oberhaupt, (gleichwie in einer Räuberbande jeder Einzelne den Befehlen des Hauptmanns unbedingt Folge leistet, ohne darum sein Knecht zu werden). Nach Böhmen (und Polen) verpflanzt, wo es keine Eroberer und Eroberten gab, musste dieses System nothwendig den Charakter einer Usurpation aus Egoismus annehmen, und selbst das Edle, was ursprünglich im Verhältnisse der Vasallen zu ihrem Oberherrn lag, wenigstens zum grossen Theil einbüssen. Otakar II führte die Lehensgrundsätze in seinem Lande ein, um dadurch seiner königlichen Macht mehr Kraft zuzuführen; dass er dabei aber auch einen Bürgerstand mit politischen Rechten schuf, das musste er mit seinem Leben büssen. Karl IV baute auf den von Otakar gelegten Grundlagen mit grosser Klugheit weiter: aber die Unfähigkeit seines Sohnes und Nachfolgers Wenzel, dann die Hussitenkriege, führten einen abermaligen und noch grösseren Verfall der königlichen Macht herbei, als je zuvor. Die Versuche K. Georgs von Poděbrad, dieselbe wieder zu heben, gelangen nicht; unter seinem schwachen Nachfolger Wladislaw blieb von ihr nur noch ein Schatten übrig; man liess dem Könige nur so viel Ansehen, als nöthig war, um den neuen Vorrechten und Verhältnissen die höchste Sanction zu verleihen; dem Adel gelang es erst jetzt, den Unterthan als Leibeigenen zu behandeln und die darüber häufig entstandenen Empörungen blutig zu stillen: die Versuche aber, auch dem Bürgerstande seine politische Geltung zu entziehen oder zu verkümmern, entzündeten einen fünfzehnjährigen inneren Krieg, der zu dem bekannten und auch noch heutzutage giltigen Sct. Wenzelsvertrag von 1517 führte. Dass unter solchen Umständen in den Händen der privilegirten Stände, des Herren-, Ritter- und Bürgerstandes (der Prälaten-Stand war im Hussitenkriege eingegangen), nicht nur die ganze gesetzgebende und der grössere Theil der richterlichen, sondern auch ein Theil der ausübenden Gewalt lag, versteht sich beinahe von selbst. Erst auf dem blutigen Landtage von 1547 gelang es Ferdinand I die so tief gesunkene königliche Macht wieder zu einigem Gleichgewicht mit der ständischen zu bringen.

Man ist gewohnt, die Schlacht am weissen Berge (1620) nur als einen durch zufälligen Erfolg der Waffen herbeigeführten Anfangspunct einer neuen Epoche anzusehen, darin also nur die erste *Ursache* aller nachfolgenden Zustände und Entwickelungen zu erblicken: der denkende Geschichtsfreund aber wird und muss darin nicht allein eine Ursache, sondern auch eine *Wirkung* erkennen, — eine Wirkung des inzwischen fortgeschrittenen Geistes der Zeit, der mit der Bildung Hand in Hand gehenden Centralisation. Die in den letzten Jahrhunderten des Mittelalters gemachten grossen Fortschritte der Mechanik, der Gebrauch des Schiesspulvers, der begonnene grosse Welthandel, selbst die Buchdruckerei, schufen neue Hebel und neue Kräfte im gesellschaftlichen Verbande, drückten die Bedeutung der physischen Kraft des Individuums (auf welche der Feudalismus gegründet war) immer tiefer hinunter, und die Centralgewalt des Staates säumte in den meisten Ländern nicht, sie zu benützen, um sich von der Mitwirkung der feudalen Stände zu emancipiren; wo sie es nicht that, (wie im heil. römischen Reich und in Polen,) ging der Staat bei dem ersten kräftigen Stoss von aussen selbst zu Grunde. Welche Maassregeln Ferdinand II ergriff, um den seinen Vorfahren in Böhmen durch so viele Jahrhunderte lästig gewesenen Widerstand der Stände für immer zu beseitigen, brauche ich hier nicht auscinander zu setzen; sie sind ja, so wie ihr Erfolg, bekannt genug. Nur die Ansicht muss ich entschieden bekämpfen, als habe Ferdinand II durch die Bestätigung der seiner erneuerten Landesordnung nicht widersprechenden ständischen Rechte und Privilegien, so wie durch die Anerkennung des althergebrachten ständischen Steuerbewilligungsrechtes, eine Grossmuth gegen die Stände üben wollen; schon die Menge der von ihm allenthalben eingewobenen Clauseln, Verwahrungen und Vorbehalte, widerlegen diese Ansicht zur Genüge, anderer Umstände nicht zu gedenken; und das Steuerbewilligungsrecht liess er nur bestehen, weil dessen Entziehung in der damaligen Zeit nicht nur praktisch nicht durchführbar, sondern auch verwegen und unklug gewesen wäre, indem der damaligen Zeit weder stehende Heere noch auch die moderne Polizei zu Gebote standen; nachdem er durch die harte Bestrafung aller, die an dem Aufstande Theil genommen, sich so viele Feinde gemacht, durfte er es nicht wagen, auch die ihm bis dahin stets treu gebliebenen katholischen Stände, die sich für ihn grossentheils selbst geopfert hatten, allzusehr vor den Kopf zu stossen; die Ereignisse säumten auch nicht (namentlich in der schon im J. 1630 erfolgten Occupation Böhmens durch die Protestanten) den Beweis zu führen, dass er klug gerechnet hatte.

Ich erlaube mir, Herr Graf, noch eine Bemerkung hinzuzufügen, die ich wenigstens als eine gut gemeinte wohlwollend aufzunehmen bitte. Es ist ein alter bewährter Grundsatz, dass jede Herrschaft durch dieselben Mittel erhalten werden müsse, durch welche sie erworben worden ist. Da nun den feudalen Ständen ursprünglich die physische Uebermacht des Individuums zur Grundlage gedient hatte, und diese Grundlage durch die seitdem gemachten Fortschritte der Mechanik und Physik unwiederbringlich dahin geschwunden ist: so glaube ich auch folgerichtig schliessen zu dürfen, dass feudalen Ständen alle Elemente des Fortbestandes in unserer Zeit mangeln und immer mangeln werden, dass somit jeder Versuch, sie in ihrer alten Form zu erhalten oder in's Leben wieder einzuführen, an der Unmöglichkeit scheitern müsse. Ich spreche aber ausdrücklich von *feudalen* Ständen, nicht von der Aristokratie überhaupt: denn letztere ist ein natürliches Product jeder gesellschaftlichen Ordnung, das von jeher überall bestanden hat und auch immer und überall bestehen wird. Aber eben darum, weil die wahre ewige Aristokratie ein nothwendiges Product jedes gesellschaftlichen Zustandes ist, muss sie auch dem jedesmaligen gesellschaftlichen Zustande entsprechend sein.

Lassen Sie mich nun noch einmal auf das Thema der Centralisation der Staatsgewalt zurückkommen. Dieselbe scheint in unserem Zeitalter ihren Culminationspunct nicht allein erreicht, sondern auch schon überschritten zu haben. Ich schliesse dies daraus, dass die bereits scheinbar ins Ungemessene gesteigerte Centralgewalt des Staates dem ewigen Naturgesetze der Polarität gemäss auch schon eine ihr entgegenstehende noch mächtigere Gewalt ins Dasein gerufen hat, nämlich die Gewalt der öffentlichen Meinung; und von dem bereits vorhandenen Uebergewichte dieser Gewalt selbst über die Centralgewalt des Staats überzeugen mich, um von anderen allbekannten Ereignissen unserer Tage nicht zu reden, vorzüglich zwei Umstände: erstens, dass die Fortschritte der Civilisation fortan zum Vortheil der öffentlichen Meinung noch mehr, als zu dem der Centralgewalt auszuschlagen pflegen; und zweitens, dass aus dem Schosse der öffentlichen Meinung, durch dasselbe Gesetz der Polarität, ein neuer mächtiger Factor der Weltgeschichte, das Princip der Nationalität, sich zu entwickeln beginnt, um ein Gegengewicht gegen die uniformirende Gewalt der Centralisation zu bilden. Das einstige Product dieser neuen und noch nicht vollends entwickelten Factoren vorausbestimmen zu wollen, wäre thörichte Selbsttäuschung; auch gehört das nicht zu meiner gegenwärtigen Aufgabe. Ich wollte nur zu der Bemerkung gelangen, dass das selbständige Fortbestehen und die lebendige Fortentwickelung eines feudalen ständischen Körpers diesen modernen Gewalten gegenüber mir als absolut unmöglich erscheint, die böhmischen Herren Stände daher, wollen sie irgend zu bleibender Geltung gelangen, auf irgend eines jener drei Principe sich stützen müssen: nämlich entweder auf jenes der centralen Staatsgewalt, gegenüber der öffentlichen Meinung, oder auf diese gegenüber von jener, oder auf das Princip der

Nationalität, das diesen beiden Polen gegenüber sich als eine Art Indifferenzpunct darbietet. Sie haben, Herr Graf, so oft gegen mich das Bedauern ausgedrückt, dass edle Kräfte sich einem unerreichbaren Ziele zuwenden: erlauben Sie mir, dass ich Ihnen diese Bemerkung, in Rücksicht auf Ihr edles und patriotisches Bestreben, den böhmischen Herren Ständen ihre alte Geltung wieder zu verschaffen, ins Gedächtniss rufe. Ich bin diesen Herren Ständen, den natürlichen Vertretern meines Landes und Volkes und meinen besonderen Wohlthätern, von ganzem Herzen dankbar und ergeben; ich wäre glücklich, wenn ich sie denjenigen Weg einschlagen sähe, der sie eben so wie ihr Land und Volk zum Erfolg und zum Heil führt.

Prag den 27 Dec. 1846.

ZWEITE ABTHEILUNG.

AUFSÄTZE

AUS DEN JAHREN 1848—1873.

XVI.

Erklärung über die Gleichberechtigung der Nationalitäten (1848).

Gleich nach der auch in Prag am 15 März 1848 proclamirten Constitution näherte mein ehemaliger Freund, Karl Egon Ebert, sich mir wieder, und wir beide beriefen sämmtliche in Prag wohnenden sowohl deutschen als böhmischen Schriftsteller zu einer gemeinsamen Berathung am 18 März über die Frage, wie wir uns bei der plötzlich gewonnenen Pressfreiheit zu verhalten hätten, um nicht nur einem etwaigen Ausbruch der nunmehr entfesselten Leidenschaften, sondern auch einer Compromittirung der Freiheit selbst, durch deren etwa unbesonnenen Missbrauch, zu steuern. Da aber in der Versammlung jenes Tages kein eigentlicher Beschluss zu Stande kam: so berief ich zum 20 März die böhmischen Literaten allein, und legte ihnen den Entwurf einer in 4 Puncten gefassten Resolution vor, der auch schliesslich einstimmig approbirt wurde, wie in meinem Radhost (Band III, S. 7, 8) zu lesen ist. Am folgenden Tage, 21 März, kamen wir sowohl deutsche als böhmische Schriftsteller in ziemlicher Anzahl wieder zusammen, und es wurde nachstehende Erklärung gleichfalls einstimmig zum Beschluss erhoben, — wie ich darüber in meinem Radhost (III, 277) und daraus in meinem sogenannten „Politischen Vermächtniss" (S. 6), umständlicher berichtet habe. - Zu den Namen, welche in der Sitzung selbst unterzeichnet worden, verlangten später Einige, die nicht anwesend gewesen, auch die ihrigen beifügen zu dürfen: so kamen an die 60 Unterschriften zu Stande. —

24.

Die Schriftsteller Prags, böhmischer wie deutscher Zunge, gehoben von dem Gefühle der Freiheit und der in der letzten Zeit an den Tag getretenen Eintracht der böhmischen und deutschen Bevölkerung ihres Vaterlandes, haben in ihrer am 21 März 1848 gehaltenen Versammlung einstimmig den

Beschluss gefasst, öffentlich zu erklären, mit allen Kräften dahin wirken zu wollen, dass dieses glückliche Verhältniss nicht gestört, sondern fest aufrecht erhalten werde. Es soll auf Grundlage vollständiger Gleichberechtigung beruhen, so dass weder die Böhmen vor den Deutschen, noch die Deutschen vor den Böhmen irgend einen Vorzug geniessen sollen. Es soll daher auch des böhmischen Theils der Bevölkerung Eifer und Bemühung, dieser Gleichberechtigung in Allem erst wirklich theilhaft zu werden, nicht als eine Störung der Eintracht anzusehen sein.

Sie erklären ferner, die Vereinigung der böhmischen Krone mit dem österreichischen Staate durch das Band der constitutionellen Monarchie in Schrift und Wort auf's Kräftigste wahren zu wollen.

Paul Joseph Šafařík, Vorsitzender. — Franz Palacký. — Karl Egon Ebert. — Ignaz Kuranda. — Kreutzberg. — Dr. Weitenweber. — Jul. Köllner-Werdenau. — Karl Leiner. — Mos. Landau. — Johann Slaw. Tomíček. — A. J. Austerlitz. — Fr. Daucha. — J. B. Malý. — Ulm. — Jos. Kaj. Tyl. — Johann Praw. Kaubek. — Moritz Hartmann. — Dr. Ambros. — Anton Marek. — Dr. Lukas. — Franz Bezděka. — Ferd. B. Mikowec. — Karel Wladislaw Zap. — Karel Storch. — Kristian Stefan. — Johann Erasm. Wocel. — J. Slav. Liblinský. — Dr. Lederer. — C. J. Vietz. — Karl Sabina. — Hanka. — V. Slawomil Wáwra. — Alfred Meissner. — Wilém D. Lambl. — Anton Musil. — K. Hawlíček. — Franz Řezáč. — Karl Viktor Hansgirg. — Fr. Petřina. — Jan Bedřich Dambeck. — Edlenbach. — D. C. Jelinek. — Wácslaw Wlad. Tomek. — F. A. Weber. — W. Wondra. — Fr. J. Schopf. — Dr. Stančk. — Wácslaw Štulc. — Dr. Čejka. — František Šohaj. — Joseph Wenzig. — Joseph Jireček. — Wácslaw Reišel Kokořinský. — Stuchlý Jos. Fr. — Pr. Otto Kröpfel. — Fr. Schneider. — Rudolf Glaser. — J. Helbling von Hirzenfeld. — Hermin Jireček. —

XVII.

Eine verunglückte Erklärung (1848).

Von der lebhaften Bewegung der Geister, von welcher nach der Proclamation der Constitution das ganze Volk von Böhmen ergriffen wurde, konnten auch die damals noch privilegirten Stände nicht unberührt bleiben. Es wurde unter ihnen viel und mannigfach über die Stellung und Haltung debattirt, die sie fortan den Ereignissen des Tages gegenüber einnehmen sollten. Auch ich wurde von vielen angegangen, meine Meinung darüber ihnen mitzutheilen. Ich setzte daher, nach gepflogener Rücksprache mit denselben, nachstehenden Entwurf einer Erklärung für sie auf, und legte denselben dem Präsidenten des böhmischen Museums, Grafen Joseph Mathias Thun vor, der bis dahin, nach Popularität haschend, einen vulgären Liberalismus vorzugsweise hatte schillern lassen. Jedoch nachdem er ihn durchgelesen, erklärte er auf der Stelle in entschiedenem Tone: „Das unterschreibe ich nicht". — Gleichwohl nahm er daraus Veranlassung, den böhmischen höheren Adel zu einer anderen, vom Grafen Wilhelm Wurmbrand formulirten Erklärung (ddto. 3 April) zu bewegen, welche mit vielen schönen Worten so wenig als es damals nur möglich oder räthlich war, zu sagen wusste. —

25.

Da die auf den 30 März l. J. angesagte ständische Versammlung nicht abgehalten werden konnte, und da es zu Erhaltung der Ruhe und Ordnung im Lande dringend nothwendig erscheint, dass die öffentliche Meinung hinsichtlich der wahren Stimmung und Gesinnung der böhmischen Stände den wichtigsten Fragen des Augenblicks gegenüber weder im Zweifel gelassen noch weniger aber irre geleitet werde: so haben wir, die Gefertigten, den Entschluss gefasst, in Ermangelung eines anderen legalen Organs, vorläufig in unserem eigenen Namen die freiwillige Erklärung vor aller Welt hiemit abzugeben, dass, unserer Ansicht nach,

1) die von wail. Kaiser Ferdinand II im J. 1627 erlassene erneuerte Landesordnung durch das von Sr. Maj. unserm allergnädigsten Kaiser und König Ferdinand V am 15 März l. J. in Wien kundgemachte Constitutionspatent virtuell auf-

gehoben worden ist, daher auch aufgehört hat, ein Staatsgrundgesetz für Böhmen zu bilden;

2) dass folglich auch alle auf jene Landesordnung sich stützenden ständischen Institutionen, Privilegien und Vorrechte von nun an als erloschen zu betrachten sind,

3) dass an die Stelle der bisherigen ständischen Institutionen eine auf wahre Volksrepräsentation gegründete zeitgemässe Landesverfassung eingeführt werden muss,

4) dass wir, weit entfernt, die Bildung einer solchen Volksrepräsentation auf breiter Grundlage hindern zu wollen, dieselbe vielmehr, so viel an uns ist, auf's bereitwilligste zu fördern entschlossen sind;

5) dass eben desshalb keine wie immer geartete Fraction des Volkes für sich allein, sondern nur das gesammte auf einem Landtage durch frei gewählte Vertreter repräsentirte Volk berufen ist, den giltigen Vorschlag zu einer zeitgemässen Constitution zu entwerfen und zu berathen, und

6) dass daher vor allem die Regierung angegangen werden muss, ein auf zeitgemässe Volksrepräsentation gegründetes provisorisches Wahlgesetz so bald als möglich zu erlassen.

Wir laden alle unsere bisherigen Mitstände ein, dieser unserer offenen Erklärung durch Mitfertigung derselben beizutreten.

Prag den 2 April 1848.

XVIII.

Eine Stimme über Oesterreichs Anschluss an Deutschland (1848).

Ueber das folgende, einst grosses Aufsehen machende und auch folgenreiche Schreiben nach Frankfurt, werde ich hier um so weniger sagen, je mehr darüber an anderen Orten, und meinerseits auch im Radhost (III, 278) und Polit. Vermächtniss (S. 7) mitgetheilt worden ist.

26.

An den Fünfziger-Ausschuss, zu Handen des Hrn. Präsidenten Soiron in Frankfurt a. M.

P. P.

Das Schreiben vom 6 April l. J., womit Sie, hochgeehrte Herren! mir die Ehre erwiesen, mich nach Frankfurt einzuladen, um an Ihren „hauptsächlich die schleunigste Berufung eines deutschen Parlaments" bezweckenden Geschäften Theil zu nehmen, — ist mir so eben von der Post richtig zugestellt worden. Mit freudiger Ueberraschung las ich darin das vollgiltige Zeugniss des Vertrauens, welches Deutschlands ausgezeichnetste Männer in meine Gesinnung zu setzen nicht aufhören: denn indem sie mich zur Versammlung „deutscher Vaterlandsfreunde" berufen, sprechen sie mich selbst von dem eben so ungerechten als oft wiederholten Vorwurfe frei, als habe ich mich gegen das deutsche Volk jemals feindselig bewiesen. Mit wahrem Dankgefühle erkenne ich darin die hohe Humanität und Gerechtigkeitsliebe dieser ausgezeichneten Versammlung an, und finde mich dadurch um so mehr verpflichtet, ihr mit offenem Vertrauen, frei und ohne Rückhalt, zu antworten.

Ich kann Ihrem Rufe, meine Herren! weder in eigener Person, noch durch Abordnung eines andern „zuverlässigen Patrioten" an meiner Statt, Folge leisten. Erlauben Sie mir, die mich bestimmenden Gründe Ihnen so kurz als möglich vorzutragen.

Der ausgesprochene Zweck Ihrer Versammlung ist, einen *deutschen Volksbund* an die Stelle des bisherigen *Fürstenbundes* zu setzen, die deutsche Nation zu wirklicher Einheit zu bringen, das deutsche Nationalgefühl zu kräftigen, und Deutschlands Macht dadurch nach Innen und Aussen zu erhöhen. So sehr ich auch dieses Bestreben und das ihm zu Grunde liegende Gefühl achte, und eben weil ich es achte, darf ich mich daran nicht betheiligen. Ich bin kein Deutscher, — fühle mich wenigstens nicht als solcher, — und als blossen meinungs- und willenlosen Ja-Herrn haben Sie mich doch gewiss nicht zu sich

berufen wollen. Folglich müsste ich in Frankfurt entweder
meine Gefühle verläugnen und heucheln, oder bei sich ergebender
Gelegenheit laut widersprechen. Zum ersten bin ich
zu offen und zu frei, zum zweiten nicht dreist und rücksichtslos
genug; ich kann es nämlich nicht über's Herz gewinnen,
durch Misslaute einen Einklang zu stören, den ich nicht allein
in meinem eigenen Hause, sondern auch beim Nachbar, wünschenswerth
und erfreulich finde.

Ich bin ein Böhme slawischen Stammes, und habe mit all
dem Wenigen, was ich besitze und was ich kann, mich dem
Dienste meines Volkes ganz und für immer gewidmet. Dieses
Volk ist nun zwar ein kleines, aber von jeher ein eigenthümliches
und für sich bestehendes; seine Herrscher haben seit
Jahrhunderten am deutschen Fürstenbunde Theil genommen,
es selbst hat sich aber niemals zu diesem Volke gezählt, und
ist auch von Andern im Ablauf aller Jahrhunderte niemals
dazu gezählt worden. Die ganze Verbindung Böhmens, zuerst
mit dem heil. römischen Reiche, dann mit dem deutschen
Bunde, war von jeher ein reines Regale, von welchem das böhmische
Volk, die böhmischen Stände, kaum jemals Kenntniss
zu nehmen pflegten. Diese Thatsache ist allen deutschen
Geschichtforschern wohl eben so gut, wie mir selbst bekannt;
und sollte sie ja noch von Jemanden in Zweifel gezogen
werden, so bin ich erbietig, sie seiner Zeit bis zur Evidenz
sicher zu stellen. Selbst bei der vollen Annahme, dass die
böhmische Krone jemals im Lehensverbande zu Deutschland
gestanden (was übrigens von böhmischen Publicisten von jeher
bestritten wird), kann es keinem Geschichtskundigen einfallen,
die ehemalige Souverainetät und Autonomie Böhmens nach Innen
in Zweifel zu ziehen. Alle Welt weiss es, dass die deutschen
Kaiser, als solche, mit dem böhmischen Volke von jeher nicht
das Mindeste zu thun und zu schaffen gehabt haben; dass ihnen
in und über Böhmen weder die gesetzgebende, noch die richterliche
oder vollziehende Gewalt zukam; dass sie weder Truppen
noch irgend Regalien aus dem Lande jemals zu beziehen hatten;
dass Böhmen mit seinen Kronländern zu keinem der ehemaligen
zehn deutschen Kreise gezählt wurde, die Competenz des

Reichskammergerichts sich niemals über dasselbe erstreckte u. s. w.; dass somit die ganze bisherige Verbindung Böhmens mit Deutschland als ein Verhältniss, nicht von Volk zu Volk, sondern nur von Herrscher zu Herrscher, aufgefasst und angesehen werden muss. Fordert man aber, dass über den bisherigen Fürstenbund hinaus nunmehr das *Volk* von Böhmen selbst mit dem deutschen Volke sich verbinde, so ist das eine wenigstens neue und jeder historischen Rechts-Basis ermangelnde Zumuthung, der ich für meine Person mich nicht berechtigt fühle, Folge zu geben, so lange ich dazu kein ausdrückliches und vollgiltiges Mandat erhalte.

Der zweite Grund, der mir verbietet, an Ihren Berathungen Theil zu nehmen, ist der Umstand, dass nach Allem, was über Ihre Zwecke und Ansichten bisher öffentlich verlautet hat, Sie nothwendiger Weise darauf ausgehen wollen und werden, Oesterreich als selbstständigen Kaiserstaat unheilbar zu schwächen, ja ihn unmöglich zu machen, — einen Staat, dessen Erhaltung, Integrität und Kräftigung eine hohe und wichtige Angelegenheit nicht meines Volkes allein, sondern ganz Europas, ja der Humanität und Civilisation selbst ist und sein muss. Schenken Sie mir auch darüber ein kurzes und geneigtes Gehör.

Sie wissen, welche Macht den ganzen grossen Osten unseres Welttheils inne hat; Sie wissen, dass diese Macht, schon jetzt zu kolossaler Grösse herangewachsen, von Innen heraus mit jedem Jahrzehend in grösserem Masse sich stärkt und hebt, als solches in den westlichen Ländern der Fall ist und sein kann; dass sie, im Innern fast unangreifbar und unzugänglich, längst eine drohende Stellung nach Aussen angenommen hat, und wenn gleich auch im Norden aggressiv, dennoch, vom natürlichen Instinct getrieben, vorzugsweise nach dem Süden zu sich auszubreiten sucht und suchen wird; dass jeder Schritt, den sie auf dieser Bahn noch weiter vorwärts machen könnte, in beschleunigtem Lauf eine neue **Universalmonarchie** zu erzeugen und herbeizuführen droht, d. i. ein unabsehbares und unnennbares Uebel, eine Calamität ohne Maass und Ende, welche ich, ein Slawe an Leib und Seele, im Interesse der

Humanität deshalb nicht weniger tief beklagen würde, wenn sie sich auch als eine vorzugsweise slawische ankündigen wollte. Mit demselben Unrecht, wie in Deutschland als Deutschenfeind, werde ich in Russland von Vielen als Russenfeind bezeichnet und angesehen. Nein, ich sage es laut und offen, ich bin kein Feind der Russen: im Gegentheil, ich verfolge von jeher mit Aufmerksamkeit und freudiger Theilnahme jeden Schritt, den dieses grosse Volk innerhalb seiner natürlichen Gränzen auf der Bahn der Civilisation vorwärts thut. Da ich jedoch, bei aller heissen Liebe zu meinem Volke, die Interessen der Humanität und Wissenschaft von jeher noch über die der Nationalität stelle: so findet schon die blosse Möglichkeit einer russischen Universalmonarchie keinen entschiedeneren Gegner und Bekämpfer, als mich; nicht weil sie russisch, sondern weil sie eine Universalmonarchie wäre.

Sie wissen, dass der Süd-Osten von Europa, die Gränzen des russischen Reichs entlang, von mehren in Abstammung, Sprache, Geschichte und Gesittung merklich verschiedenen Völkern bewohnt wird, — Slawen, Walachen, Magyaren und Deutschen, um der Griechen, Türken und Schkipetaren nicht zu gedenken, — von welchen keines für sich allein mächtig genug ist, dem übermächtigen Nachbar im Osten in alle Zukunft erfolgreichen Widerstand zu leisten; das können sie nur dann, wenn ein einiges und festes Band sie alle mit einander vereinigt. Die wahre Lebensader dieses nothwendigen Völkervereins ist die Donau: seine Centralgewalt darf sich daher von diesem Strome nicht weit entfernen, wenn sie überhaupt wirksam sein und bleiben will. Wahrlich, existirte der österreichische Kaiserstaat nicht schon längst, man müsste im Interesse Europa's, im Interesse der Humanität selbst sich beeilen, ihn zu schaffen.

Warum sahen wir aber diesen Staat, der von der Natur und Geschichte berufen ist, Europa's Schild und Hort gegen asiatische Elemente aller Art zu bilden, — warum sahen wir ihn im kritischen Momente, jedem stürmischen Anlauf preisgegeben, haltungslos und beinahe rathlos? — Weil er, in unseliger Verblendung, so lange her die eigentliche rechtliche

und sittliche Grundlage seiner Existenz selbst verkannt und
verläugnet hat: den Grundsatz der vollständigen Gleichberechtigung und Gleichbeachtung aller unter seinem Scepter vereinigten Nationalitäten und Confessionen. Das Völkerrecht ist ein
wahres Naturrecht: kein Volk auf Erden ist berechtigt, zu
seinen Gunsten von seinem Nachbar die Aufopferung seiner
selbst zu fordern, keines ist verpflichtet, sich zum Besten des
Nachbars zu verläugnen oder aufzuopfern. Die Natur kennt
keine herrschenden, so wie keine dienstbaren Völker. Soll das
Band, welches mehre Völker zu einem politischen Ganzen verbindet, fest und dauerhaft sein, so darf keines einen Grund
zur Befürchtung haben, dass es durch die Vereinigung irgend
eines seiner theuersten Güter einbüssen werde: im Gegentheil
muss jedes die sichere Hoffnung hegen, bei der Centralgewalt
gegen allenfällige Uebergriffe der Nachbarn Schutz und Schirm
zu finden; dann wird man sich auch beeilen, diese Centralgewalt mit so viel Macht auszustatten, dass sie einen solchen
Schutz wirksam leisten könne. Ich bin überzeugt, dass es für
Oesterreich auch jetzt noch nicht zu spät ist, diesen Grundsatz
der Gerechtigkeit, die sacra ancora beim drohenden Schiffbruch,
laut und rückhaltlos zu proclamiren und ihm praktisch allenthalben Nachdruck zu geben: doch die Augenblicke sind kostbar,
möchte man doch um Gotteswillen nicht eine Stunde länger
zögern! Metternich ist nicht bloss darum gefallen, weil er der
ärgste Feind der Freiheit, sondern auch darum, weil er der
unversöhnlichste Feind aller slawischen Nationalität in Oesterreich gewesen.

Sobald ich nun meine Blicke über die Gränzen Böhmens
hinaus erhebe, bin ich durch natürliche wie geschichtliche
Gründe angewiesen, sie nicht nach Frankfurt, sondern nach
Wien hinzurichten, und dort das Centrum zu suchen, welches
geeignet und berufen ist, meines Volkes Frieden, Freiheit und Recht
zu sichern und schützen. *Ihre* Tendenz, meine Herren! scheint mir
aber jetzt offen dahin gerichtet zu sein, dieses Centrum, von
dessen Kraft und Stärke ich nicht für Böhmen allein Heil
erwarte, nicht nur, wie gesagt, unheilbar zu schwächen, sondern
sogar zu vernichten. Oder glauben Sie wohl, die österreichische

Monarchie werde noch ferner Bestand haben, wenn Sie ihr verbieten, innerhalb ihrer Erblande ein eigenes, von dem Bundeshaupt in Frankfurt unabhängiges Heer zu besitzen? Glauben Sie, der Kaiser von Oesterreich werde sich auch dann noch als Souverain behaupten können, wenn Sie ihn verpflichten, alle wichtigeren Gesetze von Ihrer Versammlung anzunehmen, und somit das Institut der österreichischen Reichsstände so wie alle durch die Natur selbst gebotenen Provinzial-Verfassungen der verbundenen Königreiche illusorisch zu machen? Und wenn dann z. B. Ungarn, seinem Triebe folgend, von der Monarchie sich ablöst, oder, was beinahe gleichbedeutend ist, zu ihrem Schwerpunkt sich gestaltet, — wird dieses Ungarn, das von einer nationalen Gleichberechtigung innerhalb seiner Gränzen nichts wissen will, in die Länge sich frei und stark behaupten können? Nur der Gerechte ist wahrhaft frei und stark. Es kann aber von einem freiwilligen Anschluss der Donauslawen und der Walachen, ja der Polen selbst, an einen Staat, der den Grundsatz aufstellt, dass man vor allem Magyare, und dann erst Mensch sein müsse, nicht die Rede sein; und von einem gezwungenen noch weniger. Um des Heils von Europa willen darf Wien zu einer Provinzialstadt nicht herabsinken! Wenn es aber in Wien selbst Menschen gibt, die sich Ihr Frankfurt als Capitale wünschen, so muss man ihnen zurufen: Herr! vergib ihnen, denn sie wissen nicht, was sie wollen!

Endlich muss ich noch aus einem dritten Grunde Anstand nehmen, bei Ihren Berathungen mitzuwirken: ich halte nämlich alle bisherigen Projecte zu einer Reorganisirung Deutschlands auf Grundlage des Volkswillens für unausführbar und in die Länge unhaltbar, wenn Sie sich nicht zu einem echten Kaiserschnitt entschliessen, — ich meine die Proclamirung einer deutschen Republik, — wäre es auch nur als eine Uebergangsform. Alle versuchten Vorschriften von Theilung der Gewalt zwischen halbsouverainen Fürsten und dem souverainen Volk erinnern mich an die Theorien der Phalanstere, die gleichfalls von dem Grundsatze ausgehen, die Betheiligten werden wie Ziffern in einem Rechenexempel sich verhalten und keine andere Geltung in Anspruch nehmen, als welche die Theorie ihnen anweist. Möglich, dass meine Ansicht unbegründet ist, dass ich in meiner Ueberzeugung mich täusche, — aufrichtig gesagt, ich wünsche selbst, dass solches der Fall sei, — aber diese Ueberzeugung ist da, und ich darf diesen Compass keinen Augenblick aus der Hand geben, wenn ich in den Stürmen des Tages nicht haltungslos mich verlieren will. Was nun die Einführung einer Republik in Deutschland betrifft, — so liegt diese Frage so ganz ausserhalb des Kreises meiner Competenz, dass ich darüber nicht einmal eine Meinung äussern will. Von den Gränzen Oesterreichs muss ich aber jeden Gedanken an Republik in vorhinein entschieden und kräftig zurückweisen. Denken Sie sich Oesterreich in eine Menge Republiken und Republikchen aufgelöst, — welch' ein willkommener Grundbau zur russischen Universalmonarchie!

Um endlich meine lange und doch nur flüchtig hingeworfene Rede zu schliessen, muss ich meine Ueberzeugung in kurzen Worten dahin aussprechen: dass das Verlangen, Oesterreich (und mit ihm auch Böhmen) solle sich volksthümlich an Deutschland anschliessen, d. h. in Deutschland aufgehen, eine Zumuthung des *Selbstmords* ist, daher jedes moralischen und politischen Sinnes ermangelt; dass im Gegentheil die Forderung, Deutschland möge sich an Oesterreich anschliessen, d. h. der österreichischen Monarchie unter den oben angedeuteten Bedingungen beitreten, einen ungleich besser begründeten Sinn hat. Ist aber auch diese Zumuthung, dem deutschen Nationalgefühle gegenüber, unstatthaft: so erübrigt nichts, als dass beide Mächte, Oesterreich und Deutschland, neben einander gleichberechtigt sich constituiren, ihren bisherigen Bund in ein ewiges Schutz- und Trutzbündniss verwandeln, und allenfalls noch, wenn solches ihren beiderseitigen materiellen Interessen zusagt, eine Zolleinigung unter einander abschliessen. Zu allen Maassregeln, welche Oesterreichs Unabhängigkeit, Integrität und Machtentwickelung, namentlich gegen den Osten hin, nicht gefährden, bin ich mitzuwirken immer freudig bereit.

Genehmigen Sie, meine Herren! den Ausdruck meiner aufrichtigen Verehrung und Ergebenheit.

Prag den 11 April 1848.

XIX.

Proclamation der Böhmen an die Mährer (1848).

Auch über die Veranlassung und Entstehung dieses Aufsatzes ist an angeführten Orten (Radhost, III, 279 und Polit. Vermächtniss S. 8) die nöthige Aufklärung gegeben worden.

27.

Offene Erklärung. Der in Prag unter dem Vorsitze des Hrn. Landes-Regierungs-Präsidenten berathende *National-ausschuss,* — welchem die Aufgabe gestellt worden ist, die nöthigen Einleitungen zur Durchführung des constitutionellen Princips in Böhmen auf Grundlage der königl. Erledigung der zweiten Prager Petition vom 8 April l. J. zu treffen, und dem nächstens zu berufenden constituirenden Landtage die nöthigen Vorarbeiten zu liefern, — findet sich durch die Art und Weise, wie die Frage von der *Vereinigung Böhmens mit Mähren und Schlesien* in jüngster Zeit im In- und Auslande aufgenommen worden ist, veranlasst, seine Ansichten darüber im Nachstehenden öffentlich zu erklären.

Als vor einigen Wochen das Volk von Böhmen seine Stimme erhob, um von dem Gütigsten und Gerechtesten der Monarchen die Wiederanerkennung der unverjährbaren Rechte seiner Nationalität und ihr entsprechende politische Institutionen zu erlangen, erinnerte es sich, im entscheidenden Augenblicke, auch seiner lieben Stammgenossen in Mähren und Schlesien, und sprach die Bitte um die Erneuerung und Kräftigung des mehr als tausendjährigen innigen Verbandes dieser Länder an den Stufen des Thrones aus.

Gerne hätte es gleichzeitig über den Grund und die Bedeutung dieser Bitte mit den Mährern und Schlesiern selbst sich näher verständigt, wenn solches bei der Dringlichkeit der Umstände und dem Mangel der geeigneten Organe nur möglich gewesen wäre.

Leider erfuhr aber der ausgesprochene Wunsch der Böhmen, ihr Loos auch ferner an das der Mährer und Schlesier geknüpft zu sehen, beim Eintritt in eine neue Epoche des Volkslebens sich von ihnen nicht zu trennen, sondern Freude und Leid, wie ehemals, brüderlich wieder zu theilen, — er erfuhr das eben so unerwartete als unverdiente Schicksal, an vielen Orten gänzlich missverstanden, und als Anspruch, ja als Anmassung einer Gott weiss wie geartet sein sollenden Suprematie gedeutet zu werden. Nur zu schnell fanden sich Menschen, die zum Theil aus kleinlicher Provinzial-Eifersucht, zum Theil aus anderweitigen Sympathien, jeden Funken des Argwohns zur hellen Flamme anzublasen sich bemühten; künstlich aufgeregte Leidenschaften wuchsen bis zu bedrohlichen Demonstrationen heran, und an mehr als einem Orte wurden in Uebereilung Beschlüsse gefasst, die jeder Unbefangene im Interesse der Ehre beider Stammgenossen eben so, wie um des Friedens, der Eintracht und Wohlfahrt beider Länder willen, beklagen muss.

Unseliges Missverständniss! Als wir in Böhmen zuerst unsere Stimmen erhoben, um ein verhasstes, uns und unsere Nachbarn gleich drückendes System zu stürzen, war unsere laut ausgesprochene Losung: *die Freiheit, die gleiche Berechtigung für Alle!* — Wie konnte irgend Jemand sich vorstellen, dass wir, im Widerspruche mit uns selbst, die dann errungene Freiheit dazu missbrauchen wollten, um ein Uebergewicht über unsere mährischen Stammgenossen zu gewinnen, oder gar eine Oberherrschaft über sie uns anzumassen? Wie konnte man in dem Wunsche brüderlicher Liebe und Vereinigung eine Aussaat zu Hass und Feindschaft erblicken?

Zu nicht geringem Trost, ja zu wahrer Freude gereicht uns indessen die Wahrnehmung, dass nicht das ganze Volk von Mähren und Schlesien, sondern nur ein Theil desselben in diesem Missverständnisse befangen sich zeigte, indem eine Menge Stimmen aus allen Gegenden jener Länder fortwährend brüderlich zu uns herüber tönt, und zahlreiche Hände von dort zur Schliessung eines ewigen Freundschaftsbundes mit uns sich darbieten. Wir sind auch überzeugt, dass ihre Zahl sich von selbst mehren und über kurz oder lang die Oberhand gewinnen wird, bis nur an die Stelle der leidenschaftlichen Aufregung die ruhige Ueberlegung und Würdigung aller natürlichen Verhältnisse und Interessen beider Länder sich Bahn bricht.

In der ersten Hitze des Kampfes der Meinungen sind in Mähren mancherlei Erklärungen, Petitionen und Beschlüsse gegen die von uns geäusserten Wünsche kundgemacht worden. Wir können und wollen in die Sichtung dieser ganzen Fluth nicht eingehen, sondern begnügen uns, nur eine der wichtigsten dieser Schriften, die von den mährischen IIII. Ständen zu Brünn am 14 April d. J. an Se. k. k. Majestät gerichtete Petition von unserem Standpuncte aus kurz zu beleuchten. Wir glauben, dass jeder Unbefangene in der dort aus einer einseitigen historischen Induction geschöpften Schlussfolgerung, Mähren „sei ein von Böhmen unabhängiges, dem Gesammtverbande der österr. Monarchie angehöriges Land," die nöthige Bestimmtheit und Vollständigkeit vermissen wird. Allerdings ist Mähren kein von Böhmen abhängiges, also etwa unfreies Land; es wurde ja von jeher als ein coordinirtes, nicht als subordinirtes betrachtet und behandelt, als ein gleichberechtigter Bestandtheil eines in der Geschichte unter dem Namen der *Krone Böhmens* ehrenvoll bekannten Ganzen. Dieses Ganze nun gehört, als solches, dem Gesammtverbande der österr. Monarchie an; kein Theil darf davon einseitig sich trennen, so lange er die offen vor aller Welt so oft angelobte Treue unbefleckt bewahren will. Seit mehr als einem Jahrtausende haben die Mährer und Böhmen, als Glieder einer und derselben Familie, in allen Wechseln des Schicksals treu zusammengehalten; man schlage nur die Blätter ihrer glorreichen Geschichte auf und frage sich, ob man die mährische ohne die böhmische, und umgekehrt, auch nur auffassen und verstehen könne? Es sind wohl, im Verlauf der Zeiten, auch Missverständnisse und häusliche Zwiste vorgefallen: in welcher Familie, in welcher Haushaltung gibt es deren nicht zuweilen? Und haben sie nicht jedesmal einer innigeren Ausgleichung und Versöhnung wieder Platz gemacht, ist ein einträchtiges Zusammenhalten dem Ausland gegenüber jemals dadurch gestört worden? Wäre es edel, nur des leidigen Zwistes allein, nicht lieber auch der schönen Eintracht sich zu erinnern? Wir könnten es unmöglich billigen, wenn die mährischen Stände den durch alle Jahrhunderte anerkannten und auch sogar in der erneuerten Landesordnung vom 10 Mai 1628 festgehaltenen Grundsatz, Mähren und Schlesien seien der Krone Böhmen „incorporirte Länder", jetzt etwa bestreiten wollten; gewiss erinnern sie sich noch so gut wie wir des 7 Sept. 1836, wo sie in ihres Landes Namen der Krönung ihres und unseres Königs Ferdinand V auf dem Prager Schlosse beiwohnten. Nein, wir wiederholen es, Mähren ist kein von Böhmen abhängiges, wohl aber ein böhmisches Kron-Land.

Doch sollte einigen unserer lieben Brüder in Mähren unsere gemeinsame Geschichte etwa nicht genehm sein, wollen sie die alten positiven Bande der Einheit durch die neuesten Ereignisse als gänzlich gelöst betrachten: so bitten wir sie nur noch zu bedenken, zu welchen Folgerungen sie dieser Grundsatz führen wird; mögen sie nur erwägen, was alles auf dem Spiele steht, sobald kein historisches Recht mehr anerkannt werden soll. Wir wollen daher hier auch nicht mehr unsere Vergangenheit, sondern nur unsere beiderseitige Zukunft ins Auge fassen. Vielleicht machen Gründe der Politik uns gegenseitig dasjenige annehmbar und wünschenswerth, was die Geschichte zu empfehlen und zu bewirken unvermögend war.

Eine der ersten Aufgaben aller gesunden Politik ist unstreitig das richtige Erkennen und Ermessen derjenigen Ideen, Strömungen und Richtungen, welche das Staaten- und Völkerleben in der Gegenwart bedingen und für die Entwicklungen der Zukunft normgebend sind. Als solche erblicken wir einerseits die durch die Fortschritte der Mechanik und durch die erleichterten Communicationsmittel eben so wie durch die siegreiche Macht der öffentlichen Meinung je länger je mehr geförderte *Centralisation* der öffentlichen Gewalten; — anderseits, das Princip der *Nationalität*, welches dem ersteren bald fördernd zur Seite, bald hindernd entgegen steht, und jedenfalls bestimmt ist, ihm gewisse Schranken anzuweisen. Beide Principien sind in unseren Tagen zu höherer Wirksamkeit gelangt als je zuvor; Gottes Odem weht vernehmlich in beiden: aber Niemand weiss, wo ihr Ziel und ihr Ende sein wird, und kein Volk kann ihrer Wirkung sich entziehen. Italien und Deutschland sehen wir eben jetzt tief davon ergriffen und erschüttert, für Oesterreich sind sie bereits eine Lebensfrage geworden, und da dürfen auch wir nicht hoffen, von ihnen unberührt zu bleiben.

Wer immer behauptet, dass wir in Böhmen uns von der österreichischen Monarchie zu trennen beabsichtigen, der ist entweder kein Freund der Wahrheit, oder ein Irregeleiteter. Wir sind dazu weder treulos, noch unbesonnen genug; denn wir wissen wohl, dass unser inmitten des Continents von Europa gelegenes Land weder für sich allein, noch mit Mähren und Schlesien vereinigt, sich als gänzlich unabhängiger Staat in die Länge zu behaupten im Stande wäre. Unser Geschick ist nach dreihundertjährigem Bestande jetzt um so inniger an unser altes Kaiserhaus geknüpft, als das Unrecht, das Ferdinand II uns einst zugefügt, von Ferdinand V vollständig wieder gut gemacht worden ist. Ja, wir sagen es freudig und laut: das hohe Haus Habsburg-Lothringen hat nie und nirgends treuere Anhänger gehabt, als eben jetzt an uns, namentlich seit den Tagen unserer politischen Wiedergeburt.

Aus dem Wunsche jedoch, dass unser Land an unser angestammtes Kaiserhaus unwiderruflich und unlösbar geknüpft sei, folgt es noch keineswegs, dass es sich mit den übrigen Ländern des Kaiserstaats völlig verschmelzen, sich etwa darin auflösen und verlieren sollte: dazu ist es durch seine Natur und seine Geschichte zu eigenthümlich, zu selbständig gebildet. Die politische Centralisation darf nirgends unbeschränkt sein, am wenigsten in dem grossen, aus so verschiedenartigen Bestandtheilen zusammengesetzten Oesterreich; das Princip der Nationalität setzt ihr die nothwendigen natürlichen Gränzen, der damit verbundenen Verschiedenheit der materiellen Interessen nicht zu gedenken. Oder wäre es etwa weise, ja wäre es nur möglich, z. B. Böhmen und Dalmatien, Tyrol und Galizien ganz nach gleichen Gesetzen und Normen zu verwalten? Ist es gewiss, oder auch nur wahrscheinlich, dass eine und dieselbe Centralbehörde, sie heisse nun Ministerium, Collegium oder

Reichstag, allen so divergenten localen Bedürfnissen der verschiedenen Länder gleiche Aufmerksamkeit zuwenden, gleiche Rechnung tragen werde? Ist es nicht nothwendig, dass diese Aufgabe getheilt, dabei jedoch keineswegs zerstückelt werde? Fragen wir nach den natürlichen Bedingungen des Staats- und Volkslebens in Böhmen und Mähren, so werden wir Mühe haben, darin eine wirkliche Verschiedenheit aufzufinden; Natur wie Menschen sind einander so vollkommen gleich, dass nur die Namen sie von einander unterscheiden. Unsere Nationalitäts-Verhältnisse sind in beiden Ländern dieselben: ein der Mehrzahl nach eine und dieselbe slawische Mundart sprechendes Volk, mit deutschen Elementen beinahe gleich stark untermischt, die Bildungsstufe auf beiden Seiten kaum verschieden, keine von einander wesentlich abweichenden socialen Verhältnisse, Sitten und Gesetze, keine divergirenden materiellen Interessen, gleiche Verhältnisse und Bedürfnisse in Ackerbau, Gewerben und Handel, eine weniger concurrirende als vielmehr gegenseitig sich ergänzende und vervollständigende Industrie. Das Schul- und Unterrichtswesen, so wie das ganze System der inneren Landesverwaltung, muss den bestehenden eigenthümlichen Nationalitäts-Verhältnissen angemessen, daher in beiden Ländern gleichförmig organisirt werden. Sollten abermals alle Verwaltungsorgane in Wien centralisirt und uniformirt werden, so stände zu besorgen, dass die besonderen Verhältnisse unseres Volkes abermals, wie zuvor, nicht die gehörige Anerkennung und Berücksichtigung finden werden, da das blosse Verständniss derselben mehr Mühe und Selbstverläugnung erfordert, als bei der Mehrzahl der Beamten gewöhnlich zu finden ist. In gerechter Würdigung dessen hat unser gütigster Monarch uns die Errichtung eigener verantwortlicher Central-Behörden für das Königreich Böhmen in Prag mit einem ausgedehnteren Wirkungskreise bereits bewilligt. Wir erblicken darin einen wesentlichen Vortheil für die Wahrnehmung und Förderung der Interessen nicht nur unseres Vaterlandes, sondern auch der Gesammtmonarchie, deren Einheit und Macht nun einmal nicht auf der Uniformirung des Ganzen, sondern auf gerechter Würdigung und wechselseitiger Ausgleichung der einzelnen Theile beruhen muss. Die einseitige Richtung zur Centralisation muss auch hier am Nationalitätsprincip ein heilsames Gegengewicht anerkennen. Was aber für uns ein Vortheil, das kann für Mähren, bei den ganz gleichen geistigen und materiellen Interessen, unmöglich ein Nachtheil sein. Von einer Aufhebung oder Verrückung der daselbst bestehenden Provincialbehörden ist und war dabei niemals die Rede, konnte es auch nicht sein, da es uns nicht in den Sinn gekommen ist, Mährens provincielle Unabhängigkeit beeinträchtigen zu wollen.

Unsere hinsichtlich der Vereinigung sämmtlicher böhmischen Kronländer geäusserten Wünsche sind nun speciell dahin gerichtet, dass 1) anstatt der, mit der Entwickelung des constitutionellen Lebens bei uns fortan unverträglichen, bisherigen k. k. Hofstellen für innere politische Verwaltung die durch das a. h. Cabinetschreiben vom 8 April l. J. dem Königreiche Böhmen bereits mit einem ausgedehnteren Wirkungskreise bewilligten verantwortlichen Central-Behörden unter einem auch den Mährern zu Gute kommen, und somit für sämmtliche böhmischen Kronländer Geltung erlangen; und 2) dass die constitutionelle Entwickelung dieser Länder, wie sie in dem Boden einer ganz gleichen Nationalität wurzelt, auch eine gleiche sei, daher auch die Landtage, als die fortan wichtigsten Factoren der Gesetzgebung für das Innere, in vollem Einverständnisse handeln. Und wie könnten sie das besser, als wenn sie, sei es in pleno, sei es durch besonders gewählte Ausschüsse, periodisch zusammentreten?

Seine k. k. Majestät hat, in Erledigung der zweiten Prager Petition, die Frage von der näheren Union der böhmischen Kronländer nicht entscheiden wollen, sondern sie von einer weiteren Verständigung der Parteien abhängig gemacht. Die allgemeine Befriedigung, womit auch dieser Ausspruch in Böhmen aufgenommen wurde, ist eine Bürgschaft mehr dafür, dass unser Volk, weit entfernt, auch nur einen moralischen Zwang ausüben zu wollen, die gewünschte Vereinigung gleichfalls nur auf dem Wege der gegenseitigen Verständigung, der freien Ueberzeugung zu erlangen hofft. Die ruhige Erwägung der damit beiderseits verknüpften Vortheile wird dann gewiss den Ausschlag geben. Wir wünschen, dass das freigewordene Volk von Mähren eben frei von allen fremden Einflüssen an diese Erwägung gehe, dass es von aussen unbeirrt, einen selbständigen Entschluss fasse. Unsere Verbindung könnte für uns nicht erfreulich, für beide Theile nicht heilsam sein, wenn sie nicht durch Liebe und Vertrauen geschlossen und von ihnen getragen würde.

Prag den 6 Mai 1848.

XX.
Die Prager Ereignisse, bis zu Anfang Mai 1848.

Da das nachfolgende Schreiben an meinen ehemaligen Freund, den rühmlich bekannten Tonkünstler Joseph Dessauer in Wien, mir im Original wieder zugekommen ist, und zur Aufklärung der Zeitereignisse von 1848 beitragen kann, so lasse ich es hier ohne weiteren Commentar folgen.

28.

Mein lieber alter Freund! Du lebst und steckst so tief in einer crassen Lügen-Atmosphäre, dass es wohl vergebliche Mühe wäre, Dich über den wahren Sachverhalt orientiren zu wollen, so lange Du Dich nicht entschliessen kannst, den moralisch verpesteten Dunstkreis zu verlassen, um mit eigenen Ohren zu hören und mit eigenen Augen zu sehen, was in Prag vorgeht. Auch fehlt es mir wirklich an Zeit, selbst den Versuch zu wagen. Wenn Du noch einen Funken Vertrauen hast zu meiner Ehrenhaftigkeit, so begnüge Dich mit meiner heiligen Versicherung, dass alle die Gerüchte von Gewaltthätigkeiten der Čechen gegen die Deutschen in Böhmen nicht nur übertrieben, sondern rein erdichtet und erlogen sind; dass namentlich von unserer Seite keine thatsächlichen Provocationen ausgegangen sind, sondern alles, was geschah, rein defensiver Natur gewesen ist. Die wirklichen Thatsachen reduciren sich auf drei Puncte: 1) als vor vier Wochen die deutschen Cocarden, als Demonstrationen eines ausserböhmischen Staatsverbandes, zuerst aufkamen, forderten mehrere Prager Studenten ihre ersten Träger kategorisch auf, dieselben abzulegen, — was auch geschah, ohne dass physische Gewalt dazwischentrat; 2) als die in den Nationalausschuss in Masse aufgenommene Deputation des deutschen Vereins die Tactlosigkeit beging, einen wegen Kopf- und Charakterlosigkeit berüchtigten Studenten, (wie man sagt, einen čechischen Renegaten,) in ihre Mitte aufzunehmen, forderte die Studentschaft die Ausschliessung dieses *einen* in jeder Hinsicht ungeeigneten Individuums aus dem Nationalausschusse; endlich 3) nachdem der deutsche sogenannte constitutionelle Verein in einer Reihe von öffentlichen Sitzungen sich die aufreizendsten Reden und Schmähungen über den Nat.-Ausschuss und die Böhmen überhaupt hatte zu Schulden kommen lassen, verloren unsere Leute endlich die Geduld, und kamen am 29 April mit in die Sitzung, wo sie bei dem ersten aufreizenden Passus in ein Zischen und Pfeifen ausbrachen; auf den Ruf der Deutschen „Hinaus mit den Leuten!" wurde der Tumult noch ärger, ohne in wirkliche Thätlichkeiten auszuarten; die deutschen Maul- und Federhelden verloren aber so sehr die Fassung darüber, dass mehrere von ihnen zum Fenster hinaussprangen. Das war eine nicht mehr gut zu machende moralische Niederlage; dafür suchen nun die Leute durch Erfindung der abgeschmacktesten Lügen in deutschen Journalen sich zu rächen, um die Deutschen ausserhalb Böhmens zu einem neuen Kreuzzug gegen uns aufzustacheln; denn das wissen sie wohl, dass sie ihr Spiel bei allen halbwegs vernünftigen Deutschböhmen selbst schon lange und entschieden verloren haben. Bei der gränzenlosen Tactlosigkeit der deutschen Journalistik, welche jedes „Audiatur et altera pars" ängstlich ausschliesst, bleibt den Čechen keine andere Wahl übrig, als dieses ganze unwürdige Treiben gründlich zu verachten. Wir sind auf alles gefasst: sei jedoch ganz ruhig darüber, von uns wird kein Angriff auf die Deutschen ausgehen, wir bleiben, wie von jeher, auf der Defensive. Ich für meine Person bin mehr Zuschauer als Acteur, lasse es jedoch bei keiner Gelegenheit an Ermahnungen zur Ruhe, Verständigung und Eintracht fehlen; auch hoffe ich wirklich, dass trotz allen künstlichen Aufreizungen der Frieden im Lande aufrecht erhalten werden wird. Wir sind weit entfernt, etwas anderes als vollkommene Gleichberechtigung der Nationalitäten in Anspruch zu nehmen; wen der Verlust der Herrschaft schmerzt, der beschuldigt nur sich selbst, dass er für die Freiheit noch unreif ist. Lebe wohl, mein lieber alter Freund! und verkenne nicht Deinen alterprobten P.

XXI.
Ablehnung des Ministeriums (1848).

Auch über das nachfolgende Promemoria habe ich im Radhost (III, 279, 280) und Polit. Vermächtniss (S. 8—9) umständliche Aufklärung gegeben, welche hier zu wiederholen wohl überflüssig sein dürfte.

29.

Ich habe keinen anderen Ehrgeiz, als den, ein ehrlicher Mann zu sein. Ehrlichkeit fordert vor Allem Offenheit und Rückhaltlosigkeit, vollkommene Uebereinstimmung in Reden und Handlungen; man muss erst eine feste Ueberzeugung haben, und dann ihr gemäss sich benehmen.

Soll ich Minister sein, so muss ich vor allem darauf Bedacht nehmen, ob meine unwandelbare Ueberzeugung, mein politisches Glaubensbekenntniss, der einzunehmenden Stellung angemessen ist. Ich bin ein entschiedener *Liberaler*, d. i. ich dringe darauf, dass im gesammten Volksleben fortan die *Freiheit* das oberste Gesetz, die Regel bilde; ich will jedoch diese Freiheit in der Art, dass sie eine *kräftige Regierung* nicht nur nicht ausschliesse, sondern vielmehr begründen und befestigen helfe. Das alte Bevormundungsprincip ist mit der natürlichen Entwickelung des Volkslebens eben so unverträglich, wie die Beibehaltung erblicher Privilegien und Vorrechte einer Volksclasse über die andere. Ich dringe auf Abschaffung aller Reste des Feudalismus; sollen die wahren Rechte gesichert und geschützt, so dürfen sie nicht durch Vorrechte compromittirt werden; denn diese sind Ausnahmen vom Rechte, also offenbares Unrecht.

Was ich für Individuen und Volksclassen verlange, das wünsche ich auch für die Nationalitäten und die besonderen von ihnen gebildeten Ländercomplexe. Ich möchte ihnen im Princip so viel Selbstregierung zugestehen, als mit dem sicheren Bestand einer mächtigen Erbmonarchie, einer nach innen und aussen Achtung gebietenden Regierung, nur immer verträglich ist. Ich bin der Ansicht, dass wir ausser einer einigen Reichsverfassung mehrere von einander merklich verschiedene Provincialverfassungen gestatten und ungehindert sich entwickeln lassen müssen; dass somit die Gesammtverfassung aller Länder des Kaiserstaats eine eigenthümliche, ein Werk sui generis werden müsse, wozu in der ganzen Geschichte noch kein Vorbild zu finden ist. Die Aufgabe ist allerdings höchst schwierig und wichtig, ich halte sie aber für nicht unlösbar.

Soll ich im Ministerium nützlich werden können, so muss ich meinerseits zwei Eigenschaften als Bedingungen mitbringen, *Fähigkeit* und *guten Willen*; andere zwei muss ich von anderen in Anspruch nehmen, *Vertrauen* und die *Macht* oder *Möglichkeit*, das erkannte Gute auch wirklich ausführen zu können.

Ueber meine *Fähigkeit* oder *Unfähigkeit* enthalte ich mich jeder Bemerkung.

Was meinen *guten Willen* anbelangt, so kann ich darüber die unbedingtesten Garantien geben. Die Interessen unseres angestammten Kaiserhauses und die des böhmischen Volkes sind seit dem 15 März l. J. nicht mehr divergirend, sondern auf's innigste verbunden, ja beinahe identisch. Ein freies Böhmen ist ohne ein mächtiges und starkes Oesterreich unmöglich, und umgekehrt; und wollen wir den Zweck, so müssen wir auch die Mittel dazu wollen, ohne darüber im Detail kleinlich zu markten. Mir wird hier kein persönliches Opfer schwer fallen, das nur irgend mit der Ehrlichkeit im oben angedeuteten Sinne verträglich ist.

Schlimmer steht es um das *Vertrauen*, das ich als Minister

in Anspruch nehmen müsste. Dieser Punct ist durch die Ereignisse und Stimmungen der neuesten Zeit in der That so bedenklich geworden, dass ich wirklich glaube, es liege im Interesse der Regierung selbst, mich wenigstens in diesem Augenblicke nicht in's Ministerium zu berufen. Meine Ernennung würde jetzt, weit über ihre eigentliche Bedeutung hinaus, im In- und Auslande als eine Erklärung der Regierung zu Gunsten des Slawismus aufgenommen werden. Das scheint mir, bei dem jedenfalls noch unklaren Verhältnisse der Monarchie zu den jetzt in Frankfurt verhandelten Fragen, ganz unzweckmässig, sofern man sich nicht unter Einem entschliesst, diese Fragen durch eine bestimmte und jedes Schwanken für immer ausschliessende Erklärung zu lösen, und eine dieser Erklärung entsprechende Haltung anzunehmen. Ist letzteres für jetzt unthunlich, so muss ich schon darum, und bloss darum, die entschiedene Bitte stellen, es von meiner Ernennung wieder abkommen zu lassen.

Wien den 10 Mai 1848.

XXII.
Ueber den Slawen-Congress in Prag (1848).
(Schreiben an den damaligen Präsidenten der böhm. Landesregierung, Grafen Leo Thun.)

30.

Hochgeborner Graf! Ich kann der von Ew. Excellenz an mich (dd. 29 Juni Nro. 6052, praes. 2 Jul.) erlassenen Aufforderung, Ihnen die Protokolle über die Sitzungen und Beschlüsse des Slawencongresses mitzutheilen, schon aus dem einfachen Grunde nicht entsprechen, weil eigentliche Protokolle gar nicht vorhanden sind, und auch gar nicht angelegt wurden. Bei einer Versammlung, die sich in vorhinein dahin beschied, dass ihre Beschlüsse weder eine legislative, noch eine administrative Geltung haben werden, und wo somit alle Verhandlungen mehr den Charakter von freundschaftlichen Privatconferenzen hatten, war die Anlage förmlicher Protokolle weder nöthig noch zweckmässig. Nur um eine Geschichte der Verhandlungen möglich zu machen, übernahmen einige Mitglieder freiwillig das Geschäft, den Inhalt und Gang derselben aufzuzeichnen. Man hatte beschlossen, dass aus solchem noch ungeordneten Material nachträglich, durch ein besonderes Comité, Protokollar-Berichte erst angefertiget werden sollten: dieses ist aber durch den Ausbruch der Unruhen am 12 Juni verhindert worden, da sämmtliche Mitglieder dadurch verscheucht wurden und fast jeder seine Papiere mitnahm, so dass wir jetzt Mühe haben werden, eine vollständige Uebersicht der gepflogenen Verhandlungen für das Publicum wie für die Theilnehmer selbst zusammenzustellen.

Dass der Slawen-Congress mit den Prager Juni-Unruhen in keiner ursachlichen Verbindung stand, muss aus den gehörig geführten gerichtlichen Untersuchungen von selbst sich herausstellen. Er hatte ja bei einem Gewaltstreiche nichts zu gewinnen, sondern möglicherweise alles zu verlieren, wie er denn auch wirklich darunter am meisten gelitten hat. Ich neige mich selbst zu der Ansicht hin, dass die noch unbekannten (Wiener) Urheber jener beklagenswerthen Unruhen es dabei wesentlich auch auf die gewaltsame Sprengung des Congresses abgesehen hatten, obgleich ich in vorhinein gestehen muss, dass ich zur Bestätigung dieser Ansicht nur eine moralische Ueberzeugung, jedoch keine positiven Thatsachen geltend zu machen habe.

Ich weiss freilich nicht, in wiefern man geneigt sein wird, mir die Geltung als ehrlicher Mann zuzugestehen: gleichwohl nehme ich keinen Anstand, hiemit feierlich und auf mein Ehrenwort zu erklären, dass, so weit nur immer mein Wissen reicht, bei dem Slawencongresse nichts verhandelt, nichts gesprochen, ja nichts gedacht worden ist, was den in der Erklärung vom 5 Mai l. J. ausgesprochenen Grundsätzen zuwider gewesen wäre, und dass alle die in jüngster Zeit aufgetauchten Gerüchte von separatistischen oder dem österr. Kaiserhause feindseligen Tendenzen zu der Unzahl von gewissenlosen Erdichtungen, Lügen und Verleumdungen gehören, von welchen die fast durchaus charakterlose deutsche Journalistik jetzt überall überfliesst, wo von Slawen überhaupt und den Čechen insbesondere die Rede ist.

Da ich durch die mir soeben zukommende Nachricht von der Erkrankung meiner Frau genöthigt bin, mich ungesäumt zu meiner Familie nach Lobkowitz zu begeben: so ersuche ich unter Einem meinen Freund Šafařík, von den auf den Slawen-Congress bezüglichen, wenn auch formlosen, Papieren so viele, als möglich zusammenzulesen und Ew. Excellenz gegen hoffentlich baldige Rückstellung zu überreichen.

XXIII.
Erster Entwurf einer Constitution von Oesterreich.
(Monat September 1848.)

Auch über die Entstehung des nachfolgenden Aufsatzes habe ich in den oft erwähnten Schriften (Radhost, III, 287—290 und Polit.Vermächtniss S. 14—16) umständliche Aufschlüsse gegeben, welche hier zu wiederholen kaum am Platze wäre. Dieser Entwurf war die erste noch unvollendete Skizze, wie sie von mir in Wien bereits vor der Revolution vom 6 Oct. 1848 zu Papier gebracht worden war, später aber noch vielfach ergänzt und berichtigt wurde. An demjenigen Entwurfe, welchen dann in Kremsier der gesammte 30gliedrige Constitutions-Ausschuss zumeist auf der von mir gebauten Grundlage aufführte, (und welcher am 15 März 1849 zur ersten Lesung im Reichsrathe gelangen sollte, wenn die Regierung dem nicht am 7 März durch die Auflösung des Reichsraths selbst zuvorgekommen wäre) habe ich, wie im oben angeführten Berichte zu lesen ist, mich nur sehr wenig betheiligt. Der ganze Aufsatz kann und will daher hier zu nichts weiter dienen, als bekannt zu machen, wie ich mir ursprünglich Oesterreichs Constituirung vorgestellt habe, bevor noch auf meine Ansichten, durch Belehrung oder Widerspruch, von Aussen Einfluss genommen wurde.

31.
I. Das Staatsgebiet und dessen Eintheilung.

§. 1. Die Länder und Gebiete des österreichischen Gesammtstaats, für welche gegenwärtige Constitutions-Urkunde als Grundgesetz zu gelten hat, sind

a) polnische: Krakau, Galizien, Bukowina,
b) böhmische: Böhmen, Mähren, Schlesien,
c) deutsch-österreichische: Oesterreich, Salzburg, Tyrol nebst Vorarlberg, Steiermark,
d) illyrische: Kärnten, Krain, Küstenland, Dalmatien.

§. 2. Die Hauptstadt des Reichs und Sitz der Centralgewalt ist Wien. Unter ausserordentlichen Umständen kann die Centralregierung auch in eine andere Stadt verlegt werden.

§. 3. Hauptsitze der Länderregierungen sind: Wien, Lemberg, Brünn, Prag, Linz, Innsbruck, Grätz, Laibach, Triest, Zara.

§. 4. Die Gränzen der diesen Regierungssitzen zugewiesenen Ländergebiete können nur durch ein Reichsgesetz abgeändert werden.

§. 5. Die innere Abtheilung der Regierungsgebiete nach Kreisen, Bezirken und Communen wird durch besondere Ländergesetze geregelt.

II. Grundrechte des Volks.

(Die Paragraphe 6 bis 35 enthielt das Elaborat der anderen Subcommission.)

III. Grundzüge des Staatsorganismus.

§. 36. Sämmtliche im §. 1 genannten Länder und Gebiete bilden eine untrennbare constitutionelle Monarchie.

Dieselben treten von ihrer Selbständigkeit und Autonomie nur dasjenige an die Centralgewalt ab, was zum Bestande eines im Innern kräftigen und nach Aussen mächtigen Gesammtstaats oder Reichs unumgänglich erforderlich ist.

Ihre Eintheilung in administrativer Beziehung wird mit Rücksicht auf geographische Lage, Nationalität und Geschichte, durch besondere Gesetze geregelt.

§. 37. Die volle Souverainetät ruht in der Totalität des Reichs: wird aber im Innern durch die Nichtverantwortlichkeit des Kaisers, und die Autonomie des Reichstags, der Landtage und der Communen, wechselseitig bedingt.

§. 38. Alle Regierung wird im Namen des Kaisers von verantwortlichen Ministern geführt. Diese sind entweder Reichsminister, oder Länderminister.

§. 39. Reichsminister sind:
1) Premier-Minister oder Minister-Präsident,
2) Reichsminister des Aeusseren,
3) „ des Krieges,
4) „ der Finanzen,
5) „ des Handels und der öffentlichen Arbeiten.

§. 40. In jedem Hauptsitz einer Landesregierung (§. 3.) steht ein Landesminister an der Spitze derselben. In den ehemaligen Königreichen kann derselbe auch den Titel eines Vicekönigs führen.

§. 41. Jedem Landesminister stehen für einzelne Zweige der Landesverwaltung verantwortliche Räthe zur Seite, und zwar
1) Ministerialrath für politische Landesverwaltung,
2) „ „ Justiz,
3) „ „ Unterricht und Cultus,
4) „ „ Landeskasse und Landescredit,
5) „ „ Industrie im weitesten Sinne.

(In denjenigen Regierungsgebieten, an deren Spitze ein Vicekönig steht, können diese Räthe auch den Ministertitel führen.)

§. 42. Ein Landesminister steht zu den Reichsministern im Collegialverhältnisse, zu seinen Räthen aber im Verhältnisse eines Premier oder Minister-Präsidenten. Er ist dem Reichstage durch den Reichspremierminister, dem Landtage aber persönlich verantwortlich; seine Räthe dagegen sind es nur dem Landtage allein.

§. 43. Zum Behufe der Executivgewalt gibt es in allen Ländern, Kreisen und Bezirken besondere sowohl Reichs- als Landesbeamten, wovon erstere dem Reichs-, letztere dem Landesministerium untergeordnet sind.

§. 44. Die ständische Verfassung hört in sämmtlichen Ländern der Monarchie auf. Die bisher ständischen Anstalten und Fonds fallen je dem Lande anheim, in welchem sie bestehen.

IV. Der Reichstag.

§. 45. Der Reichstag wird vom Kaiser jährlich im Frühling nach Wien zusammenberufen. In ausserordentlichen Fällen kann er jedoch auch an anderen Orten und zu anderer Zeit abgehalten werden.

§. 46. Mitglieder des Reichstags sind Abgeordnete, welche sämmtliche Provinciallandtage des Reichs aus ihrer Mitte, und zwar Einen auf je 150.000 Seelen der Gesammtvolkszahl jedes Landes ernennen.

§. 47. Der Reichstag schreibt sich selbst seine Geschäftsordnung vor, und wählt aus seiner Mitte seinen gesammten Vorstand.

§. 48. Die Reichstagsmitglieder werden jedes Jahr zu einem Drittheil erneuert. Eine neue Wahl der ganzen Kammer findet nur nach vorangegangener Auflösung Statt. Jedes austretende Mitglied ist jedoch wieder wählbar.

§. 49. Nach erfolgter Auflösung oder Vertagung hat der Reichstag keine Geschäfte mehr zu verhandeln.

§. 50. Die Sitzungen des Reichstags sind öffentlich. In besonderen von ihm selbst zu bestimmenden Fällen können jedoch ausnahmsweise auch geheime Sitzungen abgehalten werden.

§. 51. Die Mitglieder des Reichstags vertreten das Reich, dürfen daher keine Instructionen annehmen, und ihr Stimmrecht nur persönlich ausüben.

§. 52. Kein Reichstagsmitglied darf wegen irgend einer bei einer Reichstagsfunction vorgebrachten Aeusserung jemals zur Verantwortung gezogen werden.

§. 53. Kein Reichstagsmitglied darf während des Reichstags, ohne ausdrückliche Zustimmung desselben, den Fall der Betretung auf der That ausgenommen, gerichtlich verfolgt oder verhaftet werden.

§. 54. Zur Giltigkeit eines Beschlusses ist die Anwesenheit der absoluten Mehrzahl der Reichstagsmitglieder und die absolute Stimmenmehrheit der Anwesenden nothwendig.

§. 55. Gesetzvorschläge, durch welche die Constitutionsurkunde ergänzt, erläutert oder abgeändert werden soll, bedürfen der Zustimmung von wenigstens sieben Zehnteln aller anwesenden Mitglieder.

§. 56. Bei inländischen internationalen und interprovincialen Fragen kann auf das Verlangen der betreffenden Parteien im Reichstage auch durch ein von den letzteren in gleicher Zahl zu bestellendes Schiedsgericht entschieden werden. Bei vorzunehmenden Wahlen müssen diese Parteien ihre angemessene Berücksichtigung und Vertretung finden.

§. 57. Dem Reichstage steht das Recht zu:

1) die Vorlage aller die Staatsverwaltung betreffenden Acten und Aufschlüsse über alle Reichsangelegenheiten zu fordern; die Erfüllung dieser Forderung darf nicht verweigert, sondern nur wenn und insofern das Interesse des Staats es erheischt, vertagt werden;

2) Petitionen anzunehmen und Verhandlungen darüber einzuleiten;

3) Untersuchungs-Commissionen zu ernennen und zu bevollmächtigen;

4) Adressen an den Kaiser zu richten;

5) von den Ministerien die Vorlage besonderer Gesetzentwürfe zu fordern, und

6) Gesetzvorschläge selbst zu machen und in Verhandlung zu nehmen.

§. 58. Jeder Gesetzvorschlag muss im Reichstage vorläufig angekündigt, und wenn er die gehörige Unterstützung findet, erst nach Verlauf von wenigstens 8 Tagen in Verhandlung genommen werden.

§. 59. Jeder angenommene Gesetzvorschlag muss dem Kaiser zur Sanction vorgelegt werden. Erfolgt die Sanction, so tritt der Vorschlag alsogleich als Reichsgesetz in volle Kraft. Wird die Sanction verweigert oder vertagt, so darf derselbe Gesetzvorschlag in derselben Jahressession nicht wieder vorgebracht werden.

Wird der Gesetzvorschlag jedoch in der folgenden Jahressession abermals unverändert angenommen und wieder nicht sanctionirt, so muss der Reichstag aufgelöst werden.

Nimmt ihn dann die erneuerte Kammer wieder unverändert an, so darf ihm die kaiserliche Sanction nicht mehr verweigert werden.

§. 60. Der Reichstag hat dafür zu sorgen,

1) dass die Einheit und Macht Oesterreichs als Gesammtstaat oder Reich aufrecht erhalten werde;

2) dass sämmtliche Rechte sowohl des Volkes als des Kaisers ungeschmälert und unverletzt bleiben;

3) dass die gleiche Berechtigung aller Nationalitäten im Staate geschützt und einzelne Länder vor anderen nicht begünstigt oder bevorzugt werden;

4) dass keine Uebergriffe von Seite der Reichsgewalt in die Landesgewalten, und umgekehrt, Statt finden.

§. 61. Dem Reichstage steht die Entscheidung zu

1) über Aufnahme oder Austausch einzelner Ländertheile der Monarchie;

2) über Gestattung oder Verweigerung des Ein- oder Durchmarsches fremder Truppen;

3) über Reisen des Herrschers und Thronfolgers ins Ausland;

4) über Einsetzung einer Regentschaft in den im §. ... bestimmten Fällen.

§. 62. Der Reichstag hat das Recht, in allen wichtigen völkerrechtlichen Fragen des Gesammtstaates die entscheidende Stimme zu führen, den von der Regierung geschlossenen oder zu schliessenden Bündnissen, Staats- und Handelsverträgen und Friedenschlüssen die Genehmigung zu ertheilen oder zu versagen, das Kriegswesen zu Land und zur See und dessen Verwendung zu controliren, die Stärke des stehenden Heeres für je ein Jahr zu bestimmen, das Zoll-, Post-, Reichsstrassen- und Reichs-Steuerwesen zu regeln, für Einheit und Gleichheit in Münzen, Maass und Gewicht zu sorgen, den jährlichen Reichshaushalt zu prüfen und festzustellen, das Reichsbudget für je ein Jahr und die Civilliste nebst Apanagen ein für allemal für die ganze Dauer der Regierung eines Monarchen zu votiren, die Regierung zum Abschluss von Reichsanlehen zu ermächtigen, die den materiellen Theil der Civil- und Criminal-Justiz und die Gliederung des Gerichtswesens betreffenden Gesetze für das ganze Reich zu bestimmen, und allfällige Zweifel über die Competenz einzelner Gewalten im Staate zu entscheiden.

V. Die Landtage.

§. 63. Die Landtage werden vom Kaiser in der Regel im Herbst in die im §. 3 genannten Hauptsitze der Länderregierungen zusammenberufen. In ausserordentlichen Fällen können sie auch anderweitig Statt finden. Ihre Sitzungen dürfen jedoch mit denen des Reichstags nicht zusammenfallen.

§. 64. In den Landtag wird von je 15.000 Seelen der Einwohnerzahl des Landes je ein Deputirter direct gewählt; in Städten aber, welche 20.000 Seelen und darüber zählen, von je 10.000 Seelen ein Deputirter. Eine Vertretung von besonderen Ständen, Corporationen oder Interessen findet nicht Statt. Das Nähere über Formen und Bedingungen der Wahl hat jedes Land sich selbst zu bestimmen.

§. 65. Jedem Landtage steht die Prüfung und Entscheidung über die Giltigkeit der Wahlen seiner Mitglieder allein zu. Auch schreibt er sich selbst seine Geschäftsordnung vor, und wählt aus seiner Mitte den gesammten Vorstand.

§. 66. Staatsbeamte erhalten durch die Wahl zu Deputirten zugleich die Enthebung von ihren Amtsfunctionen für die Dauer der Sessionen. Deputirte, welche in den Staatsdienst treten, verzichten damit auf ihr Recht als Deputirte, können jedoch einer neuen Wahl sich unterziehen.

§. 67. Die Legislaturperiode jedes Landtags ist auf drei Jahre festgesetzt, kann aber durch Auflösung abgekürzt werden.

Jede Auflösung des Reichstags zieht unter Einem auch die Auflösung sämmtlicher Landtage nach sich. Doch ist jeder austretende Deputirte wieder wählbar.

§. 68. Die Bestimmungen hinsichtlich des Reichstags §. 47, 49—54 u. 56 sind auch für die Landtage giltig.

§. 69. Jeder Landtag ist berechtigt, von der Regierung Aufschlüsse über alle Zweige der Landesverwaltung zu verlangen, Petitionen an- und in Verhandlung zu nehmen, Untersuchungs-

Commissionen anzuordnen, Adressen an den Kaiser und den Reichstag, so wie Zuschriften an andere Landtage innerhalb des Reiches zu richten, und Verträge mit den letzteren zu schliessen, soweit solche dem Reiche unnachtheilig und mit den Reichsgesetzen verträglich sind.

§. 70. Zur Competenz des Landtags gehört im Allgemeinen die gesetzgebende Gewalt für das Land in allen denjenigen Fächern und Zweigen, welche nicht ausdrücklich der Reichsgewalt und dem Reichstage zugewiesen worden sind.

§. 71. Kein Reichsgesetz kann durch ein Landesgesetz behoben werden. Die Landtage dürfen zwar gegen Reichstagsbeschlüsse Vorstellungen an den Reichstag selbst machen, doch ohne dass die Giltigkeit und Ausführung jener Beschlüsse dadurch aufgehoben oder suspendirt werden kann.

§. 72. Alle Landtagsbeschlüsse sind dem Kaiser zur Sanction vorzulegen und erhalten durch letztere erst ihre volle gesetzliche Kraft. Diejenigen Puncte, welchen die Sanction verweigert wird, müssen an den Reichstag zur ordentlichen Verhandlung verwiesen werden.

XXIV.
Nach der Wiener October-Revolution (1848).
(Denkschrift der böhmischen Reichstags-Abgeordneten an das Ministerium.)

32.

Der seit lange gefürchtete Augenblick, in welchem die Frage entschieden werden muss, ob es in Europa noch fortan ein Oesterreich geben soll, oder ob der unter diesem Namen einst mit eisernem Zwange zusammengehaltene Völkerbund durch die Freiheit für immer aufgelöst ist, — dieser verhängnissvolle Augenblick rückt unaufhaltsam heran, und der Spruch des Schicksals, der diese Frage entscheidet, dürfte auch die Geschicke von ganz Europa auf lange Zeit hinaus bestimmen. In den nächsten Tagen schon wird es sich herausstellen, ob die Völker an der Donau sich zu einem freien Gesammt-Staate constituiren oder nicht. Diejenigen Elemente, welche Oesterreichs Neugeburt zu hindern sich verschworen, sind bereits alle mehr oder minder offen auf den Kampfplatz getreten: Italiener und Magyaren, sowie ein grosser Theil der Polen und Deutschen, reichen einander schon die Hände, um in unseliger Verblendung, als vermeinten Zwinger, ein altberühmtes Haus zu zerstören, das fortan nur ein friedliches Obdach zum Schutze ihrer aller bieten will. Dagegen drängt es die West- und Südslawen, so wie alle loyal gesinnten Deutschen Oesterreichs, für die Erhaltung dieser ihrer gemeinsamen Zufluchtstätte mit Gut und Blut einzustehen. Zunächst wird es freilich das Schwert sein, das hier jetzt entscheidet, und man darf hoffen, dass die Entscheidung nicht anders als zu Gunsten der so schwer heimgesuchten hohen Dynastie und der ihr treu ergebenen Völker ausfallen wird: aber einer unseligen Täuschung würde Derjenige sich hingeben, der da glauben wollte, dass das Schwert noch in unseren Tagen einen Staat auch in die Länge zusammenzuhalten vermöge. Das können fortan nur politische oder nationale Ideen.

Bei dem Umstande, dass alle freigewordenen Völker Oesterreichs einzeln genommen schwach, und sich ihrer Schwäche auch wohl bewusst sind, kann eine staatsrechtliche Vereinigung derselben für die Dauer nur auf der Grundlage der vollen Gleichberechtigung aller Nationalitäten statt finden. Nur das „gleiche Recht für Alle" kann den Frieden Aller bleibend verbürgen; nur wenn das grosse Ganze allen seinen Theilen gleichen Schutz und Vortheil gewährt und keinem Gefahr bringt, wird auch kein Theil ein Interesse haben, sich von ihm abzulösen.

Auf solcher Grundlage hatte der constituirende Reichstag in Wien, im Verein mit einem freisinnigen Ministerium, den politischen Neubau Oesterreichs unter freudigen Erwartungen und Sympathien der grossen Mehrzahl seiner Bewohner bereits begonnen, als am 6 Oct. 1848 ein blutiger Aufstand im Herzen der Monarchie den Plan der vereinigten Feinde Oesterreichs, in wilder Verzweiflung noch das äusserste zu wagen, aufdeckte, und die bethörte Wiener Bevölkerung die Baumeister verscheuchte, oder doch an der Fortsetzung des Baues hinderte. Der eigentliche Grund der Revolution war die Weigerung der Magyaren, den in Ungarn wohnenden Slawen, Deutschen und Romanen gleiche nationale Rechte zuzugestehen; als Mittel und Hebel dienten einerseits Bestechung, andererseits Lüge und Verleumdung, welchen zu widerstehen die Wiener schon deshalb nicht vermochten, weil sie, von ihrer feilen und schamlosen Presse fanatisirt, den Slawenhass der Magyaren auch selbst beinahe allgemein theilten. So nur konnte es geschehen, dass man eines der freisinnigsten Ministerien Oesterreichs reactionärer Tendenzen beschuldigte, die übermüthigen Magyaren dagegen trotz ihrem nationalen Despotismus als Träger und Repräsentanten, ja als Märtyrer der politischen Freiheit schilderte, und das eben so rohe als plumpe Lügengewebe dennoch Glauben fand!

Durch das am 6 Oct. verübte Attentat hat sich leider thatsächlich herausgestellt, dass Wien dem Berufe, die Hauptstadt einer constitutionellen Monarchie zu bilden, deren eigenstes Lebensprincip der Grundsatz der vollen Gleichberechtigung aller Nationalitäten ist, für jetzt noch nicht nachzukommen vermag. Es scheute die Anwendung der gewaltsamsten Mittel nicht, um eine ihm missliebige Majorität des Reichstags und das von derselben getragene Ministerium zu sprengen; einen Minister, der, wie man immer über ihn urtheilen möge, jedenfalls nicht aus dem Geleise seiner constitutionellen Befugnisse gewichen war, mordete es mit einem Cannibalismus, dessen nicht Wien und Oesterreich allein, sondern auch unser Jahrhundert sich für immer zu schämen haben wird; andere Minister und mehrere Deputirte verdankten nur der eiligsten Flucht die Erhaltung ihres Lebens. Stände der Wiener Bevölkerung das Recht zu, die Grundsätze zu bestimmen, nach welchen die Regierung des Staats zu organisiren und zu leiten ist, so bedürfte es ja des Reichstags und eines Ministeriums überhaupt gar nicht; die Deputirten aller Länder Oesterreichs hätten nichts eiligeres zu thun, als ein Mandat, das nur auf Täuschung beruhte, zurückzulegen und sich der Souverainetät der Wien beherrschenden Aula und des demokratischen Central-Comités zu unterwerfen. Leider hat der in Wien zurückgebliebene Theil des constituirenden Reichstags Letzteres, wenn nicht ausdrücklich, doch stillschweigend gethan, indem er, in gänzlicher Verkennung seiner Aufgabe, sich zu einer obersten Executivbehörde im Sinne und Interesse der Aula und des Centralcomités constituirte. Es wäre eine arge Verhöhnung der Wahrheit, wenn man behaupten wollte, die in Wien seit dem 6 October tagenden Reichstagsmitglieder handelten noch immer frei und von äusseren Einflüssen unbeirrt, und repräsentirten somit noch immer die Majestät des Gesammtvolkes von Oesterreich. Entscheidend spricht dagegen schon der *eine* Umstand, dass ungeachtet der ihnen gewordenen Anerkennung als höchste Regierungsbehörde, und ungeachtet der Ruhe und Ordnung, deren Wien unter ihrer Leitung sich rühmte, sie dennoch nicht einmal Massregeln einleiteten, um die Mörder Latours verhaften und vor Gericht stellen zu lassen. Oder könnte es wohl Jemanden beifallen zu behaupten, dass solches aus einer anderen noch viel ärgeren Quelle als der Terrorismus des Wiener Pöbels ist, nämlich aus blossem Mangel an Gerechtigkeitsgefühl, unterblieben sei?

Während nun die ehernen Loose geworfen werden, welche Oesterreichs Schicksal entscheiden sollen, und die Feinde kein Mittel unversucht lassen, die Entscheidung zu ihren Gunsten zu wenden; während einerseits die Anwendung der äussersten Gewalt, anderseits die frechste Lüge und Verdächtigung, alle gesetzlichen Garantieen der Freiheit in Frage stellen: blicken alle Völker Oesterreichs mit ängstlicher Unruhe und gespanntester Erwartung auf ihre selbstgewählten Repräsentanten hin, deren ein Theil von Wien, dem Sitze des Aufruhres, versprengt, der andere dortgebliebene aber in die Gefahr versetzt ist, an dem Aufstande einer zügellosen Volksmasse gegen die constitutionelle Regierung sich betheiligen zu müssen. Soll das allgemein tief erschütterte Vertrauen zurückkehren, soll Ruhe und Ordnung im Staate wiederhergestellt werden, so darf der constituirende Reichstag, in dessen Hände die definitive Feststellung des künftigen Staatsgebäudes gelegt ist, nicht einen Tag länger in der erzwungenen Unthätigkeit oder falschen Bahn belassen worden, in welche ihn die Ereignisse des 6 Oct. geworfen haben. Da die Stadt Wien nothwendigerweise, gleichviel ob sie gezwungen oder freiwillig zum Gehorsam zurückkehrt, jedenfalls auf lange Zeit hinaus der blossen Waffengewalt verfallen ist, und die daselbst durch die jüngsten Ereignisse auf's höchste gesteigerten politischen Leidenschaften eine unbefangene und ruhige Berathung beinahe unmöglich machen: so stellt sich die Fortsetzung der Verhandlungen des constituirenden Reichstags daselbst als eine politische Unmöglichkeit heraus, und drängt mit gebieterischer Nothwendigkeit auf die Verlegung desselben an einen anderen Ort hin.

Die gefertigten Reichstagsmitglieder aus Böhmen bringen vorstehende Ansichten, welche ihrer aller Ueberzeugung aussprechen, einem hohen Ministerium mit der offenen Erklärung zur Kenntniss, dass sie, ihrem Proteste vom 12 Oct. gemäss, in keinem Falle gesonnen sind, den Beschluss ihrer in Wien zurückgebliebenen Collegen vom 19 Oct., wodurch sie gezwungen werden sollen bis zum 30 d. M. dorthin zurückzukehren, anzuerkennen oder ihm Folge zu leisten. Sie stellen vielmehr hiermit das förmliche Ansuchen, ein hohes Ministerium wolle Sr. Majestät die dringende Nothwendigkeit darstellen, die der Mehrzahl nach zerstreuten Mitglieder des constituirenden Reichstags, zur Fortsetzung ihrer seit dem 6 Oct. unterbrochenen Verhandlungen, ungesäumt nach der Stadt Kremsier in Mähren, und zwar längstens bis zum 15 Nov. l. J. einzuberufen. Zu diesem Zwecke senden wir aus unserer Mitte die Abgeordneten Palacky und Helfert an den Hof, mit dem Auftrage und der Vollmacht, in unserem Namen die nöthigen Schritte zu thun, damit die durch das Manifest vom 19 Oct. von Sr. Majestät ertheilte Zusage, zur Beruhigung sämmtlicher Völker Oesterreichs, ohne weiteren Verzug ins Leben trete.

Prag den 24 Oct. 1848.

(Folgten die Unterschriften.)

XXV.

Nothgedrungene Erklärung (über Bakunin, 1849).

(Aus der Beilage zur Prager Zeitung vom 26 Januar 1849.)

33.

Seit lange gewohnt, in den öffentlichen Blättern Urtheile jeder Art, auch die verkehrtesten und böswilligsten, schweigend über mich ergehen zu lassen, hätte ich auch die in der „Prager Zeitung" vom 19 Januar 1849, aus Gelegenheit einer Brochure Bakunin's, gegen mich und einige meiner Collegen gerichtete Insinuation unbeachtet gelassen, wenn ich nicht von Männern, deren Stimme bei mir viel gilt, angegangen worden wäre, mich in kurzen Worten um so mehr darüber öffentlich zu äussern, als es sich dabei nicht so sehr um meine Person, als vielmehr um die gute Sache handelt.

Ich habe Bakunin's „Aufruf an die Slawen" schon zu Weihnachten v. J. kennen gelernt, und ihn zwar nach Inhalt und Tendenz schlecht, aber durchaus nicht so wichtig und so gefährlich gefunden, dass es nothwendig gewesen wäre, meine Landsleute davor zu warnen. Ich habe zu dem gesunden Sinne unseres Volkes das Vertrauen, dass es sich durch einen noch so schreienden politischen Galimathias weder berücken noch irre leiten lässt.

Herrn Bakunin habe ich während des Slawencongresses in Prag als einen humanen und freisinnigen Mann kennen gelernt. Der Inhalt der genannten Brochure überzeugt mich jedoch, dass er seine Gesinnung entweder damals nicht ganz geoffenbart, oder seitdem geändert hat. Damals schien er nur für Menschenliebe und Menschenglück, für Freiheit und für Recht zu schwärmen: jetzt schwärmt er nur für die Revolution allein, und zwar nur um der Revolution, nicht um der Freiheit willen. Das Verständniss der letzteren scheint er vielmehr ganz verloren zu haben, da er selbst ihre Möglichkeit aus dem Grunde leugnet, weil wir österreichische Slawen nach seiner Annahme keine andere Wahl haben sollen, als entweder Unterdrücker oder Unterdrückte zu sein. Er erkennt die, wie er sagt, „dummdreiste Anmassung des Frankfurter Parlaments", und „jene fluchwürdige deutsche Politik, die nichts sann als der Slawen Verderben" u. dgl. an: dennoch aber meint er, dass wir jetzt nichts eiligeres zu thun hätten, als uns mit den Deutschen zu verbinden, — den Deutschen nämlich, nicht wie sie sind, sondern, wie sie künftig sein werden. — Er nennt die Magyaren „die wüthenden Feinde unserer Race", die „sich vermassen, uns ihr Joch auflegen zu wollen": gleichwohl räth er, dass wir uns beeifern sollten, ihre Partei gegen uns und gegen unsern Kaiser zu ergreifen, — denn wir sind ja die Stärkeren, darum sollen wir „grossmüthig" sein, die Magyaren retten, und dann zusehen, wie wohlwollend sie sich gegen uns erweisen werden. — Ich frage, ist das politische Weisheit oder Albernheit? —

Das Hauptthema jedoch, das Herr Bakunin jetzt predigt, ist die Auflösung, die Zerstörung und Vernichtung des österreichischen Staates um jeden Preis. Mit sonderbarer Consequenz nennt er sich deshalb auf dem Titelblatt ein „Mitglied des Slawencongresses" (was er eigentlich gar nicht gewesen), und preist diesen Titel als „die grösste und schönste Ehre seines Lebens"; — jenes Congresses also, der bekanntlich keine wichtigere und dringendere Aufgabe kannte, als den damals zumeist wegen der Frankfurtisch-magyarischen Pläne drohenden Verfall Oesterreichs durch Verbindung aller slawischen Stämme des Kaiserstaates abzuwenden. Ueber der Geschichte dieses Congresses liegt allerdings zum Theil noch ein dichter Schleier, den erst die Zukunft wird lüften können: seine Zwecke und Bestrebungen sind jedoch von jeher für Niemanden ein Geheimniss gewesen, zumal seine Verhandlungen und Beschlüsse alle durch die Presse bekannt gemacht worden sind; und wer die grossen Ereignisse des Jahres 1848 mit aufmerksamem und verständigem Sinn beobachtete, dem wird es auch nicht leicht entgehen, wie viel die durch jenen Congress ins Bewusstsein der slawischen Völker verpflanzten Ideen zur Erhaltung Oesterreichs als Grossmacht in den kritischen Momenten des letzten Jahres beigetragen haben. Freilich hatten die Mitglieder des

Slawencongresses schon damals, wie jetzt, ein neues, gerechtes, naturwüchsiges Oesterreich im Sinne, einen Bund freier und gleichberechtigter Völker unter einem erblichen *mächtigen* Kaiser, aber keinen Herd des alten Absolutismus, kein Nest der Reaction, kein Eldorado der Bureaukratie. Dass Herr Bakunin gegen solche Bestrebungen auf dem Congresse keinen Widerspruch erhob, liesse sich nöthigenfalls actenmässig, auch durch seine überreichten Denkschriften selbst, beweisen. Hätte er damals, wie jetzt, gesprochen, so kann ich versichern, dass er bei allen Mitgliedern des Congresses, die Polen nicht ausgenommen, nichts als Entrüstung geerntet hätte.

Wenn nun, wie zu erwarten ist, die deutsche Journalistik jene Denunciation in der „Prager Zeitung" vom 19 Jan. l. J. zum willkommenen Anlass nimmt, um abermals in ein unisones Halloh gegen die Slawen und uns Čechen insbesondere auszubrechen, so kann und wird mich das nicht wundern; denn sie hat der Beweise schon mehr als genug gegeben, dass sie absolut unfähig ist, irgend etwas Slawisches in gerechter und humaner Weise zu würdigen. Wohl aber muss es mich Wunder nehmen, dass es einem Ungenannten in einem österreichischen Regierungsblatte gestattet wurde, die Ausbrüche einer fremden Monomanie als ein „*ruhmwürdiges Geständniss*" Männern gegenüber zu bezeichnen, die nun einmal nichts zu gestehen haben, und deren rechtliche Gesinnungen wie auch loyale politische Bestrebungen aller Welt bekannt sind. Es liegt in diesem Vorgange auch ein „Geständniss", das jedoch kaum Jemand zu den „ruhmwürdigen" zählen wird. Gewiss, ein Ehrenmann würdigt sich nie zu der Rolle eines falschen Denuncianten herab.

Für das Benehmen der Slowanská lípa habe ich nicht einzustehen. Dieser Verein zählt eine grosse Menge patriotischer Männer, denen meine volle Hochachtung für immer gesichert ist; aber auch solche Mitglieder, deren Ansichten und Grundsätze mit den meinigen bekanntlich gar nicht übereinstimmen, da mir nun einmal im politischen Leben, wie die Blase's und Spitze, so auch die Schmerle zuwider sind. Es wäre wohl ungerecht, den Geist eines vielfach verdienten Vereins blos nach dem Benehmen der Redactoren des Vereinsblattes allein

zu beurtheilen. Dass aber Letztere Bakunin's Machwerk ihren
Lesern auftischen, das halte ich gleichfalls nicht so sehr für
einen Beweis ihrer verkehrten Gesinnung, als vielmehr ihrer
radicalen Tactlosigkeit.

Kremsier den 22 Januar 1849.

XXVI.

Interpellation an das k. k. Gesammtministerium

am 28 Februar 1849 (im Reichstag zu Kremsier.)

34.

Am 15 März 1848 ist das Kaiserthum Oesterreich in die
Reihe freier constitutioneller Staaten eingetreten, indem an
jenem Tage Se. Majestät Kaiser **Ferdinand** den Völkern Oesterreichs eine „Constitution des Vaterlandes" unter Berücksichtigung
der besonderen „Provincial-Verfassungen" zusicherte, und dieser
allgemeinen Zusicherung am 8 April 1848 zunächst für das
Königreich Böhmen, sodann aber in dem Patente vom 25 April
1848 für einen grösseren Theil des Gesammtstaates, und namentlich für sämmtliche gegenwärtig in dieser hohen Kammer ver-
tretenen Länder, einen bestimmteren Ausdruck gab. Schon
dadurch war den Völkern dieser Länder das unbezweifelte
Recht zugestanden, über ihre künftigen Geschicke in Vereinbarung mit ihrem Landesfürsten *selbst* zu entscheiden, und
hinfort keinen anderen Gesetzen zu gehorchen, als zu welchen
sie auf verfassungsmässigem Wege ihre freiwillige Zustimmung
ertheilen. Durch die weiteren Patente vom 16 Mai, dann 1, 3
und 6 Juni 1848, wurde die „Feststellung der Verfassung unseres
Gesammtvaterlandes" den Vertretern desselben allein anheim
gestellt, und zu diesem Behufe der erste österreichische Reichstag als ein *constituirender* erklärt, damit das von Sr. Majestät
„begründete Werk durch die kluge und kräftige Mitwirkung
der Abgeordneten dieses Reiches eine den Interessen desselben

entsprechende Wirklichkeit werde," ohne dass der „überwiegenden Meinung der österreichischen Völker Schranken gesetzt" sein sollen.

Dieser constituirende Reichstag ist nun unterm 6 Juni 1848 nach Wien, und in Folge der beklagenswerthen Octoberereignisse weiter hieher nach Kremsier berufen. Dieser und *nur dieser* Reichstag stellt sonach „den gesetzlich ausgeprägten Gesammtwillen der Völker Oesterreichs dar, mit welchem Hand in Hand zu gehen Se. k. k. Majestät fest entschlossen" zu sein erklärte.

Dass inzwischen anderweitig auch Wahlen für das Frankfurter Parlament in einigen Ländern Oesterreichs ausgeschrieben wurden, das vermochte, so sehr es auch bei der Unklarheit des Zweckes einer anderweitigen Volksrepräsentation befremden musste, doch an den wohlbegründeten Rechtsverhältnissen, so wie an der Competenz der hier tagenden Versammlung, offenbar nichts zu ändern. Von dieser Ueberzeugung durchdrungen schrieben wir, meine politischen Meinungs- und Stammgenossen so wie ich, diesen Vorgang auf Rechnung der damaligen Wirren, und unterliessen es bisher absichtlich, denselben in dieser hohen Versammlung zur Sprache zu bringen, um die mannigfaltigen Schwierigkeiten der Regierung nicht noch zu mehren; wir unterliessen es um so mehr, als auch die gegenwärtigen verantwortlichen Räthe der k. k. Krone bei ihrem Amtsantritte, in der ersten Ansprache an den constituirenden Reichstag, die beifällig aufgenommene Erklärung abgaben, dass sie die constitutionelle Monarchie aufrichtig wollen, deren Wesen und gesicherten Bestand aber in der gemeinschaftlichen Ausübung der gesetzgebenden Gewalt durch den Monarchen und den Repräsentantenkörper Oesterreichs erkennen. „Die Begründung eines neuen Bandes, das alle Lande und Stämme der Monarchie zu einem grossen Staatskörper vereinigen, — eine Verfassung, welche die verschiedenen Stämme in *voller Gleichberechtigung* umschliessen soll, — dies sei das grosse Werk, welches der Regierung im Einverständnisse mit den Völkern obliegt. Deshalb werde es erst, wenn das verjüngte Oesterreich und das verjüngte Deutschland zu neuen und festen Formen gelangt sind, möglich

sein, ihre gegenseitigen Beziehungen *staatlich* zu bestimmen."
Se. Majestät, der regierende Kaiser Franz Josef I, hat diese
Zusagen, namentlich in Hinsicht der Integrität des Kaiserstaates und der Gleichberechtigung aller Völker desselben, bei
seiner Thronbesteigung wiederholt und bestätigt.

Allein jetzt, wo das Frankfurter Parlament mit den
Ansprüchen, auch in die Verfassung Oesterreichs massgebend
einzugreifen, je länger, je offener und nachdrücklicher auftritt;
wo die diplomatischen Agenten der österr. Regierung es ausserhalb Oesterreich laut verkündigen, diese Regierung habe ihre
Ansichten in der deutschen Frage geändert; wo dieselbe Regierung neue Wahlen nach Frankfurt auch in denjenigen Ländern
ausschreiben lässt, wo sich der Volkswille längst entschieden
dagegen ausgesprochen hat; wo dieselbe Regierung in ihren
Erklärungen die Annahme der Frankfurter Beschlüsse für sich
allein, ohne Verweisung auf den österr. Reichstag, in Aussicht
stellt, und dabei neuerdings in eine Sonderung der sogenannten
„deutschen" Länder von „nicht deutschen" eingeht, — und
nachdem diese Frage ohnehin von einer anderen Seite dieser
hohen Versammlung hier bereits zur Sprache gebracht worden
ist: kann auch ich, im Einverständnisse und nach dem Wunsche
meiner Meinungsgenossen nicht umhin, in diesen durch so
grelle Widersprüche immer tiefer sich verwickelnden Verhältnissen, im Interesse nicht meiner Committenten und meines
speciellen Vaterlandes allein, sondern im Interesse sowohl von ganz
Deutschland als von ganz Oesterreich, das Wort zu ergreifen,
und vorläufig um die Aufklärung einiger Hauptpuncte dieser
Verhandlung von Seite des h. Ministeriums anzusuchen.

Die von jeher dunkle Frage über die Art, wie Oesterreich sich an Deutschland „innig anschliessen" soll, ist durch
die vielbesprochene Note des österr. Cabinets vom 4 Febr. 1849
um nichts klarer, sie ist im Gegentheil noch verwickelter
geworden. Nur so viel scheint mir daraus deutlich hervorzugehen, dass Oesterreich, dieser Note gemäss, eine „deutsche
Macht" sein will, und es zugleich nicht sein will. Ich beklage
diesen Widerspruch, diesen Dualismus, umso mehr, je grösser
die Gefahren sind, die daraus nicht für Oesterreich allein,

sondern auch für Deutschland entstehen müssen. Eine staatsrechtliche Vereinigung und Verschmelzung Oesterreichs mit Deutschland zieht, meiner Ansicht nach, nichts geringeres nach sich, als die moralische Auflösung und Vernichtung beider Staaten, indem dann jeder dieser Staaten bestimmt ist, die politischen Grundlagen des Anderen zu untergraben. Die Idee, auf der allein der österr. Staat fortan festruhen und gedeihen kann, ist die volle Gleichstellung und Gleichberechtigung aller unter dem Scepter seines Kaisers seit Jahrhunderten vereinten Volksstämme; die ausschliessliche Suprematie oder Herrschaft irgend eines besonderen Stammes müsste den Staat in die Länge aus seinen Fugen reissen. Im Gegensatz dazu gründet sich der werdende deutsche Einheits-Staat ausdrücklich auf die deutsche Nationalität allein, die er zu wahren, zu einigen, zu kräftigen und zu möglichst hoher Macht im Inneren und nach Aussen zu erheben berufen ist. Im Falle der Vereinigung wird einerseits das Streben der Deutschen durch das ihm aufgedrungene Gegengewicht von 30 Millionen Nichtdeutscher gelähmt, anderseits würde das Dogma der nationalen Gleichberechtigung in Oesterreich zu einer hohlen Phrase herabsinken. Der Deutsche kann wohl in Oesterreich, nicht aber der Slawe oder Magyar in Deutschland, sich heimisch fühlen; denn jener steht hier im Bunde gleichberechtigter Brüder frei, und wenn gleich nicht bevorrechtet, so doch vom Schicksal mannigfach begünstigt da: diese aber könnten sich kaum des Bewusstseins erwehren, dass ihnen in der grossen Staatsfamilie nur die Stellung von Bastarden zugemuthet wird.

Ich weiss wohl, dass Oesterreich einen althergebrachten Einfluss in Deutschland zu wahren und nicht leichtsinnig zu opfern habe: doch die Zeiten des Einflusses durch äusseren Zwang sind, so Gott will, für immer vorüber, und der politische so wie moralische Einfluss Oesterreichs auf Deutschland wird auch in einer bloss völkerrechtlichen Verbindung um so grösser und gesicherter sein, je weniger unser Cabinet den Bestrebungen der Deutschen, sich neu zu organisiren, hindernd in den Weg tritt. Auch steht die Krone Oesterreichs für sich allein so hehr und glänzend da, dass sie den Glanz keiner anderen Krone auf Erden zu fürchten oder zu beneiden hat. Sollte übrigens unsere Regierung dem Wunsche einiger Deutschen Oesterreichs, sich an dem politischen Neubau ihrer Stammgenossen zu betheiligen, alle Folge zu geben sich entschliessen: so ist nicht abzusehen, mit welchem Grunde sie unsere italienischen Landsleute abhalten könnte, ihrerseits die Costituente Italica zu beschicken, wie sie die Wünsche nach einer Wiederherstellung Polens zu verdammen, und einen etwa beabsichtigten panslavistischen Congress zu hindern berechtigt wäre.

Doch ich will in eine Discussion dieser endlosen Frage hier nicht eingehen, und desshalb auch das besondere Verhältniss der böhmischen Kronländer zum ehemaligen deutschen Reiche und Bunde für diesmal nicht hervorheben: ich glaube bereits Andeutungen genug gegeben zu haben, um den Sinn und die Richtung der Fragen, die ich heute an das hohe Ministerium zu stellen mich bemüssigt sehe, näher und unzweifelhaft zu bestimmen. Ich erlaube mir daher, im Einverständnisse mit meinen Collegen und Meinungsgenossen, das hohe Ministerium um die baldige Beantwortung nachstehender Fragen zu bitten:

1. Ist es wahr, dass das Ministerium seine im Programme vom 27 November 1848 erklärten Ansichten und Grundsätze, namentlich in Bezug auf die deutsche Frage, geändert hat?

2. Erkennt die Regierung noch immer die Nothwendigkeit der Staatseinheit für Oesterreich, somit auch die Nothwendigkeit einer einzigen höchsten gesetzgebenden Gewalt für den Gesammtstaat an? Und sieht es nicht in der hier tagenden Reichsversammlung die gedachte oberste Gesetzgebungsgewalt wenigstens für die hier repräsentirten Länder?

3. Aus welchem Grunde, und auf welchen Rechtstitel hin, werden neue Wahlen für's Frankfurter Parlament in denjenigen Ländern und Gebieten ausgeschrieben, welche, wie die grosse Majorität von Böhmen und Mähren, ihren Widerwillen dagegen bereits unzweideutig erklärt haben? Ist das Ministerium nicht vielmehr geneigt, die zum grossen Theil durch blosse Minoritätswahlen, somit rechtsungiltig, ernannten Deputirten von Frankfurt abzuberufen?

4. Ist das hohe Ministerium geneigt, alle auf die Verhandlungen mit der neuen deutschen Centralgewalt bezüglichen Acten und Papiere seiner Zeit dem österreichischen Reichstage vorzulegen, insbesondere aber die diesfälligen Rechtsverhältnisse selbst der vorläufigen Berathung dieses Reichstages zu unterziehen, bevor sie in Wirksamkeit treten?

Diese Interpellation blieb unbeantwortet, — ausser dass von mehreren Seiten die am 7 März 1849 erfolgte unerwartete Auflösung des Reichstags für eine Antwort auf dieselbe angesehen wurde.

XXVII.
Denkschrift der böhmischen Abgeordneten
über die von ihnen auf dem constituirenden Reichstage zu Wien und Kremsier befolgten politischen Grundsätze (1849).

35.

Das was seit lange Viele vorausgesagt, Mehrere bezweifelt hatten, was von Einzelnen mit Ungeduld herbeigewünscht, von Wenigen erwartet, von noch Wenigeren wirklich besorgt wurde, ist endlich dennoch zur Wirklichkeit geworden: ungeachtet des feierlich gegebenen Wortes zweier Kaiser ist Oesterreichs erster constituirender Reichstag gewaltsam aufgelöst, und die Völker Oesterreichs sind nicht nur in ihren gegründeten Hoffnungen getäuscht, sondern auch in den von ihnen gewählten Vertretern auf unwürdige Weise behandelt worden.

Wenn wir, die gefertigten ehemaligen Reichstagsabgeordneten aus Böhmen, nicht umhin können, dieses Ereigniss als ein über unser schönes Vaterland, ja über die ganze Monarchie, ohne Noth heraufbeschworenes Unglück tief zu beklagen, so liegt uns auch die Pflicht, jede Verantwortlichkeit dafür von uns abzulehnen, um so mehr ob, je unverdienter und ungerechter die mannigfachen Vorwürfe und Beschuldigungen sind, die uns für unser Benehmen im Reichstage nicht nur von unseren Gegnern und einem Theile der Presse überhaupt, sondern auch noch vom Ministerium in dem Auflösungs-Patente von 4 März l. J. gemacht worden sind.

Nach einer in allen constitutionellen Ländern geltenden Regel sind die gewählten Volksvertreter für ihre im Parlamente geäusserten politischen Ansichten und für die Ausübung ihres Stimmrechtes nur Gott und ihrem Gewissen allein verantwortlich. Da sie jedoch diese bevorzugte Stellung nur dem Vertrauen ihrer Wähler verdanken, so liegt es auch in ihrem eigenen Interesse, sich dieses Vertrauen durch die offene Erklärung und Mittheilung der Gründe ihres Benehmens zu sichern. Wir aber finden uns noch um so mehr bewogen, uns über die von uns seit Beginn des Reichstags bis zu dessen Auflösung consequent befolgten politischen Grundsätze zu erklären, je häufiger diese letzteren, trotz ihrer Einfachheit und Offenheit, im In- und Auslande, mit oder ohne Absicht, missdeutet und missverstanden worden sind. Unsere ganze Politik war uns durch eine klare Auffassung der Ereignisse in ihrem Zusammenhange, und durch die besonnene Würdigung aller bestehenden Verhältnisse, gleichsam vorgezeichnet. Wir brauchen nur diese in kurzen Zügen darzustellen, um jene als natürliches Ergebniss von selbst folgen zu sehen.

Diejenigen täuschen sich wohl, welche das in unseren Tagen mit immer steigender Kraft zu Tag tretende Bestreben der Völker, ihre *Nationalität* geltend zu machen, für eine künstlich erzeugte und darum vorübergehende Aufregung, für eine Verirrung, ja für eine epidemische Krankheit des Zeitgeistes halten und erklären. Wer tiefer sieht, wird nicht umhin können, darin vielmehr ein providentielles Moment zu erblicken, die natürliche und darum nothwendige Gegenwirkung gegen die Einflüsse der alles nivellirenden und uniformirenden modernen Civilisation, damit in der Einheit des Menschengeschlechts nicht dessen Mannigfaltigkeit gänzlich zu Grunde gehe. Mit dem gegenwärtig mehr als je sich entwickelnden Princip der Nationalitäten ist in die Weltgeschichte ein neuer mächtiger Factor eingetreten, dessen grosse bisher kaum geahnte Wirkungen erst das nächste Jahrhundert zu Tage fördern wird. In den gesammten Bewegungen des denkwürdigen Jahres 1848 erblicken wir wohl neben dem nationalen Elemente auch das politische und sociale als Hebel wirksam: doch auch, der flüchtigste Blick auf die bewegtesten Länder, Italien, Deutschland, Ungarn, Polen und Dänemark, belehrt uns, dass die nationalen Interessen dort allenthalben noch über die politischen gestellt wurden; und selbst Frankreich bewies durch das unerwartete Resultat seiner Präsidentenwahl, dass die der Nationaleitelkeit schmeichelnde Napoleonische „gloire" der Masse des Volkes hoch über alle Theoreme der Republik und des Socialismus zu Herzen geht. Darum war es weder weise noch gerecht, wenn man uns, den böhmischen Deputirten, die Berücksichtigung unserer nationalen Interessen auf dem Reichstage als kleinliche Engherzigkeit übel nahm, während doch die Masse unserer Gegner in ihrem Verfahren sich noch weit mehr von nationalen Motiven leiten liess; wir folgten darin, bewusst oder unbewusst, dem Weltgeiste, wie auch die genannten Gegner selbst. Mit Recht nehmen wir aber dabei das Zeugniss in Anspruch, dass wir unsere Nationalität nie und nirgends auf Kosten einer anderen geltend zu machen gesucht haben. Wir hatten uns in dieser Frage invorhinein und gleichsam von Hause aus auf einen höheren Standpunct gestellt, von welchem aus die volle Gerechtigkeit für Alle uns als ein natürliches Postulat sich ergab, das durch leidenschaftliche Aufwallungen und Uebergriffe Einzelner wohl verdeckt und getrübt, aber nicht aufgehoben oder hinweggeräumt werden konnte.

Oesterreich, das Aggregat sehr verschiedener, einst mehr oder weniger selbstständiger Länder und Völker, wurde bis zum März 1848 nur durch den von Waffengewalt getragenen Willen eines absoluten Herrschers zusammengehalten. Dieses Band hat sich endlich für die Neuzeit und für alle Zukunft unhaltbar bewiesen; denn so bald ganze Völker frei sein wollen, werden sie es. Damit Oesterreich als Staat noch fortan bestehe und gedeihe, muss unserer Ansicht nach ein noch stärkeres Bindemittel, ein festerer Kitt, als der des äusseren Zwanges war, ermittelt werden. Das stärkste und dauerhafteste aller solcher

Mittel ist aber der natürliche Trieb, so wie das wohlverstandene eigene Interesse der Völker selbst.

Nicht bei Individuen allein, auch bei Völkern ist der Trieb der Selbsterhaltung, der freien Selbstbestimmung, der ungehinderten Entwickelung ihrer Kräfte zur Förderung ihres geistigen und materiellen Wohles, vorherrschend.

Die Fortschritte der Mechanik, welche alle Zeit- und Raumverhältnisse verrücken und verringern, verbunden mit dem uniformirenden und centralisirenden Einfluss der Bildung überhaupt, machen den Fortbestand kleiner Continentalstaaten je länger je weniger möglich. Kleinere Völker sind fortan, zum Behufe ihrer staatlichen Existenz, eben so an das Associationsrecht verwiesen, wie Individuen bei grossen Unternehmungen.

Sind die Gedanken an eine staatliche Selbständigkeit der Magyaren wie der Čechen, der Serben wie der Romanen, der Ruthenen und Slowenen, ja selbst der Polen in ihrer Gesammtheit, gegenüber der centralisirenden Wirkung des Weltgeistes, fortan nichts als verführerische Träume: so gewinnt dagegen die Idee einer staatlichen Vereinigung dieser Volksstämme eine täglich wachsende und nicht bloss durch positive Ueberlieferung, sondern auch durch die Natur-Nothwendigkeit selbst sichergestellte und gehobene Geltung. Einzeln schwach und blossgestellt, können diese Stämme nur im friedlichen Bunde, in föderativer Einigung so erstarken, dass sie den Uebergriffen auch noch so mächtiger Nachbarn im Osten und Westen mit Erfolg entgegentreten dürfen.

Berufen, Oesterreich als Staat mitzuconstituiren und die Formen und Bedingungen festzusetzen, unter welchen dieser Staat fortan eine Einheit bilden sollte, konnten wir nur in den voranstehenden Andeutungen jene Idee suchen und finden, welche bei Durchführung eines solchen Werkes uns leiten sollte.

Wir wollten daher das neue Oesterreich auf einer föderativen Grundlage, als einen Bundesstaat aufbauen, der als solcher weder deutsch, noch slawisch, weder magyarisch noch romanisch sein und heissen sollte; denn er sollte ja eben auf einem Bunde freier und vollkommen gleichberechtigter Völker berühen. Wir wollten diesen Bund von vornherein in der bereits bestehenden Form einer erblichen Monarchie, weil wir überzeugt sind, nicht nur dass man sich von der positiven Grundlage des Staates ungestraft nicht weiter entfernen darf, als zur Herstellung eines wahren Rechtszustandes unumgänglich nöthig ist, sondern auch weil diese Staatsform für den Fortbestand des Bundes an sich die grössten Garantieen bietet. Da wir somit von jeher weit entfernt waren, für die einzelnen Theile dieses Bundes die volle Souverainetät in Anspruch zu nehmen, so hatte das Wort „Föderation" in unserem Munde allerdings einen eigenthümlichen beschränkteren Sinn, und wurde nur gebraucht, weil für dasjenige staatliche Verhältniss, das wir damit bezeichnen wollten, kein passenderer Ausdruck zu finden war.

Wir verlangten aber auch in vorhinein eine constitutionelle volksthümliche Monarchie, weil wir die volle Anerkennung der Rechte der Humanität für jedes menschliche Individuum fordern müssen, und weil das Dasein bevorrechteter Stände im Staate mit der Hauptidee des neuen Oesterreichs, dem Grundsatze der Gleichberechtigung Aller, im offensten Widerspruche stünde. Wir glaubten und glauben noch, dass es gerathener sei, Dasjenige, was diesen Forderungen gegenüber in die Länge absolut unhaltbar und somit unheilbar geworden ist, auf einmal und für immer ganz wegzuschneiden, als es auf fortgesetzte partielle Amputationen ankommen zu lassen, zumal bei ersterem Verfahren die gesammten Säfte im Staatskörper um so sicherer vor communistischer Ansteckung bewahrt werden können.

Dem Verlangen unserer deutschen Landsleute, uns an dem Aufbau eines neuen einigen Deutschlands zu betheiligen, konnten wir aus demselben Grunde nicht beipflichten, aus welchem wir uns auch dem bekannten Bestreben der Magyaren widersetzen mussten. Die Zwecke beider dieser Völker waren den unsrigen gerade entgegengesetzt: gelang es ihnen, sie durchzuführen, so war ein Oesterreich, wie wir es im Interesse nicht unserer Nationalität allein wünschten, unmöglich geworden, und der Grundsatz der Gleichberechtigung der Völker wäre gar bald zum blossen Spott herabgesunken. Das Frankfurter Parlament, das seinen politischen Bau zunächst und ausschliesslich auf der Idee der deutschen Nationalität aufführte, hatte zwar den nichtdeutschen Stämmen in Deutschland gewisse Rechte zugesichert: aber die Vorgänge in Schleswig, das gewaltsame Zerreissen Posens, und die von Slawen- insbesondere von Čechenhass überströmenden Reden in der Paulskirche, bildeten einen abschreckenden Commentar zu jenem Texte. Die übermüthigen Magyaren dagegen behandelten das Dogma von der Gleichberechtigung der Völker von Anfang her als blossen Unsinn.

Da wir das neue einige Oesterreich eben so stark und mächtig, als gerecht und frei zu sehen wünschten, so ging unser Bestreben von jeher dahin, dass die Centralreichsgewalt von den Ländergewalten, unbeschadet der gemeinsamen monarchischen Spitze, genau geschieden, und ein möglichst vollkommenes Gleichgewicht zwischen beiden hergestellt werde, damit einerseits das gemeinsame Centrum nöthigen Falls die Macht habe, auch etwa widerspenstige Glieder zu ihrer Bundespflicht anzuhalten oder zurückzuziehen, anderseits aber der freien Selbstbestimmung der Völker in Dingen, welche die Einheit des Reichs nicht gefährden, keine unnöthigen Hindernisse in den Weg gelegt werden.

Diese hier kurz angedeuteten Grundsätze und Ansichten waren das geistige Eigenthum nicht etwa einzelner böhmischen Deputirten: sie lagen mehr oder minder klar und vollständig entwickelt in der Ueberzeugung aller slawischen Mitglieder des Reichstags aus Böhmen, und zugleich vieler aus Mähren. Die vorangegangenen Verhandlungen in dem Nationalausschusse und dem Slawencongresse in Prag hatten diese Ansichten schon in weiten Kreisen verbreitet und zum vollen Bewusstsein gebracht, lange bevor der Reichstag in Wien zusammentrat und von Böhmen aus beschickt werden konnte; sie waren gleichsam ein Gemeingut des böhmischen Volkes geworden, und die Vertreter des letzteren waren sicher, bei offener Vertheidigung derselben im Reichstage, den Wünschen so wie den Bedürfnissen ihrer Committenten vollkommen zu entsprechen.

Beinahe trostlos waren die Zustände der gesammten österreichischen Monarchie, als wir um die Mitte Juli des vorigen Jahres unsere Sitze im Reichsrathssaale zu Wien zuerst einnahmen. Die italienischen Länder des Kaiserreichs waren grossentheils vom Feinde besetzt, die ungrischen hatten sich factisch vom Kern des Gesammtstaates abgelöst, der Kaiser hatte aus den stürmisch bewegten Ländern nach dem treuen Tyrol sich geflüchtet, sein Stellvertreter folgte dem Rufe als deutscher Reichsverweser nach Frankfurt, das schwache Ministerium Pillersdorf war gestürzt, und Dobblhof war nicht im Stande, ein starkes zu bilden, so lange Wien sich nur vom demokratischen Club, der Aula und dem Sicherheitsausschusse beherrschen liess; endlich hatten in mehreren Kronländern ganz divergente Bestrebungen sich kundgegeben. Das Bedenklichste war der Umstand, dass ein grosser Theil der Gesammtbevölkerung des Reichs den Fortbestand der Monarchie gar nicht mehr wollte, und selbst das bethörte Wien in seiner damaligen Stimmung es vorzuziehen schien, die Gränzstadt eines erst zu bildenden idealen Deutschlands zu werden, anstatt die mächtige Capitale des zu verjüngenden Oesterreichs zu bleiben. „Der innige Anschluss an Deutschland" war die Zauberformel, welche damals alle Geister beherrschte. Niemand wusste zwar anzugeben, wie das zu verstehen und praktisch durchzuführen sei: aber es durfte auch Niemand ein Bedenken dagegen erheben, wollte er anders nicht dem Terrorismus eines stets kravallsüchtigen Pöbels verfallen. Von einer vollkommen freien parlamentarischen Haltung und Bewegung konnte für uns unter solchen Umständen keine Rede sein. Schon die erste und wichtigste aller Fragen des Reichstags, die von seiner Competenz, durften wir, aus Besorgniss, dass alsogleich die deutsche Frage, und in Folge der voraussichtlichen Lösung derselben, die gewaltsame Sprengung des Reichstags sich daran knüpfen würde, gar nicht zur Sprache bringen.

Bei Bildung des Ministeriums Wessenberg-Dobblhof hatten die in Wien damals vorherrschenden Ansichten und Interessen den Ausschlag gegeben; man konnte dieses Ministerium, seiner Zusammensetzung nach, mehr ein Wiener als ein österrei-

chisches nennen, da es auch nicht *einen* Vertrauensmann irgend
einer Provinz in seiner Mitte zählte. Glücklicherweise waren
aber diese Minister nicht nur freisinnig, sondern auch ehren-
haft genug, den Fortbestand der ihren Händen anvertrauten
Monarchie aufrichtig zu wollen. Da auch wir das gleiche Ziel
verfolgten, so konnte eine beiderseitige Annäherung natürlich
nicht lange ausbleiben; wir unterstützten die Regierung eben
so nachdrücklich als standhaft, so oft es galt, auflösende oder
anarchische Bestrebungen und Grundsätze in oder ausserhalb
der Kammer zu bekämpfen, ohne uns darin durch die giftigsten
Schmähungen, womit die damalige Wiener Journalistik uns
überschüttete, im mindesten beirren zu lassen. Wir thaten
solches freiwillig, aus eigener Ueberzeugung: denn eine Verabredung, ein Pact zwischen uns und dem Ministerium, ja auch
nur der leiseste Versuch dazu, hatte niemals stattgefunden.
Wir hatten uns folglich auch nicht des Rechtes begeben, uns
augenblicklich gegen dasselbe Ministerium zu kehren, sobald
es die Freiheit wirklich verrieth, oder etwa Wege einschlug,
die nach unserer Ueberzeugung zum Unheil führten.

War auch der Reichstag zunächst zur Festsetzung der
Constitution für den Gesammtstaat berufen, so konnte er sich
doch einer Menge anderer Geschäfte nicht entziehen, welche
ihm durch die Zeitumstände aufgedrungen wurden. Die Verhandlungen über die Rückkehr Sr. Maj. des Kaisers Ferdinand I
nach Wien, über die Deckung der Finanzbedürfnisse des Staats
und andere, waren im Interesse der Monarchie eben so unerlässlich, wie die Beruhigung der Massen des Landvolks durch
die Aufhebung der Robot und des Unerthänigkeitsverbandes.
Dass die Kammer den unreifen Kudlich'schen Antrag durch
Ueberstürzung alsogleich in Vollberathung zog, gab einen
Beweis mehr für die Nothwendigkeit einer reiflich erwogenen
Geschäftsordnung. Alles das nahm nothwendiger Weise viel
Zeit in Anspruch, und kein Billigdenkender konnte die Reichs-
versammlung einer Saumseligkeit oder Unthätigkeit zeihen,
zumal wenn er auch auf die mannigfachen Arbeiten der einzelnen
Ausschüsse Bedacht nahm. Noch weniger konnte man dem
Reichstage die durch Wiener Localereignisse, so wie durch die

ungrischen Verhältnisse, unabweislich gewordenen Verhandlungen zur Last legen. Je mehr das damalige Ministerium seine Aufgabe im Sinne des ganzen und einigen Oesterreichs auffasste und durchzuführen strebte, je mehr durch die vereinte Haltung der Regierung und der Majorität des Reichstags die antiösterreichischen Elemente in Wien sowohl den Rechtsboden unter sich, als die Macht um sich schwinden sahen: um so geschäftiger zeigten sie sich in der Organisirung des Aufruhrs, der am 23 August und 13 September, unter Zuthun der loyalen Wiener Nationalgarde, ohne grosse Mühe unterdrückt, auch am 6 October keinen besseren Erfolg gehabt hätte, wenn das ausersehene Opfer desselben, der unglückliche Kriegsminister Latour, sich nicht zu einer scheinbaren Neutralität, und dem daran geknüpften System von halben Massregeln hätte verleiten lassen.

Die eigentliche Bedeutung des 6 Octobers in Wien ist seitdem bereits aller Welt klar geworden: Jedermann weiss es jetzt, dass es sich da nicht um ein grösseres oder geringeres Maass der politischen Freiheit, sondern um den Bestand der Monarchie und unsere nationale Existenz handelte. Alle Diejenigen, welche kein Gross-Oesterreich wollten, reichten da einander die Hände, wenn sie es auch für klug fanden, ihre eigentliche Losung noch zu verdecken. Hätte aber Kaiser Ferdinand das Ergebniss jenes Tages sich gefallen lassen und den Bedingungen der damaligen Sieger sich gefügt, so gab es fortan keine Grossmacht Oesterreich in Europa mehr; Ungarn constituirte sich dann auch de jure als getrenntes selbständiges Reich, und die westliche Hälfte der Monarchie wurde genöthigt, von Frankfurt Gesetze anzunehmen. Zu einem solchen Resultate durften wir, nach unserer Sendung wie nach unserer Ueberzeugung, um keinen Preis die Hand bieten; und da auch der um unsere constitutionelle Freiheit hochverdiente Monarch die Bedeutung des Augenblicks erkannt hatte, und ein entscheidender letzter Kampf zwischen ihm und der Empörung unvermeidlich geworden war, so konnten wir auch nicht einen Augenblick im Zweifel sein, welche Partei *wir* zu ergreifen und auf welche Seite wir uns zu stellen hatten. Obgleich mehrere unserer geachtetsten Collegen am 6 Oct. in wirklicher Lebensgefahr schwebten: so war es dennoch nicht so sehr der vom Wiener bewaffneten Pöbel ausgeübte materielle Terrorismus, der uns Wien zu verlassen nöthigte, als vielmehr das Bewusstsein, dass dem Reichstag mit Gewalt eine Richtung aufgezwungen wurde, der wir unmöglich folgen konnten.

Es ist eben so unbillig, dass die Regierung in dem Auflösungspatente vom 4 März l. J. ihren Tadel über die in den Octobertagen eingenommene Stellung auf den ganzen Reichstag ausdehnt, als es ungerecht ist, wenn unsere politischen Gegner uns den Vorwurf machen, dass wir die Sache der Freiheit in jenen Tagen verrathen hätten. Nachdem die oben geschilderte antiösterreichische Partei in Wien je länger je mehr einsah, dass es ihr auf ordentlichem Wege nicht gelingen werde, zur Herrschaft im Reichstag zu gelangen, nahm sie endlich ihre Zuflucht zur materiellen Gewalt, um wenigstens von aussen einen Einfluss auf ihn zu gewinnen; sie spielte das gewagteste Spiel, indem sie ihr ganzes Schicksal auf die letzte Karte, das Loos der Waffen, setzte; in Folge dessen musste sie aber auch den Bedingungen des Siegers sich fügen, Bedingungen, die der Freiheit allerdings nicht sehr günstig sein konnten. Wir hatten uns übrigens durch unsere öffentliche Erklärung vom 12 October in vorhinein feierlich gegen jede Solidarität mit dem in Wien zurückgebliebenen Rumpfparlamente verwahrt; der damaligen Regierung lag es ob, diesen Umstand zu benützen, und den Inhalt des Patentes vom 22 Oct. (wegen Vertagung und Verlegung des Reichstags) wenigstens um eine Woche früher kundzumachen. Wenn sie es nicht that, sondern vielmehr unseren Schritt desavouirte, ja sich sogar mit jener Reichstags-Fraction in ämtlichen Verkehr setzte, und dadurch auch viele loyale Mitglieder in Wien zu bleiben und der Revolution mittelbar Nahrung zu geben veranlasste: so leuchtet jedem Unbefangenen wohl von selbst ein, auf welcher Seite damals Treue, Festigkeit und Consequenz zu suchen war. Eben so wird jeder Urtheilsfähige leicht ermessen können, ob wir es waren, welche damals die Sache der Freiheit in Gefahr setzten, oder unsere Gegner. Die nothwendige Folge *ihres* Benehmens war das Patent vom 16 Oct., die Frucht *unserer* Bemühungen das Manifest vom 19 Oct. In jenem wurde eine

Militär-Dictatur eingesetzt, in diesem der unbeirrte Fortbestand und die fernere Competenz des constituirenden Reichstags neuerdings garantirt: jedermann möge darnach selbst urtheilen, was von beiden der Entwickelung ächtconstitutioneller Principien förderlicher gewesen.

Das Programm des Ministeriums Schwarzenberg-Stadion, womit der Reichstag zu Kremsier gleichsam eröffnet wurde, hat durch seine Freisinnigkeit nicht uns allein, sondern auch unsere parlamentarischen Gegner, ja alle Völker Oesterreichs überhaupt erfreut. Wäre das Ministerium im natürlichen liberalen Sinne dieses Programms seiner Zeit wirklich vorangeschritten, so wäre ein ernstlicher Conflict zwischen ihm und der Majorität des Reichstags unmöglich geworden. Doch die neue Regierung säumte nicht, uns in unserem Vertrauen auf ihre Aufrichtigkeit und Freisinnigkeit irre zu machen. Wir liessen uns zwar durch Erklärungen theilweise noch beschwichtigen, und boten dann, von der Ueberzeugung ausgehend, dass eine nachdrückliche Kriegführung in Italien und Ungarn zur Erhaltung der Monarchie und zur Geltendmachung der nationalen Gleichberechtigung auch für die ungarischen Völker unerlässlich sei, zu der geforderten Creditbewilligung von 80 Mill. mit gewohnter Loyalität die Hand: aber Stadions Erklärung vom 4 Januar l. J. über §. 1 der Grundrechte („Alle Staatsgewalten gehen vom Volke aus"), enttäuschte uns vollends über den abweichenden Sinn und die Richtung, welche das Ministerium in der Verfassungsfrage angenommen hatte. Hätten die Minister sich begnügt, den Wunsch auszudrücken, dass ein theoretischer Satz, der von Unwissenden und Böswilligen leicht missdeutet und missbraucht werden kann, nicht an die Spitze der Grundrechte gestellt werde: so wäre diesem Verlangen von der Majorität der Kammer ohne Zweifel willfahrt worden. Sie verlangten jedoch die unbedingte objective Verwerfung eines an sich evidenten Satzes, dem sie ihrerseits einen fremden Sinn unterschoben, und legten selbst gegen eine stillschweigende Anerkennung desselben ein kategorisches Veto ein. Das Ministerium bewies durch seine Erklärung, dass es den Ursprung des Staates noch immer in der materiellen Gewalt sucht, und z. B.

die gutgezielten Kanonenschüsse in der Schlacht am Weissen Berge 1620 für eine heiligere Quelle der Souverainetät ansieht, als den guten Willen von Millionen freier Staatsbürger; auch stellte es die Freiheit und Competenz des constituirenden Reichstags unmittelbar in Frage, indem es ihm dictiren zu können glaubte, welche Principien er unbedingt zu verwerfen, von welchen er in seinen Verhandlungen auszugehen habe. Einer solchen Ansicht und Zumuthung konnten wir im Interesse der Monarchie eben so wie des allgemeinen Wohles und der Wahrheit selbst unmöglich uns fügen; unsere oppositionelle Stellung gegen das Ministerium war von diesem Augenblick an entschieden; in einem anderen Lande mit mehr zur Reife gediehenem constitutionellen Staatsleben hätte man vielmehr das Ministerium als in Opposition gegen das Parlament begriffen bezeichnet, da die Majorität des Reichstags unbezweifelt nicht auf Seite des ersteren stand. Gleichwohl beschlossen wir, nach reifer Erwägung aller Umstände, den beim Mangel politischer Bildung und guten Willens allerdings der Missdeutung und dem Missbrauch ausgesetzten theoretischen Satz aus den Grundrechten um so lieber wegzulassen, als er in einem anderen Theile der Constitutionsurkunde eine praktischere Fassung und in dem Ganzen ohnehin seine gehörige Anwendung finden sollte. Wir hielten es für klüger und patriotischer, den verhängnissvollen Kampf lieber, wo möglich, noch zu vermeiden, als den Staat in seiner damals wenig gesicherten Lage, um eines sich ohnehin von selbst verstehenden politischen Axioms willen, neuen Stürmen auszusetzen.

Aus dem Gesagten ergibt sich von selbst der Werth jener Beschuldigungen und Verdächtigungen, welche die Presse, insbesondere die ministerielle, von der Zeit an über uns zu häufen beflissen war. Nicht wir, wohl aber das Ministerium hatte sich geändert: wir blieben dieselben, wie in Wien, so auch in Kremsier, da wir dort wie hier für ein einiges freies Oesterreich stritten; nur galt unser Kampf dort mehr der Anarchie, hier mehr der Reaction, und die Minister waren dort mehr unsere natürlichen Verbündeten, hier mehr unsere natürlichen Gegner. Auch darüber dürften alle Unbefangenen bald einverstanden sein, dass nicht die Freiheit, wie wir sie verstanden, sondern die Anarchie und deren höchste Blüthe, der 6 Oct. es war, was der Reaction recht eigentlich in die Hände arbeitete. Wir wollen jedoch in die weitere Beleuchtung dieser Verhältnisse hier nicht eingehen, und beschränken uns nur noch auf zwei andere Quellen der uns gemachten Vorwürfe: die Haltung des slawischen Clubs in Kremsier, und unsere föderalistischen Grundsätze.

Der ganze Reichstag, mit Ausnahme einzelner weniger Mitglieder, theilte sich in Kremsier, nach besonderen politischen Grundsätzen und Interessen, in folgende Clubs: 1) des Centrums, 2) des linken Centrums, 3) der Linken, 4) den polnischen und 5) den slawischen Club. Der letzte, welchem die meisten Deputirten slawischer Zunge aus Böhmen, Mähren, Steiermark, Kärnten, Krain, dem Küstenlande und Dalmatien, so wie fast sämmtliche Ruthenen angehörten, war unstreitig der zahlreichste und somit auch der wichtigste unter allen. Seinen ursprünglichen Kern bildeten die böhmischen Abgeordneten, und er kam dadurch zu Stande, dass nach den Octoberereignissen des vorigen Jahres auch viele Nichtböhmen in den vormals blos böhmischen Club aufgenommen zu werden verlangten. Seine innere Organisation und sein Reglement waren von denen der anderen Clubs nicht verschieden, ausser dass sie wahrscheinlich minder streng waren; von einem Zwange beizutreten oder zu bleiben konnte überall keine Rede sein; eben so wenig von einer Zumuthung, etwa gegen seine Ueberzeugung stimmen zu müssen. Waren wirklich Männer von abweichenden Ansichten in dem Vereine, so brachte dieser Umstand eine um so vielseitigere Beleuchtung jeder Frage in den Vordebatten des Clubs zu Stande. Bei allen Gegenständen, welche durch einen Club-Beschluss nicht ohnehin für offene Fragen erklärt wurden, hatten die Mitglieder, welche mit der Majorität des Clubs nicht stimmen wollten, keine andere Verpflichtung, als es voraus anzukündigen, damit man auf ihre Stimme nicht rechne. Worin bestand also der in den Zeitungen so oft beklagte angebliche Terrorismus des slawischen Clubs? konnte man irgendwo liberaler zu Werke gehen, als es hier geschah? Dass die durch gleiche National-

Interessen und zum Theil auch durch persönliche Freundschaft der einzelnen Mitglieder geförderte Einmüthigkeit dieses grossen Vereins, welche bei den wichtigsten Fragen in der Kammer auch meistentheils den Ausschlag gab, unseren politischen Gegnern nicht willkommen war, ist sehr begreiflich; aber um so begreiflicher wird dagegen jedem Unbefangenen der feindselige Ton erscheinen, den sie deshalb gegen uns anstimmten.

Nicht minder reichen Anlass zu Beschuldigungen und Verdächtigungen boten einem Theile der Presse unsere föderalistischen Ansichten und die Bestrebungen dar, sie in der Constitution Oesterreichs geltend zu machen. Meistens verschrie man sie als separatistische Tendenzen; es fanden sich jedoch auch solche Gegner, welche sogar hochverrätherische Pläne dahinter witterten. Den Vorwurf, dass wir Oesterreich zu schwächen und uns von demselben zu trennen beabsichtigen, lassen wir nach all dem, was seit einem Jahre von uns geschehen, geschrieben und gesprochen worden ist, einfach auf sich beruhen; er macht dem Verstande Derjenigen, die ihn erheben, noch weniger Ehre, als ihrem Herzen. Wir sehen die föderative Verfassung Oesterreichs als die nothwendige und unausbleibliche Folge der grossen Verschiedenheit seiner Nationalitäten und des Grundsatzes ihrer vollen Gleichberechtigung an. Kann denn die Gleichberechtigung wirklich bestehen, wenn die Sprache, und somit die Nationalität eines einzelnen Gliedes, in dem ganzen Staatsorganismus gesetzlich oder factisch zur herrschenden erhoben wird? Soll deshalb die allerdings nothwendige eine Centralsprache, (wenn man dazu nicht eine neutrale, z. B. die lateinische oder französische, wählen will oder kann,) nicht auf den für die Staatseinheit absolut unerlässlichen Geschäftskreis beschränkt, die zu dieser Einheit nicht nothwendigen Gegenstände dagegen der Autonomie der einzelnen Glieder überlassen werden? Werden denn die einzelnen Provincialregierungen nicht eben so, wie die Reichsregierung, unter dem gemeinsamen Monarchen stehen? Will man etwa die beklagenswerthe und in aller Welt unerhörte Anomalie, dass ein grosser Theil der Mitglieder des constituirenden Reichstags die Sprache, in welcher debattirt wurde, gar nicht verstand, auch für die Zukunft und für ewig bestehen lassen? oder will man, im Widerspruch mit dem natürlichen Rechte eben so wie mit dem positiven Grundsatze der Gleichberechtigung, in das Wahlgesetz einen Sprachcensus einführen? Man sieht, dass schon die Sprachfrage allein in Oesterreich mit unwiderstehlichen Gründen zur Föderation hindrängt, — der aus der Verschiedenheit der geographischen Lage, Geschichte, Culturstufe, der Sitten und Neigungen herzuleitenden Motive nicht zu gedenken. Wir sind auch fest überzeugt, dass Oesterreich die zu seinem ferneren Gedeihen nothwendige Ruhe und Zufriedenheit nicht eher erlangen wird, als bis die unseligen Centralisationsideen, welche in dem Kremsierer Constitutionsentwurfe, (in Folge der verfehlten Zusammensetzung des betreffenden Ausschusses) mehr aber in der octroyirten Verfassung vom 4 März l. J. vorherrschen, auf ihr nothwendiges Mass zurückgeführt sein werden. Wir berufen uns diesfalls auf die Erfahrung der nächstkünftigen Jahre: opinionum commenta delet dies, naturae judicia confirmat.

Dass somit der Kremsierer Constitutionsentwurf, trotz seinen anderweitigen Vorzügen, uns in dieser Hinsicht gar nicht befriedigt, brauchen wir kaum erst zu wiederholen. Es hatten sich zwar auch einige Mitglieder aus unserer Mitte daran betheiligt: ihre Ansichten blieben jedoch, nach der eigenthümlichen Zusammensetzung des zur Entwerfung der Constitution berufenen Ausschusses, in der Minorität. Jeder Sachverständige sieht schon a priori ein, dass kleine Provinzen, hinsichtlich ihrer Autonomie, ein ganz anderes Maass von Wünschen zu stellen und zu befriedigen geeignet sind, als die grossen; dass sie daher, je kleiner sie sind, um so mehr zu centralisiren suchen müssen, nicht blos um der Kosten willen, sondern auch um bei ihrer Selbstregierung nicht etwa dem Patriciate einiger weniger Familien des Landes zu verfallen. Die beiden grössten Länder, Böhmen und Galizien, betrugen zusammen mehr als die Hälfte der ganzen zu Kremsier repräsentirten Bevölkerung von Oesterreich, so wie auch ihre Deputirten in der Kammer an sich schon die absolute Majorität (90 + 107 = 197 gegen 383) bildeten: im Constitutions-Ausschusse aber hatten diese beiden Länder zusammen nur über 6 Stimmen zu verfügen, während der anderen kleineren Hälfte daselbst nicht weniger als 24 Stimmen zu Gebote standen, und dennoch in allen Fragen nach Stimmenmehrheit entschieden wurde. Daraus folgt der nothwendige Schluss, dass der besagte Entwurf keineswegs der treue Ausdruck der Ansichten der Kammer in ihrer Totalität gewesen ist; daher ihm bei der Generaldebatte ohne Zweifel auch wesentliche Veränderungen und Verbesserungen in dieser Hinsicht bevorstanden.*)

---

*) Der hier mit Petitschrift gedruckte Absatz wurde später bei der Eingabe hinweggelassen, da einige Abgeordnete den Inhalt nicht ganz billigten.

Der im Auflösungspatente vom 4 März l. J. dem Reichstage gemachte Vorwurf der Langsamkeit wird nicht allein durch die oben gemachten Bemerkungen, sondern auch durch den Umstand widerlegt, dass der Constitutionsentwurf in Kremsier wirklich noch vor dem 4 März zu Stande gekommen war. Es ist allerdings leichter, eine Constitution zu dictiren, als sich darüber mit allen Betheiligten zu einigen; denn nicht in der Entwerfung von Formularen dazu lag die Schwierigkeit des Werkes, sondern in der Nothwendigkeit der Verständigung und Uebereinstimmung bei allen einzelnen Bestimmungen. Noch weit bedenklicher jedoch, als diese, ist die andere Beschuldigung, dass der Reichstag durch „Erörterungen aus dem *Gebiete der Theorie*" sich nicht nur mit den „*thatsächlichen* Verhältnissen der Monarchie" in entschiedenen Widerspruch gestellt habe, sondern auch überhaupt der Begründung eines „geordneten *Rechtszustandes* im Staate" entgegengetreten sei. Es müsste das doch ein ganz eigenthümlicher „Rechtszustand" sein, der sich mit „Erörterungen aus dem Gebiete der Theorie" gar nicht vertragen könnte! Wahrscheinlich ein Zustand, der nicht so sehr aus der Theorie des „Rechts", als vielmehr der „Thatsachen," abzuleiten käme. Die weitere Bedeutung des Satzes liegt am Tage. Und mit solchen Behauptungen tritt das Ministerium einem constituirenden Reichstage gegenüber auf! Wenn „Thatsachen" auf diese Art zur absoluten Quelle des Rechtes gestempelt werden, und wenn die Regierung es sich vorbehalten will, die Bedeutung dieser Thatsachen einseitig in vorhinein zu bestimmen: so fragen wir, ob eine Constitution, ein Reichstag überhaupt, solchen „Thatsachen" gegenüber noch weiter möglich sei?

Wir wollen für jetzt nicht darüber streiten, ob die Regierung wirklich berechtigt war, den constituirenden Reichstag aufzulösen. Die Auflösung ist eine Thatsache, und das Recht fliesst ja, dem Sinne des Patentes vom 4 März gemäss, aus den thatsächlichen Verhältnissen von selbst! Auch enthalten wir uns jeder weiteren Bemerkung über die Art, *wie* der erste österreichische Reichstag aufgelöst wurde: die Geschichte wird sie richten, die Mitwelt hat sie schon gerichtet. Durch eine

Inconsequenz, die wir glücklicher Weise wahrscheinlich nur dem besseren Naturell unserer Minister zu danken haben, ist uns durch den §. 123 der octroyirten Verfassungsurkunde noch die Möglichkeit der Heilung mancher krankhaften Zustände in unseren „thatsächlichen Verhältnissen" in nächste Aussicht gestellt. Wir wollen hoffen, dass diese Verheissung nicht als blosses Hinhaltungsmittel gemeint ist. Vielleicht wird dann auch die Theorie des Rechts, trotz gewissen Thatsachen, in ihr natürliches Recht wieder eingesetzt werden können. Jedenfalls bitten und beschwören wir alle unsere ehemaligen Herren Committenten, so wie alle Vaterlandsfreunde und Genossen inständig, in den „thatsächlichen Verhältnissen" der gegenwärtigen Zeit zunächst nur jene Aussicht im Auge zu behalten. Täuschen wir uns nicht über die Wahrheit, dass es nicht vom Willen dieses oder jenes Ministeriums, sondern nur vom Willen des gesammten Volkes von Oesterreich abhängt, ob und in wie fern wir fortan frei sein und bleiben sollen. Noch immer gibt es eine bedeutende Anzahl von Staatsbürgern unter uns, die sich in die altgewohnte Geistes-Livrée so eingelebt und diese so liebgewonnen haben, dass sie nicht einmal frei sein *wollen*. Trachten wir in unseren Worten und Handlungen erst dahin, dass die politische Freiheit auch diesen unseren Mitbürgern als ein wünschenswerthes Gut erscheine: dann wird kein Ministerium auf Erden mächtig oder kühn genug sein, uns dieses Gut vorzuenthalten oder zu verkümmern. Oesterreich, das wir unter dieser Voraussetzung freudig als das *unsere* begrüssen, — dieses Oesterreich als Gesammtstaat und sein junger Kaiser, gehen noch manchen harten Prüfungen des Schicksals entgegen; sie werden uns in den kommenden Stürmen auch manches schwere Opfer auferlegen müssen. Lasst uns dann durch umsichtige Thätigkeit und wahren Patriotismus sowohl unserer Regierung als Europa den thatsächlichen Beweis liefern, dass Oesterreichs unüberwindliche Macht und Stärke wirklich von dessen Volke ausgehe!

Prag den 21 März 1849.

(Folgten die Unterschriften.)

XXVIII.

Union, — nicht Centralisation, noch Föderation (1849).

Der nachstehende Aufsatz war bestimmt, als leitender Artikel an die Spitze des unter dem Titel „Union" zu Ende des Jahres 1849 von meinen politischen Freunden in Prag gegründeten Journals zu treten. Da jedoch Dr. Pinkas, der an der Begründung und Leitung jenes Journals (mit seinem nachmaligen Schwiegersohn Dr. Ant. Springer) den thätigsten Antheil nahm, seinen Inhalt nicht ganz billigte: so zog ich ihn zurück, und überarbeitete denselben später, auf Verlangen meines Freundes Karl Hawliček, für dessen Národní Nowiny in böhmischer Sprache, unter der Aufschrift „Von der Centralisation und nationalen Gleichberechtigung in Oesterreich". Dessen Schicksale sind bekannt. Er machte viel Aufsehen und hatte zur Folge, u. a. das gänzliche Verbot der Národní Nowiny und meine Versetzung unter Polizei-Aufsicht, die in Kurzem in wirkliche Verfolgung ausartete. Zu letzterer mag wohl auch mein Votum in der Prager Stadtverordneten-sitzung vom 20 März 1851 beigetragen haben, wo ich den von Koryphäen der damaligen deutschen Mittelpartei eingebrachten Vorschlag, den Ministerpräsidenten Fürsten Felix Schwarzenberg zum Ehrenbürger von Prag zu ernennen, bis dahin zu vertagen rieth, wo die Aufhebung des Belagerungszustandes uns Veranlassung bieten würde, es mit mehr Freiheit und Anstand, ohne Allen Schein des Servilismus, zu thun.

36.

Prag den 2 Dec. 1849. Die Frage: ob Föderation, ob Centralisation? beschäftigt seit zwanzig Monaten die Gemüther Aller, welche an der Constituirung des Neuen Oesterreichs innigeren Antheil nehmen. Dem Reichstage in Kremsier gönnte man die Zeit nicht, sie mittelst allseitiger Beleuchtung und Verständigung zu lösen. Da jedoch ohnehin nur die Hälfte der Monarchie daselbst repräsentirt war, so wollen wir den dadurch herbeigeführten Schaden nicht allzu hoch anschlagen. Die Regierung hat sich durch die octroyirte Verfassung vom 4 März d. J. für eine, wenn auch nicht unbedingte, doch sehr weitgreifende Centralisation entschieden. Sie fand damit bei der deutschen Presse Oesterreichs, zumal der Wiener, fast allgemeinen Beifall; um so heftiger wurde dagegen die Opposition der unabhängigen nicht-deutschen Journale, und selbst besonnene Männer des Auslands tadelten rückhaltlos den Gang, den die österr. Regierung damit eingeschlagen. Sie erkannten darin eine gefahrdrohende Lösung der eigentlichen Lebensfrage Oesterreichs: denn da es für Europa nicht gleichgiltig sein kann, ob Oesterreich in seinem Inneren dauernd beruhigt und somit zugleich stark werden kann oder nicht, so gewinnt diese Frage nothwendig auch ein europäisches Interesse.

Wir wollen bei Erörterung derselben nicht auf die vormärzlichen Zustände wieder eingehen; diese gehören nunmehr der Geschichte an, und wir haben es hier nur mit Oesterreichs Zukunft zu thun. Dass diese keine absolutistische sein werde, es nicht werden oder *bleiben könne*, dafür haben wir hinlängliche Bürgschaften. Der absolutistische Staat, die eigentliche Despotie, ist kein Rechtsstaat; sein Princip ist die äussere Gewalt, er kennt keine Rechte, er kennt nur Privilegien und Gnaden. In ihm ist jedes freie politische Raisonnement unzulässig, weil unnütz und vielleicht beirrend. Wir können und wollen daher bei dieser Discussion nur den *Rechtsstaat* im Auge behalten.

Jeder Staat ist eine Gesellschaft im Grossen, deren Mitglieder mittelst gewisser Rechte und Pflichten an einander gebunden sind. Die gleiche Berechtigung und gleiche Verpflichtung Aller hinsichtlich des Staatszweckes ist eine sich von selbst verstehende, daher absolute Forderung des Rechtsstaates. Jedes Vorrecht*) ist eine Ausnahme vom Recht, folglich eine Negation des Rechtes, somit ein Unrecht. Es kann nur mit Gewalt eingeführt und aufrecht erhalten werden, und bedingt somit einen permanenten Kriegszustand der dabei Betheiligten.

Wo eine ganze Gesellschaft aus den Angehörigen eines einzigen Stammes oder einer Familie besteht, da hat die Durchführung des Grundsatzes der gleichen Berechtigung Aller keine besonderen Schwierigkeiten, da ist sogar die Festhaltung eines patriarchalischen Verhältnisses nicht unmöglich. Schwieriger, aber auch um so wichtiger und unerlässlicher wird sie,

---

*) Das Recht des Eigenthums ist natürlich kein Vorrecht, obgleich eine Partei unserer Tage es dafür gerne erklären möchte; daher begründen z. B. die Privilegien für industrielle Erfindungen kein Vorrecht, da sie nur eine Art geistigen Eigenthums zu schützen berufen sind.

wenn verschiedene Stämme oder Familien sich einigen. Jede bleibende Bevorzugung eines Stammes zieht in die Länge dessen Herrschaft, folglich auch die Knechtschaft der übrigen nach sich. Da jedoch der alte Grundsatz: omnes homines nascuntur liberi, im Rechtsstaate keine Ausnahme finden kann, so müsste eine solche Anomalie nothwendig zum Gewaltstaate zurück, und somit einen permanenten Kriegszustand herbeiführen. So einleuchtend und bekannt auch diese Gemeinplätze sind, so konnten wir doch um der Folgesätze willen nicht umhin, daran zu erinnern.

Das constitutionelle Oesterreich, ein Conglomerat der verschiedensten Volksstämme, hat *die Gleichberechtigung aller seiner Nationalitäten* als sein oberstes Staatsgrundgesetz oft und laut anerkannt und verkündigt. Es konnte wohl auch nicht anders, wenn es seine Existenz durch eine Rechtsgrundlage sichern wollte. Denn ruhmredig „die Freiheit Aller" auf Schild und Fahne zeichnen, und darunter die Herrschaft der Einen und die Knechtschaft der Anderen verstehen, — das konnten wohl von Fanatismus bethörte Magyaren in so lange thun, bis man sie auf schreckliche Weise zur Besinnung brachte, — nicht aber ein Staat, der eine Zukunft haben soll. Ohne die Gleichberechtigung wäre ja die ganze Constitution an sich ein innerer Widerspruch, ein Blendwerk, eine Lüge.

Ist das bisher Gesagte wahr: so ist damit über die Centralisation, wie sie das Ministerium Schwarzenberg-Bach in Oesterreich einzuführen beabsichtigt, auch schon der Staab gebrochen. Diese Centralisation ist schon darum verderblich und verwerflich, weil sie den ganzen Grundsatz der Gleichberechtigung der Nationalitäten, folglich die sittliche Hauptgrundlage der ganzen Constitution Oesterreichs, zu einer Unwahrheit, zu einer Täuschung macht. Und kann der Staat auf einer so unmoralischen Basis, wir wollen nicht sagen gedeihen, sondern nur sein Dasein fristen?

Die Gleichberechtigung, wie sie das Ministerium factisch durchzuführen strebt, müsste wohl eigentlich so formulirt werden: „*Gleichberechtigung aller Volksstämme Oesterreichs, mit alleiniger Bevorzugung des deutschen.*" Ist das noch eine Gleichberechtigung? steckt dahinter nicht nothwendig die nationale Herrschaft der Deutschen, folglich die nationale Verkürzung und Unterdrückung sämmtlicher Nichtdeutschen in Oesterreich? Und ist dann ein solcher Zustand noch ein Rechtszustand? muss er nicht über kurz oder lang, durch die eigene Gewalt der Dinge, zu einer Wiederholung der magyarischen Geschichten von 1849 in einem noch weit grösseren Massstabe führen?

Wir wollen für jetzt darüber hinwegsehen, dass den böhmischen Aemtern unlängst verboten wurde, sich untereinander der böhmischen Sprache zu bedienen. Dieser in jeder Beziehung unverantwortliche Act ist vielleicht auf inconstitutionellem Wege erschlichen worden, denn er geht noch über die von dem Ministerium selbst beabsichtigte Gränze der Centralisation hinaus. Wir beschränken unsere Bemerkungen auf die durch die Constitution vom 4 März selbst gebotene Grundlage.

Die §. 35 und 36 weisen das ganze öffentliche politische Leben der Völker Oesterreichs dem Reichstage zu; denn die Landtage haben nur gewisse bestimmte „Anordnungen" zu treffen über einige gleichsam häusliche Angelegenheiten von untergeordneter Wichtigkeit. Nun muss jenes allverschlingende politische Centrum in Oesterreich entweder ein chaotisches Babel werden, oder man muss die Sprache eines einzelnen Volksstammes (hier z. B. des deutschen) zum alleinigen Organ der Verhandlungen wenigstens factisch erheben. Damit werden aber zugleich alle übrigen Sprachen Oesterreichs von allem öffentlichen parlamentarischen Leben für immer ausgeschlossen. Eine solche Zurücksetzung untergräbt nicht allein von Grund aus jene vielgerühmte Gleichberechtigung der Volksstämme, und ist nicht allein für alle Nichtdeutschen kränkend, sondern für diejenigen Stämme, die ausserhalb Oesterreich gar nicht existiren, oder wenigstens kein politisches Leben entwickeln können, sogar *lebensgefährlich*. Denn ein Volk, dem alle nationale politische und parlamentarische Bewegung für immer abgeschnitten ist, während dessen Nachbarn dieselbe in vollen Zügen geniessen, ist dem früher oder später eintretenden nationalen Untergange unabwendbar verfallen. Für solche Völker ist daher das Eingehen auf die ministerielle Centralisation gleichbedeutend mit dem Unterschreiben ihres eigenen nationalen Todesurtheils. Kein besonnener Ehrenmann kann, als Repräsentant seines Volkes, mit gutem Gewissen einen solchen Schritt thun. Das grosse Gewicht der mit dem Reichstag parallel laufenden centralisirenden Administration in dieser Hinsicht wollen wir dabei gar nicht einmal besonders hervorheben.

Was ist daher zu thun, um diesem so bedenklichen Uebelstande zu begegnen? — Man muss ganz einfach einige Absätze des §. 36 in den §. 35 übertragen, und dem gemäss das übrige Ganze organisiren. Man muss den einzelnen Volksstämmen Oesterreichs so viel Autonomie, so viel freie politische Bewegung, so viel eigenes parlamentarisches Leben gönnen, als mit der Einheit des Staats verträglich und zugleich nöthig ist, um die Gleichberechtigung eine Wahrheit werden zu lassen, damit kein Volksstamm sich in seiner Nationalität zurückgesetzt oder gar mit dem Untergange bedroht fühle. Denn so lange man sich in dieser Hinsicht nicht gesichert findet, wird man in der Organisation des Staates immer einen äusseren Zwang gewahren, dem man bei jeder Gelegenheit sich zu entziehen suchen wird. Alle gegentheiligen Versicherungen des Ministeriums, sowie alle anderen von ihm vorgeschlagenen Mittel, sind unwirksame Palliative, welche das Uebel nicht heben, sondern vielleicht noch verschlimmern können.

Die Frage, ob die Reichsgewalt durch die Landesgewalten oder umgekehrt die Landesgewalten durch die Reichsgewalt bedingt seien, — ist im Grunde eine eben so missliche und müssige, wie z. B. die von der Souverainetät der Fürsten oder der Völker. Jeder absichtliche Gegensatz, jede einseitige Trennung muss hier am Ende zu Unsinn und zu Verbrechen führen. So wie bei Trennung der Seele vom Leibe der Mensch selbst zu sein aufhört, so auch der Staat in seinem Organismus. Wenn aber auch die Gränze des Physischen und des Geistigen in einer Persönlichkeit nicht in jedem Falle haarscharf zu bestimmen ist: so hindert das im Allgemeinen doch nicht die Unterscheidung der Sphäre des Einen wie des Anderen. Discretion und guter Wille sind dabei von beiden Seiten unerlässlich.

Wir kennen nur nachstehende Gegenstände, welche die Staatseinheit Oesterreichs, wenn sie keine illusorische werden soll, unbedingt für „das Reich" in Anspruch nimmt: es sind a) der Kaiser und sein Haus, b) die auswärtigen Angelegenheiten des Staates, c) das Kriegswesen zu Land und zur See, d) das Reichsfinanzwesen, e) das Handelswesen, somit auch f) die Reichscommunicationsmittel. Endlich ist, wenn auch nicht unbedingt nothwendig, doch sehr wünschenswerth, dass, was in einem Theile der Monarchie Recht ist, im anderen nicht als Unrecht gelte.

Jeder Unbefangene muss daraus ersehen, dass wir die Competenz des „Reichs", folglich auch des „Reichstags" in Oesterreich, gar nicht zu enge zu ziehen gewillt sind. In eine nähere Erörterung dieser Verhältnisse können und dürfen wir für jetzt nicht eingehen; wir müssen uns begnügen, unsere Ansichten hier nur anzudeuten, ihre nähere Begründung und Durchführung einer späteren Zeit überlassend. Um aber uns vorläufig wenigstens kurz zu erklären: so wünschen wir die Geschäfte der Ministerien des Innern, der Justiz und des Cultus und Unterrichtes nicht in Wien centralisirt, sondern in die grösseren Kronländer, oder die zu bildenden ethnographischen Ländergruppen, der Art vertheilt zu sehen, dass ein Mitglied des Ministeriums an die Spitze der Verwaltung eines jeden dieser grösseren Reichstheile mit der Verpflichtung trete, nicht in Wien, sondern im Centrum des ihm unmittelbar untergeordneten Verwaltungsgebietes zu residiren. Seitdem es Eisenbahnen und elektrische Telegraphen gibt, ist eine solche Einrichtung praktisch leichter als je ausführbar.

Man sieht wohl auch, dass es sich in dieser Angelegenheit durchaus nicht etwa um eine Schmälerung der kaiserlichen Prärogative, oder eine Lähmung der vollziehenden Gewalt, sondern nur um eine durch Oesterreichs eigenthümliche Verhältnisse dringend geforderte naturgemässere Organisirung der letzteren handelt.

So wenig wir aber hier, um die Gränzen eines Zeitungsartikels nicht zu überschreiten, uns in weitere Details einlassen dürfen, so können wir doch nicht unterlassen, noch einige wesentliche Bemerkungen in kurzen Worten beizufügen.

Vor Allem halten wir für bedenklich, wenn ein und dasselbe Fach der Staatsverwaltung zwischen die Reichs- und die Landesgewalten getheilt wird; es sollte jedesmal der einen oder der anderen ganz und ungetheilt zugewiesen werden. Selbst im Finanzfache, welches allerdings getheilt werden muss, wünschten wir z. B. die Erhebung sämmtlicher indirecten Steuern unbedingt den Organen der Reichsgewalt, die der directen denen der Landesgewalt (natürlich mit der Verbindlichkeit der weiteren Abführung der Quote an das Reich, wie bisher) anvertraut zu sehen. Sonst wird entweder die Reichssteuer oder der Landeszuschlag von den Contribuenten als ein opus supererogationis angesehen und perhorrescirt werden, und in beiden Fällen wird das Interesse des Staats darunter leiden. Nur durch solche Trennung und Isolirung der einzelnen Bestandtheile sind gefährliche Reibungen im künftigen Staatsmechanismus Oesterreichs zu vermeiden.

Oesterreichs Staatsleben befindet sich jetzt in einer Uebergangsperiode, und diese dürfte noch ziemlich lange dauern. Die Ideen, welche unser neues Volks- und Staatsleben vorzugsweise bedingen und bestimmen, sind im Bewusstsein des Volkes noch lange nicht allgemein zum Durchbruch gekommen: welcher Staatsmann aber deshalb ihr Dasein und ihre überwältigende Kraft verkennen oder läugnen wollte, würde sich einer sehr verderblichen Täuschung hingeben. Eine solche Idee ist z. B. die der Nationalität. Kaum die Hälfte der sämmtlichen Bevölkerung Oesterreichs ist sich ihrer bis jetzt bewusst: doch hat sie, vorzüglich durch die Ereignisse in Ungarn, bereits eine solche Kraft der Expansion erlangt, dass sie nunmehr, nach Zeugniss aller welthistorischen Naturgesetze, gewiss nicht eher ruhen wird, bis sie alle Stadien ihrer naturgemässen Entwickelung wird durchgelaufen haben. Was man immer für Mittel und Mittelchen dagegen fort anbrauchen mag: sie werden alle mehr oder weniger dem Blasen gegen den Wind ähnlich sehen, das dessen Strömung und Richtung weder aufzuhalten, noch zu ändern vermag. Man wird es aber, bei Anerkennung der angedeuteten Uebergangsepoche, sehr natürlich finden, dass auch Genossen einer und derselben politischen Meinung in der Frage noch differiren können, ob derjenige Zustand, der nach vollendeter Evolution der Idee sich nothwendig einstellen muss, gleich in vorhinein gleichsam durch eine Präoccupation vollständig eingeführt, oder erst nach und nach, gleichsam mittelst Abschlagzahlungen, erstrebt werden soll. Wir wollen darin für jetzt Niemanden präjudiciren, und nur den frommen Wunsch hier aussprechen, dass das Gut der nationalen Gleichberechtigung (= Freiheit) nicht etwa gleich dem der religiösen Gleichberechtigung (= Freiheit) erst durch vieljährige Ströme Bluts erkauft und gesichert werden müsse.

Wir haben die Frage der Centralisation Oesterreichs bisher nur von Seiten der Nationalität beleuchtet, weil diese daran die wichtigste und augenfälligste ist, obgleich das Beispiel der neuesten Bestrebungen einiger der besonnensten Staatsmänner Frankreichs, die das Heil ihres Vaterlandes nur noch in der Decentralisation desselben erblicken, den Beweis liefert, dass auch andere schwerwiegende Momente dabei in Betracht zu ziehen wären, die wir jedoch hier nicht mehr hervorheben wollen.

Auch in die Widerlegung der vielen unverdienten Vorwürfe, welche unseren Meinungsgenossen vorzüglich von Seite der Wiener Presse gemacht worden sind, dürfen und wollen wir nicht eingehen. Nur das einzige gegen uns oft geltend gemachte Argument, „dass Oesterreichs Regierung *stark*, daher nothwendig centralisirt, sein müsse," wollen wir noch mit einigen Worten beleuchten. Ob Derjenige immer stark ist oder sein kann, der einen Kampf gegen Natur und Recht wagt, wissen wir nicht: dass er aber am Ende immer unterliegen muss, daran ist kein Zweifel. Es scheint uns aber, dass bei unseren Gegnern diesfalls eine vielleicht unfreiwillige Verwechslung von Begriffen Statt findet, und dass sie sich unter einer *starken* Regierung eigentlich eine *bequeme* denken. Ist Solches der Fall, so können wir ihnen nicht ganz Unrecht geben: nur glauben wir, dass eine solche Eigenschaft weniger wichtig ist, als sie anzunehmen scheinen. Bequem ist in politischen Dingen nur die Despotie und die Barbarei; constitutionelle Regierungen aber haben sich unseres Wissens einer solchen Eigenschaft niemals vorzugsweise rühmen wollen.

Man hat es uns auch oft übel genommen, dass wir zur Bezeichnung der Grundsätze, die wir bei der Constituirung Neu-Oesterreichs befolgt zu sehen wünschten, uns des Wortes *Föderation* bedienten, indem darin ein verdeckter Anspruch auf eine unabhängige und souveräne Stellung der zu föderirenden Länder zu liegen scheine, der mit den wirklichen Verhältnissen unvereinbar ist. Wir haben bereits oft erklärt, dass ein solcher Anspruch unseren Ansichten und Absichten von jeher fremd gewesen. Um aber auch diesen Stein des Anstosses möglichst aus dem Wege zu räumen, wollen wir keineswegs difficiles in verbis uns erweisen, und erlauben uns somit, unsere Freunde und Meinungsgenossen einzuladen, dass sie dasjenige politische System, welches von uns bisher etwas uneigentlich und ungenau mit dem Worte *Föderation* benannt worden, fortan mit dem Titel unseres Journals, *Union*, bezeichnen möchten.

Bittere Erfahrungen, welche mir, wie mein politisches Programm überhaupt, so auch der letztgenannte Aufsatz in den Národní Nowiny zuzogen, vermochten mich, dem Wunsche meiner sel. Gattin nachzugeben und allen politischen Discussionen fortan, wenigstens in den Jahren der Reaction bis 1860, ferne zu bleiben.

XXIX.

Die Königinhofer Handschrift.

Unter den Erscheinungen, welche die Bach'sche Reactions-Periode in Oesterreich (1849—1859) charakterisiren, stand nicht in letzter Reihe auch das Bemühen, den Aufschwung zu hemmen, den die böhmische Nationalität in der kurzen Zeit der Freiheit von 1848—1849 genommen hatte. Da zur Weckung und Verbreitung des nationalen Selbstbewusstseins, neben anderen Ursachen, auch die alten neuentdeckten Schätze der böhmischen Literatur, und darunter vor Allem die Königinhofer Handschrift mitwirkten, so fand das Wiener „Comité für die öffentliche Meinung" es für gut, das einst schon vom ersten k. k. Hof-Slawisten Barthol. Kopitar († 1844) beliebte Mittel wieder anzuwenden, um jene Schätze möglichst unschädlich zu machen, indem man deren Echtheit leugnete und ihnen, als modernen Falsificaten, auch allen inneren Werth absprach. Die Aufsätze im Feuilleton des „Tagesboten aus Böhmen" (October 1858), gegen welche mein nachstehender Artikel gerichtet war, machten in dem Streit Epoche, unter notorischer Begünstigung, wo nicht Mitwirkung, der damaligen Prager Polizeibehörde.

37 a).
Handschriftliche Lügen und paläographische Wahrheiten.
(Gedruckt in der Zeitschrift Bohemia vom 5, 6 und 10 November 1858.)

Der seit einiger Zeit in den verschiedensten deutschen Journalen gespenstisch umlaufende Geist, der kein geringeres Ziel verfolgt, als alles Vorzügliche, was von der uralten Blüthe der böhmischen Literatur in unseren Tagen zum Vorschein gekommen, als unechte Waare, als Lüge und Betrug in Misscredit zu bringen, und die patriotischen Literaten des neueren Böhmens insgesammt als eine Meute von Fälschern, von Betrügern oder Betrogenen darzustellen, — dieser unsaubere Geist hat nach so langem Räuspern und Spucken, nach so vielen halben Worten, geheimnissvollen Zuflüsterungen und bedenklichen Andeutungen, endlich einen Sprecher gefunden, zwar nur einen anonymen und unverständigen, aber doch einen deutlichen und verständlichen. Im Feuilleton des „Tagesboten aus Böhmen" vom 6 bis 29 Oct. d. J. hat er unter der Aufschrift „Handschriftliche Lügen und paläographische Wahrheiten" in fünf Artikeln sein grosses Wort gesprochen. Wahrlich, man möchte sich versucht fühlen, ihm für diese seine Offenheit den grössten Dank darzubringen, wenn seine offenbare Absicht nicht in grellem Widerspruche stände mit der unfreiwilligen Unschädlichkeit seines Werkes: denn bekanntlich sind Gespenster nur im Finstern zu fürchten, ans Tageslicht gezogen werden sie ohnmächtig.

Der Anonymus geht von Hrn. Dupoisat, von Macpherson (warum nicht auch Chatterton?) und von Simonides aus, um am Ende bei Hrn. Hanka als dem „Abgeordneten der böhmischen Schreibschule", also wohl als dem grossen Falsarius der neu-altböhmischen Literatur, anzukommen und auf ihn als die „Stammmutter" aller numerisch nicht zu fixirenden, seit 1817 aufgetauchten literarischen Falsificate hinzuweisen. Er scheut dabei nicht die Mühe, eine res judicata noch einmal einer Quasi-Untersuchung zu unterziehen, um „die Herrlichkeit des Wenzelsliedes" mit gehörigem Gepränge „zu Grabe zu läuten," und auch das Lied an den Wyšehrad „zum Orcus" zu geleiten: denn — percutitur catulus, ut sentiat leo — er kennt ein noch höheres Ziel: im heiligen Eifer für Wahrheit möchte er eigentlich das Gedicht von Libuša's Gericht (Libušin Saud), und vor Allem die Königinhofer Handschrift, auch „zum Orcus" hinabführen. Das ist der Ehrenpreis, für welchen er gleich allen seinen Genossen sich begeistert. Mit „widerstrebendem Herzen" sieht der edle Mann sich genöthigt, auch diesen „sonst hochgehaltenen" Schatz „von seinem Herzen zu reissen" und der nothwendigen Reinigung unserer geistigen Atmosphäre zum Opfer zu bringen.

Ich habe nicht die Absicht, ihm in seinem Gang auf Schritt und Tritt zu folgen. Seit Jahren jenen Kreisen entrückt, in welchen über böhmische Literatur das grosse Wort geführt wird, fühle ich mich nicht berufen, für sie einzustehen und ihre Aufgabe zu übernehmen. Auch ist ja Hr. Hanka allein sich selbst Mann genug. Doch da ich schon lange vergebens auf eine Aeusserung von dorther warte, die den kecken Uebergriff in seine Schranken zurückweisen soll, und da auch mein Name in den Streit gezogen wird, ich aber allerdings besser als andere befähigt bin, über einige dieser Streitpuncte Aufschluss zu geben: so nehme ich keinen Anstand, den hingeworfenen Handschuh, wenigstens so weit es mich angeht, aufzuheben, und dem unbekannten Ritter ohne Furcht, aber nicht ohne Tadel, mit gebührender Courtoisie entgegenzutreten. In der Wahl und Führung der Waffen muss ich dabei freilich nicht so sehr auf das, was der Haltung meines Gegners angemessen wäre, als vielmehr auf das Rücksicht nehmen, was meiner Aufgabe würdig ist. Denn nicht um den Sieg über einen offenbar schwachen Gegner ist es mir zu thun, sondern um die Sicherstellung dessen, was der Geschichte unseres Volkes angehört, und was hoch zu halten wir allen Grund haben.

Der Streit um den Saud Libušin ist nicht neu. Er begann schon 1819, und wurde zuerst von zwei ehemaligen Koryphäen der slawischen Sprachforschung angeregt, von Dobrowský und Kopitar. Jener erschrack über eine Erscheinung, die er nicht begriff, und die viele seiner philologischen wie historischen Lieblingsansichten umzuwerfen drohte. Doch war er ein Ehrenmann, der keine Nebenzwecke verfolgte, und daher bei längerem Leben und weiter fortgeschrittener Wissenschaft ohne allen Zweifel sich mit der Zeit eines Besseren besonnen und der Erkenntniss der Wahrheit geöffnet hätte. Dagegen waren Kopitars Gründe und Bedenken in diesem Falle keineswegs wissenschaftlicher Art, und er pflegte auch seine Waffen aus der Rüstkammer weder der Philologie noch der Paläographie herzuholen. Sein Standpunkt war beinahe identisch mit dem, welchen heutzutage auch der Herr Orcus-Ritter einnimmt. Die mit mehr Wärme als Licht lange Zeit geführte Discussion hat im Jahre 1840 in der kritischen Abhandlung „Die ältesten Denkmäler der böhmischen Sprache" von P. J. Šafařík und F. Palacky (in den Acten der kön. böhm. Gesellschaft der Wissenschaften) hoffentlich ihren Abschluss, ihre Erledigung gefunden. Wenigstens ist gegen die von uns dort angegebenen Aufklärungen und aufgestellten Behauptungen, seit nunmehr 18 Jahren, noch nirgends etwas vorgebracht worden, was in Stoff und Form nur einigermassen wissenschaftlich gehalten wäre. Auch Kopitar hüllte sich bis zu seinem Tode († 1844) in vorsichtiges Schweigen. Am wenigsten wird man dasjenige, was der Anonymus so eben vorträgt, für wissenschaftlich gelten lassen können. Sein Verfahren ist ein ganz eigenthümliches: er wiederholt fast wörtlich alles, was ich selbst an der Handschrift in paläographischer Hinsicht als ungewöhnlich und auffallend hervorgehoben hatte, ignorirt aber gänzlich die darüber gegebene Aufklärung. Geschicht das etwa *bona fide*? Die ganz ausserordentliche Tinte des Manuscripts spricht eben am entscheidendsten und unwiderlegbarsten für dessen hohes Alter. Der Fall ist freilich ein seltener und schwieriger, und es dürfte der Paläographen genug geben, die zeitlebens keine Gelegenheit gehabt haben, Erfahrungen darüber zu sammeln: der Anonymus aber, der offenbar nichts von der Sache versteht und auch nichts lernen will, stellt ihn ohne Weiteres als ein äusseres Merkmal der Unechtheit dar. Warum ignorirte er die von mir (S. 20) über die Buchstaben *ogubi* angeführte Thatsache, die an sich schon allein geeignet war, all sein seichtes Raisonnement umzustossen? Doch ich thue vielleicht Unrecht, solche Fragen an einen Mann zu richten, der über die Hypothese einer altböhmischen Schreibschule nur Witze zu machen weiss, und die Sache damit abgethan zu haben glaubt. Es ist freilich leichter und bequemer, eine ungewöhnliche Erscheinung zu läugnen und sich darüber lustig zu machen, als sie richtig zu begreifen und zu erklären: nur ist jenes Verfahren mehr die Sitte literarischer Gamins, als ernster und achtbarer Forscher.

Nur einen einzigen Einwurf erhebt der Anonymus, dem eine scheinbare Berechtigung nicht abzusprechen ist, und der darin besteht, dass ich im Jahre 1840 noch das böhmische Wenzelslied als echt gelten liess, dessen Unechtheit sich seitdem unbestritten herausgestellt hat, und dass ich mir deshalb keine paläographische „Unfehlbarkeit" vindiciren dürfe. Ich bin damit vollkommen einverstanden und weit von der Anmassung entfernt, mir eine solche Unfehlbarkeit zuzuschreiben. Es ist aber in ziemlich weiten Kreisen bekannt, und selbst der Anonymus scheint davon zu wissen, dass ich den Werth jenes Liedes, wie auch des an den Wyšehrad, von jeher sehr gering angeschlagen habe. Ich habe das corpus delicti kaum zwei- bis dreimal in früheren Jahren flüchtig angesehen; seine Werthlosigkeit entzog es meiner Beachtung, und ich ging um so weniger an dessen kritische Prüfung und Würdigung, als weder Dobrowsky noch Kopitar, noch sonst irgend Jemand seine Echtheit in Zweifel zog, Dobrowsky im Gegentheil dieselbe anerkannte, und der verstorbene P. Zimmermann, den doch kein Mensch für einen Macpherson oder Simonides halten konnte noch kann, auch mir persönlich sich einigemal als dessen glücklichen Finder präsentirte. Seit 1852 aber (und die ersten Zweifel reichen wohl kaum so weit hinauf) stehe ich mit dem böhmischen Museum und seinen Schätzen, wie bekannt, in keiner Berührung. Daher verliert auch dieser Einwurf seine Tragweite.

Mit der Unfehlbarkeit hat es in Sachen der Paläographie ohngefähr dieselbe Bewandtniss, wie in den meisten menschlichen Dingen überhaupt: wer daran die meisten Ansprüche stellt, beweist gewöhnlich nur, dass sein geistiger Horizont am beschränktesten ist. Ich habe nunmehr über 35 Jahre in fleissigem oft ausschliesslichem Studium alter Schriften zugebracht, und bin mir dennoch bewusst, noch lange nicht ausgelernt zu haben. Es gibt Schriften, über welche man schon beim ersten Anblick mit voller Sicherheit urtheilen kann; es gibt andere, wo das Urtheil um so schwieriger wird, je tiefer man in das Studium des Gegenstandes eindringt. Das Manuscript des *Saud Libušin* findet im ganzen Gebiet der Paläographie nicht seines gleichen: ist es desshalb unecht? Es kann eben als Prüfstein paläographischer Weisheit überhaupt gelten. Alle einschlägigen Momente sind bereits 1840 besprochen, und seitdem nicht widersprochen, viel weniger widerlegt worden. Dahin muss ich denn alle ernstere Debatte verweisen. Ich habe nichts zurückzunehmen, und auch nichts beizufügen, ausser etwa, dass ich auch jetzt von der Echtheit dieses interessanten und schätzbaren Alterthums mehr als je überzeugt und durchdrungen bin. Mein Urtheil schwankte bekanntlich lange Zeit, und ich habe erst zu Ende des Jahres 1834 mich für die Echtheit entschieden. Man wird vielleicht einwenden, mein Patriotismus habe mich geblendet und mein Urtheil irregeleitet: aber man wird mir doch zugestehen müssen, dass ich seit 1835 nicht patriotischer geworden bin, als ich auch vorher schon gewesen. Auch bin ich von jeher mit der Ausgrabung zu vieler verschütteten und vergessenen Denkmäler von solidem Glanz und Werth für Böhmen beschäftigt, als dass es mir einfallen könnte, sie mit Beimischung falschen unhaltbaren Flitters zu compromittiren; und die Čechisirung von ganz Deutschland mit seinen unendlichen Schätzen wäre wahrlich noch kein hinreichender Preis, der mich bestimmte, wissentlich etwas Unwahres zu behaupten.

Ich nehme es darum keinem Manne vom Fach übel, wenn er von dem *Saud Libušin* nicht gleich denkt, wie ich: aber wenn ein solcher sich anschicken sollte, darüber ein entschieden abfälliges Urtheil zu sprechen, so müsste ich ihm doch die gutgemeinte Bitte zurufen: "Meister! lerne doch noch etwas mehr, und Du wirst anderen Sinnes werden."

37 b).

Es gibt verschiedene Standpuncte, von welchen aus die Prüfung und Würdigung alter literarischer Denkmäler, und somit auch des Saud Libušin und der Königinhofer Handschrift, unternommen werden kann und soll: den paläographischen, den philologischen, den historischen und archäologischen, den poetischen u. s. w. Der erstere ist offenbar der wichtigste, da er auch für die andern Maass und Ausschlag gibt; denn ist etwas erwiesen alt und echt, so kann es der Philologe wie der Historiker nicht beanstanden oder zurückweisen, sondern muss es acceptiren und seine Theorie darnach einrichten. Ich übergehe in diesem Aufsatze den Standpunkt der slawischen Philologie gänzlich, nicht dass ich ihn in seiner hohen Bedeutung unterschätzte, sondern weil ich mich darin nicht competent fühle, und andere wohl bekannte Auctoritäten darüber entweder schon entschieden haben oder noch entscheiden werden. Eben so werde ich die poetische Seite der Gedichte kaum berühren: darüber ist das grosse Publicum selbst Richter, und es hat seine Stimme durch die erfolgte Uebersetzung dieser Denkmäler in alle europäischen Sprachen bereits abgegeben. Ich werde mir nur über den paläographischen Theil noch einige kurze Bemerkungen erlauben, und dann einige Puncte aus der Geschichte hervorheben. Ein gründlicheres Eingehen in diese Sache ist nicht die Aufgabe eines Journalartikels; auch handelt es sich hier zunächst nur um Zurückweisung eben so unbefugter als dreister Uebergriffe von Uebelwollenden.

Ist, wie man zugeben kann, die Handschrift des Saud Libušin eine Art Vexirstück für Paläographen, so tritt bei der Königinhofer Handschrift gerade der umgekehrte Fall ein:

hier ist alles klar und normal, und nichts von der Regel Abweichendes, nichts Ungewöhnliches bietet sich dem Forscher dar, es sei denn die wirklich seltene Feinheit, Zierlichkeit und Eleganz in Pergament, Format und Schrift. Jeder, der nur einigermassen in alten Schriftsachen bewandert, dessen Auge im Anschauen derselben geübt und nicht von Leidenschaft getrübt ist, erkennt auf den ersten Blick mit Vergnügen die echte Patina des Alterthums, und die banale Frage: ist die Schrift echt? erstirbt auf der Lippe. Wer gleichwohl Zweifel nähren will, der versteht entweder von der Sache gar nichts, oder er entzieht der Paläographie alle wissenschaftlichen Grundlagen. Ist die Königinhofer Handschrift unecht, so gibt es nichts erweisbar Echtes weder in der böhmischen noch in der deutschen Literatur, an die Stelle der Wahrheit tritt überall der Zweifel. Darum hat auch noch kein wirklicher Paläograph jemals einen Zweifel an der Handschrift erhoben; kennt der Anonymus einen solchen, so nenne er ihn. Das Einzige, worüber unter Männern vom Fach eine Divergenz der Meinungen sich bilden konnte, war die Frage, ob die Schrift dem Ende des XIII Jahrhunderts oder etwa den ersten Regierungsjahren Karls IV angehöre: was an sich weder von grossem Belange, noch auch leicht zu unterscheiden ist.

Schon vor einiger Zeit hat der „Tagesbote" darauf gedrungen, dass eine kritische Untersuchung eingeleitet werde über die Echtheit der Königinhofer Handschrift, — eine auffallend zarte Sorge für rein literarische Interessen von Seite eines Tagesblattes, das die Vorgänge an der Börse über alle anderen Momente im Staats- und Volksleben zu stellen gewohnt ist. Verstand denn das Blatt wohl, was es verlangte? Was sollte denn kritisch untersucht werden? Etwa ob die Handschrift kein codex rescriptus sei? Aber das niedliche, reine, wahrhaft jungfräuliche Pergament lässt diese Frage in den Augen jedes Kundigen als Unverstand erscheinen. Oder ist etwa die Schrift, die Farbe verdächtig? das könnte sie erst sein, wenn sie anders wäre, als sie ist. Oder ist endlich der Inhalt, trotz den vielen Commentaren, die darüber in verschiedenen Ländern erschienen sind und bereits eine Bibliothek bilden, noch zu wenig aufgeklärt, zu räthselhaft und Zweifel erregend? Ja freilich! wären die Gedichte nicht undeutsch, und doch von echtem poetischen Geist durchweht, zeugten sie nicht von so viel Kraft und Zartsinn, von edlem Schwung und derber Naturwahrheit zugleich: der „Tagesbote" und seine Einbläser würden sie eben so in Ruhe lassen, wie die gereimte Prosa der nicht viel jüngeren Königin*grätzer* Handschrift.

Der Anonymus versucht freilich, für seine Meinung auch Gründe anzugeben. Diese sind nun allerdings originell, aber so insipid und nichtssagend, dass ich mich fast schäme, darauf einzeln eingehen zu müssen. *Erster* Grund: Die Gesänge der K. H. sind insgesammt unica, kommen sonst nirgends vor, und sind daher verdächtig. Weiss denn der Anonymus nichts von den Schicksalen des böhmischen Schriftwesens in früheren Jahrhunderten? Alle unsere ältesten Denkmäler dieser Art, so wie neun Zehntel der deutschen, sind unica, und es wäre Thorheit, sie deshalb für unecht zu halten. *Zweiter* Grund: Hr. Hanka hat einige abgeblasste Buchstaben in der Handschrift mit neuer Tinte aufgefrischt: also kann dieselbe von ihm selbst nicht für alt gehalten worden sein. Als wenn diese allerdings unverantwortliche Operation etwas mehr und anderes bewiese, als die Abwesenheit alles kritisch-wissenschaftlichen Sinnes und Tactes bei Hrn. Hanka in dem Augenblicke, wo er sie unternahm. *Dritter* Grund: Prof. Sickel hat in seine Monumenta graphica medii aevi als ältestes böhmisches Schriftdenkmal nicht eine Probe aus der K. H., sondern eine Urkunde vom J. 1380 aufgenommen: folglich scheint er jene nicht für echt zu halten. Darauf antworte ich: Hätte Prof. Sickel durch seine Wahl der (von mir im Auslande entdeckten und für das Museum acquirirten) Urkunde von 1380 andeuten wollen, dass es in der böhmischen Literatur *kein älteres* Schriftdenkmal *überhaupt* gebe, so hätte er damit den Kreis seiner eigenen Competenz in auffallender Weise überschritten und sich eben nicht als Auctorität in seinem Fache bewährt. Ohne Zweifel hat er aber nur das älteste bestimmt *datirte* Schriftstück darstellen wollen, und dann konnte er freilich kein anderes wählen; dann beweist aber seine

Wahl nicht mehr, als dass wir keine ältere Urkunde in böhmischer Sprache besitzen als von 1380, was Niemand bestreitet.

37 c)

Es ist eine missliche Sache, wenn man den natürlichen Rechtsgrundsatz: quisque praesumitur bonus, donec probetur esse malus, — geradezu umkehrt, und von einem rechtschaffenen Manne die Beweisführung fordert, dass er kein Dieb, kein Mörder, kein Ehebrecher u. dgl. sei, während das gemeine Rechtsgefühl es an die Hand gibt, dass es Demjenigen, der ihn als solchen schilt, obliege, die Beweise für seine Behauptung beizubringen. Darum verkenne ich die schwierige Stellung nicht, die ich mir bereite, wenn ich mit Gründen der Induction die Echtheit der Königinhofer Handschrift darzuthun unternehme. Es gibt aber keine andere Wahl, so lange es den Gegnern nicht beliebt, einen nur einigermassen haltbaren Grund für ihre Verdächtigung vorzubringen. Denn den unlogischen Schluss: „das böhmische Wenzels- und das Wyšehrader Lied sind unecht, also ist es die Königinhofer Handschrift auch," werden sie doch wohl nicht als haltbaren Grund geltend machen wollen. Was würden sie denn sagen, wenn auch ich eine Parallele ziehen und also raisonniren wollte: „die alten österreichischen Chroniken des Aloldus von Pechlarn, des Ortilo und des Pernoldus sind erwiesenermassen falsch, also ist auch das Lied von den Nibelungen, bekanntlich ein altösterreichisches Werk, verdächtig?" oder „die bekannten österreichischen Privilegien, das majus und das minus, sind unterschoben: folglich sind es auch alle, numerisch nicht zu fixirenden, österreichischen Urkunden der ältesten Zeit?" Der Unterschied wäre mehr scheinbar als wesentlich, und doch würde man mich für einen Unwissenden, einen Böswilligen, einen Narren erklären. Da nun auch die im vorigen Artikel berührten drei Puncte doch wohl von den Gegnern selbst nicht als stichhaltig angesehen werden können, so muss ich annehmen, dass ein *positiver* Grund zum Zweifel an der Königinhofer Handschrift noch überhaupt nicht vorliege. Und bei diesem Umstande wird man auch inductive Gründe für die Echtheit gelten lassen können. Freilich können solche nur an die billigen und gerechten Leser sich wenden, welche ihr Urtheil nicht schon in vorhinein vergeben und festgestellt haben; ich gebe allen Anspruch, wie alle Hoffnung auf, die absichtlichen Gegner zu überzeugen und zu bekehren.

Eines der Lieder der Königinhofer Handschrift preist die Heldenthat eines „Beneš Hermanow," der die nach Böhmen eingefallenen Sachsen, während der Abwesenheit des Landesfürsten, der „weit zu Otto hingefahren" war, aus dem Lande trieb. Unsere älteren Zeitgenossen werden sich noch erinnern, wie alle die vielen Commentatoren der Handschrift, die Herren Hanka und Swoboda im J. 1829 mit eingeschlossen, die Thatsache in die Zeit Otto's von Brandenburg in Böhmen (1280) zu setzen pflegten. Man durfte sich gleichwohl nicht verhehlen, dass das gegebene Signalement schlecht zu der angenommenen Zeit passte: den kaum 10jährigen Wenzel II konnte der Dichter doch schwerlich zum Schutze des Landes herbeiwünschen, man hatte auch in Böhmen nicht über Otto's weite Entfernung, sondern mehr über seine Nähe zu klagen, patronymische Benennungen waren bei den böhmischen Grossen um 1280 schon durch erbliche Familiennamen verdrängt, und vor Allem, der Zeitgenosse Dalemil weiss von einem Beneš Hermanow gar nichts, während er doch alle Vorkämpfer der Böhmen in dieser Zeit zu verherrlichen bemüht war. Erst seit ich anfing, ein böhmisches Diplomatar überhaupt zu sammeln, und durch Combination aus vorher unbekannten Urkunden das Dasein eines Beneš Hermanow als eines der hervorragendsten böhmischen Grossen (1197—1222) entdeckte und nachwies, weiss man, dass dieser Beneš ein Sohn des Stifters von Münchengrätz, Herman von Ralsko (1175—1197), Ahnherr des nachmals berühmten im J. 1468 ausgestorbenen Dynastengeschlechts von Michalowic (Michelsberg), und in den Jahren 1217—1222 Castellan von Budissin gewesen. Diese Daten konnte in Böhmen vor 1829, wie gesagt, Niemand wissen: dennoch sollte der unbekannte Falsarius durch eine an die göttliche Allwissenheit streifende Divinationsgabe sie schon 1817 richtig angegeben haben!

Das erste unvollständig erhaltene Gedicht der Sammlung feiert die im J. 1004 erfolgte *Wieder*einsetzung Herzog Jaromir's auf den böhmischen Thron. Nach Zeugniss der Recension, die ich im J. 1829 auf Kopitars Verlangen für den 48 Band der Wiener Jahrbücher der Literatur über die von Swoboda und Hanka veranstaltete Herausgabe der Königinhofer Handschrift schrieb, wusste ich jene Thatsache damals selbst noch nicht mit der Wahrheit in Einklang zu bringen, sagte vielmehr, dass entweder unsere Geschichte oder des Sängers Angabe irrig sein müsse, und hielt das letztere für wahrscheinlicher. Erst später belehrte mich ein tieferes Studium der Quellen, dass der Sänger doch recht hatte, und dass Jaromir schon einmal, nach einer Regierung von nur einigen Wochen zu Anfang des Jahres 1003, gestürzt worden war, daher zu Anfang September 1004 allerdings *wieder*eingesetzt werden konnte. Der räthselhafte Falsarius war offenbar in diesem Falle 1817 von vornherein besser unterrichtet, als ich 1829; er bewährte sich als einen überaus tiefen Kenner der Geschichte, wie Böhmen 1817 sonst keinen besass.

Einer der bedeutendsten historischen Gesänge, von der Niederlage der Tataren bei Olmütz, schildert die ganze grosse Mongolenfluth von 1241, mehr poetisch als historisch, als einen Rachezug des Chans wegen seiner lieben Tochter, der holden Kublajewna, welche auf ihrer Reise nach den Ländern des Occidents die Deutschen um ihrer Edelsteine, ihres Goldes und Perlenschmucks willen erschlagen haben sollten. Es wurde zwar in Böhmen schon im J. 1818 ermittelt, dass in Schlesien eine Sage darüber existirte: doch war die Kenntniss davon noch überall so dunkel und unsicher, dass E. Horky noch 1821 den Princessinmord auf die mährische Burg Maidenberg (unfern Nikolsburg) verlegen konnte. Erst im J. 1842 theilte ich in meinem Aufsatze „Der Mongolen Einfall im J. 1241" (in den Acten der k. böhm. Ges. d. Wiss.) unter der Ueberschrift „Der Raubmord bei Neumarkt in Schlesien," die einschlägige Stelle aus der alten deutschen S. Hedwigslegende mit, und wies dort, wie auch in der Abhandlung über den russischen Fürsten Rostislaw, Vater der böhmischen Königin Kunigunde (in der böhm. Museumszeitschrift), auch ihren wahren und wirklichen historischen Grund nach: nämlich die etwa im Dec. 1240 bei Neumarkt erfolgte Ermordung einer vor den Mongolen fliehenden russischen Princessin (nach russischen, erst in der neuesten Zeit edirten Quellen). So müssen wir arme Sterbliche mühsam erst nach und nach zu einer Erkenntniss gelangen, welche dem Falsarius von 1817 durch eine wundersame Intuition gleich fertig von oben herab verliehen worden war!

In solcher Exposition könnte ich noch weiter fortfahren, wenn das Gebot der Kürze nicht innezuhalten nöthigte. Es würde daraus nur in noch grösserem Maasse hervorgehen, was ja schon ausser Zweifel liegt, dass der angebliche Falsarius von 1817 an tiefen historischen Kenntnissen Alles überboten hätte, was je in Böhmen zum Vorschein gekommen. Doch seine Ueberlegenheit würde sich noch glänzender aus der Analyse der Sprache herausstellen, deren er sich bediente, wenn ein competenter Richter sie nach Inhalt und Form, nach Wörterbuch und Grammatik, zu prüfen unternähme. Man behauptet, und mit Recht, dass die slawische Sprachforschung seit 40 Jahren durch die vereinten Bemühungen verdienstvoller Gelehrten in Oesterreich und Russland riesige Fortschritte gemacht habe. Dem wäre aber keineswegs so, wenn die Königinhofer Handschrift und der Saud Libušin neueren Ursprungs sein sollten; denn in diesem Falle müssten alle die Männer, Šafařik wie Kopitar, Miklosich wie Wostokow u. s. w. bei dem Falsarius noch in die Schule gehen. Der ganze Organismus der Sprache, wie ihn die Königinhofer Handschrift bietet, liess sich aus den vor 1817 bekannten böhmischen Denkmälern nicht abstrahiren; er hätte sein Dasein nur einer noch unbegreiflicheren göttlichen Intuition zu verdanken, als die historischen Daten, die ich eben berührte. Doch liegt zwischen dem Organismus der Sprache der Königinhofer Handschrift und dem der Sprache des Saud Libušin ebenso eine Kluft. von Jahrhunderten, wie zwischen der böhmischen Diction des XIV und des XIX Jahrhunderts. Nun begreife, wer es

kann, welche erstaunliche Kenntnisse und welche Genialität
erforderlich wäre zur Erfindung solcher Dinge. Mit nicht viel
geringerem Rechte könnte man die Vermuthung äussern, auch
die bekannten Reste der gothischen Sprache und Literatur
seien von Gelehrten der Neuzeit nicht *gefunden*, sondern
erfunden worden. Doch will ich es Anderen überlassen, diese
Sache im Detail zu urgiren, da ich nicht zu den Philologen
von Profession gehöre.

Ausser dieser hohen Meisterschaft in der Geschichte und
Sprachkunde hätte der angebliche Falsarius auch noch eine
unvergleichliche Virtuosität in Paläographie und Chemie, in
der letzteren auch dadurch bethätigen müssen, dass es ihm
gelang, dem Pergamente ein Aussehen zu geben, das sonst
nur die Wirkung Jahrhunderte lang fortgesetzter Elementar-
einflüsse zu sein pflegt. Und in allen diesen Fächern hätte
der Mann ein vollkommener Autodidakt sein müssen: denn
einen Lehrer konnte er dafür in Böhmen nicht finden, und
ausser Böhmen auch nicht. Doch auch daran wäre noch nicht
genug: das Höchste und Seltenste, eine poetische Begabung
und Schöpferkraft sonder Gleichen musste sich zu diesen
Eigenschaften gesellen, eine Kraft, die sich namentlich auch
darin bethätigte, dass sie alle Mannigfaltigkeit, Innigkeit und
Naivität des Mittelalters nachzubilden wusste, ohne irgendwo
durch Begriffe oder Ansichten der Neuzeit modernen Ursprung
zu verrathen. Und alle diese überschwänglichen Gaben hätte
der unbekannte grosse Mann, von allen Zeitgenossen unbemerkt,
für sich im Stillen ausgebildet, um sich nur einmal den Jux
zu machen, seine Landsleute mit seinem Werke hinter's Licht
zu führen! — Glaube das, wer es verdauen kann. —

Wenn nun der Anonymus auf Hrn. Hanka als den grossen
Falsarius hinweist, und dieser mit der Widerlegung zurückhält,
so ist das eben nicht sehr auffallend. Ich möchte an Hrn.
Hanka's Stelle vielleicht selbst nicht wissen, ob ich mich über
einen solchen Vorwurf mehr ärgern oder freuen soll; denn so
viel Geist und Kenntniss wird man ihm doch zugestehen, dass
er die ausserordentliche Grösse des Compliments lebhaft erkenne,
das seiner Fähigkeit damit gezollt wird. Leider aber müsste

ich selbst in dem (natürlich an sich ganz unstatthaften) Falle, dass Hr. Hanka sich zu dem Falsum bekennen wollte, ein wohlbegründetes Nein! entgegenrufen. Er wird wohl so gut wie ich sich noch eines leidigen Factums vom J. 1826 erinnern, das mich schon damals seine Freundschaft kostete, eine Freundschaft, die ich seitdem nicht wieder zu erlangen vermochte. Dem Factum lag seine damalige Ungeübtheit im alten Schriftwesen zu Grunde, die noch so gross war, dass ihm selbst einfache Urkunden des XIII Jahrhundertes im Lesen unüberwindliche Schwierigkeiten machten, und er deshalb seine fehlerhaften Copien, auf Geheiss der Museumsvorstände, meinen Verbesserungen gemäss überschreiben musste. Und derselbe Mann sollte zehn Jahre früher schon Wunder der Paläographie erzeugt haben, denen kein Zeitgenosse gewachsen war! Ich sage das nicht etwa, um die schuldige Achtung vor seinen vielen wohlerworbenen Verdiensten zu schmälern: die Anführung dieser Thatsache war aber unerlässlich, wenn ich nicht einen wesentlichen Grund meiner persönlichen Ueberzeugung verschweigen oder hintansetzen sollte. Wäre Hr. Hanka wirklich der vermeinte grosse Falsarius, so wäre das böhmische Volk berechtigt, ernste und gerechte Beschwerde über ihn zu führen: sie würde aber nicht dahin lauten, dass er die Königinhofer Handschrift und den Saud Libušin dichtete, sondern dass er nicht mehres der Art an's Tageslicht brachte und in so hohen Leistungen seit 40 Jahren ganz und gar müssig blieb. Den paläographischen, so wie den paläologischen Theil hätte er sich dabei ersparen können, wenn er uns dagegen nur mit dem poetischen beschenkt hätte. Doch ich sage es ohne Arg wie ohne Frevel rund heraus: wenn es möglich wäre, alle Kenntnisse und alle Fähigkeiten, welche Hr. Hanka, ich, der Anonymus und einige Dutzend seiner Consorten besitzen, in *einen* Geist zusammenzugiessen und diesen noch zu sublimiren und zu potenziren: wir wären doch alle nicht im Stande, ein neues äquivalentes Werk, wie die Königinhofer Handschrift und Saud Libušin zusammengenommen, zu erschaffen.

Seitdem mein erster Artikel in der Bohemia erschien, hat der Redacteur des Tagesboten, Hr. Kuh, durch eine vorläufige Replik, sich indirect selbst als den Anonymus zu erkennen gegeben. Ich wusste wohl, dass mein Gegner ein der Sache, um die es sich handelt, durch Beruf und Kenntnisse fern stehender Mann sein müsse. Das bewies, ausser dem ganzen Inhalt seiner Argumentation, noch mehr der kleine Umstand, dass er das Duplicat des „Jelen" auf der Rückseite des Wyšehrader Liedes geschrieben sein lässt. Er konnte daneben immerhin als Kenner einer Menge „lauter Geheimnisse" und Klatschereien sich bewähren, wie z. B. von der Weissagung Libuša's und von Hrn. Šafařik's Verhalten dagegen, wovon ich nie gehört habe, und bis jetzt auch nichts mehr weiss, als was eben er mich lehrt.

Hr. Kuh findet nun in meiner Entgegnung eine Gereiztheit, die weit ab von aller historischen Ruhe und Objectivität liege, und appellirt an seine Ehrlichkeit gegenüber der von mir angeblich zur Schau getragenen Verachtung und Verdächtigung seiner Gesinnungen. Darauf nur einige Worte zur Erwiederung:

Ich verachte keinen Menschen, auch den verworfensten Verbrecher nicht, so weit er Mensch ist; und ob ich Hrn. Kuh als Journalisten verachtet habe, weiss er selbst wohl am besten. Aber Hr. Kuh schmiegt sich in neuerer Zeit mit aller Zähigkeit immer enger an eine eben nicht „stille Partei" an — eine Partei, die sich in alle Organe der öffentlichen Meinung in Deutschland eindrängt und — ich kann nicht anders sagen — den Nationalhass säet; indem sie ohne Unterlass bemüht ist, das grobe Thema: „Der Slawe ist von Natur ein Wesen, das erst durch den Deutschen zu einem Menschen gebildet werden muss" — in Journalen, Pamphleten und selbst gelehrten Werken mittelst Variationen in infinitum zu einem Dogma der Ethnographie zu stempeln. Wie könnte diese Partei eine Königinhofer Handschrift anerkennen, die ihren Lehren ein so lautes und beredtes Dementi entgegenstellt! Darum werden alle Künste der Sophistik aufgeboten, um den so unwillkommenen Zeugen aus dem Wege zu räumen: Verhöhnung, Verdächtigung,

Verläumdung werden als Waffen nicht verschmäht, — und Hr. Kuh nimmt keinen Anstand, sich dieser Partei als Wortführer selbst anzubieten. Seine Reden vergiften und verdächtigen, ohne hinreichenden Grund, unsere besten Genüsse, wie unsere besten Bestrebungen: und er nimmt es doch übel, wenn wir ihn dafür nicht hochachten wollen. Unsere kostbarsten Schätze versucht er uns zu nehmen, und wundert sich noch, dass wir ihm nicht ruhig und gleichgiltig zuschauen. Er stellt uns insgesammt als Betrüger oder Betrogene dar, aber damit sollen wir uns ja nicht gekränkt fühlen! Er greift uns in unseren heiligsten Interessen eben so keck als empfindlich an, aber wir sollen alle seine Schläge mit historischer Ruhe und Objectivität hinnehmen. Seine Freunde und Genossen beeilen sich, seine Worte und Thaten im Siegesjubel gleich an die grosse Glocke zu hängen (s. Allgem. Zeitung vom 3 Nov.); wir aber, wir sollen lammfromm immer nur dulden und schweigen, oder doch wie im Eiertanze sorgsam uns hüten, dass der Gegner sich ja durch keinen Tritt verletzt fühle.

Gibt es in Deutschland keinen Schmeller mehr? — An diesen Ehrenmann denke ich allemal mit Vergnügen zurück, wenn ich die Ueberzeugung festzuhalten suche, dass es Deutsche gibt, die mit achtunggebietendem Wissen die liebenswürdigste Anspruchlosigkeit, und mit glühender Liebe zu ihrem Volke auch Gerechtigkeit gegen die Slawen zu verbinden wissen. Freilich hat Schmeller nicht allein das Deutsche als Meister gekannt, sondern auch das Slawische gründlich studirt und verstanden. Er hat auch die Königinhofer Handschrift und den Saud Libušin fleissig beschen, und als das gelten lassen, was sie sind. Doch er ist leider todt, und andere Koryphäen deutscher Wissenschaft schweigen, während Unberufene sich immer weiter vordrängen.

Ich habe nun über meine Ansichten wie über meine Gesinnungen mich ein für allemal ohne Rückhalt ausgesprochen. Ich schliesse meine Rede mit dem Beisatze, dass ich von nun an alle Betheilung an dem ferneren Streit in dieser Sache aufgebe. Es steht den Gegnern frei, mich dafür nach Belieben zu behandeln. Geneigte Leser werden aber mit mir hoffentlich einverstanden sein, dass ich etwas Besseres zu thun habe, als mich noch weiter in ein Drama vorzudrängen, wo das Calumniare audacter eine so bedeutende Rolle mitspielt.

P. S. Prag den 9 November (1858). Nachdem alles Obige geschrieben war, kömmt meines Gegners neuester Artikel vom heutigen Tage mir zu Gesicht. Auch dagegen nur einige letzte Worte. Des Gegners chemische Beweisführung geht schief, weil sie anderes beweist, als sie soll. Meinen Ausspruch halte ich auch gegen die von ihm invocirten Auctoritäten, die mir ohnehin besser als ihm bekannt waren, aufrecht; denn ich hatte darüber mit Hrn. Pertz längst persönlich disputirt. Der Gegner hebt übrigens diese Auctoritäten selbst auf, indem er ihre Zeugnisse für die Echtheit der Königinhofer Handschrift nicht gelten lassen will. Seine Methode aber wie seine Consequenz mahnen mich, dass ich hohe Zeit habe, ihm aus dem Wege zu gehen. —

38.
Die altböhmischen Handschriften und ihre Kritik.
(Gedruckt in Heinrich von Sybels Historischer Zeitschrift, Erster Jahrgang 1859, III Heft, S. 87—111.)

Selten hat wohl eine literarische Fehde nicht allein die Männer vom Fach, sondern auch die gebildete Lesewelt überhaupt in so weiten Kreisen und einem so hohen Grade angeregt, wie der seit vorigem Jahre neu aufgelebte Streit über die Echtheit einiger Handschriften, welche zu den vorzüglichsten Schätzen der altböhmischen Literatur gezählt werden. Nicht nur die ganze böhmische Journalistik nahm lebhaften Theil daran, und bezeichnete jede Wendung desselben mit Zurufen, wie sie eben den einzelnen Stimmungen entsprachen: auch in Deutschland gab es nur wenige Zeitungen und Zeitschriften, welche dieser Erscheinung ihre Aufmerksamkeit versagt hätten;

sie wurde auch in Polen und Russland bemerkt und besprochen,
des vereinzelten Widerhalls, den sie bei den Südslawen, so wie
in Dänemark und Schweden fand, nicht zu gedenken. In
Böhmen selbst gestaltete sich das Ereigniss in Kurzem gleichsam
zu einer Familienangelegenheit des ganzen Volkes, so weit
nämlich dieses sich an den Erscheinungen in der Bücherwelt
zu betheiligen fähig und geneigt ist; man wird aber die Zahl
desselben nicht gar zu gering anschlagen, wenn man hört, dass
böhmische Werke von allgemeinerem Interesse in neuester Zeit
meist in 4 bis 5 Tausend, einige theologische bis zu 20 Tausend
Exemplaren aufgelegt zu werden pflegen. In Prag insbesondere
stand dieser Gegenstand eine Zeitlang unter den Gesprächen
des Tages obenan, nicht allein in den literarischen Kreisen,
sondern auch an öffentlichen Orten, in Gasthäusern, in Café's,
selbst in ärmlichen Kneipen; überall fragte und griff man zuerst
nach den Artikeln, welche diesen Streit betrafen, und zeigte
sich ungeduldig oder gar ängstlich, wenn sie lange ausblieben.
Ja selbst in Wien, von wo die ganze Fehde, wo nicht ursprünglich
angefacht, doch von jeher am standhaftesten unterhalten wurde,
zog dieser Gegenstand, nach dem Zeugnisse eines Correspondenten
der Augsburger Allgemeinen Zeitung (vom 16 April
d. J.) die Aufmerksamkeit gelehrter Kreise sogar „inmitten
des Kriegslärms" auf sich; und die Thatsache, dass der hochgeehrte
Herausgeber gegenwärtiger Zeitschrift Herrn Büdinger
in Wien zu einer Erörterung desselben aufforderte, spricht
auch laut genug für das Interesse, welches in den gebildetsten
Kreisen der Deutschen überhaupt an diese Streitfrage sich
knüpft.

Was ist doch der wahre, der eigentliche Grund dieser so
vielseitigen und auffallenden Theilnahme? Wie kam insbesondere
in Böhmen das grosse Publicum dazu, sich plötzlich
für gelehrte antiquarische Fragen, für paläographische Kritik
zu interessiren? Jedermann wird ohne Mühe einsehen und
zugeben, dass das Interesse des Streites kein rein wissenschaftliches
sein könne, dass es sich dabei nicht um einige
abstracte Lehrsätze, sondern um greifbare Resultate von vitaler
Bedeutung handeln müsse. Welche sind es nun? — Ein feiner

Beobachter hat in einer der vorzüglichsten russischen Zeitschriften erst unlängst eine Ansicht geäussert, die zwar an sich viel Wahres haben mag, aber doch den eigentlichen Grund der Sache nicht aufdeckt. Er meint, da die Böhmen, oder wie man sie jetzt in Deutschland zu nennen beliebt, die Čechen, als Volk gegenwärtig von allem öffentlichen Leben ausgeschlossen seien und Discussionen über politische Fragen für sie eine Unmöglichkeit geworden: so werfe sich der stets geschäftige Geist mit um so mehr Eifer und Lebhaftigkeit auf die Gebiete der literarischen Debatten, der artistischen und wissenschaftlichen Leistungen und Kritiken, die seiner Thätigkeit noch einzig offen stehen; daher sei es auch gekommen, dass die gegen ihre vorzüglichsten literarischen Schätze erhobenen Zweifel und Angriffe als eine Nationalangelegenheit, eine Ehrensache des ganzen Volkes angesehen und behandelt worden wären. Auch die Bemerkung hörte man in Böhmen äussern, dass es doch auffallend sei, warum sich die Deutschen so viel Mühe geben, die Böhmen um ihre besten historisch-literarischen Schätze zu bringen: sie würden ja, auch wenn ihnen das gelänge, dadurch selbst nicht reicher; darum liege diesem Bestreben von ihrer Seite nur nationale Missgunst und Feindseligkeit zu Grunde. Ohne Zweifel ist aber die ganze Erscheinung aus einem umfassenderen Motiv zu erklären, welches, wenn auch den Meisten unbewusst, auf beiden Seiten alle anderen beherrschte. Der Deutsche ist von jeher geneigt, dem Slawen, seinem nächsten Verwandten in der Genealogie der Völker, das Recht der Ebenbürtigkeit streitig zu machen, und ihn als eine Race niederer Art anzusehen und zu behandeln. Schon der älteste böhmische Chronist Cosmas († 1125) machte die Bemerkung von der innata Teutonicis superbia, quod semper tumido fastu habent despectui Slavos et eorum linguam. Während aber die Deutschen des Mittelalters ihren Gefühlen in dieser Hinsicht auf rohe und handgreifliche Weise, durch Ausschliessung aller Slawen vom Bürgerrechte, von den Zünften u. dgl. praktische Folge gaben, sind ihre Nachkommen heutzutage beflissen, dieselben theoretisch zu gestalten und in ein gelehrtes System zu bringen, welches sie zwar selbst nicht glauben, aber doch zu eigenem Vortheil gerne ausbeuten möchten. Natürlich! jene Deutschen *glaubten* an die Wahrheit ihrer Meinung und handelten darnach consequent: die gegenwärtigen (nicht alle, sondern nur jene Partei oder Coterie, welche diese Lehre aufstellt), glauben an nichts, und begehen deshalb die Inconsequenz, die Slawen nicht etwa sich vom Leibe fern halten zu wollen, sondern im Gegentheil sie anzuziehen und zu Deutschen zu machen, ohne zu besorgen, dass das deutsche Blut durch die Beimischung des slawischen an seinem Adel Abbruch erleiden könnte. Die Adepten dieser Lehre gehen nämlich nicht so weit, zu behaupten, dass ein Wechsel der Sprache nothwendig auch einen Wechsel an Säften im menschlichen Organismus zur Wirkung habe, folglich auch die physischen und geistigen Anlagen eines Volksstammes insgesammt zu läutern und zu heben geeignet sei: gleichwohl erschöpfen sie sich in Beweismitteln der mannigfaltigsten Art, um sich selbst und alle Welt zu überzeugen, dass das Heil der Slawen nur in ihrer gänzlichen Germanisirung bestehe. Denn das Slawenthum sei von Natur aus pure Barbarei und Knechtschaft; der slawische Stamm sei von jeher unfähig, in und aus sich selbst Keime der Bildung zu entwickeln; besitze er irgend etwas der Art, so müsse er es nothwendig von den Deutschen entlehnt oder ihnen nachgebildet haben. Diese Lehre wird in neuerer Zeit von gewisser Seite her mit grosser Geschäftigkeit in die mannigfaltigsten Formen gegossen und in Umlauf gesetzt; insbesondere hat ein in Oesterreich vorzugsweise gelesenes politisches Journal, die Augsburger Allgemeine Zeitung, zu deren Verbreitung selbst in die unteren Volksschichten viel beigetragen. Natürlich findet sie in Böhmen mehr Widerspruch als Glauben, und ruft Gefühle wach, deren Ueberhandnehmen beiderseits nur zu beklagen ist. Nimmermehr wird man selbst den gemeinen Mann überzeugen, dass sein nächster Nachbar, z. B. der deutsche Bauer dem böhmischen, an Intelligenz und Bildungsfähigkeit überlegen sei: wer aber in Böhmen vom Baum der Erkenntniss gekostet, und damit zugleich wenigstens eine Ahnung von der Bedeutung gewonnen hat, welche der Geschichte seines Volkes zukömmt, kann nicht umhin, in jener Lehre nur eine unverdiente Kränkung wahrzunehmen. Wenn nun aber die neuen Lehrer, zur Wahrung ihrer Consequenz, die Behauptung aufstellen, die Grossthaten der böhmischen Geschichte seien ein Unding, und beruhten theils auf unfreiwilliger Selbsttäuschung, theils auf absichtlicher Lüge und künstlichem Trugsystem, der Böhme sei der Barbarei von jeher nur insofern entwachsen, als er bei dem Deutschen in die Schule gegangen, die Denkmäler seines primitiven Culturzustandes, z. B. das Gedicht von Libuša's Gericht und die Königinhofer Handschrift, seien selbst erdichtet und erlogen: so begreift man, welchen Eindruck solche, im Namen der deutschen Wissenschaft keck und laut vorgetragenen Lehrsätze auf die böhmischen Gemüther machen müssen, welche Stimmungen zu erzeugen und welche Gegenbestrebungen zu wecken sie geeignet sind. Und dadurch findet auch das Räthsel seine Lösung, dass ein antiquarisch-literarischer Streit bei einem ganzen Volke so weit verbreitete Aufmerksamkeit erregen und so lebhafte Theilnahme finden konnte.

Letzterem Umstande haben wir aber auch eine für die Lösung der Streitfrage hochwichtige, ja entscheidende Thatsache von neuestem Datum zu verdanken: die endliche Nachweisung und amtliche Sicherstellung, wann, wo und von wem die bestrittenen Handschriften entdeckt und ans Tageslicht befördert worden sind. Es ist jetzt durch eine Menge übereinstimmender Zeugnisse und Aussagen ausser Zweifel gestellt, dass das bisher mit dem Namen „Libuša's Gericht" (Libušin saud) bezeichnete alte Gedicht im J. 1817 auf dem Schlosse Grünberg (Zelená hora) bei Nepomuk in Böhmen von einem dortigen Beamten, Namens Joseph Kowář, unter den in einem Wirthschafts-Gewölbe bewahrten alten Papieren aufgefunden worden ist; dass Kowář, ausser Stande, das Manuscript zu lesen, aber doch die mögliche Bedeutung desselben ahnend, es dem damaligen Stadtdechant von Nepomuk, Franz Baubel, mittheilte, der es lange Zeit bei sich behielt, als ein Curiosum mehreren seiner Bekannten, unter Verschweigung des Finders wie des Fundortes, vorzuweisen pflegte, es gleichfalls vergeblich ganz zu entziffern versuchte, und seinem Freunde Kowář endlich den Rath gab, dasselbe dem eben damals im Entstehen begriffenen böhmischen Nationalmuseum zu übergeben: was Letzterer dann auch bei einer im October 1818 von Grünberg nach Prag unternommenen Geschäftsreise in der bekannten bedauernswerthen Weise ausführte. Am 25 März 1859 bezeugte der gegenwärtige Stadtdechant von Nepomuk, Herr Joseph Zeman, vor einem k. k. Notar und berufenen Zeugen, mit vollem Wissen und Gewissen, die Identität der ihm vorgewiesenen jetzigen Museumshandschrift mit derjenigen, die er vor etwa 41 Jahren bei seinem verstorbenen Vorgänger Baubel gesehen und in Händen gehabt hatte. Alle auf diese Entdeckung bezüglichen, oft sehr minutiösen Nachforschungen und Zeugnisse, sind von dem gegenwärtigen Geschäftsleiter des Museums, Prof. W. W. Tomek, mit grossem Fleisse zusammengestellt und dem böhmischen Publicum im ersten Hefte der Museumszeitschrift vom J. 1859 mitgetheilt worden. Für die deutschen Leser erschien eine Uebersetzung dieses Aufsatzes in einer eigenen Brochure mit dem Titel: „Die Grünberger Handschrift. Zeugnisse über die Auffindung des Libušin saud." Zusammengestellt von W. W. Tomek. (Prag, 1859, im Verlag des Museums.) An diese Quelle muss man nun alle Forscher und Zweifler, welchen es um die Ermittelung der Wahrheit in dieser Streitsache Ernst ist, verweisen; wer daraus noch keine Ueberzeugung zu schöpfen vermag, dem dürfte wohl nicht zu helfen sein. Denn es wäre schwer, ja unmöglich, Denjenigen sehend zu machen, der die Augen absolut nicht öffnen will.

Eben so darf es über die Auffindung der Königinhofer Handschrift fortan keinen Zweifel mehr geben, da diese Sache in jüngster Zeit sogar gerichtlich ermittelt und constatirt worden ist. Bekanntlich wurde der Bibliothekar des böhmischen Museums, Herr Hanka, von einem Anonymus im „Tagesboten" nicht undeutlich als jener grosse Falsarius bezeichnet, der die altböhmische Literatur mit einer Menge neuer eigener Fabricate, und darunter auch mit der Königinhofer Handschrift, bereichert habe. Da er nun sofort bei dem k. k. Prager Landesgerichte gegen den Redacteur des Tagesboten wegen Ehrenkränkung klagbar wurde, und das Gericht in der darüber geführten Voruntersuchung, unter andern Massregeln, auch das Einvernehmen aller in der Stadt Königinhof noch etwa lebenden Zeugen der Auffindung jener Handschrift verordnete: so wurden bei dem k. k. Bezirksamte Königinhof am 24 December 1858 und 10 Januar 1859 sechs Zeugen, sämmtlich wohlverhaltene Männer, zu Protokoll vernommen, deren eidliche Aussagen, nachdem das besagte k. k. Landes- als Strafgericht am 16 April d. J. die Versetzung des gedachten Redacteurs in Folge dieser Erhebungen in den Anklagezustand decretirt hatte, mir von dem Rechtsfreunde des Klägers in Abschrift mitgetheilt worden sind und auch dem Publicum wohl nicht lange mehr vorenthalten bleiben werden. Zwei der Zeugen, Franz Trnka und Johann Schafer, waren, obgleich damals noch jung, doch persönliche Beobachter des Actes der Auffindung, der unmittelbar unter ihren Augen statt fand; die übrigen deponirten, was ihnen von den bereits verstorbenen Theilnehmern desselben, dem damaligen Caplan Pankraz Bortsch und dem Kirchendiener Waniura bekannt war, welche Herrn Hanka in jenen Kirchenthurm führten, in dessen Gewölbe er hinter einem Wandschrank, wo die Kirchenparamente und mehrere Alterthümer aufbewahrt wurden, unter anderen Papieren den glücklichen Fund machte. Somit ist Hrn. Hanka's bekannter Bericht darüber fast buchstäblich bestätigt und seine Worte sind vollkommen gerechtfertigt worden.

Durch diese Thatsachen dürfen die Vertheidiger der Echtheit der gedachten Handschriften den langwierigen Streit als zu ihren Gunsten entschieden und als vollends geschlossen ansehen: denn es bleibt den hartnäckigen Läugnern fortan kein Ausweg mehr übrig, als etwa die Annahme, ein unbekannter Čechenfreund müsse vor 1817 in das Wirthschaftsgewölbe des Rentmeisters Kowář in Diebesweise eingedrungen sein und den Schatz dort deponirt haben, und Herr Hanka habe seine Handschrift nach Art eines Bosco oder Döbler im Kirchenthurme von Königinhof, wo er nie vorher gewesen, hinein- und herausescamotirt; eine Annahme, welche, wie sie an sich nicht wissenschaftlicher Art ist, auch eine wissenschaftliche Entgegnung weder heischt, noch verdient. Somit, könnte man sagen, sei auch die ganze literarische Fehde zu

Ende; denn die Echtheit anderer altböhmischen Handschriften, wie z. B. des Evangelium S. Johannis, der Glossen der Mater Verborum u. dgl. wird einerseits nicht mehr bestritten, die des Wyšehrader Liedes und des Minnelieds von K. Wenzel anderseits nicht mehr in Schutz genommen.

Das Gesagte soll jedoch nicht dahin gedeutet werden, als wollten wir, meine Freunde oder Meinungsgenossen und ich, alle weitere wissenschaftliche Discussion über das Alter der gedachten Handschriften abschneiden oder ablehnen. Wir geben zu, dass Alles, was wirklich echt und alt ist, folglich auch diese Schriften, allen wesentlichen Bedingungen des Alterthums genügen, alle wahren Kriterien desselben an sich tragen und aufweisen müssen. Nur fordern wir dagegen mit vollem Rechte, dass diese Bedingungen, diese Kriterien weder von Unberufenen und Unwissenden willkührlich octroyirt, noch von befangenen und parteiischen Richtern einseitig und launenhaft beurtheilt werden. Einer wahrhaft wissenschaftlichen Debatte darüber wollen und werden wir uns niemals entziehen. Weil Dobrowsky ehemals (1824) mit wissenschaftlichen, obgleich nicht stichhaltigen, Gründen die Echtheit des Gedichtes von Libuša's Gericht bestritt, nahmen wir, mein Freund Šafařík und ich, im J. 1840 uns die Mühe, in einer besonderen Abhandlung, („Die ältesten Denkmäler der böhmischen Sprache, kritisch beleuchtet" usw. in den Abhandlungen der königl. böhm. Gesellschaft der Wissenschaften,) alle seine Irrthümer, Missgriffe und Fehlschlüsse einzeln und umständlich in streng wissenschaftlicher Form aufzudecken und nachzuweisen. Das, was wir dort vorgetragen haben, ist seitdem noch von Niemanden mit gleichen wissenschaftlichen Gründen angefochten, geschweige denn widerlegt worden. Da indessen seit 20 Jahren, wie alle Wissenschaften überhaupt, so auch die slawische Sprach- und Alterthumskunde sich merklicher Fortschritte zu erfreuen hatten: so ist es kein Wunder, wenn spätere Forscher, wie z. B. Prof. Hattala (in der Prager Morgenpost, im December 1858 und Januar 1859,) einige Nachträge zu dem dort Gesagten beizufügen fanden, welche jedoch als eben so viele neue Beweisgründe der Echtheit jenes literarischen Denkmals zu betrachten sind. Ich brauche nicht zu wiederholen, wie unedel, ja wie verwerflich und unwürdig jede Insinuation gegen dasselbe ist, so lange es Niemandem gelingt, die dort geltend gemachten Gründe mit besseren und probehaltigeren aus dem Felde zu schlagen.

Die seit lange nicht in Böhmen allein, sondern in der ganzen literarischen Welt mit Auszeichnung genannten Gesänge der Königinhofer Handschrift sind bezüglich ihres Alterthums und ihrer Echtheit bis zu Ausgang des Jahres 1858 noch von keinem namhaften Gelehrten des In- oder Auslandes mit Gründen, welche eine wissenschaftliche Geltung ansprechen, bezweifelt worden; denn was der Anonymus im „Tagesboten aus Böhmen" im October 1858 vortrug, war wohl nach seinem eigenen Geständnisse nicht aus einer wissenschaftlichen Rüstkammer hergeholt. Die Aufgabe, einen „stricten Beweis" für die Unechtheit derselben zu führen, hat erst im laufenden Jahre und in der gegenwärtigen Zeitschrift Herr Max Büdinger sich gestellt, und nach dem Urtheile seiner Freunde auch wirklich gelöst. Obgleich ich kein fleissiger Leser von Zeitungen und Zeitschriften bin, — denn ich habe weder die Zeit, noch die Mittel dazu, — so bekam ich doch zufällig eine Menge deutscher Blätter zu sehen, worin Hrn. Büdinger das grösste Lob dafür gespendet wurde, dass er den angeblich bisher mit einem zelus sine scientia geführten Streit endlich auf ein streng wissenschaftliches Feld hinübergetragen, mit deutscher Gründlichkeit durchgeführt, und auch endgiltig für immer entschieden habe; uns armen čechischen „Nationalitätsschwindlern" wurde dabei nicht einmal das Mitleid zu Theil, das edle Naturen mitunter auch für Besiegte zu empfinden pflegen. Ich gestehe, dass ich nach Durchlesung des Aufsatzes in der historischen Zeitschrift, bereits ziemlich fest entschlossen war, ihn, obgleich er zumeist gegen mich gerichtet ist, unbeantwortet zu lassen. Ich hege nämlich zu viel Achtung und Vertrauen zur wahren deutschen Wissenschaft, als dass ich besorgt hätte, Hrn. Büdingers Methode und Argumente könnten bei derselben Eindruck machen und der Wahrheit wirklichen Abbruch bringen. Erst der masslose Beifallsjubel auch sonst geachteter Blätter, wie z. B. der

Wiener Zeitung vom 23 März, der A. Allg. Zeitung vom 16 April d. J. u. dgl. m. bestimmten mich, den mir sehr unwillkommenen Kampfplatz noch einmal, hoffentlich das letztemal, zu betreten, und etwas näher nachzuweisen, inwiefern in Hrn. Büdingers „stricter Beweisführung", ich sage nicht die deutsche, sondern eine Wissenschaft und deren Geist und Methode überhaupt, zum Vorschein gekommen.

Wenn man die Echtheit oder Unechtheit eines alten schriftlichen Denkmals, das im Original noch vorhanden ist, zu ermitteln hat: so gebietet, wie eine anerkannte Regel der Kritik, so auch der schlichteste Naturverstand, dasselbe vor allem in paläographischer Beziehung einer eingehenden Prüfung zu unterziehen, und sowohl dessen Stoff, hier das Pergament und die Tinte, als auch die Form, die Schriftzüge und deren Verbindung, zu untersuchen, ob sie die aus anderen unzweifelhaft echten Denkmälern abstrahirten Merkmale des Alterthums an sich tragen. Denn das paläographische Moment ist in Fragen dieser Art das dominirende, das massgebende; stammt nämlich ein Denkmal wirklich aus alter Zeit her, so bildet sein Inhalt sofort Auctorität, welche der Alterthümler sowie der Sprachforscher anerkennen und acceptiren müssen, mag übrigens das Dargebotene auch noch so auffallend oder uncorrect erscheinen; ist dagegen die Unechtheit paläographisch erwiesen und sichergestellt, so ist alle Correctheit und Unbedenklichkeit des Inhalts nicht im Stande, das Denkmal zu retten. Freilich ist die Paläographie noch lange keine fertige, vollendete und abgeschlossene Wissenschaft; sie ist noch immer im Werden, und hat zu ihrer Vollendung noch gar viele Schritte zu thun, wenn sie anders, als Erfahrungs-Wissenschaft, je auf Vollendung und apodiktische Untrüglichkeit überhaupt wird Ansprüche machen können. Gleichwohl ist ein geübter Paläograph auch jetzt schon im Stande, manche Schrift bloss nach ihrem äusseren Aussehen, ohne auf ihren Inhalt näher einzugehen, mit sicherem Blick und Tact als unbedenklich alt anzuerkennen und zu bezeichnen. Wollte nun Büdinger an der Königinhofer Handschrift zum Ritter werden, so war er vor Allem verpflichtet, die kurze Reise von Wien nach Prag nicht zu scheuen, sondern sich persönlich in das böhmische Museum zu verfügen, dessen wissenschaftliche Schätze Freunden und Gegnern mit gleicher Liberalität zur Benützung offen stehen. Er sollte das um so weniger unterlassen haben, als es ihm nicht gestattet war, zu ignoriren, dass die grösste jetzt lebende Auctorität in Sachen der Paläographie, Herr Oberbibliothekar Pertz, die Handschrift eben aus paläographischen Gründen als „aus dem Anfang des XIV Jahrhunderts stammend", folglich als echt anerkannt und erklärt hat (s. Archiv der Gesellschaft für ältere deutsche Geschichtskunde, Bd. 9, Seite 465). Es lag ihm daher ob, wie uns alle, so auch Hrn. Pertz seines Irrthums zu überweisen, und eine neue paläographische Lehre aufzustellen. Ich wäre wirklich begierig, zu sehen, was er da vorzutragen fände, und mit welchen Gründen er seine Ansicht unterstützte. Der blosse Anblick eines Facsimile, das, wie gewöhnlich, von einem weniger der Paläographie als der modernen Kalligraphie kundigen Meister herrührt, reicht in diesem Falle nicht zu. Aus den Bemerkungen, mit welchen er uns (S. 149—150) „die Aufzeichnungen eines in den einschlägigen Fragen besser bewanderten Freundes", — paläographische Brocken von zweifelhaftem Werthe — vorführt, lässt sich schliessen, dass er sich selbst in diesen Dingen kein Urtheil zutraute, daher dem wesentlichsten Punct seiner Aufgabe zu genügen sich unfähig fühlte: um so mehr hätte er billigerweise in seinem ganzen Tone sich mässigen und bescheidener auftreten sollen.

Ich läugne nicht, dass es Fälle gibt, (nur gehört die Königinhofer Handschrift nicht dazu), wo paläographische Momente allein nicht zureichen, ein vollkommen sicheres Urtheil zu begründen und festzustellen, wo daher der Forscher genöthigt ist, accessorisch und subsidiarisch auch den Inhalt der Schrift zu befragen, ob derselbe den Bedingungen der anzunehmenden alten Zeit wirklich entspreche. Zum materiellen Inhalt gehören Thatsachen und Begriffe, welche das Denkmal darbietet, zum formalen die Sprache, in welche es sie kleidet. Herr Büdinger hat, (abgesehen von der Polemik, welche er gegen meine Behauptungen führte und auf welche ich später zurückkommen werde), nur einen einzigen Gegenstand in der Königinhofer Handschrift als absolut zeitwidrig bezeichnet: die Trommeln (bubny), an deren Gebrauch bei einem böhmisch-deutschen Heere des elften Jahrhunderts auch nur zu denken thöricht sei, die der angeblichen Beschiessung Troja's mit Kanonen ziemlich gleich kämen, und einen Anachronismus bilden, den man selbst einem Fälscher vom J. 1817 kaum zu gut halten könne; ja an diesem Zuge allein hätte man, nach seiner Meinung, schon die Fälschung einleuchtend finden sollen: denn die Trommeln seien bei europäischen Heeren während des ganzen früheren Mittelalters unbekannt gewesen, sie bildeten ein ausschliessliches Merkmal muhammedanischer Kriegführung u. s. w. Erst nachdem diese kriegsarchäologischen Sätze gehörig documentirt waren, ja, wie es scheint, erst nach Vollendung seines Aufsatzes, traf den gelehrten Forscher das Malheur, inne zu werden, dass das „tympanum, signum bellicum" im böhmischen Heere, welches 1158 vor Mailand zog, zu wiederholten Malen zur Alarmirung der Krieger gebraucht wurde. Das machte ihn gleichwohl an seiner Weisheit nicht irre: anstatt seinen übereilten Satz zurückzunehmen, suchte er sich lieber damit zu helfen, dass er das tympanum nicht für eine Trommel, sondern für eine Pauke, oder noch lieber für eine Glocke erklärte; er gab damit meinen Landsleuten Anlass zu ziemlich beissenden Witzen und zu wahrhaft homerischer Lache. Ich will darein nicht einstimmen, sondern einfach nur bemerken, das lateinische Wort tympanum entspreche genau dem böhmischen Worte buben; wie dieser „buben" ausgesehen habe, und wozu er überhaupt gebraucht worden sei, das zu ermitteln bleibe füglich unseren Alterthümlern überlassen. Es wäre aber offenbar verkehrt, ja thöricht, nachdem man das tympanum bellicum als eine Eigenthümlichkeit der böhmischen Kriegführung zugeben muss, den „buben" bei ihr zu beanstanden: denn offenbar sprachen die Böhmen untereinander böhmisch und nicht lateinisch. Gewiss wäre aber Hr. Büdinger bei des Vincentius Pragensis tympanum nicht auf die Idee einer Glocke gerathen, wenn er nachgelesen hätte, was der Dechant Cosmas zum J. 1092 (Pertz Monum. XI, p. 100) über den feierlichen Empfang Herzog Břetislaw's II in Prag berichtet: quem advenientem in urbem Pragam lactis

çhoreis per diversa compita dispositis tam puellarum quam
juvenum modulantium tibiis et *tympanis*, et per ecclesias pulsantibus *campanis*, plebs laetabunda suscepit etc. Auch mit dem
albernen Mährchen von der Trommel aus Žižka's Haut hätte
er sich bei Pubička und Hajek nicht bemühen müssen, wenn
ihm das 46 Capitel von des Aeneas Sylvius historia Bohemica
(1458) erinnerlich gewesen wäre. Endlich kömmt der „buben"
in altböhmischen Handschriften viel häufiger vor, als aus den
Citaten in Jungmanns Wörterbuche zu entnehmen ist; unter
andern auch in der der KH. Handschrift fast gleichzeitigen
böhmischen Alexandreis, die doch Hr. Büdinger selbst kaum
als eine moderne Fälschung ansehen wird. Somit wird er
hoffentlich selbst zu der Einsicht gelangen, dass er mit dem
Hauptpfeil aus seinem gelehrten Köcher eigentlich nur einen
— Bock geschossen hat.

Den formalen Inhalt, die Sprache nämlich, in welcher die
Gesänge der Königinhofer Handschrift verfasst sind, würdigt
Hr. Büdinger kaum einer Aufmerksamkeit: und doch bildet
diese, nächst dem paläographischen, gerade das allerwichtigste
Moment, welches bei der Kritik des Denkmals in Betracht
zu ziehen war. Man muss freilich einer Sprache wenigstens
einigermassen mächtig sein, um darüber nur halbwegs urtheilsfähig zu werden; man muss sich in einen Dialekt, wenigstens auf kurze Zeit, eingelebt haben, um den eigenthümlichen Geist und Charakter, der sich darin ausspricht, wahrnehmen zu können. Leider aber versteht Hr. Büdinger von
dem Böhmischen nur etwa so viel, als ich vom Chinesischen oder Japanischen. Wir älteren Zeitgenossen, die wir
noch Zeugen und Theilnehmer der *vor* 1817 gemachten Versuche waren, die poetische Diction der Böhmen zu gestalten
und zu heben, — (welcher Literat hätte in seiner Jugend nicht
für Poesie geschwärmt?) — wir wissen davon zu erzählen, wie
mit dem Erscheinen der Königinhofer Handschrift plötzlich
eine neue ungeahnte Welt uns sich öffnete, mit welcher Zauber-
kraft die so ungewohnten und doch congenialen Laute an
unser Herz schlugen, wie schnell in Folge dessen ein höherer
und doch natürlicher Schwung in Phantasie, Bild und Wort

den bisherigen künstlichen Fluss der böhmischen Rede ersetzte
und verdrängte. Und nicht nur die unerwartete Fülle neuer
kräftiger Wortformen und Bildungen war es, was uns über-
raschte: auch der, im Verhältniss zum neueren, viel reichere,
üppigere und edlere grammatische Bau der Sprache entzückte
uns; denn gleichwie die deutsche Grammatik vor tausend
Jahren eine weit reichhaltigere und complicirtere war, als
gegenwärtig, so konnte auch das Böhmische seit etwa vier
Jahrhunderten dem Strome neueuropäischer Simplificirung sich
nicht ganz entziehen, obgleich es davon weniger afficirt wurde,
als andere abendländische Sprachen. Diese Bildungen und Um-
bildungen offenbarten sich übrigens in allen slawischen Dia-
lekten nach constanten, mehr oder weniger identischen und
durchaus organischen Principien und Gesetzen; es tritt uns
darin so viel scheinbare und doch so wenig wirkliche Willkühr
entgegen, wie in allen echten Naturbildungen. Die Kenntniss
dieser Gesetze nennen wir die Wissenschaft der slawischen
Philologie, welche jedoch sehr modernen Datums und noch
unvollendet ist. Nach dem Zeugnisse eines so competenten
Richters wie Kopitar, war Dobrowsky selbst noch im J. 1819
schlechterdings der einzige Mensch, den man als fähig ansehen
konnte, die ersten grossartigen Grundlinien dazu zu entwerfen.
Darum wurde er auch von der kaiserl. Regierung nach Wien
berufen, um hier seine Institutiones linguae slavicae (1820) zu
vollenden und zu drucken. Das war ein nicht nur nach
Kopitars, sondern nach aller Welt Urtheil, Epoche machendes
Werk: die slawische Philologie als Wissenschaft war damit
geboren. Doch schon im Mai 1823, als Dobrowsky mir ein
Exemplar dieses Werkes zum Andenken offerirte und ich ihn
bat, es mit seiner Namensfertigung zu versehen, schrieb er
das denkwürdige Distichon hinein:

  Cum relego, scripsisse pudet, quia plurima cerno,
   Me quoque, qui feci, judice digna lini.

Das möge denen, die diesem Gegenstande etwas ferner stehen,
zur Andeutung dienen, wie viele und wie rasche Fortschritte
die neue Wissenschaft eben seit 1820 gemacht haben müsse.
In der That ist sie seitdem zu einem reichgegliederten System,

zu einem umfassenden Lehrgebäude herangewachsen, in welchem Minderbewanderte, wie z. B. ich selbst, sich kaum mehr gehörig zu orientiren vermögen. Daher kömmt es auch, dass heutzutage manche Schüler des Fachs mehr davon verstehen, als vor 40 Jahren noch die Meister selbst geahnt haben mochten; gleichwohl ist es gewiss, dass auch den Epigonen noch gar vieles nachzutragen übrig bleibt. Diese interessante Partie des menschlichen Wissens darf in unseren Tagen kein Gelehrter, der über böhmische Geschichte mitreden will, mehr ignoriren, wenn er nicht ipso facto als Ignorant gelten und behandelt werden will. Wenn ich an Hrn. Büdingers diesfalls ganz „unqualifiables" Benehmen denke, — man verzeihe mir das undeutsche Wort, — so fällt mir unwillkührlich immer ein, was Reisende von den Natursöhnen der Südsee-Inseln erzählen, wenn solche unversehens auf ein europäisches Dampfschiff gerathen: sie finden da gar nichts zu bewundern; das dem Scharfsinn und Willen des Menschen dienstpflichtige Spiel gewaltiger Naturkräfte, das den Wissenden stolz machen könnte, lässt sie kalt und unempfindlich; denn sie wissen es ja besser; alles, was sie da sehen, hören oder greifen mögen, ist pure Hexerei, — und was wäre bei der noch unmöglich? Herr Büdinger ist freilich kein Wilder, er steht angeblich sogar auf dem Gipfel deutscher Wissenschaft: gleichwohl sieht er mit derselben Kälte, mit derselben Impassibilität und Verachtung, auf ein wunderbar schönes Gebilde herab, und nennt es pure Barbarei und falsche Mache, weil er davon etwa so viel versteht, wie der Wilde von den Wundern der Dampfkraft.

Denn leider auch von der einzigen Seite, von welcher die Gesänge der Königinhofer Handschrift ihm noch zugänglich sein konnten, von der ästhetisch-kritischen nämlich, weiss Hr. Büdinger nichts an ihnen zu schätzen. Er setzt sie in die gleiche Kategorie mit den „schlechtesten französischen Romanen" (S. 149), und findet in ihnen nur „rohe Gehässigkeit unter dem Mantel empfindsamer Weichlichkeit!" Er wird den vom anonymen Verfasser (von Helfert? S. 29) der in Prag gegen ihn erschienenen Brochure geforderten Nachweis in Ewigkeit schuldig bleiben: wir aber wollen indessen, bis er

seinen Geschmack besser ausbildet, uns über den Werth jener
Gedichte mit einer anderen deutschen Auctorität trösten, mit
Göthe, der für das Schöne in allen Formen und unter allen
Himmelsstrichen empfänglich, auch für die KH. Handschrift
sich begeisterte, eines ihrer Lieder selbst übersetzte und seinen
Werken beifügte, darin auf die ganze Sammlung mehrmals
(z. B. Bd. XXXII, 407, XXXIII, 321) zu sprechen kam, und
sie ausdrücklich als „die ganz unschätzbaren Reste der ältesten
Zeit" bezeichnete.

Es scheint, als wolle Hr. Büdinger bezüglich der Sprache
der Königinhofer Handschrift auf zwei Gelehrte sich berufen,
die seiner Meinung nach darüber gleich ihm denken und des
Slawischen wirklich kundig sind: auf Hrn. Miklosich nämlich,
einen ohne Zweifel ganz ausgezeichneten Slawisten, und Hrn.
Feifalik, der wenigstens zur Noth böhmisch lesen und sprechen
kann. Was nun Hrn. Miklosich betrifft, so hat sich derselbe
diesfalls meines Wissens nirgends öffentlich geäussert; und
wenn ich bedenke, wie oft er in seiner vergleichenden slaw.
Grammatik sich auf den Rukopis Kralodworský (Königinh.
Handschrift) und Saud Libušin (Libuša's Gericht) beruft, und
daraus Belege für seine Lehre schöpft, so kann ich mich
unmöglich überzeugen, ein so verständiger Mann werde die
Inconsequenz begehen, Denkmäler als Zeugen anzuführen, von
deren Falschheit er von vornherein überzeugt wäre. Denn
nennt er auch einmal Formen, wie vsja und vsju „unerhört"
(Grammat. III, 402), so weiss er doch so gut, wie ich, dass
daraus weder ihre Unrichtigkeit, noch ihr moderner Ursprung
zu folgern ist. Hr. Büdinger rühmt sich, in Hr. Miklosich's
Vertrauen zu stehen: nach seinen Worten aber (S. 152) zu
schliessen, schiene es, als richteten sich dessen Zweifel nur
gegen den Saud Libušin, nicht auch gegen die Königinhofer
Handschrift, und als schöpfe er sie zum Theil aus Dobrowsky's
längst widerlegtem Aufsatze in den Wiener Jahrbüchern
(Bd. 27 vom J. 1824). Wie dem immer sei, ich zweifle nicht,
Hr. Miklosich werde sich nunmehr veranlasst finden, sich in
der Sache mit wissenschaftlichen Gründen, wie sie seines
gelehrten Rufes würdig sind, öffentlich zu äussern. Sollte er

aber, wie ich nicht glauben kann, wirklich in Hrn. Büdinger's
Sinne sich aussprechen: dann bin ich vollkommen überzeugt,
dass auch er in Kurzem ebenso seinen Meister finden würde,
wie ihn seiner Zeit auch der noch grössere Slawist Dobrowsky
gefunden hat. Die Slawistik als Wissenschaft macht auch in
unseren Tagen ununterbrochene, unaufhaltsame Fortschritte,
und verdankt dieselben nicht allein den noch lebenden Auctoritäten ersten Ranges, wie Šafařik, Wostokow und Miklosich,
sondern auch einer stets wachsenden Zahl von jüngeren Gelehrten,
denen die Aufnahme unter die Meister nicht auf lange hin
vorzuenthalten sein wird. Ich will als Beispiele nur einige
der neuesten unsern Gegenstand berührenden Fälle hier anführen.
Bekanntlich hängen die beiden ältesten Denkmäler, der Saud
Libušin und das Fragment vom Evangelium S. Johannis aus
dem X Jahrhunderte, sprachlich so enge zusammen, dass mit
der Echtheit des einen nothwendiger Weise auch die des
anderen Bruchstücks steht oder fällt. Nun hat der k. k. Ministe-
rialsecretär Hr. Jos. Jireček in Wien in einer eigenen in den
Acten der k. böhm. Gesellschaft der Wissenschaften erst in
diesen Tagen publicirten gelehrten Abhandlung im Detail bis
zur Evidenz nachgewiesen, (vorzugsweise durch den eigenthümlichen Evang. Johann. XII, 24 vorkommenden Sprach-
fehler,) dass die Interlinear-Version jenes Fragments allen
ältesten böhmischen Evangelienübersetzungen bis zum Ausgange
des XIV Jahrhundertes zum Grunde gelegen habe. Dass nun
z. B. Herr Miklosich dem Finder des Evangelien-Fragments,
Herrn Hanka, den er noch im J. 1851 für einen „bodenlos
unwissenden" Mann, einen „geistigen Proletarier" u. dgl. erklärte,
die hohe Meisterschaft zugestehe, aus den im J. 1828 noch
grösstentheils unbekannt gewesenen ältesten Evangelienbüchern
einen Urtext, wie er gerade im Zeitalter des heil. Wenceslaus
gelautet haben müsste, sich abstrahirt und der Schrift wie der
Sprache nach in eine so vollendete, allseits durchaus tadellose
Form gebracht zu haben, — muss ich vorläufig billiger Weise in
Zweifel ziehen. Eben so bedeutsam und wichtig sind die
Fortschritte, welche die neuere Zeit im richtigen Lesen, im
Verständniss und in der Erklärung der Königinhofer Hand-

schrift gemacht hat. Bekanntlich wird in der Urschrift zwischen dem Laute *s* (deutsch *ss* oder *sz*) und *š* (deutsch *sch*) kein Unterschied gemacht, und es kann und muss daher in jedem einzelnen Falle nur der Sinn der einzelnen Worte wie der ganzen Sätze entscheiden, ob da ein *s* oder ein *š* zu lesen sei. So lasen nun nicht nur Herr Hanka in allen seinen bisherigen Editionen, sondern auch alle Uebersetzer der Handschrift, (die Herren Swoboda im J. 1819 und 1829 und Graf Jos. Matthias Thun im J. 1845 mitbegriffen), im Gedichte Zaboj und Slawoj den Vers:

tamo pokrysta i wracesta sě rozkošem,

und in Čestmir und Wlaslaw:

Morena jej sipáše w noc čornu,

und übersetzten, demgemäss,

dort, Swoboda: { 1819: bargen dort die Waffen, kehrten *freudig* heim,
{ 1829: bargen dort sich heimlich, kehrten heim von dort *in Freuden*.

Graf Thun: „bargen alles dort und kehrten hin *mit Lust* zurück",

hier, Swoboda: { 1819: Morena *lullt* ihn in schwarze Nacht,
{ 1829: Morena *wirft* ihn zur Nacht hinunter.

Graf Thun: „auf ihn *streut* Morena nächt'ges Dunkel."
Jungmann selbst schrieb darüber in seinem kritischen Wörterbuche sub voce *rozkoš* (S. 885): „gingen ihren Vergnügungen nach (um nämlich nicht die Aufmerksamkeit der Feinde auf sich zu ziehen; ita puto, non vero Instrumentalem masculinum.")
— Letzteres bezieht sich auf ein Bedenken, welches erst 1838 der nun verstorbene Prof. Kaubek in der Museumszeitschrift geäussert hatte, ob anstatt des Dativs der Mehrzahl von *rozkoš* (Lust, Wonne), nicht lieber der Instrumental Singul. des sonst unbekannten Wortes *rozkos* (divergirende Richtung) zu lesen sei, dessen Wurzel (kos) jetzt nur in den Wörtern kos-mo, úkos u. dgl. sich erhalten hat. Diese letztere Deutung wurde aber später von Prof. Čelakowský bis zur Gewissheit erhoben, und ist so richtig und einleuchtend, dass man sich nur wundern muss, warum sie nicht längst bemerkt und anerkannt worden war. Anstatt des *sipáše* (streute oder lullte ein) bewies Herr

Archivar Erben erst in diesem Jahre, dass šípáše, (von dem altböhmischen šipati oder šipěti, jaculari, einem Pfeile gleich wegschnellen) gelesen werden müsse u. dgl. m. Reichlichere Nachweisungen dieser Art wären, fürchte ich, hier nicht am Platze, und ich erlaube mir daher nur noch *eine* philologische Bemerkung aus Eigenem beizufügen. Schon seit etwa 30 Jahren beschäftigte ich mich vielfach auch mit Studien altböhmischer Onomastik, eines bisher, wie so viele andere, ganz vernachlässigten und doch interessanten Gegenstandes. Schon bei der ersten Wahrnehmung der Gesetze böhmischer Namenbildung bemerkte ich, dass mehrere nur aus der Königinhofer Handschrift bekannte Personennamen, wie Lumir, Lubor, Střebor, Kruwoj, Slawoj, Wlaslaw u. dgl. wahre Anomalien bilden, dass das geradezu monstra hybrida sind, die sich unter keine Regel subsumiren lassen, — und ich gestehe, ich liess mich dadurch an der Echtheit der Handschrift doch nicht irre machen. Erst vor etwa fünfzehn Jahren machte ich zufällig die Entdeckung, dass in diesem Falle eine eigenthümliche, sonst nirgends wahrgenommene Erscheinung vorliege, nämlich das Gesetz der Elision von Mittelsylben bei zusammengesetzten Wörtern, und dass daher obige Namen mit den bekannten Lu*to*mir, Lu*to*bor, Stře*zi*bor, Kru*to*woj, Sla*wi*woj, Wla*di*slaw oder Wla*sti*slaw u. s. w. identisch sind. Ausserhalb der Königinhofer Handschrift sind mir bis jetzt nur zwei Beispiele bekannt, wo die gleiche Erscheinung unzweifelhaft zu Tage tritt: der Name Chomut, anstatt Cho*to*mut, woher auch der der Stadt Chomutow (Kommotau in Böhmen) abzuleiten ist, und die Aenderung des böhmischen La*di*slaw in La*ss*law bei den Deutschen, László bei den Ungarn. Philologen von Fach mögen diese noch nirgends besprochene Wahrnehmung prüfen, und deren Spuren weiter verfolgen.

Zur Anführung dieser wenigen philologischen Bemerkungen wurde ich zunächst durch eine bei Hrn. Büdingers sonstigem Verstande ganz unerklärliche Hallucination bestimmt, wo er ziemlich deutlich zu verstehen gab, er vermuthe, die Verfasser der Königinhofer Handschrift seien die Herren Swoboda und Hanka beide zusammen gewesen; Swoboda († 1849) habe die Gesänge erst deutsch gedichtet, Hanka sie hinterdrein böhmisch aufgesetzt. Was soll ich nun noch von Hrn. Feifalik sagen, dessen bereits angekündigte Brochure gegen die Königinhofer Handschrift noch immer auf sich warten lässt? Ich habe in einem literarischen Kreise in Prag, ich weiss nicht mit welchem Grunde, für gewiss behaupten hören, dieser begabte und strebsame, aber noch unerfahrene junge Mann setze in seiner längst fertigen Abhandlung gerade an diese insipideste aller Vermuthungen Hrn. Büdingers an, und wolle sie zur Ehre einer begründeten Ansicht erheben. Thue ich ihm darin Unrecht, so bitte ich von vornherein um Verzeihung. Im gegentheiligen Falle aber beschränke ich mich vorläufig nur auf die Bemerkung, dass der bekannte Satz: Credo, quia absurdum est, wenigstens in wissenschaftlichen Fragen keine Geltung habe. Doch lasse man ihn immerhin erst sein Meisterstück produciren: das Recht der Kritik bleibt uns ja immer unbenommen.

Ich komme nun zu demjenigen Theile der Arbeit Hrn. Büdingers, in welchem er beflissen war, die von mir in der Zeitschrift Bohemia vom 10 November 1858 angeführten Gründe für die Echtheit der Kön. Handschrift zu widerlegen. Er scheint geglaubt zu haben, seine Sache werde schon ipso facto gewonnen sein, wenn es ihm nur gelinge, meine paar Argumente aus dem Felde zu schlagen. Bei etwas strengerer Logik von seiner Seite aber hätte er inne werden sollen und müssen, dass er bei solchem Verfahren auch im günstigsten Falle nur das Unvermögen des Vertheidigers, keineswegs aber die Schuld des Beklagten erwiesen hätte. Wäre es denn etwas so Ausserordentliches, wenn auch mir in diesem Streit etwas Menschliches passirt wäre, wenn auch ich bei dem Schutze wenigstens einen kleinen Theil jenes Ungeschickes bewiesen hätte, welches mein Gegner beim Angriff in so reichem Masse zu entwickeln das Unglück hatte? Ich bin, offen heraus gesagt, weder stolz noch bescheiden; ich besitze nur in einigen Fächern festbegründetes Wissen, in vielen anderen bin ich ein Dilettant, wie Andere, in den meisten leider Ignorant, wie gleichfalls Andere. Ich bin unglücklicher Weise Autodidakt in allem, was ich leisten muss, und habe meine Kenntnisse mir erst nach und nach mit unsäglicher Mühe aneignen müssen; ich sah mich gezwungen, in unzähligen Fragen der böhmischen Geschichte mir nicht nur selbst die Bahn zu brechen, sondern auch die Materialien dazu an allen Ecken und Enden der Welt erst aufzusuchen und zusammenzuklauben, den Baumeister und Handlanger in einer Person zu machen. Dass diese Art zu studiren auch etwas für sich habe, läugne ich nicht: aber niemand kann es so schmerzlich empfinden, wie ich, in wie vielen Dingen ich darüber zurückbleiben muss. Hr. Büdinger erweist mir zwar (S. 128) die Ehre, mich ausschliesslich als seinen competenten Gegner anzuerkennen: es thut mir leid, dieses Compliment nicht annehmen und auch nicht erwidern zu können. Dagegen will ich so billig sein zu glauben, er habe nicht bloss deshalb mich hochstellen wollen, um seinem Siege über mich um so mehr Glanz zuzuwenden. Dass er von den ausführlichen „Studien über die KH. Handschrift," welche von den gelehrten Brüdern Jireček in der Wiener Zeitschrift Swětozor seit einem Jahre publicirt und fortgesetzt werden, eben so wenig Kenntniss nahm, wie von den Artikeln Hrn. Nebesky's in der Museumszeitschrift, lässt sich, da diese böhmisch verfasst sind, eher begreifen als entschuldigen; wie kömmt es aber, dass er auch das Beste, was bisher über diese Handschrift überhaupt, und in deutscher Sprache insbesondere, ist geschrieben worden, nämlich Hrn. Šafařiks Einleitung zur Uebersetzung des Grafen J. M. Thun im J. 1845, gänzlich ignorirte? Denn es wäre bei einem so belesenen Gelehrten, einem Freunde der Herren Miklosich und Feifalik, unverzeihlich, wenn er von deren Existenz gar nicht gewusst hätte. Er hätte daraus entnehmen sollen, dass Hrn. Šafařiks Ansichten in vielen Puncten von den meinigen abweichen, und hätte dann um so weniger Anlass gefunden, mich mit dem bestrittenen Denkmal gleichsam zu identificiren. Doch dem sei, wie es wolle: es ist Zeit, näher zuzusehen, wie er mit meiner Beweisführung umgegangen ist.

Ich hatte in der Bohemia an einigen Beispielen einleuchtend zu machen gesucht, wie der vermeinte Falsarius ein wahres Phänomen an Genialität und Gelehrsamkeit zugleich gewesen

sein, und insbesondere so eingehende historische Kenntnisse
besessen haben müsse, wie man sie bei keinem der bekannten
Zeitgenossen von 1817, annehmen oder voraussetzen könne.
Hr. Büdinger ist ein noch zu junger Mann, als dass er sich
der erschreckenden geistigen Oede erinnern könnte, welche in
Böhmen damals insbesondere in diesem Fache des Wissens
vorherrschte. Dobrowsky allein stand als ein gründlicher achtunggebietender Forscher da: doch wendete auch er seinen kritischen
Blick fast ausschliessend nur einigen Partieen der böhmischen
Kirchen-Geschichte zu. An ein Erforschen der inneren politischen, socialen und culturhistorischen Zustände des alten
Böhmens dachte niemand; und stiess man ja etwa zufällig daran,
so schöpfte man die Kenntnisse und Belege vorzugsweise aus
— Hajek. Soll ich in eine Beweisführung darüber eingehen?
Ich will einstweilen nur zwei bezeichnende Anekdoten vortragen,
für deren Richtigkeit ich einstehe. Unter den böhmischen
Historikern jener Zeit stand nicht in letzter Reihe auch der 1836
verstorbene Kreuzherren-Ordenspriester und k. k. Bibliotheks-
Scriptor J. W. Zimmermann, von welchem etwa ein Duzend
historischer Publicationen in böhmischer und deutscher Sprache
noch vorhanden sind. Als ich im J. 1825 mit ihm vom Schlosse
Troja, wo wir beide zu Gaste geladen waren, zu Fuss nach
Prag zurückkehrte, geriethen wir unterwegs in einen heftigen
Streit mit einander, weil ich ihm, dem älteren Gelehrten, nicht
aufs Wort glauben wollte, M. Johann Hus und der Friedländer
Herzog Wallenstein seien Zeitgenossen und persönliche gute
Freunde gewesen. Und da ich im J. 1827 dem Prof. der Rechte
Mich. Schuster, der mich oft zu besuchen pflegte, nur um mit mir
über Sätze aus der böhmischen Rechtsgeschichte zu streiten,
die Noth klagte, an die Sammlung eines Landesdiplomatars
selbst Hand anlegen zu müssen, tröstete er mich mit den
Worten: „wozu diese Mühe? Studiren Sie das erste beste deutsche
Lehrbuch, notiren sich daraus, was in Deutschland üblich war, und
nehmen als Regel an, dass es hundert Jahre später auch in
Böhmen in Gebrauch gekommen!" Und dieser sonst in seinem
Fache ganz tüchtige Mann war auch Professor ordinarius
des böhm. Staatsrechts an der Prager Universität. Schon aus

diesen Daten, die ich ins Endlose vervielfachen könnte, wird man entnehmen können, aus welcher wissenschaftlichen Atmosphäre der unbekannte Falsarius sich hätte emporarbeiten müssen. Die Anfänge eines besseren Strebens bei der jüngeren Generation reichen kaum bis 1817 hinauf, und waren bei keinem bekannten Individuum so weit gediehen, dass sie es befähigt hätten, auch nur einen kleinen Theil dessen zu leisten, was in der Königinhofer Handschrift vorliegt. Von den drei Puncten, die ich zufällig hervorhob, äusserte ich nur bei dem ersten, den Beneš Hermanow als historische Person und dessen Genealogie betreffend, dass in Böhmen niemand vor 1829 die dazu gehörigen Daten habe wissen *können*. Hrn. Büdinger beliebte es, diese meine Bemerkung auf den zweiten, den Kampf von 1004 und Jaromirs Wiedereinsetzung betreffenden Fall zu beziehen, wohin sie eben so wenig taugte als gemeint war. Ist diese Versetzung durch ein blosses Versehen zu erklären? Wenn er nun aber darauf besteht, den ihm unbekannten Beneš Hermanow gleichwohl in die Jahre 1280—1282 einzuschieben und zu einem Zeitgenossen der nationalen Vorkämpfer dieser Zeit, eines Hynek von Duba, eines Ctibor von Lipnic (Ahnherrn der Cimburge in Mähren) und der Plejade anderer Männer zu machen, welche der gleichzeitige Dalemil mit so viel Theilnahme und Wärme feiert, während er von einem Beneš Hermanow sich nicht einmal träumen lässt; wenn Hr. Büdinger ferner auf der Geltendmachung des Gebrauchs patronymischer Benennungen auch bei den Häuptern des Volks in dieser Zeit besteht: so rächt sich gerade auch in diesem Falle an ihm die Nichtachtung böhmischer Quellen, und liefert uns den Beweis, dass er, trotzdem er ein Geschichtforscher von Profession ist, in das Verständniss der geschichtlichen Gesammtentwickelung Böhmens auch im J. 1859 nicht tiefer eingedrungen ist, als die blossen Dilettanten Swoboda und Hanka noch im J. 1829. Es zeugt das auch von keinem gesunden kritischen Sinn und Tact, wenn man sich einbildet, ein positiv begründetes „*ist*" mit einem bloss als möglich gedachten aber durch nichts gerechtfertigten „*könnte sein*" beseitigt zu haben. Denn der als so wichtig hervorgehobene Einwurf, die ungerechte Verstossung der unglücklichen Adele habe nur einen einzigen Rachezug der Sachsen nach Böhmen zur Folge gehabt, ist mehr als nichtig, er ist beinahe lächerlich; woher will er den Beweis nehmen, dass die einmal entzündeten Leidenschaften nicht mehrjährige Versuche zur Folge gehabt, den empörenden Gewaltstreich zu rächen? Das Reich der Möglichkeiten ist freilich ein unendliches: aber kein besonnener Denker wird darauf, gegen wohlbegründete positive Zeugnisse, Geschichte bauen wollen. Die von mir in diesem Falle gestellten Daten bleiben aufrecht, und allem Scharfsinne Hrn. Büdingers wird es nicht gelingen, sie zu erschüttern. Was er bei den übrigen zwei Puncten einwendet, dass nämlich der Falsarius seine Kenntnisse aus der und jener Quelle habe ziehen können, lasse ich um so mehr gelten, je mehr es eigentlich für meinen Satz spricht. Denn ich hatte ja nur behauptet, dass der Unbekannte eine ganz ungewöhnliche Belesenheit hätte besitzen müssen. Mein Gegner gibt das zu, erklärt ihn aber zugleich (S. 147) für so unwissend, dass man ihm die gröbsten Anachronismen zumuthen könne. Liegt darin nicht etwa ein Widerspruch? In die Kritik des Nachweises, wie mühsam der geistesarme Impostor seine Brocken erst aus dem deutschen Hajek habe zusammenlesen müssen, will ich hier nicht näher eingehen. Mich eckelt diese plumpe, aber scharfsinnig und vornehm thuende Combination zu gründlich an, als dass ich nicht froh wäre, nach dem, was die in Prag gedruckte Brochure*) und andere Aufsätze dagegen vorgebracht, auf das Detail derselben nicht eingehen zu müssen.

Hr. Büdinger geht in seinem Raisonnement „nach den einfachsten Grundsätzen der Kritik" „von etwas völlig Sicherem und Unbestrittenem aus, um einen Maasstab für die Beurtheilung des Unsichern und Zweifelhaften zu gewinnen," — er meint die im J. 1849 von Hrn. Hauka bekannt gemachte „Prophetia Lubusse" in lateinischen gereimten Hexametern, und einer ähnlichen böhmischen Uebersetzung, die er nicht nur ein „Mach-

---

*) Es ist hier die unter dem Titel „Max Büdinger und die Königinhofer Geschwister" bei Fr. Tempsky in Prag im April 1859 erschienene Brochure gemeint. (Siehe darüber die Nachschrift.)

work," sondern auch „eine Impostur, wenn je eine gewagt worden ist," nennt. Er findet meine Aeusserungen darüber in der Bohemia „ausweichend", und glaubt, dass auch ich nicht anders darüber denke. Mit Recht kann ich fragen, was ihn denn berechtigt, meinen Worten einen andern Sinn zu unterstellen, als sie offenbar in sich tragen? Ich befand mich im Juni 1849, wo Hr. Hanka jene Prophetia bei der k. böhm. Gesellschaft der Wissenschaften einbrachte, erweislich auf Reisen im Auslande; und der historische Werth des Gedichtes, das gebe ich zu, war, wenigstens in der Deutung, welche es von Hrn. Hanka erhalten, so gering, dass ich das Ganze auch später gänzlich unbeachtet liess. Erst die Wichtigkeit, welche Hr. Büdinger der Sache beimass, bestimmte mich, Hrn. Hanka bitten zu lassen, dass er mir das corpus delicti zur Ansicht auf zwei Tage zusandte, — (denn das böhmische Museum mit seinen Schätzen ist seit 1852 für mich bekanntlich ein mit 50 Siegeln verschlossenes Buch geworden.*) So bekam ich die Prophetia am 15 April d. J. zum ersten Mal zu sehen, und erkläre hiemit vor aller Welt, dass es in paläographischer wie jeder anderen Beziehung nichts Echteres, Unverfänglicheres und Sichereres gibt und geben kann, als der *lateinische* Text des Gedichtes, der auf einem Vorlegblatte eines aus dem Rokycaner Kloster vom Ende des XIV Jahrhunderts stammenden Codex von fast ganz gleichzeitiger Hand eingetragen ist. Hr. Hanka hat ihn 1849 nicht nur stellenweise unrichtig gelesen (z. B. abjuret extremos statt abnuet, evsis finis st. ensis suus, in urbe dabit st. urbe David,) sondern auch gänzlich missverstanden, da er ihn auf Karl IV bezog, während er nach meiner vollen und begründeten Ueberzeugung auf K. Wenzel IV zu beziehen ist, und etwa in den Jahren 1376—1380 von einem böhmischen Collegiaten an der Prager Universität gedichtet wurde. In eine umständlichere Begründung dieser Ansicht getraue ich mir hier, aus Schonung für den Leser, nicht einzugehen, und bemerke nur, dass Karls IV kaltes, nüchternes, berechnendes

---

*) D. i. seit dorum 29 Juli 1852 abgehaltenen Sitzung der Museumsgesellschaft, in der ich, auf Andringen des damaligen Prager k. k. Polizeidirectors, von 50 Votanten jener Gesellschaft aus der Direction ausgeschlossen wurde.

Wesen Niemanden Anlass geben konnte, auf seine Wirksamkeit ausschweifend phantastische Träume zu bauen, dass aber dem *jungen* Wenzel von seinen Zeitgenossen etwas der Art wirklich zugemuthet und zugetraut wurde; das Product sollte für ihn wohl Spiegel und Sporn zugleich sein. Die nationale Apostrophe (gegen die Deutschen) wird schon z. B. das Chronicon universitatis Pragensis (bei Höfler p. 13—14) zum J. 1384 hinlänglich erklären; Hr. Büdinger kann nicht gewaltiger irren, als wenn er darin eine moderne Anspielung auf die Ereignisse von 1848—1849 erblicken will. Was aber den *böhmischen* Text des Gedichtes betrifft, so gestehe ich aufrichtig, dass ich mir für jetzt nicht getraue, über dessen Alter entscheidend abzusprechen. Denn in paläographischer Beziehung erscheint die Schrift nicht wie aus einem Gusse, sondern enthält Elemente, die man dem ersten, und andere, die man dem letzten Viertel des XIV Jahrh. zuweisen könnte, und ihre kritische Würdigung mit dem blossen Auge ist um so schwieriger, als die einzelnen schmalen Pergament-Streifchen jetzt wieder in die Nähte des Codex eingefügt sind, aus welchen sie Hr. Hanka seiner Aussage nach im J. 1849 herausgezogen hatte. In sprachlicher Hinsicht weist die Uebersetzung nicht nur manches Unerhörte, sondern auch wirkliche orthographische und grammatische Schnitzer auf, die zwar auch in echten Uebersetzungen aus dem Ende des XIV Jahrh. nicht beispiellos, aber doch immer auffallend sind. Mögen andere competente Richter, die mehr Zeit und Lust zu solchen Untersuchungen haben, die Sache endgiltig entscheiden: ich enthalte mich um so lieber eines absprechenden Urtheils, je mehr es auf der Hand liegt, dass die Annahme einer Impostur bei dem böhmischen Texte allein, (bei dem lateinischen ist sie, wie gesagt, unmöglich,) nicht nur nichts für Hrn. Büdingers These beweisen, sondern im Gegentheile eines der stärksten Argumente gegen seine Meinung bilden würde. Wie wäre es in aller Welt nur denkbar, dass ein Mann, der schon in seiner Jugend ein wahres paläographisch-linguistisch-ästhetisches Wunder, wie die Königinhofer Handschrift, erzeugt, 32 Jahre darauf mit einem in jeder Hinsicht so unvollkommenen, wahrhaften Pfuschwerke aufgetreten wäre? Es liegt in der Annahme eine

Absurdität, die man nicht drastisch genug bezeichnen kann. Hr. Büdinger wird vielleicht entgegenhalten, dass auch nach seinen Worten selbst (S. 152) Hr. Hanka bei der Verfertigung der Königinhofer Handschrift nicht unmittelbar betheiligt war: dann aber frage ich, welche Beweiskraft hat noch sein S. 128 dargelegter „Maassstab für die Beurtheilung des Unsichern und Zweifelhaften?" was baut er dann noch auf der angeblich so unumstösslichen Grundlage?

So ist demnach der ganze Aufsatz meines Gegners ein Gewebe logischer Fehlschlüsse und Quiproquo's, unübertrefflich nur in der Seichtigkeit und Keckheit seiner Behauptungen, — ein trauriges Beispiel und ein Beweis, wie heutzutage selbst gebildete Deutsche den wahren ehrfurchtgebietenden Charakter der deutschen Wissenschaft verkennen, wenn sie ihn einem Werke dieser Art unbedenklich beilegen. Ich kann auch nicht unterlassen, es ernstlich zu rügen, dass Hr. Büdinger, der von der Nothwendigkeit einer nüchternen Erwägung der Frage in einem engen Kreise von Sachverständigen sprach, diese löbliche Absicht durch die Wahl eines aufreizenden und beleidigenden Titels seiner Abhandlung gleich von vornherein verleugnete. Was verstand er unter dem Ausdruck „die Schwestern der Königinhofer Handschrift?" Diese Handschrift hat keine Schwestern; vergebens leider sehen wir uns nach einem Producte in der böhmischen Literatur um, das nur einigermassen ebenbürtig ihr zur Seite gestellt werden könnte; das Bruchstück von Libuša's Gericht ist das einzige, das in dieser Beziehung in Betracht kommen kann, wird aber durch die Benennung der Mehrzahl „die Schwestern" nicht bezeichnet. Offenbar hat er damit nur andeuten wollen, dass die altböhmischen Handschriften insgesammt Fälschungen seien, gleich der von Königinhof; es war ein Versuch des Nivellirens derselben im Kothe. Freilich bleibt er den „stricten" Beweis für das eine wie für das Andere schuldig, und drükt damit ein Merkmal nicht der Königinhofer Handschrift, sondern nur sich selbst auf.

Wie vieles ich auch auf dem Herzen habe, was in der Frage der altböhmischen Handschriften und ihrer Kritik noch

zu besprechen wäre, so fürchte ich doch die geehrten Leser
dieser Zeitschrift durch eine noch weiter ausgesponnene Erörterung zu ermüden, und behalte daher viele Erwägungen einer
anderen Gelegenheit vor; wenn nicht etwa inzwischen andere
Schriftsteller mich der Fortsetzung dieser stets unwillkommenen
Debatte überheben.

In einer, dem vorstehenden Aufsatze unmittelbar angehängten „*Entgegnung*", (S. 112—117) derselben Zeitschrift, behauptete Hr. Büdinger, der Inhalt meines ganzen Aufsatzes sei „jedes neuen zur Sache gehörigen Argumentes gänzlich baar und ledig" und ich hätte, gleich anderen seiner Gegner, „nüchterner Erwägung nur eine für Vernunftgründe unzugängliche sentimentale Leidenschaft" entgegengesetzt. Denn „der Nachweis, wie die betreffenden Erzählungen bei Hajek entstanden seien, und in welcher Art sie bei Verfertigung (sic) der Königinhofer Handschrift benutzt wurden, macht räumlich und sachlich den Hauptinhalt" des Büdinger'schen Aufsatzes aus, — und ich hätte, sagt er, „diesen entscheidenden Punct ehrlich zugestehen oder gründlich widerlegen" sollen, wenn ich mich über die ganze Streitfrage überhaupt noch äussern wollte: „denn mit Sympathien und Antipathien hat die historische Kritik schlechterdings nichts zu schaffen". (S. 113.) — Ich hätte also, meinte Hr. Büdinger, im Ernste nachweisen sollen, dass z. B. Hr. Swoboda die K. H. Handschrift nicht, und zwar *erst bei der zweiten Auflage* derselben im J. 1829, *deutsch* und nach Sandel's deutschem Hajek „*verfertigt*" und Hrn. Hanka zur *čechischen* Uebersetzung vorgelegt habe, — (denn bei der ersten Ausgabe von 1819 kommen die deutsch-Hajek'schen Ausdrücke „*sprungen*" und „*sprengen*" u. dgl. nicht vor,) — und ich Unglücklicher beging die Sentimentalität, diesen „entscheidenden Punct" nicht „gründlich zu widerlegen", sondern darüber an eine damals in Prag neu erschienene Brochüre zu verweisen, die diesen Büdinger'schen Hauptbeweis bereits hinlänglich widerlegt hatte (S. 22—27); ich war so kurzsichtig, die pyramidale Bedeutung eines so scharfsinnigen Beweises nicht zu sehen!

Nun, meine am Schlusse des Aufsatzes geäusserte Hoffnung, dass „andere Schriftsteller mich der Fortsetzung dieser stets unwillkommenen Debatte überheben" werden, — ist rasch in Erfüllung gegangen: noch im selben Jahre 1859 liess der damalige Redacteur der böhmischen Museumszeitschrift (Casopis česk. Mus. S. 198—235 und 395—406) Wenzel Nebeský zwei Aufsätze folgen, worin der Büdinger'sche „Hauptinhalt" einer nicht nur umständlichen und gründlichen, sondern geradezu vernichtenden Kritik unterzogen wurde. Und als später (1860) der sel. Jul. Feifalik in seiner Brochüre in Wien den Streit gegen die K. H. Handschrift wieder aufnahm, wurde er von den gelehrten Brüdern Joseph und Hermenegild Jireček in dem Werke: „Die Echtheit der Königinhofer Handschrift, kritisch nachgewiesen" etc. (Prag, 1862 bei Tempsky, 212 S. 8.) so gründlich widerlegt, dass diese ganze Controverse mit diesem Buche ihren endlichen Abschluss gefunden zu haben scheint, indem sie seitdem gänzlich verstummt ist und von unwissenden Schriftstellern nur sporadisch noch erwähnt wird.

Der mehr kecken als klugen Behauptung meines Gegners gegenüber, ich hätte in meinem ganzen langen Aufsatze *nichts* bewiesen, — stelle ich mit vollem Recht die Frage entgegen: was hat *er* denn in allen seinen Aufsätzen bewiesen? Er hat auch nicht *einen* Satz vorgetragen, der stichhältig befunden worden wäre; aus seiner ganzen gelehrten Arbeit haben wir nichts gelernt, als dass die historische Kritik bei ihm „mit Antipathien" sehr viel zu schaffen gehabt hat. In der That, Eines hat er uns gegenüber doch bewiesen: einen, glücklicherweise ohnmächtigen, „bösen Willen", — nichts mehr, noch weniger. —

XXX.

Zwei Reden, im österr. Herrenhause in Wien gesprochen (1861).

(Nach stenographischen Aufzeichnungen.)

39.

A) Rede am 27 August 1861, (bei der Berathung über den Entwurf einer Adresse an Se. Majestät, aus Anlass der Auflösung des ungarischen Landtages etc.)

Es thut mir leid, die Ansichten der Commission beim Entwurfe dieser Adresse nicht in Allem theilen, und nicht in Allem in den freudigen Ton, den sie anstimmt, mit einstimmen zu können. Es ist mir kein Vergnügen, einen Missklang in die Harmonie dieses hohen Hauses bringen zu müssen: aber mein Gewissen legt mir diese Pflicht auf, eine Pflicht, wie *ich* sie verstehe, Sr. Majestät gegenüber eben so gut, wie gegenüber den Völkern Oesterreichs, zu deren Staatswohl mitzurathen ich berufen bin.

Die Frage, welche Gegenstand dieser Adresse ist, berührt, wie alle Welt weiss und fühlt, vitale Interessen des Kaiserstaats. Ihre Tragweite lässt sich für den Augenblick nicht einmal ganz bemessen. Auch fühle ich mich gar nicht berufen oder aufgelegt, in ihre ganze Beleuchtung einzugehen: die

Aufgabe wäre zu gross, dieser Zeit und dem Orte nicht angemessen, und noch weniger meinen Kräften. Aber einige Andeutungen denke ich denn doch von meinem Standpuncte aus geben zu sollen, deren Berücksichtigung ich, im Interesse des Ganzen, vielleicht wünschen und hoffen darf.

Bei der kaiserlichen Botschaft, welche wir zu beantworten haben, und welche also das Object unserer gegenwärtigen Berathung bildet, sind zwei Puncte zu berücksichtigen: *erstens* der Bericht an sich, wie Se. Majestät, unser allergnädigster Kaiser und Herr, als Erbe der Krone Ungarns und als erblicher Souverain des Landes, sich vergebliche Bemühungen auferlegt habe, eine Vereinbarung mit dem Landtage in Ungarn über die Bedingungen der staatsrechtlichen Verhältnisse des Königreichs Ungarn zu Wege zu bringen; und *zweitens* sind es die Grundsätze der Politik, von welchen auch in Zukunft die Handlungen der Regierung geleitet sein werden, und welche uns in der kaiserlichen Botschaft hier vorgelegt werden.

In eine meritorische Erörterung und Würdigung des ersten Punctes, glaube ich, kann das Haus nicht eingehen. Er entzieht sich der Competenz dieses hohen Hauses, das nach wiederholten Erklärungen der engere Reichsrath ist, zu dessen Competenz die ungarische Frage nicht gehört. Ueberdies ist wohl auch nicht ausser Acht zu lassen, dass uns die kaiserliche Botschaft das ganze Ereigniss oder die ganze Geschichte als unmittelbare Acte Sr. Majestät vorträgt, dass jede meritorische Erörterung und Würdigung das Recht einer Kritik involviren würde, welche sich aber in einem constitutionellen Staate nie bis zu den unmittelbaren Acten Sr. Majestät versteigen darf. Wenn daher dieses hohe Haus irgend ein Urtheil, wenn es seine Stimme in dieser Angelegenheit abgibt, so wird dies zwar, als die Stimme der höchstgestellten Corporation des Staates, von ausserordentlicher moralischer Wirkung sein, aber doch in den Angelegenheiten selbst keine maassgebende Folge haben. Und so sei es mir denn auch gestattet, da unsere Aeusserungen darüber gleichsam bloss Privatäusserungen sein können, meinerseits in eine Beleuchtung dieser Sache einzugehen.

Ich verkenne keineswegs, dass die leitenden Staatsmänner in Ungarn bei allen ihren Schritten nur von Patriotismus und keineswegs von minder edlen Motiven geleitet wurden. Gleichwohl habe ich Mühe, das heilsame praktische Resultat zu errathen, welches ihnen als Ziel und Wunsch vorgeschwebt haben mag. Ich war zwar in Folge des krankhaften Zustandes meiner Augen ebensowohl, als in Folge des Dranges anderweitiger Geschäfte, nicht im Stande, Alles, was über diese Frage hier und dort zur Oeffentlichkeit gebracht worden ist, durchzulesen und kennen zu lernen. Ich glaube aber dennoch so viele Kenntniss davon mir angeeignet zu haben, dass ich mir auch eine Aeusserung darüber erlauben darf.

Der Weltgeist ist auch ein Factor der Geschichte, und zwar nicht einer der mindest wirksamen; er wirkt und pulsirt in unsern Tagen sichtbarer und mächtiger als jemals. Die zunächst wahrnehmbare Wirkung davon ist eine — wenn ich mich so ausdrücken darf, — Centralisation des ganzen Erdballs, des ganzen Menschengeschlechts; eine stets fortschreitende Centralisation, ja eine Centralisation, wogegen die schwachen Versuche unserer Ministerien an Umfang, Tragweite und nachhaltiger Wirkung sich ohngefähr so verhalten, wie die einzelnen Eisenbahnstationen gegenüber den Entfernungen der Himmelskörper von einander. Eine der sichtbarsten Folgen davon ist auch die, dass je länger je mehr alle Kleinstaaterei in Europa unhaltbar wird, — dass Verhältnisse, wie sie im Mittelalter recht gut haben bestehen können, in der Gegenwart unmöglich geworden sind.

Ich glaube, die Staatsmänner Ungarns hätten sich dieser Wahrnehmung nicht verschliessen oder entziehen sollen. Sie hätten anerkennen sollen, dass wie in der Gegenwart und je weiter je mehr alles Einzelne an Werth verliert, wie alle Personen und Corporationen, so auch Völker und Staaten je länger je mehr ihr Heil nur in Associationen, in Vereinen, in Föderationen zu suchen angewiesen sind; dass daher Ungarn so gut wie Böhmen für die Zukunft vom Schicksale angewiesen ist, sich staatlich an ein grösseres Ganze anzuschliessen, und den Bedingungen der Existenz dieses grösseren Ganzen sich

zu fügen. In dieser Beziehung, muss ich sagen, habe ich mit
Bedauern in den ungarischen Erörterungen fast nur Negationen
gefunden, welche, wie bekannt, kein Staatswesen auf die Dauer
zu bauen und zu ordnen vermögen.

Jeder Gesetzgeber, so wie jeder Staatsmann, hat ja als
Gegenstand seiner Sorge vorzugsweise nicht die Vergangenheit
vor sich, sondern die Zukunft; und wenn man die Formen der
Vergangenheit ausschliesslich auch für die Zukunft gelten
lassen wollte, so könnte es leicht geschehen, dass auch das an
Form am gewandtesten deducirte summum jus, sich ins Gegentheil, in die summa injuria verwandeln könnte.

Es ist daher keine Frage, dass ich in dieser Beziehung,
in diesem Conflicte, sowohl das grössere Recht, als auch die
höhere Staatsweisheit nicht auf Seite der Ungarn, sondern auf
Seite Sr. Majestät erblicke und erblicken muss. In der That
haben Se. Majestät in allen Verhandlungen, welche diesen
Gegenstand betrafen, eine Grossherzigkeit gegenüber den Ungarn
bewiesen, welche weit über mein Lob erhaben ist, und gewiss
einen der glänzendsten Puncte in der Regierungsgeschichte
Sr. Majestät bilden wird. Eben so erlaube ich mir, meinen
innig gefühlten Dank hier auszusprechen für die Erklärung
des Entschlusses Sr. Majestät, dass Sie die endliche Lösung
dieser Frage nur auf friedlichem Wege von der besseren
Einsicht und Verständigung Ihrer Völker selbst erwarten wollen.
Ich glaube, diesen Dank theile ich mit der ganzen gebildeten
Welt.

Nach einer so unumwundenen Erklärung glaube ich hoffen
zu dürfen, das hohe Haus werde mich nun nicht etwa als
einen Parteigänger oder gar als Sachwalter der Ungarn ansehen
wollen, wenn ich erkläre, dass ich in die Fassung des Adressentwurfes nicht mit einstimmen kann. Schon in der kaiserlichen Botschaft fand ich stellenweise Anklänge von Härte,
die um so mehr hätten vermieden werden sollen, je mehr sie
von der von Sr. Majestät selbst in dieser Hinsicht bewiesenen
Mässigung und Milde abstechen. Hier, in dem ganzen Wortlaute des Entwurfs, weht mich ein so herber, unfreundlicher
Geist gegenüber dem ungarischen Volke an, und er scheint

mir eine so rücksichtslose, unbedingte Verdammung des ganzen Volkes zu sein, dass ich mit gutem Gewissen durchaus nicht einzustimmen vermag. — In eine detaillirte Begründung des Gesagten will ich schon darum nicht eingehen, um nicht meinerseits etwa zu noch grösserer Aufregung der Gemüther Anlass zu geben, und begnüge mich in dieser Hinsicht bloss damit, dass ich nur im Allgemeinen mein abweichendes Votum motivirt habe. — Ein Amendement zu stellen finde ich mich auch nicht berufen, da nach meiner Ansicht die ganze Anlage der Adresse eigentlich eine andere sein könnte und sollte. —

Was nun den *zweiten Punct*, der in der kaiserlichen Botschaft enthalten ist, betrifft, nämlich die Darlegung der Grundsätze der Politik, von welcher auch in Zukunft die Handlungen der Regierung geleitet sein werden: so ist dieser Gegenstand, wie Jedermann wohl zugeben wird, vollkommen in der Competenz dieses hohen Hauses gelegen.

Seitdem die Völker Oesterreichs berufen worden sind, bei der Gesetzgebung mit dem Monarchen mitzuwirken, seitdem glaube ich, liegt es in der Möglichkeit jeder legalen politischen Versammlung, — heisse sie nun Landtag, heisse sie engerer oder weiterer Reichsrath, oder wie immer, — die Grundsätze der Politik, welche die Regierung in ihren Handlungen leiten, in Erwägung zu ziehen und darüber Beschlüsse zu fassen, — obgleich daraus nach meiner Ansicht durchaus nicht zu folgern ist, dass jede dieser politischen Versammlungen auch berufen und ermächtigt sei, jedes beliebige Gesetz anzutragen, zu verfassen und zu votiren.

Ich habe bereits zu wiederholten Malen Gelegenheit gehabt, hier von dieser Stelle aus mein herzliches Bedauern darüber auszudrücken, dass eben über die Grundsätze der Politik, welche die Regierung in ihren Handlungen leiten sollen, nicht von vornherein eine Discussion im Reichsrathe gestattet oder möglich gemacht wurde. Ich glaube wohl, es hätte das manche Schwierigkeit dargeboten, es hätte manche Aufregung der Gemüther herbeigeführt, vielleicht auch Krisen im Innern: aber sind denn die Krisen durch die Vermeidung aller politischen Discussion etwa beseitigt? Tauchen sie denn nicht gespensterartig aus jeder Veranlassung immer von neuem auf? Nimmt nicht eine Beunruhigung der Gemüther überhand? Statt dessen wenn man gleich von Anfang in eine Discussion dieses Gegenstandes eingegangen wäre, wenn ein allseitiges Entgegenhalten der abweichenden Ansichten und Wünsche stattgefunden hätte: so hätten meiner Ansicht nach die Meinungen im Allgemeinen sich erweitert und geklärt, man hätte sich gegenseitig ausgesprochen, und vor Allem, es wäre vermieden worden, was seitdem das Traurigste ist: so manche kränkende Unterstellung vermeinter Parteiabsichten und Gelüste wäre aus besserer Kenntniss der Verhältnisse unterblieben, und die Gemüther hätten sich nicht in der Weise aufgereizt oder verbittert, wie es seitdem der Fall gewesen ist und noch sein kann.

Doch dem sei, wie es will. Es ist Zeit, einen prüfenden Blick auf den Gegenstand zu werfen, der uns beschäftigt, nämlich auf die Grundsätze der Politik, welche die Regierung befolgen wird.

Da muss ich nun sagen, dass meines Erachtens noch in keinem Actenstücke die entschiedene Richtung der Regierung zur Centralisation so deutlich hervorgetreten ist, wie in diesem; vielleicht gegen die Absicht der hohen Regierung. Doch ist die Thatsache unläugbar. Und da nun für sämmtliche nichtdeutschen Völker in Oesterreich *Centralisation* gleichbedeutend ist mit *Germanisation*, so kann man die ernste Tragweite dieses Umstandes nicht genug bezeichnen und betonen. Ich glaube wohl, dass es Stimmen geben werde, und zwar bei Vielen auch bona fide, welche die Identität dieser beiden Principien läugnen: dennoch tritt sie aus tausend und aber tausend Wahrnehmungen immer deutlicher zu Tage, und wird endlich unverkennbar.

Wo Freiheit ist, da ist auch Parteiung: das liegt in der menschlichen Natur und ist auch kein Uebel. Fragen wir nun, wie gestaltet sich die Parteiung in Oesterreich im Ganzen und Grossen? Sind es etwa politische Grundsätze, welche hier den Ausschlag geben? — Man blicke nur hin auf das hohe Abgeordnetenhaus des Reichsraths: gruppiren sich die Parteien darin nach politischen Grundsätzen und Ansichten, und nicht etwa nach Nationalitäten? Sind die Deutschen nicht fast ohne Ausnahme Centralisten, die Nichtdeutschen fast ohne Ausnahme Anticentralisten? Denn die allerdings stattfindende kleine Ausnahme von Seite der Rusinen, — die hat, wie Jedermann bekannt ist, nur in einer exceptionellen, krankhaften Lage ihrer Nationalität ihren Grund, deren Erörterung nicht hieher gehört.

Nun, nationale Sympathien und Antipathien hat es zwar in Oesterreich gegeben, seit der Staat existirt, und sie werden auch immerfort dauern: aber die *politisch-nationale Parteiung* der Gegenwart ist, glaube ich, von ziemlich neuem Datum, wie auch ihre Quelle, der 26 Februar (1861), noch nicht lange verflossen ist. Sie nimmt auch in dem Maasse mehr überhand, je mehr der 26 Februar an Geltung und Macht gewinnt, sei es durch Resolutionen, sei es durch Ereignisse.

Ich habe bereits einmal die Ehre gehabt, von diesem Orte aus darauf hinzuweisen, warum z. B. meine Landsleute, die Böhmen, zur Centralisation, wie sie im Werke ist, ihre Zustimmung nicht geben können. Ich habe gesagt, dass und warum in der Concentrirung alles parlamentarischen Lebens in Wien sie ihren künftigen nationalen Untergang erblicken und erblicken müssen; dass daher die Zustimmung dazu ihrerseits einem Selbstmorde gleichkäme, zu welchem es doch in aller Welt nirgends eine Verpflichtung gibt und geben kann. Nun, ähnliche Besorgnisse nehmen, wie wenigstens mir bekannt ist, auch bei anderen nichtdeutschen Völkern Oesterreichs überhand. Man hat allerdings in Böhmen den 26 Februar um so mehr angenommen und sich ihm gefügt, als einer seiner Paragraphen die Bestimmung enthält, dass dieses Statut eben veränderlich ist, ja dass Veränderungen desselben in Aussicht gestellt wurden; und man konnte auf Veränderungen in demselben um so mehr Hoffnung bauen, wenn erst dem Patente gemäss die Repräsentanten von Gesammtösterreich zusammengekommen wären; man konnte darauf bauen, dass gewisse Bestimmungen dieses Patentes nach Recht und Billigkeit geändert werden würden. Wie aber die Verhältnisse sich seitdem gestaltet, und wie es uns die kaiserliche Botschaft angekündigt, so kann es nicht ausbleiben, dass vorderhand wenigstens keine Aussicht vorhanden ist auf das Zusammentreten der Repräsentanten von Gesammtösterreich; dass somit die gegenwärtige Majorität des Abgeordnetenhauses bestimmt ist, nach und nach über das Ganze der Monarchie zu entscheiden, die Gesetze, sowohl finanzielle als constitutionelle, zu votiren u. s. w. Nun, bei aller Achtung gegen dieses Haus der Abgeordneten muss man doch bemerken, dass die Majorität desselben fast ausschliesslich deutsch ist —

(Bei diesen Worten fiel der Präsident des Herrenhauses, Fürst Karl Auersperg, mir in die Rede und rief mich, unter dem Beifall eines grossen Theils des Hauses, „zur Sache", da er eine Kritik des Abgeordnetenhauses mir nicht gestatten könne, — als wenn bei einer Discussion, wo es sich um die leitenden Grundsätze der österreichischen Regierungspolitik handelte, die Erwähnung der einseitig nationalen Zusammensetzung des obersten gesetzgebenden Körpers nicht „zur Sache" gehört hätte! — Da ich nun sah, welche Redefreiheit ich, als böhmisch-nationaler Opponent, von Seite des bekanntlich schon damals deutschwüthigen Präsidenten und der vielen ihm gleichgesinnten Herrenhausmitglieder zu gewärtigen hatte, so stellte ich lieber meine Rede ganz ein.) —

40.

B) Rede am 28 Sept. 1861 (über den Entwurf eines Gesetzes in Betreff der Ablösung des Lehenbandes).

Ich hatte bereits gehofft, der Nothwendigkeit überhoben zu werden, in dieser Frage mich an der Debatte zu betheiligen. Doch mehrere Aeusserungen, die hier gefallen sind, veranlassten mich meinen Entschluss zu ändern und um das Wort zu bitten, wäre es auch nur, um meinen Standpunct, meine Ansichten, meine Consequenz in dieser Frage zu motiviren. Ich bin nämlich entschlossen, für den Antrag der Majorität zu stimmen, obgleich ich mit dessen Begründung nicht in allen Puncten einverstanden bin; denn Einiges kann ich nicht billigen und Anderes vermisse ich darin. Doch gleichviel.

Es ist uns bereits mit der schweren Ungnade des Zeitgeistes gedroht worden, wenn wir der Strömung der öffentlichen

Meinung nicht folgen, und die Reste eines morschen Gebäudes, in welchem gleichwohl manche Bewohner sich noch ziemlich behaglich fühlen, nicht allsofort einzureissen und abzutragen befehlen. Nun, ich schmeichle mir, eben kein Gegner des Zeitgeistes und seiner berechtigten Forderungen zu sein; und ich gehöre überdies zu Denjenigen, welche man in neuerer Zeit etwas unfreundlich die „čechischen Nationalitätsschwindler" zu nennen beliebt. Man wird aber fragen: wie kann ich freisinnig und national sein, und doch bei der Nennung von Feudalismus, von Lehen und Vasallen, nicht vom Schauder ergriffen werden? Sind denn das nicht die ärgsten und lebhaftesten Gegensätze aller modernen Civilisation, aller Freiheit und Aufklärung u. dgl. mehr? Man wird freilich sagen, oder — es steht ja bereits gedruckt — man kann es lesen: ich und meine Freunde haben einen Pact mit den Feudalen geschlossen! Nun, ich will mich nicht weiter in das einlassen: denn bekanntlich sind manche Organe der Oeffentlichkeit über das, was ich denke, was ich thue und anstrebe, besser unterrichtet als ich selbst.

Was wird man aber sagen, wenn ich darauf antworte, dass mir von Feudalen in unserer Zeit eigentlich nichts bekannt ist? Wenn ich sogar behaupte, es existire kein Lehenwesen mehr in unserer Zeit, und dass meine Gegner ebensowenig davon wissen, wie ich selbst?

Ich habe in meinem Berufe die Aufgabe gehabt, die Anfänge und die ganze Entwickelung des Lehenwesens in meinem Vaterlande — und auf letzteres bitte ich meine Bemerkungen zunächst zu beziehen — eingehenden Studien zu unterziehen, und ich glaube berechtigt zu sein, in dieser Sache auch ein Wort mitzusprechen. Es versteht sich, ich sage nichts Neues, wenn ich bemerke, dass der Zweck der Lehen darin bestand, eine auf jeden Wink stets bereite bewaffnete Macht zur Hand zu haben: dass also das Lehenwesen ursprünglich dieselbe Aufgabe hatte, welche heutzutage das stehende Heer erfüllt. Da es nun aber im Mittelalter, im Zeitalter dieser Lehen, keine Conscription und keine Recrutirung gab; da auch das Geld und das Steuerwesen im Vergleich zu unserem Zeitalter noch in einem Embryonenzustand sich befand: so hat man zeitgemäss den Kriegern zu ihrem Unterhalt, anstatt des flüssigen Soldes, den Nutzgenuss einiger Grundstücke eingeräumt.

Nun, der Zweck einer Anstalt bestimmt ihre Natur, ihr Wesen. Was also ist der Zweck und das Wesen des Leheninstituts? Jedermann weiss, es ist nicht etwa eine Art des Grundbesitzes, der Dotation, sondern es ist die unmittelbare Heerfolge, es sind Kriegsdienste, die zu leisten sind. Das ist das Wesen. Wenn ich nun behaupte, dass das Wesen des Instituts bereits aufgehört hat, so wird man sich nicht wundern, dass es z. B. meinem hochverehrten Herrn Vorredner (dem Erzbischof von Olmütz, Landgrafen von Fürstenberg,) meines Wissens gar nicht zugemuthet worden ist, an der Spitze seiner zahlreichen Vasallen in glänzender Rüstung in den Krieg nach Italien zu ziehen. Damit ist also, — ich will es nicht weiter ausführen, — wie man sagt, der Spiritus des Instituts der Lehen schon vor Jahrhunderten dahingeflogen, und nur das Phlegma ist geblieben; und dieses Phlegma ist der durch eigenthümliche Bedingungen gebundene Grundbesitz.

Wenn das auch nichts Neues und Besonderes ist, so glaube ich doch, dass die Festhaltung dieses Unterschiedes von einiger Bedeutung, ja von Wichtigkeit ist: denn es handelt sich da nicht mehr um das Lehenwesen selbst, sondern nur um eine eigenthümliche Form des Grundbesitzes. Halten wir das fest, so fallen wenigstens alle Declamationen weg, welche auf zarte Gemüther mit beweglicher Phantasie Eindruck machen, die sich dabei Gott weiss welche Burgverliesse mit darin schmachtenden Gefangenen vorstellen, und ausser sich gerathen über den Fortbestand eines so abnormen Institutes.

Ich frage also: was liegt dem Institute heutzutage zu Grunde? ist es ein Zwang, oder ist es ein freiwilliger Vertrag? Ich glaube, Jedermann wird zugeben, dass weder im Ursprung des Lehenwesens, noch in dessen weiterer Entwickelung in der Regel ein Zwang obgewaltet hat; dass es ein freiwilliger Vertrag war, ein Dienstvertrag, wie er besteht und wie er bestehen wird in alle Ewigkeit, so lange es Menschen geben wird und so lange es eine Ungleichheit des Vermögens gibt.

Man hat allerdings gesagt, der Grund und Boden sei zu entlasten, und diese Gebundenheit des Grundbesitzes, welche sich im Lehenwesen offenbart, sei vom Uebel. Man hat gesagt, es sei das gleichsam die nothwendige Folge und das Supplement des Geschäftes der Grundentlastung. Es sind in dieser Hinsicht von Seite der Commission selbst Ansichten gefallen, die ich durchaus nicht theilen kann. Es heisst hier im Votum: „Die Grundentlastung war eine jener durch besondere Verhältnisse begründeten Maassregeln, welche ausnahmsweise die regelmässige Entwickelung des Rechtslebens durchbrach und Privatrechte zwangweise umgestaltete."

Darin und dadurch wird diese Grundentlastung und das ganze Geschäft wie ein Unrecht dargestellt, ein Durchbrechen des Rechtslebens. Ich habe mich an diesem Geschäfte mitbetheiligt, und ich kann behaupten, dass ich in meinem Gewissen keine Beunruhigung und auch durchaus nicht den geringsten Scrupel darüber empfinde, dass ich mich daran betheiligt habe; ja ich kann nicht umhin zu erklären, dass ich die Grundentlastung in ihren Motiven für durchaus gerecht, für einen Act der Gerechtigkeit ansehe, sie immer so angesehen habe und auch ferner ansehen werde. Wenn es mir gestattet wäre, — ich getraue mir kaum darum anzusuchen, — so würde ich diese meine Ansicht in einer Art beweisen oder motiviren, welche Jedermann im Hause und auch ausser diesem Hause von der vollen Nothwendigkeit und Wahrheit des von mir Gesagten überzeugen müsste. Ich würde nachweisen, dass in dem Unterthansverhältnisse, welches allerdings seit Kaiser Josephs II Zeiten in sehr milder Form aufrechterhalten wurde, doch Elemente von Recht und Unrecht, von freiwilligen Verträgen und roher Vergewaltigung, so ineinander gemischt waren, dass sie nicht von einander gesondert werden konnten: denn die Vermischung geschah durch Jahrhunderte langen Process, und ging gar verschiedene Phasen durch.

Es ist nichts unwahrer und unrichtiger, als die Ansicht Derer, die da glauben, im Mittelalter sei das Verhältniss der Herren und der Unterthanen ein stereotypes gewesen, und zwar je tiefer hinein in das Mittelalter, um so grässlicher

gestaltet. Nein, — in Böhmen wenigstens und in Mähren
haben die Verhältnisse zwischen Obrigkeiten und Unterthanen,
wie ich nachweisen kann, mit jedem Jahrhunderte wesentlich
sich geändert, und ihre schlimmste Phase, — die entstand erst so
zu sagen an ihrem Ende. Wie gesagt, ich getraue mir kaum
um die Erlaubniss zu bitten, diese Darstellung hier vorzunehmen, weil sie doch etwa eine Viertelstunde in Anspruch
nehmen würde. — Wenn ich nun den Grundbesitz, wie er
durch die ehemaligen Lehenverhältnisse gebunden ist, entgegen-
halte zu dem, was früher zwischen den Obrigkeiten und Unterthanen stattfand: so sehe ich in diesen weitläufigen Verhältnissen ganz wesentliche Unterschiede. Denn ich kann in dem
Lehenbesitze weder im Ursprunge noch in der Fortentwickelung desselben irgend ein Unrecht erkennen, irgend
eine rohe Vergewaltigung: — es sind das insgesammt freiwillige
Verträge.

Nun frägt es sich: mit welchem Grunde kann man imperativ in diese freiwilligen Verträge eingreifen? Ist etwa die
constitutionelle Freiheit das Motiv dazu? Ich muss gestehen,
dass ich die Freiheit etwas anders auffasse und verstehe. Es
sei mir gestattet zu sagen: ich bin in den Gesinnungen für
freiheitliche Entwickelung von meiner Jugend auf herange-
gewachsen und war stets ein Anhänger freisinniger Principien,
auch in Zeiten, die in dieser Beziehung viel schwieriger waren
als die gegenwärtigen. Ich glaube diessfalls von der jüngeren
Generation nicht viel zu lernen zu haben. Es will mich aber
bedünken, dass eben, wenn auch nicht die ganze jüngere
Generation, doch ein grosser Theil derselben, das Wesen der
Freiheit sehr zu alteriren geneigt sei, dass sie darunter vielmehr Herrschaft und Zwang, wäre es auch nur unbewusst,
anstrebe, dass daher von ihr der Spruch gelte: libertatem
appellant, dominium appetunt.

Ich kann durchaus nicht finden, dass man im Rechte sei,
wenn man Jemandem sagt: „Ja, du sollst frei sein, aber nicht
so, wie du frei sein willst, sondern wie ich es dir vorschreibe."
Ich glaube, dass damit die Freiheit aufhört, und weiss in den
Rechtsverhältnissen, die sich in der bürgerlichen Gesellschaft

ergeben, keinen anderen Maassstab der Zulässigkeit oder Unzulässigkeit zu finden, als
1) ob dieses Verhältniss nicht etwa den Geboten der Sittlichkeit widerstrebe;
2) ob es nicht mit dem Rechte Anderer im Widerspruche stehe, und
3) was damit zusammenhängt, ob es nicht mit dem höchsten und letzten Zwecke des Staates, der Rechtssicherheit Aller, in Conflict gerathe.

Wenn ich nun den lehenbaren Grundbesitz an diesen drei Puncten prüfe, so sehe ich in der That nicht ein, was uns zwingen könnte, in der Hinsicht imperativ einzugreifen, und den Leuten nicht die Freiheit zu bringen, sondern sie ihnen zu nehmen.

Aus dem Grunde werde ich, wie gesagt, für das Majoritätsvotum, und eventuell für den Antrag Sr. Durchlaucht des Fürsten Vincenz Auersperg stimmen.

Um im Herrenhause nicht zu viel kostbare Zeit in meist fruchtlosen Bemühungen zu verlieren, — da ich als böhmisch-nationaler Opponent daselbst zu sehr isolirt dastand, — erbat ich mir schon am 30 Sept. 1861 einen unbestimmten Urlaub von demselben, den ich auch seitdem geniesse. —

XXXI.
Zur neueren Geschichte der böhmischen Sprache und Literatur (1862).
(Auf Verlangen eines Staatsmanns geschrieben.)

41.

Böhmen war das erste Land in Europa, wo gegen die Grundsäulen des Mittelalters, den blinden Auctoritäts-Glauben, die Hierarchie und das Feudalwesen, eine Reaction im Grossen sich bildete und zum geschichtlichen Durchbruch kam. Rom, dadurch aufgeschreckt, hörte im ganzen XV und XVI Jahrhunderte nicht auf, alle ihm zu Gebote stehenden Mittel zur Dämpfung des böhmischen Geistes vorzugsweise auch dann in Bewegung zu setzen, als durch Luther und Calvin der Geist der Unbotmässigkeit auch in andere Länder gedrungen war. Die römisch-spanische Politik, die eine Umkehr aller Verhältnisse im katholisch-absolutistischen Sinne anstrebte, suchte mehre Jahrzehende hindurch vergebens eine entscheidende Katastrophe zunächst in Böhmen herbeizuführen, um von da eine feste Basis zur weiteren Reaction in Europa zu gewinnen, bis es ihr endlich gelang, den bekannten 30jährigen Krieg (1618—1648) zu provociren. Durch die Schlacht am weissen Berge (im Nov. 1620) erhielt die Wiener Regierung in dem vollständig bezwungenen Lande vollkommen freie Hand. Um allen Widerstand von Seite des freiaufstrebenden Volkes für immer zu brechen, fasste man den Plan, ihm zuerst seinen Reichthum abzunehmen: daher ungeheuere Confiscationen, Steuerauflagen, Münzverschlechterung u. dgl., dann dessen Religion und Nationalität zu ändern. Ersteres geschah plötzlich und gewaltsam, durch Vertreibung aller Nichtkatholiken aus dem Lande (1627); Letzteres wurde, wie es nicht anders möglich war, nur langsam aber sicher und planmässig eingeleitet. Zuerst erklärte man allen Producten der böhmischen Literatur den Krieg, weil sie ja fast alle mehr oder weniger ketzerisch gewesen; Missionäre, von Soldaten begleitet, reisten mehr als ein volles Jahrhundert lang von Stadt zu Stadt, von Dorf zu Dorf, von Haus zu Haus, um dem Volke alle böhmischen Bücher abzunehmen und sie öffentlich zu verbrennen; die wenigen und schlechtbesuchten Kirchen und Schulen wurden meist unwissenden Mönchen überliefert; als die Population durch Kriege, Auswanderung, Hunger und Seuchen auf kaum ein Viertel ihres früheren Bestandes (kaum 1 Million Seelen,) herabgebracht und viele Gegenden gänzlich verödet waren, wurden zumeist deutsche Colonisten ins Land gezogen; in den Schulen herrschte blosses Mönchlatein, in den Aemtern gewann die deutsche Sprache, gegen ausdrückliche kaiserliche Zusagen, immer mehr die Oberhand; wer irgend nationalen Sinn kund gab, wurde Ketzer und Rebell gescholten, geneckt und gestraft; das gemeine Volk verfiel, nach vielen blutigen Aufständen, je länger je härteren Formen der Leibeigenschaft. Dieser heillose Zustand, wo der Katholicismus mit der crassesten Ignoranz im Bunde alles geistige Leben im Volke erdrückte, dauerte bis in die zweite Hälfte des XVIII Jahrhunderts.

Nach dem siebenjährigen Kriege (1756—1763) kamen sowohl Kaiserin Maria Theresia als ihr Sohn K. Joseph II zur Einsicht, dass dem Volke nicht alle Bildung länger vorenthalten werden dürfe, und die Reform des Schulwesens wurde auf lange Zeit hin die vorzüglichste Sorge der Regierung. Da jedoch die nur im Bunde mit Centralisation und Absolutismus beliebte Bildung ein deutsches Import war: so ordnete man an, dass die deutsche Sprache nicht allein in die höheren, sondern auch in alle mittleren Volksschulen als ausschliessliche Unterrichtssprache eingeführt wurde, und das Böhmische somit auf die untersten Dorfschulen beschränkt blieb. Die mit der Ausführung dieses Werkes betrauten Staatsmänner und Beamten setzten und sagten voraus, dass auf diesem Wege binnen fünfzig Jahren ganz Böhmen germanisirt sein werde. Das Widerstreben einzelner Patrioten war dieser Strömung gegenüber ohnmächtig; so kam es, dass auch sie die Hoffnung auf ein Wiederaufleben der böhmischen Nationalität aufgaben, obgleich sie den Termin des gänzlichen Erlöschens derselben allerdings nicht für so nahe hielten, wie ihre Gegner.

Nachdem aber in neuerer Zeit der Geist der Nationalität bei allen Völkern, vorzüglich im Kampfe gegen Napoleon I, erwachte und je länger je mehr erstarkte, konnte auch Böhmen nicht lange davon unberührt bleiben. Zwei fast gleichzeitige Ereignisse, die Gründung des böhmischen Nationalmuseums (1818), das durch seine Statuten auch auf die Pflege der vaterländischen Geschichte angewiesen war, und die Entdeckung und Bekanntmachung der unvergleichlichen Königinhofer Handschrift und anderer herrlichen Denkmäler der altböhmischen Literatur, wirkten begeisternd auf die damalige jüngere Generation, welche in ihrer patriotischen Gesinnung und Opferwilligkeit sich bald auch des Rechtes bewusst wurde, dahin zu wirken, dass die slawische Nation in Böhmen und Mähren dem drohenden Untergang entrissen und zu neuem nationalen Leben geführt werde. Das Unternehmen wurde aber um so schwieriger, als es gegen die Wünsche und Anordnungen einer absolutwaltenden und stets argwöhnischen Regierung durchgeführt werden sollte; selbst im günstigsten Falle konnte das Ziel nur nach langen Vorbereitungen und nur auf Umwegen erreicht werden. Denn es galt die Besiegung nicht allein der äusseren, durch die politische Lage gegebenen Hindernisse, sondern auch grosser innerer Schwierigkeiten, die in der Natur der Dinge selbst lagen; und man war allerseits darüber einverstanden, dass man den legalen Weg dabei, und wäre er auch noch so beengt und schmal, niemals verlassen durfte.

Das erste und grösste Hinderniss lag in dem Zustande der Sprache selbst. Der erweiterte Ideenkreis des XIX Jahrhunderts passte nicht in die beschränkten Sprachformen, wie sie uns das XVI Jahrh. überliefert hatte; denn durch mehr als zwei Jahrhunderte war aller Fortschritt der Sprachbildung unterblieben. Nun wollten Diejenigen, die an der Zukunft des Volkes verzweifelten, an der sprachlichen Vollendung des XVI Jahrh. mit bloss populärem Inhalt festhalten, und erklärten allen Neuerungen den Krieg: Diejenigen aber, welche an die Zukunft glaubten, bemühten sich hinsichtlich der Sprachbildung alles, was in den letzten Jahrhunderten versäumt worden war, in eben so viel Jahrzehenden wieder nachzuholen. Daher stritt man ohne Maass und ohne Ende über Purismus, Neologismus, Classicität der Sprache, Orthographie u. dgl. An der Spitze der Alt-Conservativen, die sich begnügten, dem Volke nur populäre Schriften zu bieten, stand der Prager Professor Nejedlý; um Prof. Jos. Jungmann schaarten sich alle Diejenigen, welche die gesammte Bildung der Neuzeit, auch die wissenschaftliche, in der böhmischen Literatur einzubürgern sich bestrebten. Jos. Dobrowský, der zuerst die wahren Gesetze der böhmischen Sprachbildung aus den alten Schrift-Denkmälern abstrahirt und gelehrt hatte, hielt sich neutral, starb aber 1829. Der Sieg fiel bald dem Fortschritte zu, insbesondere nach der Gründung des Časopis českého Museum 1827 und der Matice česká 1830, welche die Aufgabe hatten, die wissenschaftliche Pflege der böhmischen Sprache und Literatur zu fördern und zu leiten; Jos. Jungmann, Johann Swatopluk Presl und Franz Palacký standen lange Zeit an der Spitze des Instituts; später wurden auch Paul Jos. Šafařík und Wenzel Hanka zugezogen. Die vorherrschende Tendenz von damals war die lexikalische Bildung und Bereicherung der Sprache nach den Bedürfnissen der Neuzeit; schrieb man auch über wissenschaftliche Fächer verschiedener Art, so geschah es mehr in der Absicht, die böhmisch-slawische Terminologie als die Wissenschaft selbst zu bereichern. Unsterblich sind in dieser Beziehung die Verdienste *Jos. Jungmann's*, der mit beispiellosem Fleisse und seltenem Tact alle alten Denkmäler der böhm. Literatur durchforschte, um ein reiches kritisch-gesichtetes Material zu dem modernen Sprachbau herbeizuschaffen; sein „Slowník jazyka Českého" stellt sich den vorzüglichsten Leistungen dieser Art bei den gebildetsten Völkern Europa's würdig zur Seite. Nicht weniger hochverdient machte sich auch Prof. *Johann Swatopluk Presl*, der mit Jungmann's Rath und Hilfe eine nationale, leicht verständliche, und doch präcise und consequente Terminologie für alle Fächer der Naturwissenschaft, Physik und Chemie schuf, an der seine Nachfolger nur wenig zu verbessern fanden. *Palacký* sorgte vorzüglich dafür, dass die alten und die neuen Sprach-Elemente in praxi organisch sich einigten, dass die rasche Umbildung nicht in eine Umwälzung ausartete, sondern den Charakter der Reform beibehielt, und dass die nicht allein bezüglich des Wörterbuchs, sondern auch der Grammatik, mannigfach gährenden und sich überstürzenden Ideen keine Anarchie der Sprache herbeiführten.

Nächst der lexicalischen Bildung der Sprache war die Wiedererweckung der böhmischen *Geschichte* das dringendste Bedürfniss, wenn ein nationales Bewusstsein und Leben im Volke wieder erwachen sollte. Die österreichische Regierung hatte diesen Gegenstand von jeher absichtlich vernachlässigt; in den höheren Schulen war es sogar verboten, böhmische Geschichte zu dociren. Daher kam eine fast unglaubliche Verwahrlosung dieses Fachs, trotz einiger sehr schätzbaren

Leistungen Dobner's, Pelzel's und Dobrowsky's, welche jedoch nur einzelne Partien beleuchteten. Um eine im Geiste der Neuzeit nur einiger Massen lesbare Geschichte zu Stande zu bringen, musste nicht nur die Forschung gleichsam ab ovo beginnen, sondern auch die zerstreuten Quellen selbst, so viel deren nach 200jährigem Vandalismus noch übrig blieben, im In- und Auslande aufgesucht und gesammelt werden. Franz Palacký leistete dafür das Meiste, vorzüglich seit 1831, wo ihm vom böhmischen Landtage eine Unterstützung votirt wurde. Seine Studien wurden durch seinen Jugendfreund *Paul Jos. Šafařik*, den grössten Kenner der Geschichte der Slawen überhaupt, seit 1833 sehr gefördert; jüngere Hilfsarbeiter erzog er sich seit 1843 vorzüglich an *W. W. Tomek* und *K. J. Erben*.

Das dritte nicht minder wichtige Mittel zur Wiedererweckung des nationalen Lebens war die Pflege der *schönen Literatur*, in Versen wie in Prosa. Die Bekanntmachung der von *Wenzel Hanka* aufgefundenen Königinhofer Handschrift (1818) machte darin Epoche; denn von da an nahm die böhmische Nationalpoesie einen höheren Schwung. Unter den vielen Dichtern dieser Periode (1818—1848) ragten namentlich *J. Kollar* und *Fr. L. Čelakowský* hervor; ihnen zunächst sind Kamaryt, Chmelenský, Macháček, Wocel, Langer, Mácha, Jablonský und Andere zu nennen. Klicpera und Tyl lieferten Dramen und Romane, darunter auch einige wohlgelungene. Zu europäischem Rufe und Ansehen gelangte jedoch keine dieser Leistungen.

So hatte die patriotische Begeisterung und Aufopferung einer bedeutenden Anzahl von Schriftstellern, die hier nicht alle genannt werden konnten, schon vor 1848 die nothwendigsten Mittel herbeigeschafft, das slawische Volk in Böhmen und Mähren zu nationalem Bewusstsein und Leben zu wecken, und insbesondere dessen erste Grundlage, die böhm. Sprache und Literatur, auf eine Stufe der Bildung erhoben, die an sich nur wenig zu wünschen übrig liess. Die Wirkung dieser Mittel war gleichwohl eine wenig eingreifende, so lange die österr. Regierung in ihrer alten Feindseligkeit beharrte, ihnen die nothwendigsten Organe, die Schulen und Aemter, ängstlich verschloss, kein öffentliches Leben gestattete, und alles natio-

nale wenn auch noch so patriotische Streben als unloyal
verdammte. Wer immer des Hofes Gunst nicht verlieren wollte,
hielt sich dieser Bewegung fern, und so kam es, dass fast der
ganze Adel, die höhere Beamten- und die Industrie-Welt davon
unberührt blieben; nur die niedere Geistlichkeit, einige Professoren
und Lehrer als Privatpersonen und der etwas gebildetere
Mittelstand wurden ihre Stütze. Das Jahr 1848 brachte jedoch
darin eine grosse Veränderung hervor. Die constitutionellen
Einrichtungen des Staates riefen das Volk zur Theilnahme an
der Lösung politischer und socialer Tagesfragen: es entstand
wie durch einen Zauberschlag ein reich bewegtes öffentliches
Leben, und gestaltete sich überall von selbst in nationalem
Geiste. Was einzelne Gelehrte dreissig Jahre lang für sich
und für beschränkte Kreise gepflegt und vorbereitet hatten,
wurde jetzt ein Gemeingut der Nation; die zeitgemäss gebildete
Sprache drang in die Schulen und Aemter, und ertönte bald
auch in öffentlichen Versammlungen; alle Schichten des Volks
wurden davon berührt und in die neue Bewegung hinein-
gezogen. Die politischen Discussionen, wie in den Journalen
so auch in den Land- und Reichstagen, erheischten vor Allem
ein festes und klares national-politisches Programm. Palacký
wurde durch Umstände berufen, es zu entwerfen; doch waren
es zunächst zwei jüngere Männer von ungewöhnlichen Geistes-
gaben, *Franz Lad. Rieger* und *Karl Hawlíček*, welche ihm bei
der Nation allgemeine Aufnahme verschafften. Rieger ist noch
heutzutage bekannt und anerkannt als eine der ersten politischen Capacitäten und als der vorzüglichste Redner, den nicht
bloss Böhmen, sondern auch Oesterreich überhaupt aufzuweisen
hat; die Wirkungen seiner Reden sind für das böhmische
Volk unberechenbar und unschätzbar. Eben so grossartig und
noch sichtbarer wirkte Hawlíček durch seine Journale Národní
nowiny und Slowan auf die politische Bildung des Volkes.
Er besass die seltene Gabe, alle grossen Lebensfragen eben
so populär als gründlich, in kerniger, klarer, selbst dem
gemeinen Manne verständlicher Sprache zu behandeln; und er
that es in wahrhaft edler, durch nichts zu beirrender patriotischer Gesinnung. Da er, obgleich stets loyal, den Verfolgungen

der österr. Regierung, nach Eintritt der Reaction, physisch
erlag (1856), so wird er heute vom gesammten böhmischen
Volke als Märtyrer verehrt.

Die gedachte zehnjährige Reaction in Oesterreich (1850 bis
1860) dämpfte zwar das öffentliche politische Leben in Böhmen
wieder, aber der Nationalität brachte sie nur wenig Schaden;
im Gegentheil erwies sie sich in einer Beziehung sogar sehr
nützlich. Die Literatur behauptete sich als vorzüglicher Brennpunct und zugleich Leiter des Volkslebens; und auch aus
Schulen und Aemtern liess sich die böhm. Sprache nicht mehr
ganz herausdrängen. Die politischen Discussionen hörten auf; mit
um so mehr Eifer legte sich der aufgeweckte Geist auf die
Pflege reeller Bildung nach allen Beziehungen hin; insbesondere
wendete sich der Fleiss den Naturwissenschaften, der Technik
und Physik, der Industrie und Realkenntnissen überhaupt zu,
und selbst die schöne Literatur nahm einen neuen Aufschwung.
Die böhmische Gesammtliteratur vor 1848 war, wenn auch im
Einzelnen grossartig, doch im Ganzen nur das Werk der
Liebhaberei einzelner Patrioten: jetzt wurde sie ein praktisches
Bedürfniss für das Leben, zu dessen allseitiger Befriedigung
eine Menge neuer, meist junger Schriftsteller, vereinigt sich
herbeidrängten. In der That übertrifft die böhmische Literatur
seit 1848, wenn auch nicht an Grösse und Genialität der
Leistungen, doch an Zahl, Vielseitigkeit und Brauchbarkeit
ihrer Producte Alles, was früher in dritthalb Jahrhunderten
zusammen geschaffen worden war. Es ist freilich nicht zu
läugnen, dass die ersten und verdienstvollsten Gründer und
Heroen der neu-böhmischen Literatur bereits zu den Verstorbenen gehören: so namentlich Dobrowský († 1829), Jos. Jungmann († 1847), J. S. Presl († 1849), Joh. Kollar († 1852),
Fr. L. Čelakowský († 1852), J. K. Tyl († 1856), K. Hawliček
(† 1856), W. Kliepera († 1859), W. Hanka (1861), P. J. Šafařik
(1861) und selbst die begabteste Schriftstellerin Božena Němcowa
(1862): aber eben so wenig ist zu verkennen, dass die jüngste
Generation auf den bereits gebahnten Wegen rüstig fortschreitet,
und einige der neueren Schriftsteller zu schönen Hoffnungen für
die Zukunft berechtigen. Die meisten, über 130 an Zahl,

schaaren sich jetzt als Mitarbeiter um den encyclopädischen „Naučný slownik," den seit 1859 Fr. L. Rieger durch den unternehmenden Buchhändler Kober herausgibt, und der, wie überhaupt, so insbesondere in allen die slawischen Völker betreffenden Artikeln original, für die gegenwärtige Generation fast dieselbe Bedeutung hat, wie einst Jungmann's Český slovník: doch werden alle Fächer des Wissens wie des praktischen Bedürfnisses auch systematisch vielfach bearbeitet, und die Journalistik blüht seit 1861, wie niemals zuvor, indem ausser politischen Zeitungen auch gelehrte Zeitschriften jeder Art, für Natur- wie Rechtskunde, Oekonomie und Industrie, Musik, praktische Heilkunst u. s. w. regelmässig publicirt werden.

XXXII.

Auch ein „čechisches" Memorandum (1870).
(Gedruckt in Fr. Schuselka's „Reform", 1870, Nr. 22.)

42.

Der moderne Wiener politische Jargon ist eitel Lug und Trug. Er schwärmt in Liberalismus, und fordert von den Böhmen angeblich nichts als Anerkennung der Verfassung und die Beschickung des Reichsraths.

Aber der Reichsrath, den er meint, ist kein Reichsrath, die Verfassung, die er preist, ist keine Verfassung, und sein Liberalismus ist zunächst nur ein rohes Herrschgelüste.

Der angebliche Reichsrath ist eine aus ungerechten und unberechtigten Wahlordnungen hervorgegangene Versammlung von Abgeordneten einiger nichtungarischen Länder, die sich eine dictatorische Gewalt über Böhmen anmassen.

Die sogenannte Verfassung ist nichts als ein künstlich eingerichteter politischer Organismus zur Vergewaltigung eines Volksstammes durch den anderen, einer Partei durch eine andere.

Der Liberalismus, der zu seiner Stütze Polizei und Gendarmen, willfährige Richter und Kerkermeister in Anspruch nimmt, ist der unverschämteste und verächtlichste Despotismus, den es je irgendwo gegeben hat.

Wer in der Staatsgesellschaft herrschen will, ist kein Freund der Freiheit; denn das Herrschen der Einen setzt nothwendig die Knechtung Anderer voraus, die da beherrscht werden sollen, und wo es nur Herren und Knechte gibt, da kann von Freiheit keine Rede sein. Wenn daher Deutsche und Magyaren über die Slawen und Romanen in Oesterreich und Ungarn herrschen, und dabei doch auch den Ruhm der Freisinnigkeit ansprechen wollen, so liegt in dem Beiden entweder Blödsinn, oder schamlose Perfidie.

Die an die Böhmen gestellte Forderung zum Eintritt in den sogenannten Reichsrath involvirt in sich die Auflösung und das endliche Aufgehen Böhmens in einem Staatsgebilde, das so neu und unförmlich ist, dass man noch nicht einmal einen passenden Namen dafür zu finden gewusst hat; vorläufig nennt man es bald Cisleithanien, bald die Westhälfte Oesterreichs, obgleich auch z. B. die Bukowina dazu gerechnet wird. Es handelt sich also dabei um eine Mediatisirung der bisher souveränen Krone Böhmens, um die Abschaffung und Vernichtung der tausendjährigen historisch-politischen Individualität des böhmischen Königreichs, und um die endliche Absorbirung der böhmischen Nationalität durch eine andere. Denn durch die sogenannte Decemberverfassung wird das Königreich Böhmen factisch in ein blosses Departement von Cisleithanien umgewandelt, und angewiesen, von diesem Gesetze anzunehmen. Darin liegt die Aufhebung und Negirung der böhmischen Nationalität für alle Zukunft; denn ein Volk, das seine Sprache in Gesetzgebung und Verwaltung nicht einmal in einem freien Staate zur Geltung bringen darf, kann seinem nationalen Tode über kurz oder lang nicht entrinnen. Wer auf Erden ist aber berechtigt, den Böhmen ihre Nationalität zu nehmen?

Wegen der Missstimmung, welche einst die josefinischen Centralisationsbestrebungen auch in Böhmen erzeugt hatten, hat

Kaiser Leopold II diesem Lande am 12 August 1791 die feierliche urkundliche Zusicherung gegeben, dass fortan eine Aenderung der böhmischen Verfassung ohne Einvernehmung der böhmischen Stände nicht stattfinden dürfe, noch auch werde. Diese Zusage hat der noch lebende Kaiser Ferdinand (als König von Böhmen der V) bei seiner Krönung im September 1836 virtuell mitbeschworen. Wer darf es wagen, ihr bindende Rechtskraft abzusprechen?

Die alte Maxime: regnum regno non praescribit leges, gilt auch in der Umschreibung: gens genti non praescribat leges. Woher nehmen die Herren von Ober- und Niederösterreich, die von der Steiermark, von Galizien u. s. w. das Recht, den Böhmen Gesetze vorzuschreiben? Die Natur gibt es ihnen nicht, die Geschichte noch weniger. Auch die Regierung konnte ihnen das nicht verleihen, was ihr selbst nicht zusteht.

Den Zeitverhältnissen Rechnung tragend, waren die Böhmen seit 1848 aus freiem Willen immer bereit, in Verhandlungen über einen constitutionellen modus vivendi mit den übrigen Ländern der Monarchie einzutreten. Immer waren sie willig, dem Reiche zu geben, was des Reiches ist, wofern nur auch den Ländern und Völkern das gewahrt würde, was sie zu ihrer nationalen Existenz nicht entbehren können: aber immer und immer begegneten sie dabei nur, bald gröberen, bald feineren, Vergewaltigungsgelüsten.

Auf der Wiener Burg prangt die Inschrift: Justitia regnorum fundamentum, und die justitia gründet sich bekanntlich auf den Spruch: Was Du nicht willst, dass Dir geschehe, das thue auch Anderen nicht. Entzieht man aber dieses Fundament dem modernen Staatsbau Oesterreichs, wie lange wird er den kommenden Stürmen widerstehen können?

Die Böhmen haben seit Menschengedenken Beweise ihrer Loyalität in Hülle und Fülle dargebracht; trotzdem wurden und werden sie in Oesterreich, unter den Augen der Regierung, fortwährend geneckt, gehöhnt und verunglimpft; ihre nationale Ehre gilt in Wien stets für vogelfrei, und sie werden zunächst nur durch feindselige Behandlung ausgezeichnet. Gleichwohl hofften sie bis zur letzten Stunde immer, man werde endlich

doch einmal zu der Einsicht kommen, dass Gerechtigkeit und
das gleiche Recht für Alle die beste Politik für Oesterreich
sei. Nachdem sie nun aber den Kelch getäuschter Hoffnungen
bis auf die Neige geleert: wäre es da ein Wunder, wenn sie
endlich der Gefahr, in die der Staat sich selbst stürzt, gleichgiltig zusehen, und auch dessen Untergang keine Thräne nach-
weinen würden?

Den ihnen zugemutheten nationalen Selbstmord werden
sie aber gewiss nie und nimmer sich zu Schulden kommen lassen.
Wien den 29 Mai 1870.

XXXIII.
Die Russen und die Čechen (1873).
Schreiben an die Redaction der Reform (Fr. Schuselka) in Wien.
(Gedruckt in der Wochenschrift „Reform", 1873, Nr. 23.)

43.

Sie haben in Nr. 22 der „Reform" (vom 29 Mai) unter
dem Titel „Eine russische Stimme über die gegenwärtige Lage
der nordwestlichen Slawen und deren Verhältnisse" einen anonymen Aufsatz „auszugsweise" veröffentlicht, der zwar die
Čechen und Polen in ihren Verhältnissen zu Oesterreich und
Russland überhaupt, aber auch meine Person insbesondere, in
nicht eben freundlicher Weise nahe berührt. Ich gestehe, dass
es mir schwer fiele, dazu auch diesmal zu schweigen, und
namentlich Ihre Leser, die ich besonders achte, unter dem
Eindrucke irriger Angaben und Schlüsse zu belassen.

Der nicht genannte aber wohlbekannte Verfasser (Prof.
Makuschew in Warschau, vormals k. russischer Consulats-
Secretär in Ragusa), ereifert sich sehr über die „kurzsichtige"
Politik der Nordwestslawen, „welche oft von bornirten oder
egoistischen Führern schlecht geleitet wird." Seiner, wenn auch
nicht offen ausgesprochenen, Ansicht gemäss sollten diese
Slawen jetzt vor Allem dahin streben, nicht bloss einig, sondern

auch eben so *Eins* zu werden, wie es die Deutschen schon sind oder nächstens sein werden; sie sollten nicht nur Eines Herzens, sondern auch Einer Zunge und Eines Glaubens sein, Eine gemeinsame Schrift, Sprache und Literatur pflegen, mit Einem Worte — sich russisiren. Weil ich aber mich solchen Postulaten von jeher widersetzt habe und noch widersetze, und weil ich ehemals für ein allen seinen Völkern gleich gerechtes Oesterreich mit aller Wärme patriotischer Ueberzeugung schwärmte, so spricht er mir auch alle Kenntniss der Geschichte Oesterreichs von ehemals und heute ab, und rangirt mich auch unter seine „bornirten oder egoistischen" Gegner. Sein Raisonnement gipfelt in dem (von ihm so gefassten) Dilemma: „Ein starkes einiges Oesterreich muss der Freiheit entsagen; ein freies Oesterreich muss in seine Bestandtheile zerfallen. Der Zeitgeist drängt zur Freiheit, und folglich zum Zerfall Oesterreichs."

Lassen Sie mich nun, hochgeehrter Herr! diese Ansichten und Sätze auch von meinem Standpuncte aus kurz beleuchten. Ich habe alle hieher einschlägigen Fragen seit 25 Jahren schon wiederholt und ausführlich besprochen, und werde somit in diesem kleinen Aufsatze für Niemanden, ausser etwa für Herrn Makuschew, etwas Neues zu sagen haben: aber es gibt Wahrheiten, die den von Leidenschaften irregeleiteten Menschen nicht oft genug wiederholt werden können. Ich stimme mit dem Verfasser nur in Einem Puncte überein, wo er nämlich sagt, dass der Zeitgeist zur Freiheit drängt. Das habe auch ich unzähligemal öffentlich ausgesprochen, und zuletzt noch 1865 in meinen Aufsätzen über „Oesterreichs Staatsidee" umständlicher begründet. Aber die Schlüsse, die wir Beide aus jenem Satze ziehen, sind einander gerade entgegengesetzt.

Herr Makuschew sagt, ein starkes einiges Oesterreich müsse der Freiheit entsagen; folglich müsse es mit dem Zeitgeiste, der zur Freiheit drängt, in einen Kampf auf Tod und Leben sich einlassen. Aber auf wie lange? Wie lange wird es einig und stark sein, wenn es einen Absolutismus wieder einführt, der noch weit unerträglicher werden müsste, als er vor 1848 gewesen — und für uns noch immer ist? Vor 25

Jahren haben nur die Slawen, in der Hoffnung endlicher Gerechtigkeit, Oesterreich vor dem „Zerfall" gerettet: werden sie, längst bitter enttäuscht, es auch künftig noch thun *wollen*? Freilich ist dieser Zerfall, nach dem Verfasser, nicht nur erwünscht, sondern auch unausbleiblich und nahe bevorstehend: und leider kann ich, wie die Sachen jetzt stehen, ihm darin nicht ganz und gar widersprechen; ich habe das auch schon in meinem sogenannten „Politischen Vermächtniss" vom Jahre 1872 offen bekannt. Aber wenn der Fall eintritt, so wird das eine Folge sein nicht der Freiheit, sondern geradezu des Gegentheils derselben.

Was ist *Freiheit*? Auf das richtige Verständniss des Wortes kömmt hier alles an. Herrn Makuschew scheint dasselbe eben so zu fehlen, wie den meisten Häuptern jener politischen Partei, welche heutzutage in Oesterreich das grosse Wort führt. Wer da glaubt, es können zwei oder mehrere Menschen nicht mit- oder nebeneinander leben, ohne dass der Eine ein Hammer, der Andere ein Amboss werde, dem fehlt eben aller echte Sinn und alle Empfänglichkeit für Freiheit; er will nur herrschen und Andere unterdrücken, nicht aber selbst frei sein. Bekanntlich hat schon Sièyes seinen Zeitgenossen zugerufen: Ihr Thoren! ihr wollt *frei* sein und wisst nicht *gerecht* zu sein! Freiheit ohne sittliche Grundlage, ohne Recht und Gerechtigkeit, ist nur der Instinct eines Raubthiers, ist Willkühr und Tyrannei eines Despoten, ist die Freiheit des Räubers und des Diebes, der sein Gut nimmt, wo er es findet u. dgl. Unter Menschen kann Freiheit ohne Gerechtigkeit keinen Bestand haben; Gerechtigkeit besteht aber in der Anerkennung und Achtung der Rechte eines Anderen. Fast schäme ich mich, diese Gemeinplätze hier zu wiederholen, obgleich sie kaum irgendwo einer sträflicheren Vergessenheit anheim gefallen sind, als jetzt in Oesterreich. Da hat z. B. ein sehr bekanntes Journal die Stirne, unter der Devise: „Gleiches Recht für Alle" die nationale Vergewaltigung aller Nichtdeutschen zu predigen u. dgl. m. Seit 1848, wo der Ruf der Freiheit auch in Oesterreich erscholl, war ich unablässig bemüht, die Anwendung dieses heilsamen Princips auf die so heterogenen Völkerverhältnisse in Oesterreich allseits zu beleuchten und zu fördern, zuletzt in meiner Brochüre „Oesterreichs Staatsidee" 1865. Ich brauche wohl kaum zu wiederholen, dass ich die Freiheit, und folglich auch den Bestand Oesterreichs, nur in der föderativen Einigung aller seiner Völker zu erblicken vermag. In die Länge kann Oesterreich als Staat nur auf föderalistischer Grundlage bestehen, oder es wird gar nicht bestehen. Von einer, in Folge des Föderalismus, angeblich bevorstehenden „Zerbröckelung" oder Auflösung desselben in „Atome" (!) pflegen ja nur solche Leute zu faseln, welche eigentlich gar kein Oesterreich mehr wollen, weil ihnen nur an Deutschland oder an Magyarien gelegen ist. Als wenn föderative Reiche mit zufriedengestellten Bevölkerungen nicht grössere und nachhaltigere Macht zu entwickeln vermöchten, als in gewaltsamer Compression centralisirte Staaten mit missvergnügten und auseinander strebenden Elementen!

Doch ich brauche in die Erörterung solcher Fragen hier gar nicht einzugehen: die „Reform" pflegt dieselben mit der ihren Herausgeber auszeichnenden Klarheit und Schärfe schon seit Jahren zu behandeln, und hat sie auch ihrem Leserkreise bereits geläufig gemacht. En passant bekenne ich im Vertrauen, dass Sie, mein hochgeehrter Herr! für mich eine besondere bedeutsame Erscheinung sind. So lange Sie in Wien und Oesterreich wirken und gleichgesinnte Leser finden, bewahre ich noch immer einen Schimmer von Hoffnung, dass es in Oesterreich doch noch einmal besser werden könnte. Denn das weiss ich, dass die neueste eben so unnatürliche als disparate Slawophagen-Trias (Andrassy, Bismarck, Rauscher) auch nicht lange die Geschicke dieses Reiches zu bestimmen vermögen wird. Ich bin nun leider als entsetzlicher Deutschenfeind verschrien: gleichwohl reiche ich einem Deutschen wie Sie, und wer Ihres Gleichen ist, mit aller Herzlichkeit die Hand, und könnte mich wohl auch mit Männern, wie Gervinus war, vollkommen gut verständigen, — nur mit den Heroen und Herolden der „Neuen Freien Presse" u. dgl. — nie und nimmermehr!

Erlauben Sie mir nur noch, den Forderungen zu begegnen, welche Herr Makuschew so kategorisch an die Politik der Nordwestslawen, namentlich der Čechen, stellt. Dieser Herr gehört derjenigen, glücklicherweise wenig zahlreichen, Partei in Russland an, welche ich in meinem sogenannten „politischen Vermächtniss" von 1872 damit bezeichnet habe, dass ich zwischen ihr und den deutschen wie magyarischen Fanatikern keinen Unterschied wahrzunehmen vermochte: denn sie alle streben in gleicher Weise dahin, unsere Nationalität zu absorbiren und zu vernichten. Wenn wir aber einmal aufhören müssten, Čechen zu sein: so kann es uns dann ziemlich gleichgiltig lassen, ob wir Deutsche, Wälsche, Magyaren oder Russen werden. Glücklicherweise führt dahin noch ein gar weiter, für menschliche Voraussicht unberechenbarer Weg, der möglicher Weise auch noch ins Gegentheil umschlagen könnte; jedenfalls entzieht sich die *ferne* Zukunft unseren auch noch so kühnen Combinationen. Die Böhmen werden ihre Nationalität bewahren, so lange sie selbst werden wollen. Bis jetzt haben sie ihrer Geschichte, trotz den grausigen Erfolgen der Jesuiten Lamormain's, sich nicht zu schämen; und dass es auch in Zukunft so sei, dafür werden sie schon selbst zu sorgen wissen. Wenn Herr Makuschew und seine Gesinnungsgenossen sich wirklich einbilden, die Böhmen könnten und sollten ihr ganzes geistiges Erbe, Wissenschaft, Glauben und Sitte, Geschichte, Sprache, Schrift und Literatur, wie eine Waare ansehen, wie ein Tauschobject oder ein Kleid, das man beliebig an- oder auszieht, so geben sie uns von ihrem eigenen Nationalgefühl eine gar traurige Vorstellung; denn unmöglich könnten sie Anderen zumuthen, wessen sie selbst nicht fähig wären. Meinen sie aber, es hätten nur die sogenannten gebildeten Classen der verlangten Metamorphose sich zu fügen, das Volk könne man seinem Jargon immerhin noch überlassen: so ist das nur um so schlimmer. Wie, sollten die Gebildeten sich um die Bildung ihres Volkes gar nicht kümmern? sie sollten es, wie im Mittelalter, in die Barbarei zurücksinken lassen, und die Bildung als eine exotische Pflanze nur zum eigenen Vergnügen pflegen? Das stimmt ja vortrefflich zu der unlängst in Wien mit vielem Aufsehen gepredigten höchst „dummreichen" Theorie, dass die Wissenschaft Selbstzweck, daher auch nur an sich und nicht um der Bildung der Menschen und Völker willen zu pflegen sei! Nun, wir denken diesfalls anders, und für jenes Evangelium werden in unserm Volke wohl wenig Apostel sich finden.

Herr Makuschew wird sich bescheiden müssen, in uns Čecho-Slawen keine künftigen Russen, sondern nur aufrichtige Freunde derselben zu erblicken, — vorausgesetzt, dass die Freundschaft gegenseitig sich bewähre. Nicht jedem Volke hat die Vorsehung beschieden, extensiv gross zu werden: aber intensiv es zu sein oder zu werden, steht im Willen und in der Macht eines jeden, welches seine humane Bestimmung nicht gänzlich ausser Acht setzt.

Prag den 2 Juni 1873.

XXXIV.

Schlusswort vom Jahre 1874.

44.

Es ist in öffentlichen Blättern zu wiederholten Malen der Vorwurf gegen mich erhoben worden, dass ich, ein Vorkämpfer von ehemals, mich in neuerer Zeit fortwährend still und schweigsam verhalte, und an den je weiter je heftigeren politischen und nationalen Streitfragen keinen Antheil nehmend, weder meine Gegner auf den Pfad der Wahrheit und des Rechtes zurückzuführen, noch meine Freunde und Genossen auf demselben zu erhalten mich bemühe.

Aber wo ist der Pfad der Wahrheit und des Rechtes? und wer sucht ihn? Ich bin in der Erforschung, Beleuchtung und Anempfehlung desselben nach und nach alt geworden, und eine stetige Erfahrung hat mich seit lange belehrt, dass die Wahrheit und das Recht, in unseren Tagen und Landen, nicht mehr von der Vernunft, sondern nur von der Leidenschaft dictirt und vorgezeichnet werden, und dass es eben so erfolgreich wäre, die Leidenschaft, welche die Macht an sich gerissen hat, mit Worten bekehren zu wollen, als wenn man den nur von ihren Trieben geleiteten Raubthieren Vernunft predigen wollte. Diese sind und bleiben für jede andere Zurechtweisung, als die der rohen Gewalt, unempfänglich; und man darf sich trösten, dass eine solche naturgemäss auch für die hartnäckige Leidenschaft nicht ausbleiben wird.

Aus diesem Grunde schliesse ich die Sammlung meiner deutschen Aufsätze mit einem „*Schlusswort*" eben so, wie ich vor zwei Jahren meine böhmischen kleinen Schriften (Radhost) mit dem bekannten „Doslow" geschlossen habe, — nicht um Jemanden zu bekämpfen oder zu belehren, sondern nur um einigermassen mein Herz zu erleichtern und den Beweis herzustellen, ob oder inwiefern ich meine Ansichten und Grundsätze mit der Zeit geändert habe. Es heisst freilich schon an manchen Orten, ich sei vor Alter bereits so schwachsinnig geworden, dass ich nunmehr ganz willenlos von Feudalen, Clericalen, und Ultramontanen — warum denn nicht auch von Revolutionären, Nihilisten und Communisten? — mich leiten lasse. —

Gottes unerforschlicher Rathschluss, — oder, nach der Redeweise der „modernen Wissenschaft," die allwaltende ewige Natur, — lässt die Menschen auf Erden entstehen, damit sie, gleich anderen lebenden Wesen, zu ihrer Selbsterhaltung einen ununterbrochenen Kampf gegen Alles führen, was sie umgibt, insolange diesem Kampfe dieselbe ewige Natur nicht, auch gegen ihren Willen, ein Ziel setzt. Eine andere Bestimmung hat der Mensch, nach dem Zeugnisse dieser „Wissenschaft," keineswegs: sein angeblicher sittlicher Beruf, und das von Christus gepredigte Reich Gottes auf Erden (nämlich die gesammte Ideenwelt), Glaube, Liebe und Hoffnung, sind ja nur Ausgeburten krankhaft mystischer Einbildungskraft, — da der Mensch doch nichts weiter ist, als ein sublimirter Affe. Damit aber dessen Thätigkeit nicht bloss im Einzelkampfe, im Kriege Aller gegen Alle, sich erschöpfe, sondern auch in grossen Massen sich äussern könne, hat dieselbe Vorsehung (oder dieselbe ewige Natur,) die Menschheit nach *Nationalitäten* abgesondert, und diesen mit verschiedenen Trieben auch Anlässe gegeben, gegeneinander zu kämpfen und sich wechselseitig aufzureiben.

So entstanden auch zwei ursprünglich zwar verwandte, aber keineswegs befreundete Völker: Deutsche und Slawen, — Nachbarn seit unvordenklichen Zeiten, die jedoch ihre Aufgaben, nach Zeugniss der Geschichte, von jeher verschieden aufzufassen und zu lösen sich beflissen zeigten. Die Slawen suchten das zur Selbsterhaltung Nothwendige zunächst nur der Natur allein abzuringen; sie waren arbeitsam, trieben Viehzucht, Ackerbau und Gewerbe, dachten an keine kriegerischen Unternehmungen, erwiesen sich vielmehr oft bis zum Uebermaass friedliebend. Dagegen schlugen die Deutschen kürzere Wege ein: dem Nachbar das Seinige mit Gewalt abzunehmen und sich anzueignen war ein Mittel, nicht allein sich zu erhalten und zu bereichern, sondern auch Heldenruhm zu erlangen; konnte man ja die Besiegten auch zwingen, alle nöthige Arbeit für die Sieger allein zu verrichten. So wurde der Deutsche von Hause aus ein kriegerischer herrschsüchtiger Eroberer, den seine Nachbarn zu fürchten allen Grund hatten. Diese Nachbarn waren, wie gesagt, zunächst einerseits die Slawen, anderseits aber auch die Römer. Letztere hatten sich zwar von jeher noch herrschsüchtiger erwiesen, als die Deutschen, und hatten als Eroberer auch noch weit grössere Erfolge errungen: aber die Natur hatte solchem Treiben bei ihnen bereits eine Gränze gesetzt, als sie mit den Deutschen in nähere Berührungen geriethen. Die Deutschen wendeten nun ihre Kraft um so lieber und nachdrücklicher zuerst gegen die Römer, als bei diesen, in Folge ihrer vorgeschrittenen Bildung und ihres Luxus, viel mehr zu holen war, als bei den noch ungebildeten und armen Slawen. Nach dem endlichen Falle des alten weltbeherrschenden Roms säumten die neuen Eroberer nicht, sich auch zu Erben zu erklären des ganzen nicht bloss realen, sondern auch idealen römischen Besitzes, nämlich der christlichen Bildung, und mit ihr des Berufes, die ganze Welt zu christianisiren, d. h. ihrer Herrschaft zu unterwerfen. Der blosse Gedanke an „das heilige römische Reich deutscher Nation," welches im Mittelalter die ganze Welt umfassen sollte, ist an sich schon Beweis genug dafür. So blieb ihnen dann noch die Aufgabe, auch die Slawen sich zu unterwerfen, und schon im J. 967 schrieb der Sachse Widukind: Transeunt sane dies plurimi, his (Saxonibus) pro gloria et pro magno latoque imperio, illis (Slavis) pro libertate ac ultima servitute vario certantibus" (lib. II, ap. Pertz, V, 444). Diese Worte sind wahrlich ein in seiner Art classischer Ausspruch, durch die Erfahrung von mehr als tausend Jahren allseitig bewährt. Kein slawisches Volk unterhielt jemals in seinem Schoosse die Knechtschaft, und keines strebte nach der Herrschaft auch über andere Völker: aber die den Slawen angeborne Freiheitsliebe wurde nur zu oft grausam dafür gestraft, dass sie kein Verständniss bewährten für die nothwendigen Bedingungen des Bestandes der Freiheit, wie überhaupt, so auch in ihren besonderen Verhältnissen, und dass sie ihre Kräfte, eben aus missverstandener Freiheitsliebe, nicht freiwillig zu rechter Zeit zu concentriren und gemeinsamen Zwecken zu unterordnen wussten.

Doch um nicht im Allgemeinen mich zu verlieren, übergehe ich sogleich zur Geschichte und zu den Zuständen meines engeren Vaterlandes, Böhmen. Die Slawen in Böhmen waren, als nächste Nachbarn der Deutschen, der Gefahr von ihnen absorbirt zu werden, von jeher am meisten ausgesetzt: und es ist ein in der That bemerkenswerthes Factum, dass sie ihre Nationalität, trotz vielen tief einschneidenden Katastrophen, noch bis auf den heutigen Tag erhalten haben. Im tiefen Mittelalter mag die eigenthümliche Configuration ihres Landes selbst am meisten dazu beigetragen haben, dass darin nur *eine* Centralgewalt sich bildete und erhielt, ja bei den entgegengesetzten Bestrebungen der benachbarten deutschen Territorialfürsten sich sogar mit Vortheil behauptete. Später, als die Böhmen für einige Zeit auch in der Bildung des Geistes ihren Nachbarn überlegen wurden, bewies der durch 16 Jahre wunderbar siegreich geführte Hussitenkrieg zwei wichtige historische Lehrsätze: 1) dass ein freies, sich selbstbewusstes, in Bildung vorgeschrittenes und patriotisches Volk durch keine auch noch so grosso feindliche Uebermacht bleibend unterdrückt werden kann; und 2) dass ein slawisches freies Volk keineswegs den Willen hat, die wenn auch notorisch constatirte

Ueberlegenheit seiner Waffen zur Unterjochung anderer Völker zu benützen. Den Hussiten fiel es gar nicht ein, die in ihrem Lande verbliebenen Deutschen, wenn sie sich nur ruhig verhielten und aufhörten, sie als Ketzer zu beschimpfen, in ihrer Nationalität zu kränken. Bekanntlich ereignete sich, zwei Jahrhunderte später, das Gegentheil davon. Der gemeine Mann war in Böhmen bereits der Leibeigenschaft verfallen und jedes Einflusses auf die Führung der öffentlichen Landesangelegenheiten beraubt; der unter sich uneinige Adel aber erwies sich auch mit der Hilfe einiger deutschen Verbündeten nicht stark genug, der combinirten und gut geleiteten Reaction von Rom, Madrid und Wien zugleich zu widerstehen. So wurden die Böhmen nur in einer einzigen Schlacht (am weissen Berge 1620) überwältigt: aber diese genügte, bei den bekannten Künsten der Sieger, das ganze Volk in einer Weise zu erdrücken, wie sich Aehnliches wohl kaum irgendwo in der Geschichte wiederholt hat. Zuerst führten unmässige Güterconfiscationen, Geldstrafen, Steuerauflagen, Münzverschlechterungen u. dgl. das Volk an den Bettelstab; dann wurden alle, die nicht katholisch werden wollten, zur Auswanderung gezwungen; grausame Misshandlungen derer, die das Gebot irgendwie zu umgehen suchten, beständige Aufhetzungen von Seiten fanatischer Mönche, die rohe Willkühr einer zügellosen Soldateska, dabei endlose Kriege von Aussen und Empörungen im Inneren, endlich Hunger und Seuchen jeder Art, brachten die Bevölkerung des Landes gar bald auf den vierten Theil ihres früheren Bestandes (von 4 Millionen Seelen auf weniger als 1 Million) herab. Ferdinand II, der nach eigenem Geständnisse „lieber ein verwüstetes als ein verdammtes Königreich haben" wollte, erwies sich als Eiferer nicht bloss für den Katholicismus, sondern auch für das Deutschthum; er decretirte schon damals die Gleichberechtigung der deutschen Sprache mit der böhmischen im Lande, und seine Schuld war es nicht, wenn diese Gleichberechtigung nicht alsogleich in dem Sinne gedeutet und gehandhabt wurde, wie es in unseren Tagen geschieht. Die alte Landesverfassung liess er zum Theil bestehen, nachdem in vorhinein jede ernstere Opposition im Lande unmöglich gemacht worden war u. dgl.

Und da unter solchen Umständen die Sitte aufkam, jeden nationalgesinnten Böhmen als „Ketzer" und als „Rebellen" zu schelten und zu behandeln: so wurde die Ruhe des Kirchhofs bald im ganzen Lande hergestellt, in welchem nur noch Missionäre und Jesuiten das Wort zu führen hatten. Wie unter solchen Umständen Aufklärung und Bildung im Lande prosperirte, lässt sich schon aus der Thatsache abnehmen, dass zu jener Zeit an der Prager Universität von Jesuiten, anstatt der alten Classiker, über die Epistolae Caroli Kolczavae Vorlesungen gehalten wurden. Und alle diese und ähnliche Bescheerungen waren, um im modernen Style des Fürsten Bismarck zu reden, „deutsche Wohlthaten", zu denen die Wiener Regierung ohne Zweifel die Macht, also wohl auch das Recht besass; es waren nichts als ort- und zeitgemäss geartete Aeusserungen des den Deutschen angebornen „Culturdranges nach Osten."

Der siebenjährige Krieg belehrte endlich die Kaiserin Maria Theresia und ihren Sohn Kaiser Joseph II, dass es thöricht war, der Volksbildung im neueren Europa Thür und Thor verschliessen zu wollen. Daher wurde das ganze Schulwesen, zumal nach Aufhebung des Jesuitenordens, auch in Böhmen reorganisirt. Da jedoch alle Bildung auch hier eine „deutsche Wohlthat" sein sollte: so wurde fortan alles auf deutschen Fuss zu setzen befohlen, damit endlich einmal dem čechischen Unwesen ein Ende gemacht werde. Aber eben da zeigte es sich, dass gegen die ewigen Gesetze der Natur in die Länge auch die am feinsten berechneten Massregeln menschlicher Klugheit nichts vermögen: denn der bereits halbtodte Čechismus erwachte unerwartet um so rascher wieder zum Leben, je mehr man sich bemühte, ihn vollends zu ersticken und zu begraben.

Kaiser Franz I war ohne Zweifel beflissen, in seinen Ländern jedes Unrecht, das er als solches erkannte, zu beseitigen. Unter seiner langen Regierung erlangte daher auch die böhmische Sprache einige Concessionen: namentlich wurden alle Landesbeamten angewiesen, sich auch die Kenntniss der Landessprache anzueignen, und daher wurde derselben auch in die höheren Landesschulen einigermassen der Zutritt gestattet. Aber die revolutionären Scenen von Paris hatten diesen Monarchen frühzeitig so sehr geschreckt, dass er gar bald in jeder Regung eines selbständigen Geistes, ja in jeder nicht von oben commandirten Thätigkeit überhaupt, revolutionäre Keime wahrzunehmen glaubte, denen er mit dem „principiis obsta!" entgegentreten müsse, so dass er am Ende ein entschiedener Feind aller Neuerungen und jedes geistigen Fortschrittes wurde. Mochte er auch noch so viel betheuern, dass er der wahren Bildung und Aufklärung keine Hindernisse bereiten, sondern nur dem Missbrauch und der Licenz steuern wollte: die Praxis bewies augenscheinlich, dass über dieses Ziel weit hinausgeschossen wurde; denn die Unterscheidung der wahren von der falschen Bildung forderte an sich mehr Geist und guten Willen, als man der Bureaukratie zumuthen durfte. Und da auch der čechisch-patriotische Sinn nicht einem Commando von oben, sondern seinen eigenen Impulsen folgte: so musste auch er, trotz seiner Loyalität, gar bald dem Banne verfallen, der alle unbotmässigen Bestrebungen im Reiche traf. Ueberdiess bewegte sich die ganze absolutistische Regierungsmaschine in ausschliesslich deutschem Fahrwasser, so dass auch geborne Čechen, welche im Staatsdienste ihre Carrière suchten, ihre Nationalität nicht nur zu verläugnen, sondern mitunter auch zu verfolgen angewiesen wurden; und da der deutsche Hochmuth durch „die lächerliche Anmassung einer Handvoll Čechen", auch eine nationale Bildung zu erlangen, sich mitunter sogar beleidigt zeigte: so kann man sich vorstellen, mit welchen Widerwärtigkeiten und Hindernissen Diejenigen zu kämpfen hatten, die der Meinung waren, dass sie als Čechen nicht weniger Menschenrechte in Anspruch nehmen durften, als ihre deutschen Gegner. Ich, als einer der Betheiligten, wüsste darüber so gar Manches zu erzählen.

In Folge der von Frankreich ausgegangenen grossen Revolution von 1848 war, wie in den meisten Ländern Europa's, so auch in Oesterreich und Böhmen, ein neuer wohlthätiger Geist zum Durchbruch gekommen: der Geist *humanen Freisinnes*, der, obgleich ursprünglich tief im Christenthume wurzelnd, einen durch Jahrhunderte fortgesetzten schweren Kampf, nicht ohne Beihilfe der Philosophie, hatte bestehen müssen, um die vielfache Umhüllung zu beseitigen, in welcher mittelalterliche Barbarei, im Bunde mit Herrsch- und Habsucht, ihn zu ersticken gesucht. Da jedoch im Inneren von Frankreich keine Nationalitätsfragen zur Discussion gekommen waren, so erlangte von dort aus in der öffentlichen Meinung überhaupt nur die *politische* und *bürgerliche* Freiheit Förderung und Annahme: nicht so auch die *nationale* Freiheit in denjenigen Staaten, wo verschiedene Volksstämme mit- und nebeneinander wohnen. Die in dieser Beziehung grossgezogenen mittelalterlichen Vorurtheile und Uebelstände, die seit lange hergebrachten despotischen Anmassungen der Einen gegenüber den Anderen, liessen sich von der aus Frankreich sich verbreitenden humanen Aufklärung keineswegs bannen. Vielmehr nahm die rohe Selbstsucht, durch Verluste im politischen und bürgerlichen Leben gereizt, in Bezug auf die beginnende nationale Bewegung häufig eine um so entschiedenere feindselige Haltung an.

Allerdings wurde bei uns, nach Zeugniss der von mir oben mitgetheilten Urkunde vom 21 März 1848, die eben so unerwartet eingetretene als lange ersehnte politische und bürgerliche Freiheit im ersten Freudentaumel auch auf die *Gleichberechtigung der Nationalitäten*, d. h. nationale Freiheit bezogen; nicht nur die Führer des Volkes auf der Bahn der Intelligenz, Deutsche sowohl wie Böhmen, begrüssten und priesen sie laut, auch die damalige Regierung belobte den geschlossenen Bund der Eintracht, und ich, der ich bei jenen Ereignissen mitthätig gewesen, glaubte bona fide an die lange Dauer des erwünschten Friedens. In der That sah ich eine neue Aera des Glückes für die Völker Oesterreichs erstehen, als auch höchsten Orts in Wien das Dogma der Gleichberechtigung verkündet wurde, und kannte für damals keinen andern Wunsch mehr, als dass auf der neueröffneten freien Bahn sich unter sämmtlichen Stämmen ein edler Wetteifer im Ringen nach Bildung und Wohlstand einstellen möge. Darum schrieb ich auch in meiner Antwort nach Frankfurt am 11 April 1848 die vielbesprochenen Worte: wenn Oesterreich nicht schon bestände, so müsste man im Interesse der Humanität sich beeilen, es zu schaffen. Denn was konnte für die Interessen der Humanität förderlicher sein, als die Wiederherstellung des der ganzen Menschheit angebornen gleichen Rechtes? Auch später, als zumal Wiener Journale jenem Grundsatz zu widersprechen und ihn zu bespötteln begannen, liess ich in der Hoffnung einer besseren Zukunft mich lange nicht irre machen, da die meisten Autoritäten des Staats nicht nur dem Grundsatze an sich beipflichteten, sondern ihm hie und da auch Geltung zu verschaffen suchten. Es war dies, ich muss es gestehen, meinerseits ein grosser politischer Fehler, der grösste, den ich je begangen zu haben mir bewusst bin: ich hatte mit Factoren gerechnet, die sich hintennach als solche nicht bewährt haben; ich hatte geglaubt, dass die damals, nach wie vor, fast ausschliesslich deutschen Machthaber in Oesterreich, darunter auch anerkannte Ehrenmänner, dem Dogma der nationalen Gleichberechtigung nicht bloss aus augenblicklicher Noth, sondern aus aufrichtiger Ueberzeugung, aus eigenem freien Willen, zustimmten und ihm Folge zu geben bereit waren. — Vertrauen in die Humanität und Gerechtigkeitsliebe der Deutschen: wer wird den ersten Stein gegen mich dafür erheben? Oder habe ich mich desselben etwa auch heute noch zu schämen? —

Erst mit dem Jahre 1849, wo der Geist der Reaction von oben herab offen zu Tage trat, und insbesondere in der Bach'schen Regierungsperiode, wurde ich zu meiner tiefen Trauer belehrt, auf welch schwachem Grunde meine Hoffnungen gebaut waren, dass das „gleiche Recht für Alle" in Oesterreich bleibende Geltung haben werde. Nachdem in Wien das Prunken mit liberalen Phrasen am Ende ein schlechtes Geschäft geworden war, — tauschten in der dortigen öffentlichen Meinung auch die Parteien und die Völker ihre Rollen gegenseitig aus. Die früher als reactionär verschrieenen und geschmähten Slawen wurden, ohne es zu wissen oder zu ahnen, sehr bald in gefährliche Revolutionäre umgetauft, die angeblich nichts Geringeres sannen, als den Umsturz aller im Staate bestehenden Verhältnisse. Man beschuldige mich keiner Uebertreibung: man lese nur die deutschen Tagesblätter jener Zeit, insbesondere die Wiener, und man wird erkennen, dass ich nur notorische Thatsachen berichte. Leider habe ich es selbst in meinem Privatleben bitter erfahren müssen, was ich meinem damaligen Rufe als „gefährlicher Revolutionär" zu danken hatte: doch ich will den Leser mit den Details solcher Geschichte hier verschonen. Die Folgezeit belehrte mich gar bald, dass insbesondere wir Čechen in der Wiener Meinung immer als deren gerades Gegentheil gelten müssen. Sind nämlich die Wiener liberal, so sind wir ipso facto reactionär und servil: sind sie aber untereinander reactionär und servil, so sind wir zwar nicht liberal, wohl aber ultrarevolutionär. Dieser Sachbestand ergibt sich, jener Meinung nach, schon a priori und braucht nicht erst factisch constatirt zu werden. Unglücklicher Weise pflegen aber die Deutschen in Oesterreich überhaupt, und die Deutschböhmen insbesondere, nur „mit hochobrigkeitlicher Bewilligung" liberal aufzutreten. Denn da sie sich als Minorität im Lande fühlen, und uns Slawen für eben so herrschsüchtig halten, wie sie es selbst sind, so dürfen sie die Gunst der deutschen Regierung niemals verscherzen, — gleichviel, ob diese in Wien, in Frankfurt oder in Berlin ihren Sitz habe. Sie glauben nun einmal nicht anders, als dass zwischen den Deutschen und den Slawen nur ein Verhältniss wie zwischen Hammer und Amboss bestehen könne, dass daher sie absolut über die Slawen herrschen müssen, wenn sie nicht deren Diener werden sollen; der verschämte Euphemismus ihrer angeblich beabsichtigten blossen „Führerschaft" kann Niemanden täuschen. Auf diese Weise wird aber uns der Genuss wirklich freiheitlicher Zustände nicht nur immer verkümmert, sondern gänzlich vorenthalten und geradezu unmöglich gemacht. Denn es heisst, wenn die Slawen nicht die Herren in Oesterreich werden sollen, so müssen sie da ewig *Heloten* bleiben: folglich wäre das „gleiche Recht für Alle" daselbst ein Unsinn.

In Folge der Missgeschicke des Jahres 1859, welche bereits den Zerfall Oesterreichs herbeiführen zu wollen schienen, wurde im J. 1860 der sogenannte „verstärkte Reichsrath" zusammenberufen, um jene Gefahr abzuwenden. Die Versammlung theilte sich, wie gewöhnlich, in eine Majorität und eine Minorität der stimmenden Mitglieder. Die Majorität empfahl zur Rettung und zum Heil des Staates ohngefähr dieselben Ansichten und Grundsätze, welche ich bereits in den Jahren 1848 und 1849 öffentlich vorgetragen hatte: eine im Grunde föderative Gestaltung der Monarchie, in welcher der Autonomie eben so wie der Centralisation Rechnung getragen, folglich die centrale Reichsgewalt und die autonomen Gewalten der einzelnen Königreiche und Länder genau bestimmt und geschieden, daher auch Freiheit und Ordnung ins Gleichgewicht gesetzt werden sollten. Die Minorität, (meist deutsche Bureaukraten, unter ihnen vorzüglich Dr. Hein aus Schlesien,) verwarf nicht nur jede Autonomie, sondern auch jede freie Verfassung überhaupt, — da solche auch den slawischen Völkern zu Gute kommen sollte, — und hielt um so mehr an der Nothwendigkeit der Centralisation fest. Was bedeutet aber Autonomie und Centralisation in einem Staate überhaupt? Autonomie bedeutet die Selbstbestimmung der Staatsangehörigen, Entscheidung nach eigenem Ermessen, in und aus sich selbst, — also Freiheit: Centralisation bringt dagegen die Bestimmung von aussen her, die Entscheidung nach dem Willen eines Anderen, nämlich eines Centrums, dem man sich ohne Weiteres zu fügen hat, — also Unfreiheit, Unterthänigkeit. Bekanntlich ist das moderne „beständige und unwiderrufliche Staatsgrundgesetz" von Oesterreich, das am 20 October 1860 feierlich verkündigte *Diplom*, zunächst aus den Anträgen des verstärkten Reichsraths hervorgegangen: sein „Grundgedanke" entspricht den Wünschen der Majorität desselben, erklärt die Wiederkehr des Absolutismus in Oesterreich für die Zukunft für unzulässig, und weiset der Centralgewalt die zum Bestand des Reichs nothwendige Macht eben so an, wie den Ländern und Völkern die zu ihrer Selbstbestimmung in den Heimathverhältnissen unentbehrliche Freiheit. Leider jedoch gelang es einigen Bureaukraten in der letzten Stunde auch das verhängnissvolle Alinea „Nachdem jedoch", im Widerspruche zum Grundgedanken des Diploms, in dasselbe hineinzubringen, — den Keim zu den meisten Uebeln, an welchen die Monarchie seitdem unheilbar krankt und hinsiecht.

Um nicht über Gebühr weitschweifig zu werden, darf ich über unsere politischen Zustände seit dem Octoberdiplome 1860 nur noch aphoristische Bemerkungen mir erlauben. Es zieht sich da durch alle Erscheinungen, wie ein rother Faden, das Bestreben hindurch, das *deutsche Element* auf Kosten der anderen Völker zum herrschenden zu machen, und in der Herrschaft je länger je dauerhafter zu befestigen. Dies ist der zwar nicht erklärte, noch auch eingestandene, aber um so beharrlicher angestrebte vornehmste Zweck aller unserer modernen Staatsentwickelung, in Verfassung wie in Gesetzgebung; und die Mittel zu diesem Zweck sind eines Theils die Centralisation, — andern Theils liberalistischer Humbug.

Um die Heilsamkeit der Centralisation zu beweisen, ergeht man sich gewöhnlich in salbungsvollen Phrasen über den hehren „Reichsgedanken," den man gegen die bösen Föderalisten schützen und stützen müsse, — als ob das „Reich" im föderalistischen Programm, gleichwie im Octoberdiplom, zu ärmlich bedacht worden wäre! Schwächung der Centralgewalt des Staates, sagt man, sei eine Schwächung des Staates selbst, und streife somit an — Hochverrath! — Nun, dies ist und so lautet das sprechendste Argument für die Nothwendigkeit des — Despotismus, in dessen Händen bekanntlich alle Staatsgewalt absolut concentrirt ist. Die Staatsgewalt muss allmächtig sein, — also weg mit der Verfassung, weg mit der Freiheit! — Doch — man lasse in dem so vielsprachigen Oesterreich z. B. nur den Vorschlag aufkommen, dass darin nicht eine der rivalisirenden Heimathsprachen, (also auch nicht die deutsche,) sondern eine neutrale, z. B. die französische, die ohnehin alle Gebildeten kennen, als diejenige gelte, in welcher Reichsgeschäfte verhandelt werden sollen, — und man wird gleich sehen, wie die Zahl der Lobredner der Centralisation schwinden wird.

Die Freiheit liessen sich die Deutschen von jeher wohl gefallen, — zumal wenn sie in Gestalt eines Privilegiums bei ihnen Einzug hielt, und einen Beigeschmack von Herrschaft mit sich führte. In neuerer Zeit haben sie sich zwar von den Franzosen so weit anstecken lassen, dass sie auch anderen

Völkern die Freiheit gönnen, insofern nur ihre Herrschaft nicht darunter zu leiden hat: aber den Slawen dasselbe Recht, dieselbe Freiheit zuzugestehen, wie sich selbst, — das ist kein deutscher Gedanke. Auch der gebildetste Deutsche hat Mühe, sich vom Glauben an die Prädestination loszusagen, dass seinem Stamme die Herrschaft, dem Slawen die Knechtschaft gebühre. Ja sogar derjenige Deutsche, der allen Glauben längst abgestreift hat, wittert noch instinctmässig Gefahr von slawischer Freiheit. Darum darf auch Bildung bei den Slawen nicht gefördert, sondern sie muss möglichst gehemmt werden: denn Bildung ist auch Macht, und die Macht kann unter Umständen gefährlich werden.

Die Belegung dieser unwillkommenen Sätze mit Thatsachen aus der neuesten Geschichte Oesterreichs wäre weniger schwierig als misslich, da bekanntlich Veritas odium parit; auch liegen die eclatanten Fälle in solcher Menge vor, dass es schwer hielte, sie alle herzuzählen. Darum will ich dabei zumeist nur auf mein Vaterland Böhmen und Mähren mich beschränken.

Gleichzeitig mit dem Octoberdiplom sind, durch eine unbegreifliche Gedankenlosigkeit des damaligen Staatsministers, die lange vorher, noch unter Bach, redigirten altständischen Statute in einigen Ländern der Monarchie publicirt worden. Das gab den modernen Liberalen, zumal in Wien, den erwünschten Anlass, das Octoberdiplom selbst als illiberal in Misscredit zu bringen. Constitutionelle Freiheit und alte Stände, — wie liess sich das zusammenreimen? — Darum, als bald darauf das liberale Deutschthum in der Person des Ritters von Schmerling ans Steuerruder gelangte, beeilte es sich den Fehler der Art gut zu machen, dass es zwar nicht das ständische Wesen an sich abschaffte, wohl aber den alten Ständen *neue* substituirte, und diese Metamorphose mit dem Namen „*Interessenvertretung*" maskirte. So wurde der Adel in einen „Grossgrundbesitz" umgewandelt, und ihm 70 Sitze im Landtage angewiesen, die Privilegien des ehemaligen Bürgerstandes wurden auf eine Anzahl (vorzugsweise deutscher) Städte und Industrialorte mit 71 Stimmen im Landtage übertragen, und die übrige Bevölkerung des Landes der Art bedacht, dass jeder Person in ihr je *ein*

Fünfhunderttheil ($\frac{1}{500}$) der Rechte von Personen der anderen Classen, und im Ganzen 79 Stimmen zufielen. Ueberdiess wurden einige Industrielle in den neuerrichteten Handelskammern noch extra privilegirt, dem Bürgerstande zugezählt und ihnen 15 Stimmen im Landtage zugesprochen, so dass die städtische Curie deren an 86 erhielt. War das etwa unparteiisch? Es wurde aber und wird noch als ächt liberal gepriesen.

Ausländische Bonhommie könnte vielleicht auf den Gedanken verfallen, zu fragen, ob dieses horrende Missverhältniss der politischen Rechte einzelner moderner Stände nicht etwa mit entsprechender Steuerleistung sich rechtfertigen lasse? — Darauf antworte ich ganz kurz: bei der Einführung der neuen octroyirten Wahlordnung im J. 1861 zahlten sämmtliche Grossgrundbesitzer Böhmens zusammen 3,445.056 fl. an directen Steuern, die neubegnadeten Städte und Industrialorte sammt Handelskammern mit 840.494 Einwohnern, zusammen 2,968.327 fl. und die 3,867.673 nichtprivilegirten Seelen der Landbewohner zusammen 9,275.408 fl. *Ein* Abgeordneter in den Landtag entfiel in der ersten Curie auf 49.215 fl., in der zweiten auf 34.119 fl. und der dritten auf 117.422 fl. Steuern. War darin etwa kein Privilegium? —

Aber die privilegirten Classen werden doch wenigstens durch höhere Leistungen der Intelligenz das ersetzen, worin sie in der Steuerleistung zurückstehen? — wird man vielleicht einwenden. — Was sie künftig leisten werden, kann ich nicht voraus sagen: bisher aber sind höhere Leistungen der Intelligenz gewöhnlich von Personen gekommen, die dem Schoosse der nicht privilegirten Classe entstammten.

Wie tendentiös übrigens die Wahlordnung von 1861 auf den Vortheil des deutschen und die Verkürzung des čechischen Elements berechnet ist, habe ich in meiner am 29 Januar 1863 im Landtage gehaltenen Rede im Detail hinlänglich nachgewiesen. Auf dieses *Cardinalübel* in unseren Zuständen hatten wir schon in unserer Rechtsverwahrung vom 18 April 1861 aufmerksam gemacht, und der Landtag hat seitdem zweimal einen verbesserten Entwurf der ganzen Wahlordnung hohen Ortes vorgelegt, — doch jedesmal vergeblich, — während spätere, einseitig zu Gunsten der Deutschen und zu weiterer Verkürzung der Slawen vorgenommene Modificationen derselben, stets gutgeheissen wurden. Die Wahlen in der Curie des Grossgrundbesitzes entscheiden bekanntlich über die Haltung des ganzen Landtags. Die entschiedene Mehrheit des wirklich hohen und alten Adels ist autonomistisch gesinnt: als sie aber ohnlängst (1872) in ihrer patriotischen Bewegung den Sieg über die (grossentheils aus sogenannten Krippenreitern bestehende) deutsche Centralisten- oder Verfassungspartei davon tragen zu sollen schien: da kam der letzteren in ihrer Noth auch eine Coterie von Wiener Börsenmännern, die sich in ihrer Ausbeutung des Staates bedroht sahen, mit ihren Chabruskünsten zu Hilfe. In Folge dieser und ähnlicher Mittel verfügen die Deutschböhmen, welche ein Drittel der Landesbevölkerung bilden und kaum ein Drittel der Gesammtsteuer derselben tragen, über die Majorität im Landtage der Art, dass sie *mehr als zwei Drittel Stimmen* in der Landesrepräsentation führen, und den Nationalböhmen kaum ein Drittel zugestehen, — ein schreiender Beleg, wie sie da, wo sie die Macht besitzen, Gerechtigkeit zu üben und „das gleiche Recht" den Slawen zu gewähren wissen!

Freilich, unsere Deutschen ersetzen ja mehr als hinlänglich in Liberalismus, was ihnen an Sinn für Recht und Gerechtigkeit abgeht. Sie sind gegenwärtig bis zum Uebermaasse *liberal*: warum sollten sie noch dazu *gerecht* sein? Gerechtigkeit wäre blosse Schuldigkeit, Liberalität aber ist Grossmuth, und bietet mehr, als sie schuldig ist, — wer darf sie noch um eine Schuld mahnen? Ungebührlich wäre das Verlangen, dass die liberalen Herrschaften die feudalen, clericalen und ultramontanen Slawen gar noch für Ihresgleichen ansehen und als solche behandeln sollten! Sie haben eine grossartigere und dringendere Aufgabe vor sich: sie müssen vor Allem sich beeilen, die Herrschaft der Kirche zu stürzen, und die Macht des von der Hierarchie und dem Clerus grossgezogenen Aberglaubens für immer zu brechen!

Doch ich gerathe unversehens wieder in einen ironischen Ton, der einer hochernsten Angelegenheit unangemessen ist.

Ich will meine persönliche Meinung in allem Ernst und aller Unbefangenheit darzulegen suchen. Als vernünftig gläubiger Christ werde ich meine Ueberzeugung hier, wie auch sonst überall, offen und gerade aussprechen, ohne zu fragen, ob dieselbe Dem oder Jenem angenehm zu hören ist.

Ich beklage im tiefsten Herzen die verhängnissvollen Mittel und Wege, welche die römische Curie in der letzten Zeit zu wählen und einzuschlagen für gut befunden hat, um ihre Autorität zu schützen und zu befestigen; ich beklage sie wie eine ohne Noth heraufbeschworene Calamität, nicht für die katholische Kirche und das Christenthum allein, sondern für die ganze Menschheit. Im Mittelalter waren noch römische Intelligenzen nicht nur des geistigen Lebens ihrer gesammten Zeit mächtig, sondern ihm auch überlegen: in unseren Tagen scheinen aber die in Rom Ausschlag gebenden Jesuiten, auf ihre Collegien und Studirstuben beschränkt, von dem geistigen Schwunge, der in den Spitzen der gesammten Laien-Intelligenz zu Tage tritt, nicht einmal eine Ahnung zu haben. In dieser Zeit nun, wo der unermüdliche Forschungsgeist der Menschen mehr als je siegreiches Licht in immer grösseren Kreisen zu verbreiten fortfährt über alle Erscheinungen und Verhältnisse, die seinem Blicke zugänglich sind: in solcher Zeit gegen ihn auf den Kampfplatz treten mit Waffen, die aus der finstersten Rüstkammer des Mittelalters hervorgeholt werden, ist ein eben so verkehrtes als vergebliches und schädliches Beginnen. Schädlich ist es, weil in unseren Tagen die neuen Dogmen des Syllabus und der Infallibilität nicht so den Glauben, als vielmehr den Unglauben zu wecken und zu verbreiten geeignet sind. Ich kenne Alles, was man mir diesfalls vom Standpuncte der Orthodoxie einwenden kann, werde mich aber in keine Polemik darüber einlassen,*) da ich weiss, dass sie eben so

---

*) Fragen möchte ich dennoch Diejenigen, die auf Gottes positive Offenbarung sich berufen, ob denn das uns umgebende unendliche Weltall, ob die Wunder, die die Natur täglich vor unseren Augen entfaltet, nicht auch eine unmittelbare Offenbarung Gottes an die Menschheit sind? ob etwa auch in der Weltgeschichte Gottes Walten sich verkennen lässt? und ob dies Alles nicht eine ebenso verständliche wie eindringliche Sprache spricht für jeden offenen Kopf und jedes offene Herz? Und kann etwa Gott in seinen Reden, in seinen Offenbarungen, mit sich selbst in Widerspruch treten?

endlos und erfolglos werden würde, wie mein Streit mit den deutschen Liberalen. Ich habe aber die Sache berühren müssen, um bestimmt nachweisen zu können, inwiefern und aus welchem Grunde ich den Liberalen zum Theil sogar Recht geben muss.

Wer darf es mir verargen, wenn ich im Syllabus und der Infallibilitätslehre nur die ersten Anläufe und Versuche erblicke, den mittelalterlichen geistigen Absolutismus wieder zur Geltung zu bringen, und freiheitliche Bestrebungen unserer Zeit überhaupt zu unterdrücken? Der Syllabus negirt das angeborne Recht des Menschen zur Freiheit, verdammt alle Gewissens-, Lehr- und Pressfreiheit, und sucht den Staat auch in Bezug auf bürgerliche und politische Freiheit zu beschränken. Das geistige Arsenal aber, aus welchem er seine Berechtigung schöpft, enthält auch andere Waffen der Art, die vielleicht noch in Reserve gehalten werden. Eine der gewaltigsten unter ihnen wäre die noch in der zweiten Hälfte des XV Jahrhunderts offen gepredigte Lehre, der Papst sei Gottes unmittelbarer Stellvertreter und Statthalter auf Erden, und wer ihm nicht unbedingt gehorche, sei nicht nur gottlos, sondern auch Gottes Feind. — Nun weiss ich wohl, dass das von mir beklagte Bestreben nur ein unglücklicher Anachronismus ist, der den Zeitgeist nicht aufhalten, noch auch ändern, die Kirche selbst aber am Ende nur noch mehr schädigen wird. Aber wenn dieser Ungeist auch nicht siegen wird und kann, so kann und wird er doch viel Streit und Unfug stiften; seine Anhänger, die Ultramontanen, werden an Thätigkeit zu ersetzen suchen, was ihnen an Zahl und Macht abgehen wird, sie werden sich für den Papst opfern und in die Gesellschaft wenigstens Unruhe bringen; der Staat aber hat nicht nur ein Recht, sondern auch die Pflicht, auf seinen Schutz dagegen bei Zeiten Bedacht zu nehmen.

Dagegen kann ich nicht umhin, die maasslose Feindschaft unserer Liberalen gegen alles, was Kirche heisst und mit ihr in Verbindung steht, so wie gegen den Clerus überhaupt, noch weit stärker zu rügen und zu beklagen, als die unzeitigen Ansprüche der römischen Curie. Wenn ich die täglichen Declamationen der liberalen Presse und der parlamentarischen Tribune gegen den Clerus, so wie gegen alle Diejenigen, welche die Christuslehre zu pflegen haben, höre und erwäge, so muss ich unwillkührlich auf den Gedanken verfallen, sie seien das *Hauptübel unserer Zeit*, es gäbe keinen schädlicheren Beruf, als den eines Religionslehrers überhaupt, und das Evangelium Christi sei ein Gift, das sorgfältig zumal von den Schulen fern gehalten werden müsse, damit jugendliche Geister davon nicht angesteckt werden. Wie oft habe ich nicht schon insbesondere die meist aufgeklärten und humanen Landgeistlichen Böhmens bedauern müssen, die von beiden entgegengesetzten Strömungen und Richtungen zu leiden haben: einerseits von der römischen Curie, die ihnen neue unnöthige und mit ihrer Ueberzeugung unverträgliche Dogmen aufoctroyirt, gegen welche ihnen laut zu protestiren verwehrt ist, — anderseits von dem vulgären Liberalismus unserer Tage, welcher sie verdammt und verantwortlich macht für Dinge, an denen sie ganz unschuldig sind. Gibt es auch ultramontane Eiferer unter ihnen, die ich nicht kenne, so ist ihre Zahl doch gewiss gering. — „Der Unschuldige muss viel leiden!" — dies deutsche Scherzwort bewährt sich jetzt auch an unseren Geistlichen, — und dieser Sachbestand vermittelt auch mehr, als irgend etwas Anderes, die zwischen der čechischen Nationalpartei und dem Clerus bestehenden Sympathien, da sie beide ohngefähr gleiche Leidensgenossen sind.

Wenn Priesterherrschaft in aller Welt an und für sich ein Uebel ist, — was ich keineswegs leugne, — so fürchte ich doch, dass Dasjenige, was bei uns gegenwärtig am eifrigsten sich an dessen Stelle zu setzen sucht, ein noch ungleich grösseres Uebel zu werden droht: ich meine die gänzliche Irreligiosität, die in rapider Progression um sich greift, und jetzt zwar noch mit dem bequemen Schilde der Confessionslosigkeit sich deckt, aber nicht lange säumen wird, sich als absoluter Unglaube, Atheismus, Pantheismus oder roher Materialismus zu enthüllen, und den radicalen Egoismus Max Stirners von 1845, der bekanntlich „seine Sache auf Nichts gestellt" hat, zur höchsten und allgemein giltigen Lebensregel zu erheben. Jeder Vernünftige muss aber einsehen, dass da, wo es keinen Gott und auch keine Moral, weder Tugend noch Sünde, weder Recht noch

Unrecht, weder Ehre noch Schande gibt, der Mensch seinen höchsten Vorzug, nämlich den eines sittlichen Berufes, einbüssen und zur blossen Bestie herabsinken muss. Und diesem fürchterlichen Nihilismus dient der Liberalismus unserer Tage bewusst, wie auch unbewusst. Kann aber der Staat auch dann bestehen und gedeihen, wenn der menschlichen Gesellschaft jede sittliche Grundlage entzogen wird? wenn egoistische Begierden und Gelüste fortan vorzugsweise die Gränze des Erlaubten zu bestimmen haben werden? Und ist nicht die Geistlichkeit jeder christlichen Confession, ich will nicht sagen die einzige, aber doch die vorzüglichste und wirksamste Hüterin und Bewahrerin des sittlichen Berufes der Menschen? ist sie folglich nicht da, wo sie ihrem Berufe nachkümmt, die wahre Stütze des Staates und eine Wohlthäterin der Menschheit? — Den wohlfeilen Witz, der das aus dem Grunde negiren wollte, weil es auch sittenlose Geistliche gibt, — den würdige ich keiner Beachtung. —

Die Leidenschaft der *Herrschsucht* ist die Hauptquelle aller Uebel, von denen wir Slawen beiderseits, von den vaticanischen Römern wie von den liberalen Deutschen, unter nichtigen Vorwänden heimgesucht werden. Vergebens berufen sich die Einen auf den angeblichen Willen Gottes, — während doch Christus selbst erklärte, sein Reich sei nicht von dieser Welt, — die Anderen auf ihren Freisinn, der sie nöthige, auf den Schutz der Freiheit gegen uns bedacht zu sein. Gott gebietet vor Allem Gerechtigkeit und Nächstenliebe; der Freisinn ist aber bei Nichtachtung der Rechte Anderer ein innerer Widerspruch, daher Lüge und Unsinn. Die ärgsten Feinde der Freiheit sind eben jene Despoten, welche dieselbe nur für sich, nicht auch für Andere wollen; und nichts als ein despotisches Gelüste ist es, wenn man die Slawen in ihrer nationalen Freiheit beschränken, ja ihnen dieselbe vorenthalten will.

Man wird wohl einwenden: Hat denn Oesterreich keine Verfassung? oder hat diese für die Slawen nicht eben so Geltung, wie für die anderen Völker? sind die Rechte der Nationalitäten im §. 19 derselben nicht hinlänglich garantirt?

sind die österreichischen Minister etwa nicht verantwortlich? Warum halten also die Slawen, insbesondere aber die Čechen, sich nicht an die Verfassung?

Darauf wäre leicht zu antworten, wenn das, was man unter einer „Verfassung" gewöhnlich sich vorstellt, für uns nur wirklich existirte! wenn bei uns eine verfassungsmässige Opposition nur möglich wäre, und wir z. B. nur Redefreiheit oder Pressfreiheit besässen! Aber wer immer bei uns etwas der Regierung oder den verfassungstreuen Deutschen Missliebiges zu sprechen oder zu schreiben wagt, von dem heisst es gleich, er störe die öffentliche Ruhe, oder reize zu Hass oder Verachtung der Regierung auf, und er hat von Glück zu reden, wenn nur sein Aufsatz confiscirt, nicht er selbst dafür eingesperrt wird. Das beweisen seit lange schon tausend und aber tausend Beispiele. Und wie viele slawische Schriftsteller sind nicht schon, wegen angeblicher Aufreizung zum Hass der Nationalitäten, zur Kerkerhaft verurtheilt worden, weil sie deutschen Provocationen nicht demüthig genug entgegentraten, — während wegen täglicher Lügen, Verleumdungen und roher Beschimpfung der Čechen in deutschen Journalen noch Niemand auch nur in Untersuchung gezogen worden ist?

Unter den leidigen Umständen, die bei uns insbesondere seit 1861 sich entwickelt haben, können wir die gegenwärtige Verfassung Oesterreichs leider für nichts Anderes ansehen, als für eine blosse Verordnung, der wir gleich jedem anderen Regierungsbefehl zu gehorchen haben. Auf den Inhalt derselben Einfluss zu nehmen war uns nicht gestattet; von der Vereinbarung einer Verfassung mit den Ständen oder dem Volke von Böhmen war überhaupt keine Rede; und wenn auch Vorstellungen gegen einzelne Verfügungen dem Landtage später nicht ganz verwehrt waren, so sorgte schon die Schmerlingsche Landtagswahlordnung dafür, dass sie von Hause aus Fiasco machen mussten. Wie hätte man die Minister dort anklagen oder zur Verantwortung ziehen sollen, wo man im Voraus wusste, dass, Dank derselben Wahlordnung, zwei Drittel der künftigen Richter sich als noch leidenschaftlichere Gegner der Kläger erweisen werden, als die Angeklagten selbst? Ja, war denn eben dadurch der

Willkühr gegen uns nicht Thür und Thor geöffnet? Der §. 19 schläft in unserer Verfassung nur den Schlaf der Gerechten· Hätten die Grundsätze und Vorschriften desselben, sowie der Verfassung überhaupt, auch da Kraft und Geltung, wo sie den Deutschen unbequem sind: wäre da z. B. die so viel besprochene čechische Universität in Prag nicht schon längst eine Wirklichkeit geworden? u. dgl. m.

Von wahrhaft constitutionellen Zuständen kann bei uns unter solchen Verhältnissen keine Rede sein. Wir haben in den grossen politischen Krisen seit 1848 am Ende nur die Herrschaft gewechselt: anstatt des oft milden Absolutismus eines einzelnen Herrschers ist bei uns der egoistischeste, rücksichtsloseste Absolutismus einer uns feindseligen *Race* getreten. Das deutsche Parlament in Wien ist jetzt unser absoluter Herr, und sein erstes Gebot lautet: „es gibt kein Königreich Böhmen mehr; das Land Böhmen ist gleich anderen Ländern nur ein Departement von Cisleithanien, über welches ich unbedingt zu verfügen und dem ich nur Pflichten zuzuerkennen, höchstens Gnaden zu ertheilen habe. Die widerspenstigen Čechen haben nur zu gehorchen und ihre Verordneten herzuschicken, damit sie mir zur Staffage dienen."

Merkwürdig ist hiebei der Umstand, dass diejenigen Herren, die eine solche Sprache führen, nicht nur an sich glauben, sondern auch laut sagen, sie hätten uns erst die Freiheit gebracht, ihnen allein hätten wir sie zu danken. — Nun gut: da wir also frei sind, so wollen wir Euch, unseren ärgsten Feinden, wenigstens nicht freiwillig als blosse Staffage dienen, noch weniger uns, wie im alten Rom, vor Euren Triumphatorwagen spannen lassen, um Eure Macht und Euren Glanz vor der Welt noch zu erhöhen. Gebt uns erst ein „fair play"; lasst uns erst die Rechte geniessen, die uns unserer Volkszahl, unserer Blut- wie Geldsteuer nach gebühren; bedenket, dass an den von uns in Böhmen und Mähren gezahlten Ueberschüssen sich, ausser Niederösterreich, fast alle anderen Länder der Monarchie mehr oder weniger zu erholen pflegen; proscribirt nicht jedes historische Recht im Staate, da denn doch auch das Recht der Dynastie ein historisches ist. Erweiset

Euch erst gerecht und human auch gegen uns, — und wir werden dann nicht säumen, uns mit Euch zu verständigen, und zu Eurer wie zu unserer Zufriedenheit ruhig zu vertragen.

Nur auf diese Art ist der Friede in Oesterreich dauernd zu begründen und herzustellen. Glaubet ja nicht, dass wir, lange vielseitig gereizt, so unbesonnen sein werden, ohne Weiteres zu ehernen Waffen zu greifen: das wäre vorerst gar nicht nöthig, um Oesterreichs Bestand problematisch zu machen. Ihr habt das Werk, es seinem Untergange entgegen zu führen, schon lange unternommen, und setzt es mit schauderhaftem Erfolge fort. Ihr habt dessen sittliche Grundlagen untergraben und die Corruption auf allen Wegen in alle Schichten so dringen lassen, dass es von selbst in Fäulniss zu übergehen droht. Sehet doch zu, welche Rückschritte dieses Reich unter Eurer Führung schon gemacht hat. Noch vor 25 Jahren hatte die öffentliche Meinung ihm die Hegemonie in Europa zugewiesen: heutzutage frägt sie sich, ob Oesterreich noch unter die Grossmächte zu zählen sei, nachdem es, von Euch geleitet und gedrängt, sich unter Preussens „freundlichen" Schutz hat begeben müssen, und nur in dessen gutem Willen allein die Garantie seines Bestandes zu erblicken angewiesen ist.

Ihr täuscht Euch in der Annahme, dass unser Volk, von Euren „Wohlthaten" überhäuft und ermüdet, seine passive Opposition aufgeben und den Weg seiner Lukeše, Sabina's, Š** und dgl. einschlagen wird. Ihr habt es schon lange gelehrt und gewöhnt, sich in Geduld zu fassen und günstigere Augenblicke, die sich von selbst einstellen werden, abzuwarten. Ueberläufer, Verräther, und wahnsinnige Wühler mögen noch so zahlreich bei Euch sich einstellen: der falsche Ehrgeiz, wie der leidige Hunger, haben seit jeher auch noch grössere moralische Wechsel zur Folge gehabt. Das ganze Volk aber wird sich selbst treu bleiben und ausharren bis zur Stunde seiner Erlösung. Auch Eure Manoeuvres mit den armen *Jungčechen* werden, trotz deren Perfidie, Euch Eurem Ziele nicht zuführen. Die Čechen werden ihr angebornes Erstlingsrecht in Böhmen nicht an ihren „theueren" Bruder im Lande, den jüdisch-deutschen Jakob, um irgend ein Linsengericht verkaufen, möge das Gericht von der stiefmütterlichen „Rebekka" noch so appetitlich zugerichtet werden.

Wenn ich die sogenannten Jungčechen mitunter auch der Perfidie zeihe, so hat das seinen hinreichenden Grund. Diese Leute wissen es wohl, dass es unter uns sogenannten Altčechen, die nur irgend einen Namen im Lande haben, keinen Feind der Freiheit und keinen Reactionär gibt, es wäre denn, dass sie auch den Papst und seine Creaturen zu den Altčechen zählen wollten. Gleichwohl ergehen sie sich, mündlich wie schriftlich, in Declamationen ohne Ende, wie die Freiheit in Oesterreich überhaupt, und in Böhmen insbesondere, von uns bedroht sei; einen wahren Abscheu predigen sie insbesondere vor der österreichischen sogenannten Rechtspartei, als wenn es eine Tugend und ein Verdienst wäre, irgend einer Unrechtspartei anzugehören. Wir Altčechen sind ihnen wirklich insgesammt feudal, clerical und ultramontan, ganz so wie uns ihre Freunde und Lehrer, die jüdischen Wiener Schmöcke schildern, von denen wir uns nicht belehren lassen wollen, welcher Art die Freiheit sein müsse, die unserem Volke gebührt. Vor allem sind wir sogenannten zwei Führer, Palacky und Rieger, an allen Uebeln schuld, welche die Radicalen Böhmens seit 26 Jahren zu ertragen gehabt haben. Darum hatten schon deren Vorgänger, die Verschwörer vom Mai 1849, Palacky's und Hawliček's Unschädlichmachung durch deren gewaltsame Beseitigung, als die dringendste Aufgabe in ihren Plan aufgenommen. Darum muss auch jetzt vor Allem Palacky's und Rieger's Ansehen im Volke durch alle Mittel und auf allen Wegen vernichtet und beseitigt werden, wenn je das goldene Kalb der Freiheit nach den Vorstellungen und dem Herzenswunsche dieser Herren seinen Einzug in Böhmen halten soll; und darum nehmen dieselben auch bei ihren Wiener Freunden und Lehrern fleissigen Unterricht im Lügen, Verläumden und Beschimpfen unserer Personen. Wo immer wir nicht nach ihrem Sinne stimmten, da erwiesen wir uns stets als Feinde des Volkes. — Ich will das nur mit einer Anekdote beleuchten; denn eine ernste Widerlegung verdient es nicht. Als wir im Wiener Reichstag von 1848 die bekannte Robotablösung nicht ohne billige Entschädigung Statt greifen liessen, da gab es keine verwünschteren Reactionäre und Volksfeinde, als eben uns. Nicht lange darnach aber, in der Bach'schen Reactionsperiode, hörten wir Grossgrundbesitzer die heftigsten Klagen gerade über uns erheben, als die allein „wirklich gefährlichen" Revolutionäre, — weil wir durch das durchgeführte Princip der Entschädigung die Wiedereinführung der Robot für immer rechtlich unmöglich gemacht hätten. — So wird man immer von Menschen beurtheilt, die nur von ihren Leidenschaften sich leiten lassen. —

Es gibt heutzutage keine *feudale Partei* mehr in Böhmen: die alten sogenannten Bauernschinder sind glücklicher Weise schon ausgestorben, und die jüngere Generation hat sich den modernen Verhältnissen und Ansichten insgesammt gutwillig gefügt. Insbesondere hat unser höherer Adel, wie bei Eintritt der Veränderung, so auch seitdem, mehr wahre Noblesse der Gesinnung bewiesen, als die Radicalen von jeher zu bethätigen pflegen. Wenn man noch jetzt von Feudalen in Böhmen spricht, so sind das nichts anderes als Hallucinationen des radicalen Hasses. Und wenn es Jungčechen gibt, die auch bald laut sagen, bald verdeckt zu insinuiren suchen, Palacky und Rieger beabsichtigten das Landvolk wieder unter das Joch von Obrigkeiten, wie ehemals, zu bringen, — so ist das nur eine gemeine Niederträchtigkeit, die bei mir nur moralischen Eckel erwecken kann.

Ultramontane gibt es allerdings bei uns, leider in allen Ständen und Schichten der Gesellschaft, wenn gleich nur in geringer Zahl. Wenn man aber auch mich und meine Freunde zu ihnen zählt, so muss ich christliche Tugend üben und ausrufen: Herr! vergib den Leuten, denn sie wissen nicht, was sie sagen. — Wenn dagegen Jedermann ein *Clericaler* ist, der den Geistlichen in ihren Aemtern und Functionen keinen Eintrag thun lassen will: dann lasse auch ich mir den Titel eines Clericalen gefallen, obgleich ich bekanntlich keinen Grund habe, dem Clerus besonders anhänglich zu sein.

Die Jungčechen behaupten ferner: die Landtagsabgeordneten Böhmens dürfen nicht wie bisher die Hände in den Schooss legen: sie sollen in den Landtag eintreten und dort für des Landes Wohl sich thätig erweisen. Das heisst, in deutlichere Sprache übersetzt: sie sollen in die Falle gehen, sich ihren Gegnern factisch unterwerfen, und ihren Gesetzen einfach zu gehorchen geloben. „Nein", — sagen die Jungčechen, — „sie sollen da nur eintreten, um von der Tribune herab, vor aller Welt, alles Unrecht aufzudecken, welches unserem Volke zugefügt wird, und unsere Gegner zur Umkehr aus Scham nöthigen." — Nun ja: Ihr werdet hingehen, Gehorsam geloben, und donnern, — und die Deutschen werden Euch donnern lassen, so lange Euer Donner ihnen Spass machen wird und sie Euch werden auslachen können. Sollte es aber zum Ernste kommen, so werden sie schon Mittel zu finden wissen, Euch allen Skandal für immer zu legen. Für Eure Nationalität werdet Ihr da eben so wenig zu leisten oder zu erreichen vermögen, wie unsere Freunde im jüngsten mährischen Landtage. Diese haben in ernster und würdiger Weise alles Mögliche gethan, um ihren slawischen Landsleuten wenigstens in Schulangelegenheiten, wo nicht gleiches Recht, doch etwas mehr Gerechtigkeit als bisher zu verschaffen. Was haben sie erreicht? Gar nichts! Man nahm sich nicht einmal die Mühe, ihre Reden zu widerlegen: man begnügte sich, sie einfach niederzustimmen. Und werden etwa die Deutschböhmen gerechter und čechenfreundlicher sich erweisen, als die Deutschmährer?

Man wendet uns endlich ein, wir wären ja seit 1861 zu wiederholten Malen schon in den Landtag gegangen: warum sträuben wir uns jetzt dagegen? — Die Antwort liegt auf der Hand: Wir gingen in den Landtag, so oft und so lange wir uns Hoffnung machen durften, daselbst zur Verständigung und Vereinbarung mit unseren Gegnern über unsere Rechte und die Hebung unserer sehr begründeten Beschwerden zu gelangen; und wir traten aus, als uns diese Hoffnung gründlich benommen wurde. Verschaffet sie uns wieder — aber nicht bloss einen täuschenden Schein! — und wir werden nicht nur den Landtag, sondern am Ende auch den Reichsrath wieder willig besuchen.

Die Deutschen überhaupt sind noch vor wenigen Jahren nicht in dem Grade hochmüthig und begehrlich gewesen, wie seit den Siegen Preussens über Oesterreich und Frankreich: denn das waren, sagen sie, deutsche Siege, und die Deutschen haben sich nunmehr als unüberwindlich erwiesen. Ihre kriegerische Eroberungs- und Herrschsucht wächst seitdem in bedenklichem Maasse, und sie glauben, nicht nur die verhassten Slawen, sondern die ganze Welt müsse künftig ihrem Willen sich unterordnen. Sie sind nun einmal die Hegemonen in Europa. Auf wie lange? Das lässt sich nicht im voraus bestimmen. Ihre Vorgänger, die Franzosen, die bei all ihrem Uebermuth, doch im persönlichen Umgange immer höflich, ja oft liebenswürdig zu bleiben wussten, behielten die Hegemonie, so lange der Name Napoleon seinen Zauber ausübte: die Deutschen, die namentlich uns gegenüber aus der Leutseligkeit keine Tugend machen, werden durch ihr hochfahrendes und herausforderndes Wesen in kurzer Zeit alle ihre Nachbarn in Harnisch bringen. Man möge sich über den Erfolg der Mahnungen zur Mässigung und Vorsicht von Seiten der einsichtsvolleren Führer nicht täuschen: Naturam expellas furca, tamen usque recurret. Man belehrt mich in fast unglaublicher Weise, der unvermeidliche Weltkampf des Germanismus mit dem Slavismus sei bisher nur darum nicht ausgebrochen, weil der allbewunderte Staatsmann, der Mann von Blut und Eisen, der das Recht nur in der Macht erblickt, — die Zeit dazu noch nicht für gekommen erachtet. Die Slawen selbst werden diesen Kampf nicht provociren. Mag dann das Kriegsglück eine Zeit lang unentschieden hin und her wogen: am Ende, dessen bin ich sicher, werden die Deutschen von der Ueberzahl ihrer Feinde in Osten und Westen dennoch erdrückt werden; und es dürfte auch die Zeit kommen, wo selbst das Andenken des gefeierten und genialen Fünf-Milliarden-Mannes von ihnen verwünscht werden wird, — bis nämlich jene Fünf Milliarden sammt Zinsen werden zurückerstattet werden müssen.

Dass nun die in Oesterreich herrschenden Deutschthümler in ihrem Racenhochmuth und Grössenwahn nichts unversucht lassen, um uns Slawen das Leben zu verbittern, ja die bishe-

rigen Zustände in die Länge unerträglich zu machen; dass
der zunächst von Preussen, mit Hilfe der Magyaren, bewirkte
Fall Hohenwarts, und die Zurückziehung des kaiserlichen
Rescripts vom 12 September 1871, den Čechen mit dem Glauben
und der Hoffnung auf Besserwerden, auch die Liebe zu den
ererbten Heimathverhältnissen immer mehr abhanden kommen
lassen, und sie für eine radicale Veränderung fast gleichgiltig
stimmen: das mag immerhin vortrefflich in den Plan Derjenigen
passen, die keinen höheren Wunsch und auch keine dringendere
Aufgabe kennen, als das „travailler pour le roi de Prusse."
Aber gibt es denn keine Deutschen mehr bei uns, welchen
der Bestand Oesterreichs, seine Macht und Grösse, sein Ruf
und Glanz ans Herz gewachsen wäre? hat die ganze Geschichte,
die vielhundertjährige Zusammengehörigkeit mit anderen Völkern
an der Donau, in ihren Gemüthern nur unwillkommene Eindrücke
zurückgelassen? Kann Liebe und Anhänglichkeit an die bereits
schwer genug geprüfte Dynastie auch da sich verlieren, wo
Letztere nichts als Liebe und Wohlwollen entgegentrug? Soll
das tragische Beispiel unseres herrlichen Otakar II, dem seine
offen bezeigte Deutschenliebe die bekannten Katastrophen von
1276 und 1278 eintrug, auch etwa in unseren Tagen sich
wiederholen? Ich begreife in der That mit Mühe, wie Oesterreich, bei nur einigem Verstand und gutem Willen, in so aussichts-
lose Zustände hat gerathen können. Da jedoch Worte hier
nichts helfen, so bleibt mir am Ende nichts mehr übrig, als
der tiefe Seufzer: Gott bessere es!

Prag den 4 Mai 1874.

www.ingramcontent.com/pod-product-compliance
Lightning Source LLC
Chambersburg PA
CBHW022021240426
43667CB00042B/1023